U0504887

生态城市产业集聚问题研究

王崇锋 著

人民出版社

目　录

前　言

目前,以社会、经济、生态环境协调可持续发展为基本特征的生态城市正成为城市可持续发展的理想模式。生态城市的建设和发展离不开产业可持续发展的支撑和支持。可持续发展产业集聚以可持续发展战略为指导,有助于协调城市经济、城市环境发展的关系,对探索既能体现城市社会、经济、自然协调融合,又能满足当前我国生态城市建设要求的发展道路具有重要的理论意义和实践意义。

《生态城市产业集聚问题研究》一书围绕生态城市,可持续发展以及产业集聚的相关理论展开,博采众长,并提供新的研究思路。本书认为,生态城市、可持续发展和产业集聚的概念可作以下论述:

生态城市是在生态平衡条件下,经济繁荣,社会安定祥和,人类不断开拓创新,物质和精神文明高度发达,人与自然、人与人和谐相处并持续发展的理想聚居地。

可持续发展是以人为本,通过生态、经济与社会发展相协调,实现人类代内公平、代际公平的持续发展。

产业集聚是各种生产要素集中于某一地理区域,形成相互关联的产业网络,从而共享资源,降低成本,实现规模效应和外部经济,最终达到优势外溢的经济现象。

我国目前正处于城市化和工业化的快速发展时期，自然而然，城市化对中国经济发展意义重大，我国668个城市贡献着70%的国内生产总值和80%的税收。诺贝尔经济学奖获得者斯蒂格利茨2000年7月在世界银行中国代表处论断说："中国的城市化与美国的高科技发展将是深刻影响21世纪人类发展的两大课题。"但是，我国工业化过程中出现的资源匮乏和环境问题却严重制约着我国经济的发展。当前我国同时面临着发达国家已经经历和正在经历的三代环境问题——既要解决发达国家曾经出现的工业污染、生活污染、机动车污染等第一、二代环境问题，又要解决他们正在出现的化学品污染、土地污染、全球气候变化等新一代环境问题。如果继续沿用传统的经济发展模式，我国的资源和环境承载力将不能支持未来经济的高速发展，也不可能有效地解决我们面临的众多环境问题。

为了从根本上解决我国生态城市建设中面临的经济、环境非协调、非可持续发展的现状和瓶颈，本书首先用实证分析的方法对中国生态城市指标与产业集聚指标之间的相关性和工业环境污染和工业能源问题之间的相关性进行研究分析，并构建了基于生态城市的"资源—可持续发展产业集聚—环境"复合系统模型。其次，分析了可持续发展产业集聚形成机理，结合国内外生态工业园区建设的实例介绍了四种可持续发展产业集聚的运作模式，提出了对我国利用可持续发展产业集聚模式建设生态工业园区的建议。最后，构建了可持续发展产业集聚支持体系图，阐明了根据前面章节论述而得到的生态工业园区核心企业选择标准，着重分析了园区的管理支持系统、生态工业园区微观支持体系和生态工业园区宏观支持体系。对园区管理支持系统主要从园区信息系统、园区计划体系、园区执行体系和园区控制体系四个方面分析。生态工业园区微观支持体系主要从园区服务组织、核心生态关联企业、竞争对手和公众四个方面进行比较详细的分析。进而从政府参与、科技创新、教育推动、文化支持四个方面论述了园区宏观支撑体系。最后结合我国的生态工业园区的建设问题与现状，提出了建设我国生态工业园区支持体系的相应对策与建议，以促进我国生态城市的建设。

《生态城市产业集聚问题研究》一书从生态学原理出发，界定了基于生态城市的可持续发展产业集聚的概念，探讨了基于生态城市的可持续发展产业集聚的模式、运行机制及支撑体系，此项研究有利于生态城市建设理论的完善；有利于促进城市的可持续发展产业集聚。对生态城市可持续发展产业集聚的建设问题的探讨有利于指导我国各城市研究制定科学合理的生态城市建设思路。通过对基于生态城市的可持续发展产业集聚模式、运行机制和支撑体系的研究，提供了一个具体、可操作的生态城市建设思路，有助于政策制定者了解城市自身在生态城市建设道路中所处的状态和所存在的瓶颈，并为下一步如何改善提供途径。对我国城市利用可持续发展产业集聚建设可持续发展的生态城市提出了政策、对策，对指导我国各城市研究制定科学合理的城市发展建设战略具有一定的现实意义，对完善和丰富既能体现城市社会、经济、自然协调融合，又能满足当前我国生态城市发展建设理论具有重要的理论意义和实践意义。

第一章　绪　　论

第一节　研究背景

党的十七大报告提出:“农村富余劳动力向非农产业和城镇转移,是工业化和现代化的必然趋势。要逐步提高城镇化水平,坚持大中小城市和小城镇协调发展,走中国特色的城市化道路。”同时也指出:“坚持以信息化带动工业化,以工业化促进信息化,走出一条科技含量高、经济效益好、资源消耗低、环境污染少、人力资源优势得到充分发挥的新型工业化路子。”

我国正处于城市化和工业化的快速发展时期。清华大学教授、两院院士吴良墉认为,21 世纪是“城市世纪”或“城市时代”。到 2025 年,世界城市人口将从 1995 年的 24 亿猛增至 50 亿,占世界总人口的比例由 48% 升至 61%;中国将是世界城市人口增长的主力军,城市化率将从 1999 年的 30.9% 增长到 2025 年的 55% 左右,城市人口从 1999 年的 3.89 亿,增加到 2025 年的 8.3—8.7 亿。自然而然,城市化对中国经济发展意义重大,我国 668 个城市贡献着 70% 的国内生产总值和 80% 的税收。

我国工业化进程中出现的资源匮乏和环境问题严重制约着我国经济的发展。当前我国同时面临着发达国家已经经历和正在经历的三代环境问题——既要解决发达国家曾经出现的工业污染、生活污染、机动车污染等第一、二代环境问题,又要解决他们正在出现的化学品污染、土地污染、全球气候变化等新一代环境问题。如果继续沿用传统的经济发展模式，我国的资源和环境承载力将不能支持未来经济的高速发展，也不可能有效地解决我们面临的众多环境问题。因此，我国既不能走发达国家先污染后治理的老路，也不能按部就班一步一步地去解决这些环境问题。在这种背景下，研究如何建设生态城市的问题，特别是从产业，尤其是工业的角度来探讨这个问题，就具有重要的实践意义。

在工业污染与资源枯竭方面，我国由于技术落后、生产消耗指数高、资源利用率低，大量未被利用的资源变成废弃物排放到环境中，造成资源利用效益低下和严重的环境污染。一些操作物质流、能量流特别巨大的过程工业，我国的资源利用率不足10%，能耗却是美国、日本的2到4倍。在上述背景下，我国从1999年海南省率先获得国家批准建设生态省至今，吉林、陕西、福建、山东、四川也先后提出建设生态省，有20多座城市先后提出建设生态城市的奋斗目标。但是，在生态城市建设过程中如何处理好人口、经济、资源、环境等相关问题是摆在各地城市规划与管理者面前的重大课题。本书拟从产业集聚的角度入手，研究可持续发展产业集聚的发生机制，探索可持续发展产业集聚的支持体系，利用可持续发展产业集聚的能源利用率高和污染排放少的优势来建设生态工业，进而促进生态城市的建设，并探讨如何通过生态城市的建设进一步地促进产业集聚的可持续发展，以形成两者的相互促进和发展。

第二节　研究目的和意义

本书研究的主要目的是：通过分析和研究国内外在生态城市

建设和可持续发展产业集聚方面的理论和实践经验,针对我国生态城市建设中可持续发展产业集聚的发展现状和面临的实际问题,提出符合我国基本国情的基于生态城市的可持续发展产业集聚基本理论。深入分析研究基于生态城市的可持续发展产业集聚运行机制,提出基于生态城市的可持续发展产业集聚模式与支撑体系,同时对我国通过可持续发展产业集聚促进生态城市建设的探索提供政策和对策建议,对促进我国生态城市健康、协调、稳定发展,加快城市化进程具有重要的参考作用。

本书研究的主要意义是:生态城市的建设和发展离不开可持续产业集聚的支撑和支持,可持续发展产业集聚以可持续发展战略作为指导,有助于协调好城市经济、城市环境发展的关系,对探索建立符合我国国情,既能体现城市社会、经济、自然协调融合,又能满足当前我国生态城市建设要求的可持续发展产业集聚理论具有重要的理论意义和实践意义。本书的研究有利于生态城市建设理论的完善,本书从生态学原理出发,界定了基于生态城市的可持续发展产业集聚的概念,探讨了基于生态城市的可持续发展产业集聚的模式、运行机制及支撑体系,这将有助于生态城市建设理论的完善。可持续发展产业集聚是基于生态学原理实现生态城市建设的范式。可持续发展是生态城市的重要标志,可持续发展产业集聚是生态城市建设的重要核心内容。本书对生态城市可持续发展产业集聚的建设问题的探讨有利于指导我国各城市研究制定科学合理的生态城市建设思路。通过对基于生态城市的可持续发展产业集聚模式、运行机制和支撑体系的研究,提供了一个具体、可操作的生态城市建设思路,有助于政策制定者了解城市自身在生态城市建设道路中所处的状态和所存在的瓶颈,并为下一步如何改善提供途径。对我国城市利用可持续发展产业集聚建设可持续发展的生态城市提出了政策、对策，对指导我国各城市研究制定科学合理的城市发展建设战略具有一定的现实意义，对完善和丰富既能体现城市社会、经济、自然协调融合，又能满足当前我国生态城市发展建设理论具有重要的理论意义和实践意义。

第三节　国内外研究综述

一、生态城市理论研究综述

城市是人类社会发展的产物,也是经济社会发展的载体,更是国家发达程度的标志。工业革命以后,世界经济有了迅猛的发展,人们的生活水平有了很大的提高,最能体现这些人类成就的就是城市的繁荣。城市是一个综合体,它是集约了人口、经济、社会、文化、科技、生态的地域系统,是人们生活聚集的主要场所。但当人们正按照传统的模式来建设发展城市时,随之带来的是诸多的城市问题,诸如生态资源的枯竭,耕地减少,空气质量下降等,人们开始思考未来城市的发展道路,寻求新的发展模式。于是生态城市这一全新的概念渐渐进入人们的视线,并受到越来越多的人的关注,建立人与自然、人与人和谐相处的生态城市成为人们的追求。生态城市理论研究如雨后春笋般兴起,而世界各国的生态城市建设更是如火如荼地展开,并都取得了一定的成果。我们首先来看一下生态城市思想的发展历史。

虽然生态城市概念的提出以及理论研究的时间并不长,但在古代,生态城市的思想、观念随着城市的形成就产生了。古代中国就有“天人合一”的思想,“天”即为自然,而“人”就是作为社会主体的人。“天人合一”的思想强调的是人与自然的和谐相处，融为一体，而为达到这个目的，作为主体的人是关键。《老子》中说：“人法地，地法天，天法道，道法自然。”指的是天、地、人的内在关系，并强调人最终要服从自然规律。从中可以看出，我国古代的城市建设基本都遵循了这一思想。

2400 多年前，古希腊哲学家柏拉图提出了“理想国”的思想，并尝试建造一座理想的城市。而古罗马建筑师威特鲁维在柏拉图思想的影响下，著有《建筑十书》，书中对城市选址、城市形态与规划布局作了详细的阐述，并将健康生活融入到生态条件的选择与建筑设计之中。文艺复兴时期，阿尔伯蒂、菲拉雷特、斯卡莫齐等人继承了维特鲁维的思想，发展了理想城市理论。其中，阿尔伯蒂著有《论建筑》，主要阐述的是城市的选址以及城市街道设计在军事上的作用；菲拉雷特著有《理想城市》一书，主张理想的国家、理想的人和理想的城市；而斯卡莫齐根据菲拉雷特的思想提出了一套城市建设方案。实际上按理想城市方案建造的城市并不多，但这些方案设想对欧洲后来的空想社会主义及其他城市规划思想颇有影响。①

欧洲文艺复兴时期的英国著名人文学者托马斯·摩尔于 16 世纪提出理想城市模式——“乌托邦”。“乌托邦”源于希腊文，意为乌有之乡，理想之国，后来成为空想社会主义的代名词。之后，有康博内拉的“太阳城”，约翰·凡·安德里亚的“基督城”；18—19 世纪有傅立叶的“法郎吉”，英国罗伯特·欧文的“合作新村”（共产主义新村），西班牙索里亚的“线状城”等。在这些人文学者

① 中国大百科全书编辑委员会：《建筑、园林、城市规划》，中国大百科全书出版社 1988 年版，第 299 页。

的理想城市里，主张人的平等，社会财产的共有，并重视教育，以形成良好的社会风气。这些学者试图将自己的设想付诸实践，但都以失败而告终。虽然这些学者的思想大多是一些空想，但他们对理想城市的设想给人们描述了一个未来的美好的生活环境，其先进的思想给人以不少启发，也为以后生态城市理论的发展作出了贡献。

生态城市思想是随着城市的发展而兴起、发展的，早期的生态城市思想为后来生态城市理论的发展奠定了坚实的基础。生态城市理论的蓬勃发展主要是在近代，大约是20世纪70年代以后，这与人们开始认识到人与自然的和谐相处的重要性，寻求自身可持续发展的意识的觉醒有关。随着生态城市理论研究的深入，各国也纷纷将理论运用到生态城市建设实践中，按照生态城市的目标建立了许多生态城市。最具有代表性的是印度的班加罗尔、巴西的库里蒂巴和桑托斯市、澳大利亚的怀阿拉市、新西兰的怀塔克雷市、丹麦的哥本哈根、美国的克利夫兰和波特兰大都市区、中国的上海和深圳等。实践与理论的结合运用，促成了生态城市理论的不断完善与成熟。生态城市理论的发展促进了生态城市定义的演变和评价指标体系的完善。

“生态城市”一词最初是由联合国教科文组织在“人与生物圈计划”中提出的。“人与生物圈计划”指出，生态城市是“从自然生态和社会心理两方面去创造一种能充分融合技术和自然的人类活动的最优环境，诱发人的创造性和生产力，提供高水平的物质和生活方式”。在《人与生物圈计划》第57集报告中提出了生态城市规划的五项原则，包括：生态保护战略（包括自然保护、动植物及资源保护和污染防治），生态基础设施（自然景观和腹地对城市的持久支持能力），居民的生活标准，文化历史的保护，将自然融入城市。①

尽管生态城市理论和实践都有了很大的发展,但到目前为止全球还没有一个公认的真正意义上的生态城市,甚至对于生态城市也还没有一个公认的定义和清晰的概念。② 现代生态城市的概念已不仅仅局限于城市的生态资源的保护,美化城市环境等,而且涉及经济、社会、科技等诸多方面,最终实现人与自然的协调发展,人与人的和谐共处的可持续发展目标。

关于生态城市的概念,苏联生态学家亚尼斯基(O. Yanitsky)认为,生态城市是一种理想城市模式,其中技术与自然充分融合,人的创造力和生产力得到最大限度的发挥,而居民的身心健康和环境质量得到最大限度的保护。③

美国生态学家理查德·雷吉斯特则认为生态城市即生态健康城市,是紧凑、充满活力、节能并与自然和谐共存的聚居地。④

M. 罗斯兰德在总结生态城市的概念时,提出了一个非常综合的生态城市概念。他认为生态城市这一概念中应包括:健康的社区,适宜的技术,社区经济的发展,社会生态,绿色运动,生物地方主义(Bioregionalism),本土的世界观(Native World Views),可持续发展,以及环境正义、稳定的政府(政策)、生态产业(Ecological Industry)、生态女权主义(Ecofeminism)、深层生态学(Deep Ecolo-

① 黄肇义、杨东援:《国内外生态城市理论研究综述》,载《城市规划》2001 年第 1 期。

② 张坤民、温宗国、杜斌等:《生态城市评估与指标体系》,北京化学工业出版社 2003 年版,第 11 页。

③ O. Yanitsky, Social Problems of Man's Environment, *The City and Ecology*, 1987 (1), p. 174.

④ Mcgranahan G, Satterthwaite D. Urban centers: an assessment of sustainability, *Annual Review Environment Resource*, 2003(28), pp. 243 – 274.

gy)、“盖娅”假设(Gaia Hypothesis)等。

按照 Paul. F. Downton 的观点,生态城市是市区环境下一个发展阶段:以最适合当地的方式建筑,与自然相辅相成没有冲突;以最适合人们生活的方式设计,同时保持空气、水、养分及生物达到健康的平衡与循环;使弱者强、饥者饱、无住家者皆能得到庇护;在每一寸土地上建立一个永久适合每一个人的地方。①

国内对生态城市的研究起步较晚,但我国学者在理论研究方面也取得了不少瞩目的成果。著名的科学家钱学森提出了“山水城市”的概念。山水城市是人工环境与自然环境协调发展的,其最终目的在于建立“人工环境”(以城市为代表)与自然环境相融合的人类聚居环境。②

1984 年,生态学家马世骏、王如松提出了“社会—经济—自然复合生态系统”的理论,认为城市是这种典型的复合生态系统。1984 年在上海举行的“首届全国城市生态学研讨会”标志着我国城市生态学研究的开始,也说明了我国越来越重视城市的生态以及可持续发展。

王如松在 1987 年提出的“生态城”概念,“就是社会、经济、自然协调发展,物质、能量、信息高效利用,生态良性循环的人类聚居地”。③ 之后,王如松在此基础上深入研究生态城市理论,吸取了中国传统的天人合一的思想,于 1994 年提出了“天城合一”的中

① Paul F Downton, EcoCity Definition, http://www.ecopolis.com.au/cgi/blosxom.pl/? flav = eco.

② 中国 21 世纪议程管理中心、可持续发展战略研究组:《发展的基础——中国可持续发展的资源、生态基础评价》,北京社会科学出版社 2004 年版。

③ 王如松:《高效·和谐:城市生态调控原则与方法》,湖南教育出版社 1988 年版,第 268 页。

国生态城市思想。

与此类似，黄光宇教授认为，“简单地说，生态城市就是社会和谐、经济高效、生态良性循环的人类住区形式，自然、城、人融为有机整体，形成互惠共生结构”。①

李文华先生在第五次国际生态城市研讨会上发言时认为，生态城市可以理解为具有经济高效、生态友好的产业，系统可靠、社会和谐的文化以及环境优美、功能完善的景观的一类行政单元。②

黄肇义等提出的生态城市的定义为：生态城市是全球或区域生态系统中分享其公平承载能力份额的可持续子系统，它是基于生态学原理建立的自然和谐、社会公平和经济高效的复合系统，更是具有自身人文特色的自然与人工协调、人与人之间和谐的理想人居环境。③

上海交通大学的屠梅曾教授将生态城市定义为“一个以人的行为为主导、自然环境系统为依托、资源流动为命脉、社会体制为经络的‘社会—经济—自然’复合系统”。④

宁越敏教授认为“生态城市，即城市要建成一个生态有机体，成为供养人和自然生存与发展的优质环境系统，其核心思想主要是两个方面：一是有机整体性；二是自然生态与人类社会的融合

① 黄光宇、陈勇：《论城市生态化与生态城市》，载《城市环境与城市生态》1999年第12期。

② http://www.icsu-scone.org.cn/meeting%20report.htm

③ 黄肇义、杨东援：《国内外生态城市理论研究综述》，载《城市规划》2001年第25期。

④ 屠梅曾、赵旭：《生态城市：城而发展的大趋势》，载《经济日报》1999年4月8日。

性”。①

丁健认为,“生态城市是一个经济发展、社会进步、生态保护三者保持高度和谐,技术与自然达到充分融合,城乡环境清洁、优美、舒适,从而能最大限度地发挥人的创造力、生产力并有利于提高城市文明程度的稳定、协调、可持续发展的人工复合系统。它是人类社会发展到一定阶段的产物,也是现代文明和发达城市的象征。建设生态城市是人类共同的愿望,其目的就是让人的创造力和各种有利于推动社会发展的潜能充分释放出来,在一个高度文明的环境里造就一代胜过一代的生产力。”②

陈勇认为,生态城市是现代城市发展的高级形式,利用生态学原理,凭借先进的科学技术创建生态文明时代的可持续发展城市。其中社会、经济、自然协调持续发展、经济高效、人类满意、人与环境和谐,从而达到自然、城市、人共生共荣共存。③

上述专家对生态城市的定义都有自己的侧重点。比如说,“人与自然生物圈计划”的定义和理查德·雷吉斯特的定义侧重于从环境的角度来阐述生态城市的概念;而亚尼斯基以及我国学者丁健的定义将生态城市理想化、完美化;对生态城市的系统化定义主要是我国的王如松、黄光宇、屠美曾、宁越敏、陈勇以及国外的M.罗斯兰德的定义。但不管是如何定义,生态城市概念从不同角度反映了不同的内涵④:从生态哲学的角度看,生态城市的目标是

---

① 宁越敏等:《上海城市地域空间结构优化研究》,载《人文地理笔谈:自然·文化·人地关系》1999年。

② 丁健:《关于生态城市的理论思考》,载《城市经济研究》1995年第10期。

③ 陈勇:《生态城市:可持续发展的人居模式》,载《新建筑》1999年第1期。

④ 黄光宇、陈勇:《论城市生态化与生态城市》,载《城市环境与城市生态》1999年第6期。

实现人与人、人与自然的和谐相处；从系统论的角度来看，生态城市是一个社会—经济—自然的复合生态系统结构合理、功能稳定，达到动态平衡状态，它具备良好的生产、生活和还原缓冲功能，具备自组织、自催化的竞争序主导生态城市发生和发展，以及自调节、自抑制的共生序保证生态城市的持续稳定，同时，物质流、能量流、信息流高效利用；从城市生态经济的角度来看，生态城市要求以生态的承载力和环境容量作为城市经济发展的标准，生态城市的经济增长既要满足人类发展的需要，又要做到保护环境、维持生态资源存量，保证生态城市的可持续发展；从生态社会学的角度来看，生态城市的教育、文化、法律、道德、科技都要“生态化”，倡导生态价值观、生态哲学、生态伦理和自觉的生态意识；从生态城市规划的角度来看，生态城市应当合理布局，基础设施完善；从地理空间的角度来看，生态城市是一个城市化区域、城乡复合体，城市周围的乡村是城市广泛的生命支持系统。

生态城市思想的发展经历了漫长的历史过程，这些理论无不体现了人与自然、人与人和谐相处的主题。这些经典、睿智的思想，对今天生态城市的建设与发展，具有很大的指导作用和启发意义。田园城市理论是在十九世纪末由英国的社会活动家埃比尼泽·霍华德提出的关于城市规划和建设的设想，是 20 世纪以来，生态城市理论最具影响的理论。霍华德吸收了圣西门、傅立叶、欧文等空想社会主义者的“乌托邦”的设计思想，于 1898 年出版了《明日：一条通往真正改革的和平道路》，从第二版改名为《明日的田园城市》。1919 年田园城市和城市规划协会与霍华德协商，对田园城市下了一个简短的定义：“田园城市是为安排健康的生活和工业而设计的城镇；其规模要有可能满足各种社会生活，但不能太大；被乡村带包围；全部土地归公众所有或者托人为社区代管。”①田园城市的核心理论就是“三磁理论”，即可供人们选择居住的三类人居磁场：一是城市；二是乡村；三是城乡结合的田园城市。霍华德认为，理想的城市就是兼具城乡优点的“城乡磁体”——田园城市。田园城市理论的主要观点有：城乡是一个有机整体；对田园城市进行分区；社会城市理论；田园城市是人民城市。霍华德将自己的理论付诸于实践，他组建了“田园城市有限公司”，并于1903年和1920年在伦敦附近建设了莱切沃思和韦林两座田园城市。虽然两座城市建设的并不是很成功，但是霍华德的高瞻远瞩却对以后生态城市理论与实践的发展产生了深远的影响。

美国芝加哥大学的以帕克为代表的学者于1916年发表了题为《城市：环境中人类行为研究的几点建议》的论文。他们运用生态学的原理，分析了芝加哥人口空间分布、城市土地利用模式、环境状况等，人们将其称之为芝加哥古典人类生态学派（简称“芝加哥学派”）。该学派提出“要把城市——包括它的地域、人口，也包括那些相应的机构和管理部门——看做一种有机体，进行综合性的整体研究”。② 芝加哥学派的核心思想就是城市是一个有机整体，是生态、经济、文化的综合产物，是人类文明的生息地。芝加哥学派的思想对生态城市的概念和研究的发展具有重要的促进作用，对城市生态学具有重要的指导意义。

有机疏散论，是美籍芬兰著名建筑师伊利尔·沙里宁在其《城市：它的发展、衰退与未来》一书中，为缓解由于城市过分集中

---

① 埃比尼泽·霍华德著，金经元译：《明日的田园城市》，商务印书馆2000年版，第18页。

② 李泽厚：《批判哲学的批判：康德述评》，天津社会科学院出版社2003年版。

所产生的弊病而提出的关于城市发展及其布局结构的理论。沙里宁认为城市的过度集中会带来一系列的城市问题,以致城市的衰败,因此只有有机地解决城市的疏散问题,才能使城市得到持续的发展。他认为,城市是一个有机体,其内部秩序是和生命机体内部秩序一致的,有机疏散的城市结构使人们能和谐地共同生活,而又不脱离自然。他认为城市的建设是动态的,因此,城市的布局要有足够的"灵活性",以适应有机体的生长。而且集中群体还要通过建设绿地和其他措施得到保护,以保证它的环境质量。① 有机疏散论的两个基本原则是:人们日常活动的场所集中布置,不经常去的地方作分散的布置。这种理论还认为,并不是现代交通工具使城市陷于瘫痪,而是城市的机能组织不善,迫使在城市工作的人每天耗费大量的时间、精力往返旅行,且造成城市交通拥挤堵塞。② 沙里宁成功地运用"有机疏散论"对赫尔辛基进行规划改造;二战以后,许多西方国家按照他的理论规划城市的发展模式,其中最著名的是大伦敦规划和大巴黎规划。③ "有机疏散论"不仅得到了理论上的广泛认同,而且在实践中也取得了巨大的成功,是对田园城市理论的发扬,更是生态城市理论的创新,成为以后理论研究和实践的典范。

著名的美国生态学家理查德·雷吉斯特领导的"城市生态"组织做了大量的研究与实践,丰富了生态城市建设的思想,1996

---

① 伊利尔·沙里宁著,顾启源译:《城市:它的发展、衰败与未来》,中国建筑工业出版社 1986 年版,中译本序(吴良墉),第 13 页。

② 潘海啸、杜雷:《城市交通方式和多模式间的转换》,同济大学出版社 2003 年版。

③ 王军、刘江:《什么是"有机疏散"》,载《瞭望新闻周刊》2002 年第 14 期。

年提出了生态城市建设十项原则①:修改土地利用开发的优先权,优先开发紧凑的、多样的、绿色的、安全的、令人愉快的和有活力的混合土地利用社区,而且这些社区靠近公交车站和交通设施;修改交通建设的优先权,把步行、自行车、马车和公共交通出行方式置于比小汽车方式优先的位置,强调"就近出行";修复被损坏的城市自然环境,尤其是河流、海滨、山脊线和湿地;建设体面的、低价的、安全的、方便的、经济实惠的混合居住区;培育社会公正性,改善妇女、有色民族和残疾人的生活和社会状况;支持地方化的农业,支持城市绿化项目,并实现社区的花园化;提倡回收,采用新型优良技术和资源保护技术,同时减少污染物和危险品的排放;同商业界共同支持具有良好生态效益的经济活动,同时抑制污染、废弃物排放和危险有毒材料的生产和使用;提倡自觉的简单化的生活方式,反对过多消费资源和商品;通过提高公众生态可持续发展意识的宣传活动和教育项目,提高公众的环境意识。这十项城市建设的原则,涉及环境保护、生态资源可持续利用、城市规划建设、经济发展和社会协调进步等方面,是从理论与实践中提炼出来的,一个较为全面的城市生态建设的指导原则,为各国生态城市的建设提供了准绳。

我国著名的生态学家马世骏和王如松在 1984 年提出了"社会—经济—自然复合生态系统"的理论,而城市就是这种典型的复合生态系统。城市生态系统可分为社会、经济、自然三个子系统。各个子系统又分为不同的层次和诸多的因素,各子系统之间相互联系、相互影响、相互作用,自然子系统是基础,经济子系统是命脉,社会子系统是主导,从而导致城市这个系统的矛盾运动。王

① 张坤民等:《生态城市评估与指标体系》,北京化学工业出版社 2003 年版。

如松先生在复合生态系统的基础上,又作了进一步深入的研究,提出了天城合一的生态城市建设思想,认为生态城市的建设应当满足三个标准,即人类生态学的满意原则、经济生态学的高效原则和自然生态学的和谐原则。城市复合生态系统如图1-1所示:

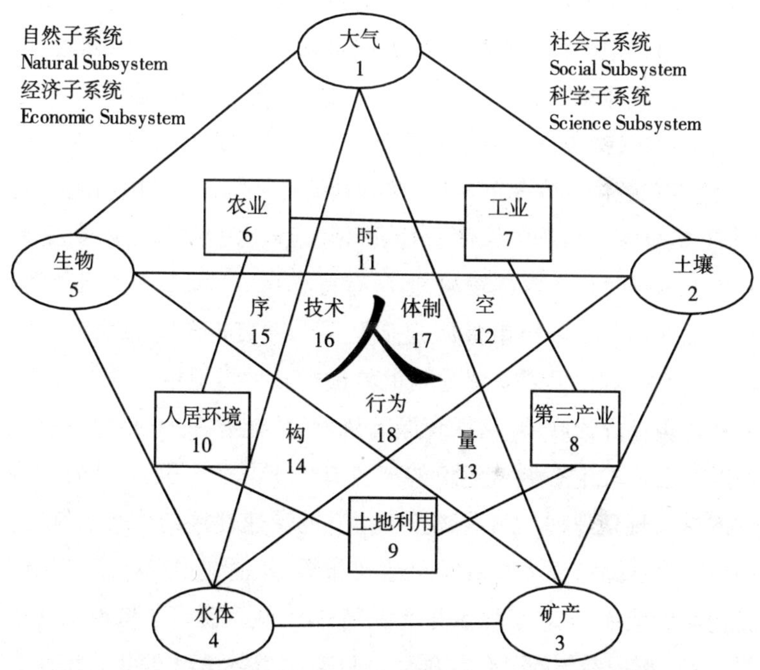

图1-1 城市社会—经济—自然复合生态系统关系示意图①

城市复合生态系统理论运用系统学的方法,其核心思想就是生态综合,强调社会、经济、环境的耦合,生产、消费、重复利用的协调综合,时、空、量、构、序的统筹。其理论极大地丰富和完善了生

① 王如松:《转型期城市生态学前沿研究进展》,载《生态学报》2000年第20期。

态城市理论,为生态城市理论的发展作出了突出的贡献。综上所述,生态城市发展道路上的经典理论,为生态城市的建设提供了理论的依据及参照标准,并为以后的生态城市理论发展奠定了坚实的基础。生态城市的概念产生以后,生态城市的思想在世界各国被广泛地应用到实践中,各个国家陆续制定生态城市的建设标准,各个城市也把建设生态城市作为城市发展的目标。到目前为止,世界上比较典型的生态城市有巴西的库里蒂巴和桑托斯市,丹麦的哥本哈根市,美国的克利夫兰市和波特兰大都市区,新西兰的怀塔克雷市,德国的埃尔朗根市,澳大利亚的怀阿拉市,中国的上海、深圳、宜春等。由于各城市所处的环境、经济发展阶段不同,因此在生态城市建设上差异较大,但各有特点。

巴西的库里蒂巴市被认为是世界上最接近于生态城市的城市。该市的城市发展规划受到世界银行和世界卫生组织的称赞,并在垃圾循环回收项目、联合国环境项目、能源保护项目上获奖。库里蒂巴市的生态城市建设的特色有以下几个方面:(1)公交导向的城市规划计划。库里蒂巴市建立的快速便捷的公交系统,并根据公交线路布局来规划城市建筑布局,从而使居民能享受到经济便利的交通,缓解了城市交通阻塞情况,同时提高了城市空气质量。(2)积极参与社会公益项目。目前库里蒂巴市建设了几百个社会公益项目,如垃圾循环利用项目、环境保护项目、建设公园绿地项目、保护文化遗产等。(3)对市民进行环境教育,鼓励市民参与到生态城市的建设之中。库里蒂巴市经过二十多年的发展,取得了环境污染减少、犯罪率降低和受教育水平提高等一系列成绩。①

---

① 黄肇义、杨东援:《巴西生态之都库里蒂巴》,载《生态经济》2003 年第 4 期。

丹麦的哥本哈根的生态城市建设是一个内容十分丰富的综合性生态城市建设项目，试图在城市密集区内实现可持续发展的目标。建设初期，就制定了一系列的实施措施和环境目标。其生态城市建设的特色主要有：(1)建立绿色账户。绿色账户记录城市、学校、家庭日常的生态资源的消费，提供给人们生态环境保护的背景知识，提高人们的环保意识。(2)生态交易日。定期组织生态市场进行生态产品的交易，并向市民宣传生态城市建设项目的其他内容。(3)吸引学生参与。在学生的课程中加入生态课程，围绕生态城市的主题，对学生和家长进行培训。该项生态城市建设项目发展良好，取得了一定的成功。

经历了工业革命的克利夫兰市也面临着诸多的城市问题，建筑拥挤无序，交通混乱，城市环境质量下降等。因此，克利夫兰市决定按照可持续发展的思想，将城市建成大湖沿岸的生态城市。克利夫兰市制定了全面详细的生态城市建设议程，启动生态城市建设专项资金。向市民宣传生态城市理念，推广先进的科学技术，鼓励市民使用非机动车，改善城市交通情况，提倡建立居住、商业、工作场所和开敞空间等紧凑的社区。同时，强调对各种有限自然资源的有效使用，鼓励居民采用环保方式持续建造或装修房屋，建造有益于环境保护的新型住宅，采用诸如太阳能电池板、洗澡用水的循环使用处理装置、三层玻璃窗户和隔离层、有利于环境保护的无污染涂料等技术。①

1997 年 4 月 1 日，澳大利亚怀阿拉市政府通过决议，要将环境计划融入到一个可持续发展的生态城市建设计划中，承诺给予市民

① Roseland M., *Dimensions of the Future: An Eco-city Overview*, New Society Publishers, 1997, pp. 1 – 12.

一个更美好的居住环境。怀阿拉市的生态城市建设战略包含了可持续发展的各种技术,如设计实施水的循环利用计划,利用太阳能热水器节能减排,提高能源利用效率,建立能源替代研究中心等。

深圳作为中国的经济特区,体现了中国城市发展的最新面貌。深圳市作为中国较年轻的城市,正对生态城市建设的发展进行着探索:重视城市规划的制定与实施,根据不同用途将城市的用地进行划分,避免城市建设用地的无序蔓延;严格控制高能耗、高污染的传统产业项目,引进节能减排的高科技项目,发展第三产业,缓解城市生态环境的压力;绿化城市、社区,努力营造"林在城中,城在景中"的优美景观;对生活垃圾、工业废物进行综合利用与安全处置;创建"环境文明小区",树立全民建设生态城市的良好风尚。

随着生态城市理论的深入研究以及生态城市的试点建设,如何评价生态城市的建设发展情况成为新的研究热点。客观、合理、全面的评价体系有利于生态城市的发展、研究与改进。目前,国内外的生态城市评价指标分为单一的指标和系统指标两种体系。

黄光宇教授等提出的生态城市指标体系,其指标体系分为社会生态文明度、经济生态高效度和自然生态和谐度三大类①,共包括 64 项单项指标。该指标体系从结构和状态两个方面入手,把具体的定量指标与高度综合性的定性目标相结合,是我国目前较有代表性的指标体系。但其缺点表现在指标庞杂,对于生态城市各主要要素之间的联系体现得不好。

为指导生态县、生态市、生态省建设工作,环境保护部组织制订了《生态县、生态市、生态省建设指标(试行)》。从经济发展、环境保护、社会进步三方面制定的生态县、生态市、生态省的建设指

① 黄光宇、陈勇:《生态城市理论与规划设计方法》,北京科学出版社 2002 年版。

标及其目标体系，共涉及28个二级指标，内容非常全面，对生态市的建设能起到全面的指导作用。

绿色城市（Green City）是在为保护全球环境而掀起的“绿色运动”过程中提出的城市发展概念。绿色城市的概念突破了“绿色”单纯的绿化、美化的狭义定义，将“绿色”的概念进行了扩展，强调城市的建设不仅要强调生态平衡，要保护自然，而且还必须注重人类的健康和文化的发展。但总的来说，“绿色城市”的侧重点仍然是在城市绿化和城市美化方面。

园林城市是国家建设部在城市环境综合整治（“绿化达标”、“全国园林绿化先进城市”）等政策的基础上提出的，并于1992年制定“园林城市评选标准（试行）”。1996年城建司将“园林城市”试行标准进一步完善，将原有10条扩充为12条标准。2000年5月建设部还制订了《创建国家园林城市实施方案》及《国家园林城市标准》，以进一步推进国家园林城市的创建工作。园林城市建设标准包括城市绿化、景观保护、生态建设和市政建设等方面。总的来说，园林城市还是以提高城市生态环境质量为目标的。

国家环境保护局于1997年制定了《国家环保模范城市考核指标（试行）》的规定。包括27项考核条件和指标，其中基本条件3项，考核指标24项，包含社会经济、环境质量、环境建设、环境管理等方面的内容，但更多体现的是城市环境工作的水平。该考核指标体系体现的还是狭义上的生态城市的建设，即从环境、生态角度来评价生态城市。

华南农业大学杨宙慧等人提出的指标体系。根据广州市的具体情况，其城市生态可持续发展水平评价指标体系由四个层次构成，一级指标为生态可持续发展综合指数，二级指标由结构指标、功能指标、协调度指标组成，二级指标下又由若干个指标项目组成，构成了第三级、第四级指标。应用统计分析的方法并结合评价因子的标准值进行对比分析得出，广州市各年的生态可持续发展水平以及广州市可持续发展水平的预测模型。

中山大学许学强等人从城市系统协调发展的理论出发，设计了一套城市可持续发展的评价指标体系。指标体系包含了三个子系统的可持续性，即社会子系统、经济子系统和环境子系统。采用定量和定向相结合的方法，设计出包括三个层次、48 个指标的指标体系。该指标体系方便地测量了城市的协调度，但却将城市这个系统分割开来，忽视了子系统之间的相互关系。

综上所述，人类在生态城市研究的道路上，一路探索，一路前行，书写了生态城市的发展史，为后来人留下了宝贵的理论与经验，恰好印证了这句话"路是脚踏出来的，历史是人写出来的。人的每一步行动都在书写历史。"人类对城市发展的探索，实际上就是对人类未来的发展的探索，而生态城市是人类目前所能想到的城市的最理想的模式。相信随着科技的进步，经济、社会的发展，生态城市理论能够更加完善，更多地运用到实践中去，为人类创造更为理想的人居环境。

二、可持续发展理论研究综述

二十世纪五六十年代，许多国家的经济都有了突飞猛进的发展，达到了空前的繁荣，物质水平极大丰富。但是，人们也为此付出了极大的代价。二十世纪三十年代陆续发生的八大公害事件，就是自然报复人类的铁证。环境污染、生态破坏所带来的问题就像是幽灵一样时不时地攻击人类，让人们惶恐不安。人们逐渐感到了"生存危机"，纷纷呼吁治理环境，保护生态。下面我们首先来回顾一下可持续发展理论的演变历程。

1962年,美国海洋学家蕾切尔·卡逊的著作《寂静的春天》① 问世了。这本书详细阐述了20世纪经济发展这些年,由于人们毫无顾忌地使用化肥、农药等化学药品给环境造成的危害,以及因此而危及到人类的生命安全和存在的潜在隐患,是人们环境保护意识的觉醒。这本书一经出版,就引起了极大地轰动。随后,越来越多的人开始关注人与自然的关系、环境保护,以及人类的可持续发展,有更多的人已投入到这项研究当中,并付诸实践。

1972年,一个以丹尼斯·L.梅多斯②为首的美国、德国、挪威等国的科学家组成的罗马俱乐部发表了轰动世界的研究报告《增长的极限》。报告从人口增长、粮食供应、自然资源、工业生产和污染五个方面分析了经济增长的制约因素,对传统模式下的经济增长提出质疑。"如果在世界人口、工业化、污染、粮食生产和资源消耗方面现在的趋势继续下去的话,地球上的增长极限有朝一日将在今后100年内发生",会面临"一场灾难性的崩溃"。而解决这个严重问题的最好的办法就是限制增长速度,即提出"零增长"的概念③。报告的内容引起了极大的争论,有些专家认为它过分夸大了问题的严重性。比如,1981年美国学者朱利安·L.西蒙在《最后的资源》(中译本《没有极限的增长》)一书中也对梅多斯的极限论提出了批评:从"无限的自然资源"到"永不枯竭的能源","我们可以得到的自然资源的数量,以及更为重要的这种资源可能向我们提供的效用,是永远不可知的……","实际上,技术

① 蕾切尔·卡逊著,吕瑞兰、李长生译:《寂静的春天》,吉林人民出版社1997年版,第12—13页。

② Meadows. D., et. al., *The Limits to Growth*. Washington D. C.:Potomac, 1972.

③ Umberto Colombo, The Club of Rome and Sustainable Development, Futures, 2001(31), pp. 7-11.

创造新的资源……这就是人类不断繁衍增加,不断消费更多的资源,而资源贮备却不断增长的原因。"①虽然以西蒙为首的反对派对梅多斯的"零增长"持有异议,但是《增长的极限》确实给人们敲响了警钟,如果人们再不警惕传统发展模式下的种种弊端,并做出相应的对策,那么"灾难性的崩溃"终究会来临。

1981年,《生态学家》杂志赞助并组织编写的《生存的蓝图》首次提出了"可持续"的概念。6月,联合国在瑞典首都斯德哥尔摩召开了人类环境会议,这是各国政府第一次聚集在一起讨论人类环境问题,会议通过的《联合国人类环境宣言》,呼吁各国政府和人民为维护和改善人类环境,造福全体人民,造福后代而努力。这次划时代的盛会,使全世界人民凝聚在一起,为自己的未来共同出谋划策,也拉近了全世界人民的感情。

1980年由世界自然与自然保护联盟等国际组织共同起草了《世界自然保护战略——可持续发展资源保护》的文件,第一次提出了"可持续发展"的概念。该文件指出:"可持续发展依赖于对地球的关心,除非地球上的土壤和生产力得到保护,否则人类的未来是危险的。"

1981年,美国莱斯特·布朗出版了他的著作《建立可持续发展的社会》,首次对"可持续发展观"作了系统论述。著作阐述了土地沙化、资源耗竭、石油枯竭、粮食短缺等四大问题,并提出可持续发展的三大策略,即控制人口增长、保护资源基础、开发可再生资源,最终建立一个可持续发展的社会。

1987年对可持续发展的理论来说是里程碑式的一年。以挪

① 朱利安·林肯·西蒙著,黄江南译:《没有极限的增长》,四川人民出版社1985年版,第45、223页。

威首相布伦特兰夫人为主席的"世界环境与发展委员会"发表了《我们共同的未来》的报告。在报告中对可持续发展作了详细的定义:"既满足当代人的需求又不危及后代人满足其需求能力的发展。"①该报告又明确提出了可持续发展的比较具体的目标:(1)消除贫困和实现适度的经济增长;(2)控制人口和开发人力资源;(3)合理开发和利用自然资源,尽量延长资源的可供给年限,不断开辟新的能源和其他资源;(4)保护环境和维护生态平衡;(5)满足就业和生活的基本需求,建立公平的分配原则;(6)推动技术进步和对于危险的有效控制。② 报告中还体现了可持续发展的以下五个原则:一是可持续发展的公平性原则,强调人类在本代人之间、代际之间和区域之间应当具有平等的追求发展和满足需求的机会;二是可持续发展的持续性原则,指的是人类的经济和社会发展不能超越资源与环境的承载能力;三是可持续发展的需求性原则,是指可持续发展的目的是为了满足人类在物质和精神方面的需求;四是可持续发展的限制性,制约可持续发展的因素包括:技术经济条件、社会组织管理水平、资源环境承载力等;五是可持续发展的协调性,资源、环境、社会的相互协调发展是实现可持续发展的根本途径。③ 在这个定义中强调了两种公平观:代内公平和代际公平。代内公平是指人与人之间权利责任的平等,也就是在资源享有与利用,自身的生存平等,以及区域之间、国家之间、

---

① Mebratu Desta, Sustainability and Sustainable Development: Historical and Conceptual Review. *Environmental Impact Assessment Review*, 1998(18), pp. 493 - 520.

② 曲格平:《从斯德哥尔摩到约翰内斯堡的发展道路》,中国环境资源网:曲格平环境思想文库,http://www.ce65.com/qgp/qgpwk/q-wk-7.html, 2002.11.14.

③ 吴孟铎:《区域可持续发展理论和评价方法及其应用研究》,天津大学 2002 年博士学位论文。

洲际之间的相应的平等。而代际公平,指的是当代人与子孙后代在生存空间、资源的拥有和利用,以及经济福利分配方面的公平性。代际公平可以说是对子孙后代权利和收益的一种尊重和认可。而笔者认为,定义中的代际公平是可持续发展理论的一个突破性的发展,但是实际操作起来却非常困难,甚至是没有可能达到的。因为,子孙后代根本就没有选择的权利,当代人给后代人留下的资源以及存在的问题,后代人只能接受,而不能选择是否接受。譬如,《寂静的春天》中,人们在发明 DDT 杀虫时并没有意识到还会带来一系列的环境问题,危害人类和其他生物的健康。而随着科技的发展,以及问题的出现,人们才意识到这种化学药品的危害。而作为后代人只能接受这个事实,并采取相应的对策,可是为时已晚,"牛奶终究还是洒在了地上"。而我们现在强调的代际公平,其实是在努力地做到我们预测或计算将来可能发生的问题,并尽我们的全力来避免问题的产生。但是,有些问题是预测不到或者是我们以现有的技术水平无法避免的,或者是我们认为我们所做的是对后代人的公平,可能在后代人看来是不公平的。所以,我们只能尽最大的努力来完成我们所认为的代际公平,即做到心安理得、问心无愧。通过代代人的努力,也许会接近于代际公平的理想。Solow 在假定的简单经济模型中进一步强调,任何随时间能维持效用的经济路径都不是现值最大化的。同时指出,作为代际均衡的可持续性是一个潜在的对产品和服务的限制,经济干预不仅需要校正外部性,而且要修改资源的最优配置比量以满足可持续性制约,并对价格产生进一步的影响。①

① Robert M Solow. Intergenerational eqaity and exnaustible resource. *Review of Economy*, C Straies. 1974, 41(128), pp. 29 – 46.

1991 年,世界自然保护同盟、联合国环境规划署和世界野生生物基金会共同发表了《保护地球——可持续生存发展》的报告,将可持续发展定义为:“在生存于不超出维持生态系统涵容能力的情况下,改善人类生活的品质。”并且提出了人类可持续生存的九条基本原则。

1992 年 6 月,联合国环境与发展大会在巴西的里约热内卢召开。这是一次规模空前的盛会,足以看出各国对可持续发展的重视,以及国家间团结协作的愿望。这次会议第一次把可持续发展从理论推向实践。会议回顾了从第一次人类环境会议后 20 年来全球保护环境的历程。会议通过了五个重要文件,以《里约宣言》和《21 世纪议程》最有代表性。《里约宣言》是当代人在可持续发展方面的最新成就;而《21 世纪议程》是一个全面的行动计划,涉及多个领域,指导各国实现可持续发展的行动纲领。这次盛会以后,各国纷纷制定了自己的《21 世纪议程》,而中国是世界上第一个制定国家《21 世纪议程》的国家。

从以上学者对可持续发展的研究中我们可以看出,人们从遭遇到环境问题,备受其害,到产生可持续发展的概念,以及之后对可持续发展理论的探索与研究,再到可持续发展理论的实践,经历了近一个世纪的时间。一个世纪对人类的整个发展历史来说是非常的短暂,但在这一个世纪之中,人类发展迈出了不凡的一步。如果没有可持续发展的思想的产生,也许人类可能会提前毁掉自己的前程,人类的历史可能不会走得更远。可持续发展的研究迅速发展,各个学科的科学家及学者从各自的角度来研究、阐述可持续发展的思想,一时间产生了大量的文献、著作,这些研究成果大体可以分为生态学方向、经济学方向、社会学方向和系统学方向。

从生态学方向上的可持续发展理论来看,我国古代早就有了可持续发展的思想。“数罟不入洿池，鱼鳖不可胜食也；斧斤以时入山林，材木不可胜用也。”孟子的话就是一个例证。儒家思想认为自然是一个生命体，人只是自然的一部分，后来演进为“天人合一”的思想。这是中国可持续发展思想的源头。可持续发展的思想最初就起源于生态的可持续发展。生态环境资源的可持续性是人类经济社会可持续发展的基础。在这方面的研究主要围绕在生态平衡、资源的有效、永续利用、环境保护等方面。

1980 年，《世界保护战略》提出“资源可持续利用”的三个主要目标：维持基本的发展进程与生命支持系统、保护基因的多样性、保证物种与生态系统的可持续利用。①

以布伦特兰夫人②和巴信尔（1990）的研究和演讲为代表的生态可持续发展的定义，以“环境保护和经济发展的合理动态平衡”作为衡量可持续发展的评价原则。③ 布伦特兰夫人的研究认为生态的可持续发展最重要的问题在于资源的永续利用，如果无法永续利用的话，人类的发展不可能持续。我们在开发利用资源的时候，一定要对资源环境进行保护；并且要在一定的限度内利用自然资源，不能超过自然的承载能力。提高不可再生资源的利用率，积极寻找替代资源。又如 Redclift④ 指出，当由于经济行为导致的环境污染使生态差异量和种类量减少，环境质量下降时，生产和经济系统在遭受环境和其他条件恶化影响下的恢复性就低，这样，从长

---

① IUCN, *World Conservation*, Strategy Gland, IUCN, 1980.

② *World Commission of Environment and Development*, *Our Common Future*, Oxiford: Oxiford University Press, 1987.

③ 尹昌斌等：《建立自然资源开发利用预警系统》，载《生态经济》1999 年第 5 期。

④ Redclift. M., *Sustainable Development: Exploring the Contradiction*, Routledge, N. Y, 1987.

期来看,系统就难以保持持续发展。因此,可持续发展的本质在于维护生产和经济系统的恢复性,即寻求经济与环境之间的动态平衡。

1991 年,国际生态学联合会和国际生物科学联合会联合举办的可持续发展问题专题研讨会提出:"可持续发展是保护和加强环境系统的生产和更新能力。"①

美国景观生态学家福尔曼(R. T. T. Forman)认为,可持续发展是"寻找一种最佳的生态系统和土地利用空间结构以支持生态的完整性和人类愿望的实现,使环境的持续性达到最大。"②

而生态可持续发展的另一个观点是维持自然资本不下降,并作为经济发展的约束条件。Barbier 和 Markandya(1990)认为"可持续活动意味着……那一水平的经济活动不会损害环境质量。相对于这一思想的政策目标就是使经济发展的经济效益最大,并要在时间上维持自然资源的服务和质量"。③ Pearce(1989)认为"可持续发展的其他模式将注意力集中在自然资本上,即要求它们不随时间的推移而衰减"。④ 但到目前为止学术界对于自然资本不下降仍存在较大的争议,一般认为至少存在以下三种理解:一是维持自然资本的实物量不变;二是维持自然资本的价值总量不变;三是维持自然资本的功能不变。而我国的戴星翼教授提出了"自然

---

① 魏一鸣、傅小锋、陈长杰:《中国可持续发展管理理论与实践》,北京科学出版社 2005 年版,第 12 页。

② 潘玉君、武友德、邹平、明庆忠:《可持续发展原理》,中国社会科学出版社 2005 年版,第 48 页。

③ E. B. Barbier, A. Markand. The Condition for Achieving Environmentally Sustainable Development. *European Economic Review*, 1990(34), pp. 659 - 669.

④ R. M. Solow, *Sustainability: An Economist's Perspective*, Paper Presented at Woods Hole Oceanic Institution, 1991, pp. 12 - 29.

资源存量稳定”的概念。戴星翼教授认为,经济可持续发展要求以“不损害未来世代满足其发展要求的资源基础”为前提实现发展,这就意味着自然资源的存量在发展中至少不应减少,以使未来世代至少能保持与当代人同样的产出。它不要求停止消耗非再生性资源,但要求这类资源储量的更新或替代;它不反对使用可更新资源,而要求可再生资源的使用以资源的再生能力为限;它不主张制止废物的排放,而主张使排放与环境自净能力之间达到平衡。① 就自然资本不下降的观点来看,保持实物量的不变显然是不可能的,我们不可能在利用了自然资源之后,还能够完全保持拥有完全相同量的自然资源,因为在利用资源的过程中必然会产生消耗,而这些消耗是无法弥补的。对于自然资本的价值不变和功能不变,我们也不同意其观点。第二热力学定律阐述了“熵”的概念,也就是当我们利用了一定资源之后,这些资源即转化为另外一些物质,虽然能量守恒,但是这些物质已经不能称之为资源了,因为他们不能再被利用,这其中的能量称之为“熵”。我们可以想见,随着资源的利用,自然界的熵值会越来越大。因此,自然资本不下降也被称为“强可持续性”。而戴星翼教授提出“自然资源存量稳定”考虑到了现实的经济发展状况,以及我们现在所处的科学技术条件,降低了对资源利用的限制条件,努力通过科学技术手段提高资源的利用效率,减少资源浪费,以寻找一个均衡的标准或是说一个尺度达到代际公平。

另外,还有学者从生态城市建设的角度来研究城市的生态可持续性。Onishi 认为,城市可持续发展是一个城市不断追求其内在的自然潜力得以实现的过程,其目的是建立一个以生存容量为

① 戴星翼:《走向绿色的发展》,复旦大学出版社 1998 年版,第 7—8 页。

基础的绿色花园城市。[①] Huang 指出,城市的发展和增长必须与提供生命支持的当地的、区域的以至于全球的生态系统的生产潜力相协调,并且能提高生产潜力。[②] Newman 认为,城市可持续发展是指在促进居住适宜性的同时减少城市对自然资源的消耗以及废物的产出,使城市的发展不超越当地的、区域的以及全球的生态承载力。[③] 1972 年在联合国人类环境会议后,各国纷纷开展了以人与自然和谐相处为目标的"绿色革命"运动,欧美等国家进一步展开了以保护城市公园和绿地以及保护自然环境为目的的"绿色城市"运动。

除此之外,还有学者建立了基于生态观点的可持续发展的评价指标。基于生态观点的可持续发展指标主要是对于处理经济发展与环境资源保护关系方面做出衡量与评价,研究经济的发展是否在环境资源的承载能力之内。比较典型的指标有生态足迹(EF)、净初级生产力(NPP)、能值分析法的 ECCO 模型、环境可持续性指数(ESI)、自然资本指数(NCI)以及环境空间(ES)等。

生态足迹(Ecological Footprint)指数是 Rees[④] 和 Wackernagel[⑤] 等 1992 年提出和发展起来的一种直观而综合地评估可持续

---

① Onishi T. A. ,Capacity Approach for Sustainable Urban Development: An Empirical Study. *Regional Studies*, 1994, 28(1), pp. 39 - 51.

② Huang S. L. , Wu S. C. , Chen W. B, Ecosystem, environmental quality and ecotechnology in Taipei metropolitan region, *Ecological Engineering*, 1995(4), pp. 233 - 248.

③ Newman P. W. G. , Sustainability and cities: extending the metabolism model, *Landscape and Urban Planning*. 1999(44), pp. 219 - 226.

④ Ress W. E. , Ecological footprints and appropriated carrying capacity: what urban economics leaves out, *Environ Urbanization*, 1992 (4), pp. 121 - 130.

⑤ Wackernagel M. , Onisto L, Bello P, et al, National natural capital accounting with the ecological footprint concept, *Ecological Economic*, 1999, 29(3), pp. 375 - 390.

发展状况的指标模型。该指标是指“要维持一个人、地区、国家或全球的人类生存所需要的或者能够吸纳人类所排放的废弃物的、具有生物生产力的地域面积。”①在生态足迹指数的计算中，各种资源和能源消费项目被折算为耕地、草场、林地、建筑用地、化石能源土地和海洋（水域）等6种生物生产面积类型。将这6类生物生产面积的生态生产力均衡处理位具有相同生态生产力的面积，加总即可得到生态足迹和生态承载力。生态足迹指标以土地面积作为测度单位。这项指标一经提出就得到世界的广泛关注，许多专家和学者应用这个指标测量了不同区域的生态可持续性，并提出了区域可持续发展的对策。

净初级生产力（NPP）指标也是测度人类活动是否在生态系统的承载能力范围内的指标。NPP是指从生物固定的总能量（主要是太阳能）中减初始者（主要是植物）的呼吸消耗的能量之后剩下的能量。

以上两种指标突出强调了生态系统的承载能力，通过计算比较，可以反映一个地区在现实的经济和技术水平下的人类社会活动与生态系统承载能力的差距。

能值分析法的ECCO模型以自然资源价值为依据，立足于能源，而不以货币作为计量单位，以能源强度作为计量单位，回答世界上潜在的能量供应的最大比率是多少。但这种方法对价值转换或能量强度确定较为困难，操作性不强。

环境可持续性指数（ESI）是由世界经济论坛“明天的全球领

① Rees W. E., Wackernagel M., Urban Ecological Footprints: Why Cites Cannot be Sustainable and Why They are a Key to Sustainability, *Environmental Impact Assessment Review*, 1996(16), pp. 223－248.

导者环境任务组”与耶鲁大学耶鲁环境法律与政策中心、哥伦比亚大学国际地球科学信息网络中心合作,从数年前开始开展的评估环境可持续发展状况的指标体系①。环境可持续性指标(ESI)即是有环境系统、减轻环境压力、减轻人类脆弱性、社会和制度能力、全球管理等环境可持续性的5个核心组成部分。该指标研究的结果是环境可持续性是可以测量的,经济境况影响但不决定环境结果。ESI允许以系统和定量的方式进行国家的环境可持续性比较,但是由于一些数据的缺乏,和权重的设计问题,在准确性和横向比较上有所欠缺。

自然资本指数(NCI)以《生物多样性公约》为指导框架设计②,以可以比较和通用的方式描述和评价生态系统③。NCI被定义为自然区域的面积和质量的函数,用以测量生物的多样性。自然资本指数目前还在完善之中,在原理上它可以跟踪和预测未来趋势,可以应用于决策之中。

以上的指标都有一个不足之处,就是对可持续发展的评价仅仅局限于生态学方面,而且是单一的指标,缺乏综合评价的能力。由于单纯从生态学方向上分析可持续发展理论存在的不足,一些国内外学者尝试从经济学方向来分析可持续发展理论。

“劳动是财富之父,土地是财富之母。”一个世纪以来,人类的主题就是经济。从战后的重建,到经济的迅猛发展,再到世纪末的

---

① YCELP, 2002 Environmental Sustainability Index. *An Initiative of the Global Leaders of Tomorrow Environment Task Force*, World Economic Forum, New Haven: *Yale Center for Environmental Law and Policy*, Yale university, 2002.

② UNEP(United Nations Environment Programme), *Convention on Biological Diversity*, Geneva: UNEP, 1994.

③ UNEP(United Nations Environment Programme), *Development of Indicators of Biological Diversity*, Geneva: UNEP, 1999.

经济危机，人类经历了经济发展的起起落落，而可持续发展的思想也逐渐地深入到经济发展之中，人们开始思考传统经济模式的种种弊端，引入可持续发展的思想来转变经济发展的模式，寻求更加持续健康的发展。基于经济观点的可持续发展理论也如雨后春笋般地产生了。而这些理论的探索与实践，也推动了人类经济更加稳定持续的发展。

从经济属性定义可持续发展。这方面的定义有很多种，其共同点是认为可持续发展的核心是经济发展。世界银行在1992年度的《世界发展报告》中称，可持续发展指的是"建立在成本效益比较和审慎的经济分析基础上的发展和环境政策，加强环境保护，从而导致福利的增加和持续水平的提高。"①世界资源研究所(World Resources Institute)定义可持续发展为"不降低环境质量和不破坏世界自然资源基础的经济发展"②。

《经济、自然资源、不足和发展》的作者巴比尔把可持续发展定义为："在保持自然资源的质量和提供服务的前提下，使经济的净利益增加到最大限度"。③ 皮尔斯则定义为："自然资本不变前提下的经济发展，或今天的资源使用不应减少未来的实际收入。"④两者都强调了在不损害后代人的经济利益的基础上，达到当代人的净利益的最大值。

---

① Mohan Munasingpe, Jeffret Mcneely, Key Concepted and Terminology Of Sustainable, Defining and Measuring Sustainable, *The Biogeophysical foundations*, New York, 1996: 19.

② World Resources Institute. *Report of World Resources Institute*, 1992—1993: 3

③ Barbier, Edward B&Markandya, Anil&Pearce, David W, Sustainable Agricultural Development and Project Appraisal, *European Review of Agricultural Economics*, 1990, 17 (2), pp. 181 - 196.

④ 洪银兴:《可持续发展经济学》，商务印书馆2002年版，第8—11页。

用消费或效用水平在代际间不下降来描述经济的可持续发展最早见于 Hicks 的代表作《价值与资本》。Pezzey① 写道:“可持续被定义为……有代表性的社会成员的效用在未来千年是非下降的”。Hartwick 也是这一概念的倡导者。区别于 Pezzey,他用非下降消费来定义可持续性。Hartwick 建立了一系列的模型,认为在将开发不可再生资源得到的收益作为生产资本投入的条件下,产出和消费在时间上将保存为常数,这一准则也被称为哈特维克准则。Solow 是这一概念的另一位倡导者。他认为满足代际公平是可持续准则的目标,人均消费的非贴现效用在无限时间的非下降是满足可持续准则的必要条件。

刘思华教授给经济可持续发展下的定义是:“我们所说的可持续发展经济可以表述为,可持续经济发展,应该是经济发展的生态代价和社会成本最低的经济。”②这个定义有两层含义:一是生态资源利用率的最大化;二是代际之间福利的平等或逐渐增长。

杨文进教授把经济可持续发展作为可持续发展的一个方面,并把它定义为:“在一定的资源环境基础上使当代人的经济福利不断改善的同时,能保证后代人所得到的经济福利不小于当代人所享受的经济福利。”③

1966 年,美国经济学家肯尼恩·波尔丁运用系统理论分析经济与环境的关系,并倡导建立既不会使资源枯竭,又不会造成环境污染、生态破坏,且能循环使用各种物质的“循环式经济”,也称为

① Pezzey, Sustainable Development Concepts: An Economic Analysis, *World Bank Environment paper*. The World Bank, Washington DC, p. 2.

② 刘思华:《关于可持续发展与可持续发展经济的几个问题》,载《当代财经》1997 年第 6 期。

③ 杨文进:《经济可持续发展论》,中国环境科学出版社 2002 年版,第 7—8 页。

“宇宙飞船经济理论”或“太空人经济理论”。他把地球比喻成是一条航行于宇宙之中的孤立的飞船,飞船上的资源和净化能力是有限的,在飞船上的“太空人”不能毫无顾忌地享受飞船上的资源,他们必须考虑自己的未来以及下一代的生活,因此,需要循环来使用现有的资源,净化所处的环境。此后,布劳恩加特等提出“聪明的产品体系”为核心的循环经济思想①;霍肯的“商业生态学”理论;巴里·康芒纳的“控制等同于失控”思想;洛文斯的“自然资本理论”等。另外,梅多斯在《超越极限:正视全球性崩溃,展望可持续的未来》一书中论述了循环经济思想。莱斯特·R.布朗在他所著的《生态经济》一书中阐述了他对循环经济的看法:经济发展模式应效仿大自然做必要的调整和重新设计;反对过度消费,反对物品用过即弃;在经济发展过程中,技术是一把“双刃剑”;政府要发挥更大的作用。

戴利提出了稳态经济理论。他认为稳态意味着恒定的物质财富(资本)系统和恒定的人(人口)的系统。② 这些系统必须在进(生育、生产)、出(死亡、消耗)平衡时,才能保持恒定。获得这种平衡和系统恒定的流通率(进、出率相等)可以高可以低。低流通率意味着较小的能源资源衰竭和污染,高流通率则容易导致生态系统的崩溃。戴利认为,稳态所隐含的经济意义和社会意义很丰富,并且是革命性的。③ 生产和消费的物质流必须服

① 保罗·霍肯著,夏善晨、余继英、方堃译:《商业生态学》,上海译文出版社2001年版,第76—79页。

② 赫尔曼·E.戴利,肯尼思·N.杨森著,马杰等译:《珍惜地球——经济学、生态学、伦理学》,商务印书馆2001年版,第37—38页。

③ 赫尔曼·E.戴利,肯尼思·N.杨森著,马杰等译:《珍惜地球——经济学、生态学、伦理学》,商务印书馆2001年版,第43—45页。

从于理想的人口数量和生活标准。技术进步给人们带来的是更多的休闲。

刘思华教授阐述了当今世界正处在一个巨大的变革期，即“现代经济发展的‘三重转变’”①。这三重转变是现代文明形式由工业文明向生态文明的转变，现代经济形态由物质经济向知识经济的转变，现代经济发展道路由非持续发展向可持续发展的转变。刘思华指出，传统经济学经济发展理论的根本缺陷在于：“它完全忽视了现代经济社会健康、稳定、持续发展的前提条件是要维持自然生态财富（即生态资本存量）的非减性，完全否定了自然资源和自然环境的承载力即生态环境支持能力的有限性，完全违背了经济不断增长物质财富日益增加要以生态环境良性循环为基础的这个铁的法则。”②传统经济学无法解决环境污染、生态资源枯竭等一系列的生态经济问题。

传统经济理论在解决生态问题及人与自然的关系上变得无能为力，可持续发展的经济理论逐渐显示出了它的优越性。资源的特点是稀缺的、分布不均、部分不可替代性，以及有多种用途。传统经济学解决的是资源的合理配置的问题。但传统经济学只考虑了当代人的资源配置问题，而忽视了后代人的需求。而可持续发展的经济学则考虑到了代际公平的问题。资源的分配不仅仅是在当代人之间达到公平，还有当代人与后代人之间的协调。即不能伤害到后代人的经济利益及使用资源的权利。经济的可持续发展是以维持资源的持续利用和良好的生态环境为前提，在生态环境

① 刘思华主编：《经济可持续发展论丛》，中国环境科学出版社 2002 年版，总序第 1 页。

② 刘思华主编：《经济可持续发展论丛》，中国环境科学出版社 2002 年版，总序第 5 页。

承受能力范围之内的发展。它并不否认经济增长,但是要重新定义经济增长的含义。经济的增长和资源的保护不再是对立的,而是相互促进的关系。经济的可持续发展是以生活质量的提高为目标,并且能促进社会的进步,是社会可持续发展的基础。

基于经济观点的可持续发展的评价指标，主要是通过对人类活动造成的自然资源的损耗和环境的损失进行评估并测算，以此来评价人类活动的实际效果。该类指标一般是货币化的指标。比如绿色 GNP，调节国民生产总值（ANP），持续收入指标（SI），真实储蓄率（GS），真实进步指数（GPI）等单一指标，还有如环境经济持续发展模型（EESD），综合环境经济核算体系（SEEA）等。

绿色 GNP,又称持续经济福利指数(ISEW),是由世界银行的经济学家赫尔曼·戴利和加利福尼亚州神学研究者约翰·科尔提出的,主要是针对国民生产总值存在的局限性,用新的指标来替代传统的国民生产总值统计指标。该指标用传统的 GNP 减去人类活动关于环境的开支得出。其问题在于关于环境成本以及资源损耗的成本核算是很困难的。

世界银行提出了度量各国可持续性发展的绿色核算指标——真实储蓄率(GS),也就是在计算国民储蓄指标时把自然资源的损耗和环境的损失考虑在内,同时还将人力资本考虑到可持续发展的测度中。真实储蓄率是一个货币单位的指标,这就存在将资源、人力资本货币化的难题,同时,真实储蓄所依托的弱可持续中,人造资本与自然资本进行替代的假定本身也受到质疑。①

① Giles Atkinson, Savings growth and the resource curse hypothesis, *World Development*, 2003, 31(11), pp. 1793 – 1807.

调节国民生产总值(ANP)由莱依帕特提出，旨在将原先单一的GNP衡量贫富标准，转换到考虑更多调整因素后再去对国民经济加以分析。ANP是从GNP中减去所有部门的"外部成本"，诸如环境保护、污染损失补偿、公益事业支出等，以及其他不健康的消费行为、风险敏感性、安全稳定性等的成本，还要减去生产过程中间环节的额外成本，这样该指标更多地涉及所产生的社会效果。目前该模型仍未进入实用化阶段。

科尔等将ISEW进行了修订，并重新命名为"真实进步指标"(GPI)①。GPI账户核算内容包括个人健康状况、社会凝聚力、智力资本、经济繁荣，以及自然资本和环境健康的可持续性，共计20多项指标。GPI弥补了ISEW的不足，更为先进。但GPI的不足主要在于权重的设计、数据的统计等方面。

环境经济持续发展模型（EESD）。由加拿大国际持续发展研究所提出，以科玛尔的环境经济模型和穆恩的持续发展框架为依据，发展了一些综合性的可持续发展指标体系，目前正在试用中。

联合国统计局(UNSD)于1993年开始开发新型国民经济核算体系——综合环境经济核算体系(SEEA)②，该体系对传统的GDP/GNP进行了改进，也就是上面提到的"绿色GDP/GNP"。因此，SEEA是一个旨在研究经济与环境之间关系的巨数据系统。

① Neumayer E., On the methodology of ISEW, GPI and related measures: some constructive suggestions and some doubts on the "threshold" hypothesis, *Ecological Economics*, 2000, 34(3), pp.347-361.

② Costanza R., Farber S., Castaneda B., et. al., *Green National Accounting: Goals and Method*, *The Economics of Nature and the Nature of Economics*, Cheltenham: Edward Elgar, 2001.

新版本的综合环境经济核算体系(SEEA)使用与常规经济核算相一致的分类、概念和方法,提供了与国家核算体系(SNA)结构相一致的,以物理的或者货币术语汇编环境数据、解释环境资源存量和流量的系统框架①。SEEA 包括 4 个部分:(1)建立人造资本和自然资本平衡表;(2)建立反映经济活动的环境外部性及其减轻的成本的矩阵;(3)确定防护性支出;(4)自然资源和环境的经济价值评估。在 SEEA 中,要衡量自然资本的耗减和环境成本,这两方面的衡量结果可用于计算"环境调整的国内生产总值"(EDP)。可以从 SEEA 推导出一系列的评价可持续发展的指标,如经济—环境行为指标,国家财富的价值——人造资本和自然资本,绿色 GDP 和真实储蓄等。当然,SEEA 体系也存在着一些缺陷,比如数据的取得,还有忽略了生态和经济的时空一致性等。但 SEEA 体系仍然对现在的指标评价设计起到决定性的影响。

从这些指标的简述可以看出，基于经济观点的可持续发展指标大都根据弱可持续性原则，重点要说明的是环境与经济的相互关系，强调的是环境可持续发展的经济发展，其核心是经济发展和环境资源的可持续利用。该类指标大都以货币化形式，给出了一个明确的信息，确实可以加强对环境的保护的意识，使环境保护与经济发展相互促进。但同时，这些指标的计算都存在着数据的取得与转化的问题，有许多因素很难以货币化，并且在权重的选择与制定上也存在着一些缺陷，因此，指标的准确性受到质疑。还需要通过研究和实践来寻找更好的测度办法，完善指标

① UNSD(United Nations Statistics Division), UNPE (United Nations Environment Programme). *Integrated Environmental and Economic Accounting: An Operational Manual*, New York: United Nations, 2000.

体系。

另外一些研究者从社会学方向研究可持续发展。“文明如果是自发地发展,而不是自觉地发展,则留给自己的是荒漠,不以伟大的自然规律为依据的人类计划,只会带来灾难。”当人们还陶醉在对征服自然的一次次胜利的时候,以为取得了社会的发展,文明的进步的时候,并没有想到那却是在自掘坟墓。当人们品尝到大自然结出的苦果时,人们开始反思自己以前的所作所为。社会的可持续发展是以生态的可持续发展和经济的可持续发展为基础的,而生态的可持续发展和经济的可持续发展的终极目标是人类的可持续发展。

社会学角度的研究,以社会发展、社会分配、利益均衡等作为基本内容,将“力图使经济效率与社会公正取得合理的平衡”,作为可持续发展的重要判断依据和基本手段。该方向的研究尤以联合国开发计划署的《人类发展报告》(1990—1998)及其衡量指标“人文发展指数”为代表。

世界自然保护同盟(IUCN),联合国环境规划署(UNEP)和世界野生生物基金会(WWF)在《保护地球——可持续生存战略》一书中将可持续发展定义为:“在生存不超出维持生态系统承载能力的情况下,提高人类的生活质量”①。此定义着重强调了“可持续发展”的最终落脚点是人类社会,即改善人类社会的生活品质,创造美好的生活环境。书中进一步提出了人类可持续生存的 9 条基本原则,这些原则强调了人类的活动要在自然资源环境的承受能力之内,保持物种的多样性。同时提出了人类可持续发展的价值观和 130 多个行动方案。

---

① 转引自张坤民:《可持续发展论》,中国环境科学出版社 1997 年版,第 26 页。

1992年《里约宣言》指出可持续发展就是“人类应享有与自然相和谐的方式过健康而富有生产成果的生活权利，并公平地满足今世后代在发展与环境方面的需求。”①

巴拜尔等人把可持续发展理解为“维持理想的社会价值、传统、制度、文化或其他社会要素的能力”；布朗提出，社会可持续发展是人口规模处于稳定，高效利用可再生能源，集约高效的农业，生态系统的基础得到保护和改善，持续发展的交通运输系统，新的工业和新的就业机会，经济持续发展，政治稳定，社会秩序井然的一种社会发展。② 提斯戴尔认为，社会可持续发展是政治和社会结构的可持续，诺加得又增加了文化的可持续发展，主要包括价值观念与信仰系统的可持续发展。Takashi Onish 提出，可持续发展就是在环境允许的范围内，现在和将来给社会上所有的人提供充足的生活保障。

叶文虎教授认为：“可持续发展是不断提高人均生活质量和环境承载力，满足当代人需求又不损害子孙后代满足其需求能力的，满足一个地区或一个国家人群需求又不损害别的地区或国家满足其需求能力的发展。”③

杨开忠教授认为可持续发展是“既满足当代人需要又不危害后代人满足需要的能力，既符合局部人口利益又符合全球人口利益的发展。”④

而另一个角度的研究是代际公平。Page 最早提出“代际公

① 谢天：《环境文明，人类追求的新目标》，载《中国环境报》2002年10月4日。

② Brown L. R., *Building A Sustainable Society*, New York, Norton WW, 1981.

③ 叶文虎等：《论可持续发展的衡量与指标体系》，载《世界环境》1996年第1期。

④ 杨开忠：《一般持续发展论》，载《中国人口·资源与环境》1994年第4期。

平”的概念①,并指出了“代际多数规则”,如果某项决策事关子孙万代的利益,那么,不管当代人对此持何种态度,都必须按照子孙后代的选择去办。又如 Tietenberg② 指出,可持续发展的核心在于公平性,使后代的经济福利至少不低于现一代,即现一代在利用环境资源时不使后代的生活标准低于现一代。Solow 提出了为子孙后代保存生存机会,使子孙后代与我们有相同的潜力。

也有人提出可持续发展是一种以人的发展为中心,以包括自然、经济、社会内的系统整体的全面、协调、持续性发展为宗旨的新的发展观,即认为“可持续发展的核心是要以人为本”,“可持续发展概念的核心是人的全面发展”③。人类是社会的主体,改造自然体现了人类高于其他动物的本性,同时人类也应当保护自然。可持续发展是自然、经济、社会的可持续进步,最终应当是人类的进步。对大自然的呵护,其实是对人类自身的关怀。

基于社会学观点的可持续发展的评价指标主要评价人类的发展状况,以及生活质量等方面的内容。这些指标包括组织社会指标体系(FSDS)、人文发展指数(HDI)、人类活动强度指数(HAI),生活质量衡量指标,“可持续性晴雨表”指标体系等。

经济合作与发展组织和联合国统计机构在 70 年代初也开始重视社会指标对发展的指示作用。1978 年联合国发布了第一个关于社会指标的一般准则,即《社会指标:初步的准则和实例说

---

① Page. T, *Intergenerational Equity and the Social Rate of Discount.* In V Kerry Smith (ed) Environmental Resource and Applied WelfareEconomics. Resource Washington, D. C., Resources for the Future, 1988.

② Tietenberg, Thomas, *Environmental and Natural Resource Economics*, zd ed Glenview, III:Foresman and Company, 1988.

③ 田德望等:《环境与发展导论》,中国环境科学出版社 1997 年版,第 5 页。

明》,详细阐述了度量生活水平和影响生活水平的各种经济、社会因素方面的社会指标概念。1979 年联合国发布了组织社会指标体系的框架,即 FSDS。该指标体系共涉及 12 个领域,包括人口、家庭、学习、收入等。

联合国开发计划署在《人类发展报告》(1990—1998) 中提出人文发展指数 (HDI)。这个指数包含了人均收入 (按购买力评价 PPP 计算)、预期寿命和生育、教育等 3 类数据, 以较少的指标反映国家经济社会发展水平和状况。但是对 HDI 的争议也比较大, 因为它忽视了环境资源的因素, 比较适合于评价发达国家, 对发展中国家不太适用, 同时指标侧重于对现状的描述和历史发展过程的时序分析, 无法预测未来的发展趋势, 因此有待完善。

人类活动强度指数 (HAI), 由以色列希伯来大学的道夫尼尔提出的, 运用发展度和感应度用于测算人对区域的作用。该指标主要应用于全球的评价和预测, 侧重人文和社会因素, 与人文发展指数一样, 忽视了环境资源的因素, 目前没有受到广泛的认可。

生活质量的衡量。"生活质量"的概念最早是由美国经济学家加尔布雷思在 1985 年提出的。生活质量的内容非常广泛,国际上一般采用综合指数来计算。美国的戴维·莫里斯博士将指标简化为物质生活质量指数(PQLI),由平均期望寿命率、婴儿死亡率和成人识字率 3 项指标构成。物质生活质量指数表达的内容还是片面的,生活质量还包括人的精神生活质量,而这部分的质量往往更为重要。如果一个地区的人们的精神生活很糟糕的话,那么整体的生活质量也会相当的差。物质生活和精神生活的极大丰富才是社会可持续发展的表现。

1994 年世界保护同盟（IUCN）与国际开发研究中心（IDRC）联合对可持续发展评估办法进行研究，于 1995 年提出了“可持续性晴雨表”评价指标和方法①。用于评估人类与环境的状况以及向可持续发展迈进的进程。该方法最初被称为“系统评估”，现在被称为“可持续性评估”或“福利评估”②。该指标的理论依据是，生态系统和人类福利的结合，就像鸡蛋的蛋清和蛋黄组成的“福利卵”，只有蛋清和蛋黄都好时，这个鸡蛋才是好的。所以当人类和生态系统都好时，社会才能可持续的发展。该指标包含了两个系统的若干个子系统指标。并反映 5 种可持续发展的情况，分别是可持续发展、中等可持续发展、基本可持续发展、基本不可持续发展和不可持续发展。Prescott-Allen 于 2001 年用“可持续性晴雨表”指标方法，计算了世界上 180 个国家的可持续性状况，这是首次对全球可持续性状况进行的评估。③ 评估的结果是世界上大多数的人都生活在福利水平差的国家中。生态福利指数较差的国家占了世界陆地和内陆水域的面积的近一半。“可持续性晴雨表”指标是一个综合的指标体系，相对于其他的单一指标更全面反映了生态系统和人类福利的相互依赖关系。指标的缺点还是在于权重的设计导致数据的不准确。

国内学者则从物质生产和物质生活、社会生活和社会关系及个性发展活动三个方面，分四级指标层，建立持续社会发展指标体

---

① Prescott-Allen R., *The Barometer of Sustainability: A Method of Assessing Progress Towards Sustainable Societies*, Gland, Switzerland and Victoria BC: International Union for the Conservation of Nature and Nature Resources and PADATA, 1995.

② Guilt I., *Moiseev A IUCN Resources Kit for Sustainability Assessment*, Gland, Switerland: International Union for Conservation of Nation and Natural Resources, 2001.

③ Prescott-Allen R., *The Well-being of Nations: A Country-by-country Index of Quality of Life and Environment*. New York Island Press, 2001.

系，评价社会系统可持续发展状况。① 该方面的研究以中国社会科学院朱庆芳等人的研究为代表。

我国在可持续发展的理论研究与实证研究方面，有着独特的优势。在上述三个主要方向的基础上，独立地开创了可持续发展研究的第四个方向——系统学方向②。该方向以系统论为基础，吸收控制论、信息论、计算机模拟技术、管理科学和决策论等科学理论，以系统动力学的方法，依因果联系建立系统的结构模型，通过对系统边界、系统环境、系统要素、系统结构与功能、系统发展机制和系统约束等的计算机模拟与优化，研究与预测系统的发展。其突出特色是以综合协同的观点，去探索可持续发展的本源和演化规律，将“发展度、协调度、持续度三者的逻辑自洽”作为中心，有序地演绎可持续发展的时空耦合与互相制约、互相作用的关系，建立人与自然、人与人之关系统一解释的基础和评判规则③。其理论主要观点有：可持续发展的核心在于规范人与自然、人与人之间的关系，其实质就是体现人与自然、人与人之间的和谐相处。可持续发展系统由五个子系统构成：生存支持系统、环境支持系统、发展支持系统、社会支持系统和智力支持系统。一个国家或地区的可持续状况取决于这五个系统的共同贡献。

可持续发展系统研究的另一个成果是刘培哲等人建立的三维复合的可持续发展系统。他们认为可持续发展既不是单指经济发

---

① 刘传祥等：《可持续发展基本理论分析》，载《中国人口、资源与环境》1996 年第 2 期。

② 潭崇台：《发展经济学概论》，武汉大学出版社 2003 年版，第 281 页。

③ 中国科学院可持续发展研究组：《1999 中国可持续发展战略报告》，北京科学出版社 1999 年版；中国科学院可持续发展研究组：《2000 中国可持续发展战略报告》，北京科学出版社 2000 年版；中国科学院可持续发展研究组：《2001 中国可持续发展战略报告》，北京科学出版社 2001 年版。

展或社会发展,也不是单指生态持续,而是指"以人为中心的自然、经济复合系统的可持续"①。因此,可以这样定义可持续发展:可持续发展是能动地调控自然、社会复合系统,使人类在不超越资源与环境承载能力的条件下,促进经济发展、保持资源永续和提高生活质量。发展就是人类对这一复合系统的调控过程。可持续发展没有绝对的标准,它反映的是整个系统的运作状态和总体趋势。

另外,我国的不少专家在可持续发展的系统学方面做了大量的研究,取得了一定的成果。比如沈惠漳、顾培亮讨论了当代系统科学和方法的成就,指出了现有理论与方法对于可持续发展系统定量研究的作用;②王浣尘认为集约型增长和可持续发展是系统工程的典范主题,他从人类活动的基本单元出发,提出了"枚"的概念,建议建立枚系统经济学,并认为枚系统经济学为可持续发展提供了根本的理论基础;③魏宏森等把科技、经济、社会和环境作为一个开放复杂巨系统,研究了其持续—协调的内在机制(动力机制和反馈机制)等。④

可持续发展的系统观把人类赖以生存的地球及局部区域看成是由自然、社会、经济等多因素组成的复合系统,它们之间既相互联系,又相互制约。在这个系统中,只有全部的可持续发展才能达到系统的可持续,任何一个因素的非可持续,都会影响到系统的可

① 龚建华:《论可持续发展的思想与概念》,载《中国人口、资源与环境》1996年第6期。

② 沈惠漳、顾培亮:《当代系统科学和方法与可持续发展》,载《天津商学院学报》1998年第5期。

③ 王浣尘:《枚系统经济学与可持续发展》,载《系统工程理论方法应用》1997年第6期。

④ 魏宏森、姜炜:《科技、经济、社会与环境持续协调发展的反馈机制研究》,载《系统科学理论与实践》1996年第6期。

持续。

前面所介绍的指标,都是针对一个方面的评价指标,不免有些片面,而系统化的评价指标则是综合了生态、经济、社会方面而建立的指标体系,全面评价可持续发展的状况。系统化指标最有代表性的就是联合国可持续发展委员会(UNCSD)建立的“驱动力—状态—响应(DSR)”指标体系。

UNCSD 早期的指标是依据《21 世纪议程》中的内容,从可持续发展的 4 个方面:环境、经济、社会和制度建立起的指标体系,共有 134 个指标①。其中,经济指标 23 个、社会指标 41 个、环境指标 55 个、制度指标 15 个②。该指标体系与环境的可持续发展联系较为密切,从环境指标的个数就可以看出来。但是指标的数目过多,不易于测算和开发,而且,没有提供方法衡量不同方面的联系,它缺乏一个对可持续发展的整体认识。于是 DSR 又衍生出了驱动力—状态—影响框架(DFSR)和压力—状态—影响—响应框架(PSIR)。DSR 给系统化指标体系的研究搭起了一个平台,指标的建立具有指导性意义。

经济合作与发展组织(OECD)可持续发展指标体系。从 1989 年开始,OECD 即实施其“OECD 环境指标工作计划”。该组织 1991 年就提出其初步环境指标体系,这也是世界上第一套环境指标体系。“OECD 环境指标工作计划”迄今取得的主要成果是:(1)成员国一致接受“压力—状态—响应”(PSB)模型作为指标体系的框架;(2)基于政策的相关性、分析的合理性、指标的可测量

① 张坤民、温宗国:《城市生态可持续发展指标的进展》,载《城市环境与城市生态》2001 年第 6 期。

② United Nations, *Indicators of Sustainable Development, Framework and Methodologies*, New York, 1996.

性等,遴选和定义环境指标体系;(3)为各成员国进行指标测量并出版测量结果①。OECD 可持续发展指标体系包含 3 类指标体系:核心环境指标体系、部门指标体系和环境核算类指标。为便于社会了解,提高公众环境意识,在核心环境指标的基础上,OECD 又选出了"关键环境指标",引导公众和决策部门聚焦关键环境问题。②

国家统计局与中国 21 世纪议程管理中心的可持续发展指标。1996 年,"中国可持续发展指标体系研究"课题组建立了由经济、社会、人口、资源、环境和科教 6 大子系统组成的指标体系,体系由描述性指标与评价指标群构成。并根据统计数据,选取了反映可持续发展能力的 83 个指标,确定指标权重,对中国历年的发展态势进行了评价,认为我国处于亚健康状态。

中国科学院的可持续发展指标体系。2002 年,在学者牛文元的带领下,中科院可持续发展战略研究组提出了中国可持续发展战略指标体系,该指标体系分为总体层、系统层、状态层、变量层和要素层五个等级,从生存支持系统、发展支持系统、环境支持系统、社会支持系统和智力支持系统中选择的 219 个指标、从各个方面对可持续发展加以评价。并对全国各地区的可持续发展情况,从 2000 年到 2002 年进行了评价③。

加拿大环境—经济圆桌会议(NRTEE)1995 年提出的基于反

---

① OECD, *Towards Sustainable Development*, *Environmental Indicators* 2001, Paris, 2001.

② Prescott-Allen R. , *The Barometer of Sustainability*:*A Method of Assessing Progress Towards Sustainable Societies*, Gland, Switzerland and Victoria BC: International Union for theConservation of Nature and Nature Resources and PADATA, 1995.

③ 中国科学院可持续发展研究组:《2002 中国可持续发展战略报告》,北京科学出版社 2002 年版,第 11—13、229—249 页。

应—行动—循环的指标体系,英国1996年提出的可持续发展指标体系,美国1996年提出的可持续发展指标体系,还有基于复合生态系统理论、系统动力学理论、多目标决策技术、环境—经济系统协调度模型等理论构建的可持续发展评价指标体系等。

系统化指标较单一指标更加全面地反映了可持续发展的方方面面,虽然有一些指标还是在某些方面有所侧重,但综合系统的评价让决策者和公众能直观地了解到可持续发展的状况,以提高公众意识,帮助决策者做出决策。这类评价方法仍处在探索阶段,指标与可持续发展总体目标的具体关系和联系、指标的权重、指标的阈值、综合评价方法一直是评价的核心和难点。①

可持续发展的思想跟随于人类的发展史,从古代的"天人合一"思想,桑基鱼塘的实践应用,到近代人们环保意识的觉醒,可持续发展理论的研究与应用,经历了漫长的历史过程,证明是不变的发展主题。目前,可持续发展的理论研究主要有以下几个方面:

可持续发展的评价指标研究。对可持续发展的评价对决策的制定与实施非常重要,评价的准确性与全面性就是指标体系研究的首要目标。而上面的文献综述中简略地介绍了各类评价指标,包括单一的指标和指标体系。它们存在的共同问题是,将因素量化产生的困难,权重的设计较难确定,数据的收集与取得的困难,以及指标体系反映状况不够全面、完善等。因此在这一方面的研究将是未来可持续发展理论研究的重点问题。

可持续发展系统学方向的研究。这是我国专家学者的创新,虽然提出的较晚,但它是未来可持续发展研究的方向。应用系统

① 李利锋等:《区域可持续发展评价:进展与展望》,载《地理科学进展》2002年第21期。

学的思想,克服了只就单一方面研究可持续发展的“只见树木,不见森林”的片面性,综合全面考虑问题,将有助于问题的完美解决。

区域的可持续发展战略研究。区域的范围大到洲际、国家之间,小到一个省、城市或是县域。区域研究有只就区域的生态、经济或是社会中的一个方面来考虑区域的可持续发展战略的问题,也有研究区域这个由生态、经济、社会组成的整体系统的可持续发展战略的制定与实施。其目标都是通过达到整个区域的可持续发展,最终实现全球的可持续发展。

人类的可持续发展研究。这是对前面所有方面的总结,但强调的一点是人文关怀。人文关怀就是关注人类的生存与发展,包括人的生存状况、物质水平、人的尊严、人的人格、人的个性,以及人的理想、人生活的意义等等。其实,前面所讲到的理论大多是从宏观方面来讨论可持续发展,也就是通过生态的可持续、经济的可持续和社会的可持续最终达到整个人类的可持续发展。而在微观层面上,人类是由一个个的个体人组成的,也就是最小的可持续发展的单位应当是每个人。每一个人实现了个人的可持续发展,才能达到整个人类的可持续发展。所以目前人们在这一微观层面的研究还较少。而个人的可持续发展就体现在四个字上——人文关怀。相信未来会有更多的专家和学者来关注研究这一问题。

综上所述,可持续发展的定义与研究观点都体现了社会可持续发展需要保证经济效率与社会公正,同时利益分配的公平,代际公平等方面的内容。社会的可持续发展是人类可持续发展的具体形式,而自然与经济的可持续发展是保证社会可持续发展的基础。在这之中,人的因素是最重要的。没有了人的努力,一切都无从谈起。社会的可持续发展体现的是对人的人文关怀。美国思想家爱默生说过:“前进是今天的活力、明天的保障。”而人与自然的和谐,可持续的发展的社会才是人类前进的活力和保障。

三、产业集聚理论研究综述

要研究产业集聚,首先要明白什么是产业集聚。由于研究产业集聚现象的学科众多,学科之间的交流与融合不够,目前产业集聚研究尚缺乏统一的概念与研究范式。经济学、区域经济学一般多用“产业集聚(Industrial Agglomeration)”的概念;经济地理学科多用“产业区(Industrial District)”与“新产业区(New Industrial District)”、“区域集群(Regional Cluster)”的概念;而管理学科则多以“产业簇群或产业群簇(Industrial Cluster)”、“产业集群(Industrial Cluster)”、“产业群(Industrial Cluster)”、“地方企业集群(Local Cluster of Enterprises)”等概念。由于工业和产业在英语中的翻译是一样的(Industry),因此,本书认为,通常意义上我们所翻译的西方文献中的工业,特别是工业集聚,与本书中的产业集聚在本质上是一致的。本书采用产业集聚(Industrial Agglomeration)的概念,主要研究第二层次上的集聚,即中国的制造业的空间集聚。我们首先来看一下产业集聚的描述与界定。

亚当·斯密最早从分工的角度描述了集聚现象的存在。亚当·斯密①(Adam·Smith,1776)在《国民财富的性质和原因的研究》中描述道:工人所穿的粗呢绒上衣和牧羊者所用的剪刀这两种产品的生产,是由家庭作坊和手工工场为基本单位的小企业群联合劳动完成的,因而他所指的集聚是由一群具有分工性质的中

① 亚当·斯密著,郭大力、王亚南译:《国民财富的性质和原因的研究》,商务印书馆1972年版。

小企业为了完成某种产品的生产联合而成的群体。

1909 年，阿尔弗雷德·韦伯①在其《工业区位论》中首次提出了集聚和集聚效应这两个概念，韦伯将促使企业聚集在一定区域的原因分为特殊原因和一般原因两类。韦伯认为，便利的交通促使很多企业聚集到交通枢纽地区，丰富的矿山或者其他自然资源也会促使很多企业聚集到某个地区，但这些都是企业聚集的特殊原因，不具备一般讨论的意义。而从一般原因上说，众多相关或相似的企业之所以会自发自动地聚集到一个地区，是因为这样聚集比各个企业分散到各地能带来更多的收益，节约更多的成本。韦伯理论的核心是通过交通、劳动力和集聚因素相互作用的分析和计算，找出工业产品生产成本最低的点作为工业企业布点的理想区位，探讨工业区位选择的基本原则和工业区位移动规律。

韦伯认为，所谓集聚效应是指某些工业部门向某地域集中所产生的一种大于所追加的运费或劳动力费用，从而使产品成本降低的效果。韦伯从微观企业的区位选择角度对工业企业在一定地区的聚集进行了深入研究。韦伯认为集聚效应是一种“优势”，是生产在很大程度上被带至某一地点集中所产生的优势，具体地说，就是成本降低的优势。韦伯把区位因子分为地方因子、集聚因子和分散因子。所谓的地方因子主要是指用于运输成本和工资的因子。所谓的集聚因子是指一定量的生产集中在特定场所带来的生产或销售成本降低。而分散因子是指随着消除这种生产集中在一定场所带来的生产或销售成本的降低。他认为地方因子使工业企业固定于一定的地点，而集聚因子和分散因子使工业企业趋于集

① 阿尔弗雷德·韦伯著，李刚剑等译：《工业区位论》，商务印书馆 1997 年版。

中或分散。更进一步地,韦伯把集聚因子又分为两种:(1)由于单个企业生产规模的扩大而产生的这种“大规模生产效益”的集聚。(2)由于众多企业集中在一个地点生产,开始在空间上聚集,进而相互之间分工、合作、竞争,形成成本降低、收益升高的集聚。这两种方式都可以给单个企业带来更高的收益和更低的成本,所以企业有集聚的主观愿望。

韦伯把产业的市场集中作为产业集聚的第一阶段,在这一阶段,主要靠单个企业自身的发展和扩张,企业规模扩大到一定的阶段自然会引起产业的市场集中,韦伯认为这是产业集聚的初级阶段。韦伯把产业的空间集中作为产业集聚的第二阶段,在这一阶段,在第一阶段中发展起来的企业,自然地将工厂共同设于某个地区,从而产生显著的经济效益,进而会吸引更多的相关企业进驻这个地区,从而达到产业集聚的高级阶段。韦伯探讨了产业集聚优势的因素,量化了集聚形成的规则,但是韦伯的集聚效应只考察了成本节约因素,因此有一定的局限性。

马歇尔在1920年的《经济学原理》中提出外部经济的概念①,在韦伯的大工厂吸引小工厂的概念上更进了一步,表明行业内厂商的集中产生外部性,可以降低该行业的成本,带来整个行业的优势。他把外部经济分为两类:一类称之为外部经济,即有赖于工业的一般发达的经济;一类称之为内部经济,即有赖于从事工业的个别企业的资源、组织和经营效率的经济。而行业集聚的外部性主要表现在以下三个方面:形成中间投入品市场、共享劳动力和产生知识外溢。

---

① Marshall, *Principle of Economics*, Macmillan London, 1920.

马歇尔认为,产业的集聚主要是一种规模经济和广义外部经济①。他在分析规模经济时指出,大规模生产的主要利益,是技术的经济、机械的经济和原料的经济。马歇尔在分析产业集聚时,以规模经济代替了专业化经济,他主要从规模经济和外部经济的角度分析并论证产业集聚的形成。

马歇尔在分析外部经济的影响因素时认为,有三种力量确定了产业集聚的正外部性:(1)劳动力市场共享。产业区内会存在大量潜在的劳动力供给者和需求者,在这种情况下,企业家可以比较容易地在这里找到具有特定劳动技能的工人,而具有特定劳动技能的工人也能更容易地在这里找到工作,这样就大大节省了企业寻找并培训技术工人和技术工人寻找工作企业的时间和精力,进而节约了大量的成本。(2)中间产品投入。产业集聚可以促进该产业所需的各种中间品的生产,而对于这些中间品的大量需求,又会促使更多的中间品生产厂商集中到这个区域,进行更加专业化、技术更高、成本更低的生产。这从另一个角度促进了区域内企业的总体竞争力。(3)技术外溢。由于马歇尔认为,技术和知识的传播与地理距离成反比,所以在产业聚集区内,如果一个企业有了新的发明和创造,因为地理距离相近,很快的这种发明和创造就会被其他企业所学习和知晓,并有可能引发新的发明和创造,进而带动整个区域内的整体科学技术水平。而这种知识和技术的外溢,又会吸引更多的具有创新意识的企业家加入产业聚集区中。

马歇尔认为,这种对于专门人才、专业机构和原材料的高效使用,是处于分散状态下的单个厂商不可能达到的,而这种高效率就

① Marshall, *Principle of Economics*, McMaster University, Canada, 1890, pp. 201 - 331.

会进而促进更多的厂商集中和集聚在一起。他认为产业聚集的本质就是把性质相同的中小厂商集合起来,并对生产过程的各个阶段进行专业化分工,以实现作为巨型企业特征的规模经济生产。

马歇尔在分析产业集聚区的特征时,强调了产业集聚区内的企业专业化分工的特征和合作的特征——企业之间通过不断的合作获得经济的正外部性。马歇尔同时强调了产业集聚区内知识外溢的特征,这些新的思想、知识、信息和制造工艺,可以在产业集聚区内比较自由地流动和快速地传播。马歇尔虽然没有研究产业集聚与区域经济发展之间的关系,但是他的产业集聚外部性研究为以后的研究奠定了重要的理论基础。

胡佛认为产业集聚区是一种规模经济区,他创造性地把规模经济区分成三个不同的层次。(1)单个区位单位的规模经济;(2)联合企业体的规模经济;(3)某个产业在一定区位的集聚体的规模经济①。胡佛提出产业集聚存在一个最佳的规模,就任何一个产业而言,在一定区位上集聚的企业如果太少,则其集聚规模太小,可能不能达到集聚产生的最佳效果;如果集聚的企业太多,则可能由于某些原因使得集聚区域的整体效果下降。胡佛认为产业集聚的成因,源于规模经济、本地化经济和城市化经济。这三种经济各自达到最大值的规模形态,分别是厂商最佳规模、产业最佳规模、区域集聚体最佳规模。

胡佛认为,由于产业集聚产生的外部性的吸引,使得同类企业和相关产业纷纷加入集聚体,而且还会引来相关联的上下游企业的加入,这些企业的加入,会进一步强化集聚区域的集聚经济,使得整个区域经济快速增长。胡佛首次将集聚经济分解为内部规模

① 埃德加·M.胡佛著,王翼龙译:《区域经济学导论》,商务印书馆1990年版。

经济、地方化经济和城市化经济,进而引导形成产业集聚理论研究的一次世界性研究高潮。

20 世纪 90 年代,保罗 · 克鲁格曼和迈克尔 · 波特对于产业集聚的研究,使产业集聚摆脱了经济地理学的范畴,成为主流经济学关注的热点问题之一。

1990 年,迈克尔 · 波特在其《国家竞争优势》一书中,从组织变革、价值链、经济效率和柔性方面所创造的竞争优势角度重新审视产业集聚的形成机理和价值①。迈克尔 · 波特以“钻石模型”的国家竞争优势分析框架重构了有关产业集聚的经济理论。“钻石模型”的构架主要由四个基本的因素:要素条件、需求条件、相关及支持产业、企业的战略结构与竞争,以及两个附加要素:机遇、政府所组成。波特认为,这些因素所组成的“钻石模型”是一个相互作用的动态系统,只有这些因素都积极发挥作用的情况下,才能为企业创造出更好的发展环境。波特认为,地理上的产业集聚可以使要素条件、需求条件、相关及支持产业、企业的战略结构与竞争这四个基本要素更好的整合,进而形成一个整体,协调发挥作用。

波特认为,一个国家内有竞争力的产业集群,可以促进这个国家产业的发展和产业的竞争,进而使这个国家获得竞争优势。波特对产业集聚的界定是,在某一特定领域(通常以一个主导产业为主)中,大量产业联系密切的企业以及相关支撑机构在空间上集聚,并形成强劲、持续竞争优势的现象。波特在 1998 年发表了《集聚与新竞争经济学》一文,进一步解释了产业集聚的含义:“集聚是特定产业中互有联系的公司或机构聚集在特定地理位置的一种现象。集聚包括一连串上、中、下游产业以及其他企业或机构,

① 波特著,李明轩等译:《国家竞争优势》,华夏出版社 2002 年版。

这些产业、企业或是机构对于竞争都很重要,它们包括了零件、设备、服务等特殊原料的供应商以及特殊基础建设的提供者。集聚体通常会向下延伸到下游的通路和顾客上,也会延伸到互补性产品的制造商以及和本产业有关的技能、科技、或是共同原料等方面的公司上。最后,集聚体还包括了政府和其他机构——像大学、制定标准的机构、职业训练中心以及贸易组织等——以提供专业的训练、教育、资讯、研究以及技术支援"。他认为,产业集聚通常发生在特定区域中,是相互关联的一群企业和相关机构的集中,集聚体内企业之间是非正式的、相互独立的关系。这种关系不是垂直一体化的组织关系,而是一种松散的价值体系(参见图1-2)。这种关系所具有的高效、灵活等特性,可以使区域内的企业产生竞争优势。波特进一步认为,集聚促进区域竞争,而这种竞争可以保持和促进区域经济增长的速度。集聚的地理规模可大可小,可以是一个城市,一个省,也可能是一个国家,或者是几个国家形成的集合体。产业集聚体主要通过三种方式影响区域产业的竞争优势:(1)通过提高立足该领域的公司的生产力来施加影响。(2)通过加快创新的步伐,为未来的增长奠定坚实的基础。(3)通过鼓励新企业的形成,扩大并增强集群本身来增强竞争力。波特从产业集聚促进微观企业竞争力,从而提高区域产业竞争优势,进而奠定区域竞争优势的角度来研究产业集聚,在一定程度上揭示了产业集聚影响企业竞争力的机制。

1991年,保罗·克鲁格曼在《政治经济学期刊》第三期上发表的"收益递增与经济地理"的论文①,对于产业集聚理论的完善,产

① Kruggman. P, Increasing Returns and Economic Geography, *Journal of Political Economy*, 1999, 99(3), pp. 483-499.

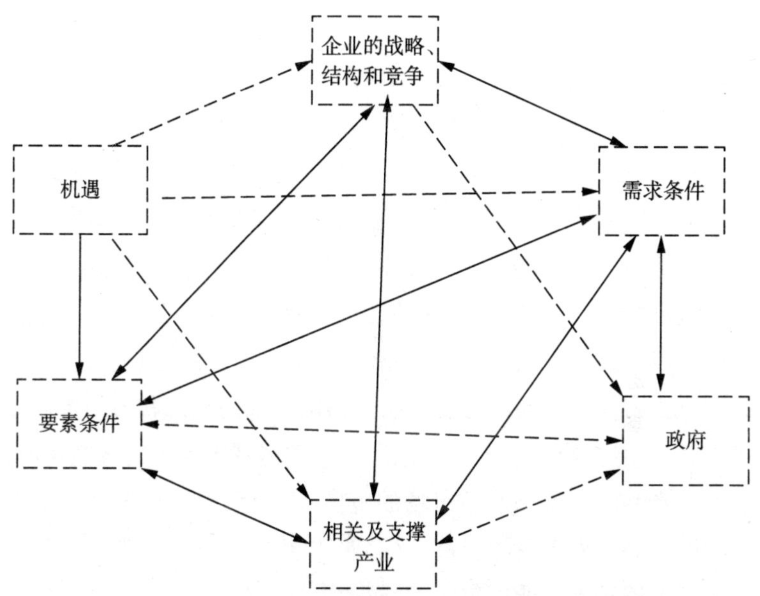

图 1－2 波特(Porter)的国家竞争力分析模型(钻石模型)

生了重要影响。在这篇文章中,克鲁格曼以一个简单的模型为例,证明了在一个国家或地区,企业为了实现规模经济,使运输成本最小化,而倾向于将厂址选择在市场需求最大的地方,但大的市场需求则又取决于制造业企业厂址的分布。在这里,克鲁格曼所指的运输成本是广义的运输成本,它不仅包括运输过程中形成的有形运输成本,而且还包括由于地方保护主义所形成的无形运输成本。克鲁格曼假设任何制造业产品都有运输成本,而企业选址的聚集,可以使这两种成本都趋于最小化。在其后的论文和著作中,克鲁格曼进一步发挥了俄林的思想,认为不仅是运输成本和规模经济,制造业产品在消费支出中的份额也是集聚因素。

克鲁格曼以规模报酬递增、不完全竞争的市场机构为假设前提,在 Dixit-Stiglitz 垄断竞争模型的基础上,认为产业集聚是由企业的规模报酬递增、运输成本和生产要素流动通过市场传导的相互作用而产生的。克鲁格曼以制造业为例,用严密的数学论证,证实了集聚会带来“中心—外围”区域经济增长格局。

在“中心—外围”模型中,克鲁格曼强调了产业集聚引起的前向和后向的经济联系,进而形成吸引产业与要素进一步集聚的向心力。前向的经济联系是指企业上下游联系的产业能集聚在一起,能极大地减少中间投入品的在途损耗、缩小运输成本,从而降低中间投入品的价格,因此,企业由内在的动力在空间上聚集在一起并分工协作。后向的经济联系是指由于前向经济联系的企业聚集在一起生产,降低了产品从工厂运输到消费者手中的运输费用,扩大了产品的规模和产品市场的范围,进而会引起聚集区内工人工资的提高。而工资的提高,又会吸引更多的具有专业技术和知识的工人流动到产业聚集区,从而产生后向的经济联系。同时,由于规模经济收益递增会引起运输成本的提高,所以还存在一种产业集聚的离心力。克鲁格曼将国际贸易理论的收益递增与不完全基本假设引入到经济地理分析框架中,通过向心力与离心力相互作用将产业地理集聚模型化,其核心在于将国际贸易理论中的集聚的本地市场效应与要素资源的可流动性相结合,通过收益递增和运输成本的交互作用决定产业与企业的地理集聚与分散布局。

克鲁格曼认为,如果规模经济足够大,那么每个理性制造商为了最小化运输成本,都会选择在当地需求最大的地方建厂,而当地需求最大的地方正是大多数制造商选择的地方。因此,存在一种循环关系,使得一个制造带一旦建立起来以后,就会一直存在下去。克鲁格曼的理论为政府的产业政策扶持提供了理论依据,他认为有吸引力的产业政策有可能成为某个地方产业集聚诞生和不断自我强化的促成因素,而包括贸易壁垒在内的产业政策也可以改变产业分布的现实格局，但是克鲁格曼也强调产业政策指示促使产业集群产生的条件之一，还有很多其他的因素会影响产业集群的产生。

克鲁格曼第一次通过数学模型分析证明了工业集聚将导致制造业中心区的形成，弥补了马歇尔和韦伯观点的不足。由于制度、文化、社会因素在产业集聚过程中作用难以量化，所以虽然克鲁格曼承认这些因素的作用，但仍然在分析中将其忽略。除此之外，在产业集聚扩散理论研究方面比较著名的理论还有区位理论、增长极理论和核心—外围理论，下面我们将分别总结。

区位理论是关于人类社会经济活动的区域经济增长的基础理论，也是区域均衡发展、区域产业布局与集聚、区域经济资源开发与利用的方法论。区位理论萌芽于18世纪的资本主义商业、运输业高速发展的时期，先后形成了多个有代表性的理论，如屠能的孤立国论、马歇尔的产业区位论、韦伯的工业区位论、克里斯塔勒的中心地理论以及廖什的市场区位理论等。到19世纪，贫困落后区域问题特别是在富裕国家里也都存在一些贫穷落后区域的问题逐渐引起许多学者的关注，当时在资本主义较发达的国家中，一些本来经济繁荣的地区，如英国的北英格兰、爱尔兰、威尔士等地区，美国的新英格兰地区等都陷入了经济结构性危机之中。20世纪30年代，由于又爆发了资本主义经济大危机，致使这些区域之间的经济两极分化更进一步加剧，在这一背景下，西方许多区域经济学者在屠能的孤立国论、韦伯的工业区位论、克里斯塔勒的中心地理论以及廖什的市场区位理论的基础上从不同角度对区域经济均衡发展和产业布局进行了研究，形成了现代区域经济理论。

德国区域地理学家屠能在1826年提出的“孤立国”理论主要就农业产业的集聚生产类型和农业土地经营集约化程度进行了研

究,屠能的主要观点是农业的集聚类型和土地经营集约化程度不仅取决于土地的自然特性,而且依赖于其经济状况,取决于它到农产品消费市场的距离。屠能提出“孤立国”理论的假设条件主要有:(1)在研究范围之内,存在一个圆形范围的国家;(2)只有一个城市位于其中心;(3)在中心城市和郊区之间只有陆上道路相连,在城市中销售的农产品都沿陆上道路运往市场;(4)各地的土壤质量和气候是相同的;(5)运输费用与农产品的重量和生产地到消费市场的距离成比例①。在这些假设前提的基础上,屠能认为,生产地到消费地之间的距离是引起农业生产区域差异的主导因素。他认为,不宜保存和重量大、单位价值较低的农产品,应靠近消费地聚集生产,随着生产地距离消费地愈远,愈有利于开发价值量大的农业项目。随着离消费地距离的增加,土地经营变得粗放,而距城市最近的郊区,必须是集约地经营。根据屠能的集约化经营理论,农业集约化程度都是按距离发生变化,形成围绕消费中心的一系列的“屠能圈”②。

克里斯塔勒(W·Christaller,1932)提出了区域经济增长的中心地理论。中心地理论主要内容就是关于一个国家或区域内城市和城市职能、经济发展与经济增长、城市大小与区域结构的学说③。在中心地理论中,克里斯塔勒提出了“中心地”、“中心度”、“中心货物与劳务”等概念,并提出要有效地组织生产和流通,必

---

① 宋栋:《中国区域经济转型发展的实证研究——以珠江三角洲为例》,北京经济科学出版社2000年版,第22—29页。

② Thunen, J. H., *The Isolated State*, New York: Pergamon Press, 1966, pp. 40 - 81.

③ Christaller, W., *Central Places in Southern Germany*, Englewood Cliffs, N. J., prentice-Hall, 1993, pp. 2 - 130.

须形成以城市为中心，由相应的多级市场区构成的区域市场结构。并说明了优越的区域结构对产业集聚会产生强有力的拉动效应。克里斯塔勒认为，一个确定级别的“中心地”生产的产品或提供的劳务，都存在大致确定的区域经济距离和能达到的范围。对“中心货物与劳务”的需求与“中心地”的区域经济增长之间存在着相关关系。当附近区域存在对多种“中心货物与劳务”的大量需求，则就会促进“中心地”区域的经济增长。克里斯塔勒还认为，政府管理的因素也是影响“中心地”区域分布的重要因素。通过研究克里斯塔勒得出了结论，他认为，小城镇应均匀地分布在整个区域范围内，并且小城镇彼此间的距离应当相等。

廖什（A. Losch，1940）在他的代表作《区位经济学》中提出了市场区位论。廖什从克里斯塔勒（W. Christalle）的市场区域结构理论出发，将一般区域均衡方法引入区域分析，并将区域贸易和运输等区域问题纳入区域经济的研究领域，研究和分析了区域市场规模和区域市场需求结构对产业集聚的方向性选择问题。廖什进一步分析了影响区域市场容量的主要因素有消费强度、市场半径、产品价格、消费偏好、销售策略以及单位产品的运输费用等①。廖什的市场区位论与以前的区位理论相比具有几方面的不同之处：首先，廖什的市场区位论不是从单个企业的利益角度来寻求最佳区位，而是把单个企业放入大量企业存在的产业中去研究，也就是从区域均衡的角度来分析整个区域产业的配置问题。其次，廖什的市场区位理论的主要优点是将产业区位和市场结合起来进行研究。廖什将市场区作为解决问题的起点，同时廖什认为，企业的目

① Losch. A., *The Economics of Location*, New Haven: Yale University press, 1954, pp. 8-41.

标是谋求最大化利润。他认为,最低成本及最小吨公里的区域布局不一定能保证企业实现最大化利润。最后,廖什在市场区位理论中,提出了区域产业集聚和点集聚的问题。廖什将区域产业集聚划分为产业地带和产业区。他认为,产业地带就是同类产业区的集聚,而产业区就是彼此相互分离的市场范围。廖什的产业集聚和点集聚的提出以及产业地带和产业区的划分,为后来学者研究区域产业和市场结构奠定了理论基础。

增长极理论最初由法国经济学家佩鲁(F. Perroux)提出,后来经过法国的布代维尔(J. B. Boudeviue)、瑞典的缪尔达尔(G. Myrdal)和美国的赫希曼(A. O. Hischman)等经济学家的发展和完善,如今已经成为区域经济发展学说的基本理论之一,为许多国家和地区制定区域经济发展政策提供了重要依据。

佩鲁于1950年和1955年在《经济学季刊》先后发表了"经济空间:理论与应用"和"略论增长极概念",对增长极理论进行了阐述。佩鲁认为,"经济空间是存在于经济要素之间的关系"①,与一般意义上的地理空间不同。他把经济空间分为三种类型:计划空间、受力场空间和匀质整体空间。其中,受力场空间存在着若干中心(或极),这些中心(或极)的作用就类似于磁铁的磁极,在相互之间起到吸引和排斥的作用并产生向心力和离心力,相互交汇形成一定范围的场,并总是处于非均衡状况的极化过程之中。佩鲁从这种受力场的中心确定了他的增长极,认为极是经济活动的集聚地、增长的发动机。

佩鲁在《略论增长极概念》一文中指出,"增长并非同时出现

① 转引自李仁贵:《区域经济发展中的增长极理论与政策研究》,载《经济研究》1988年第9期。

在所有地区,而是以不同的强度出现在增长点或增长极,然后通过不同的渠道扩散,对整个经济具有不同的终极影响。"①佩鲁所说的增长极是一定的经济环境或经济空间中的领头产业或关键产业,"这些产业产值本身的增长速度高于工业产值和国民经济产值的平均速度","当它增加其产出(或增加购买生产性服务)时,能增加另外一个或几个产业的产出(或投入)"。在高度工业化和市场竞争的背景下,经济发展的主要动力是技术进步和创新,因此,增长的势力往往集中在主导产业或创新企业上,它们的增长速度高于其他产业的增长速度,并对其他产业具有很强的连锁效应和推动效应。它们首先在某些城市和地区集聚并优先得到发展,然后向外围扩散,推动其他产业的发展,最终实现整个区域的经济发展。这些起推动作用的产业就是增长极。佩鲁对增长极的形成条件作了概括:一是必须具有一批有创新能力的企业和企业家;二是必须具有规模经济效益;三是要有适宜的经济环境。

佩鲁从三个方面分析了增长极对区域经济增长产生的重要作用。一是技术创新与示范效应。增长极企业的技术创新使其产出增长率、投资回报率大大高于其他企业,对于周围其他企业具有示范的价值,可以促使他们的学习和效仿,创新的成功推广能够带动其他部门和地区的发展。二是资本的集中和输出。增长极可以利用其较高的生产能力和技术水平,从所在地区和周边地区吸收集中大量的资本,扩大自身的投资规模。同时,也可以根据需要向周边地区输出资本,支持周边地区的发展。三是集聚经济。增长极的发展,使人们在经济活动中取得强化的效应。工业开始集聚,并产生了各种类型的消费者,企业家、熟练工人、工业高级管理人员

① 弗朗索瓦·佩鲁:《增长极概念》,载《经济学译丛》1988年第9期。

等生产者也逐步形成一个集体,这样就形成了人力资源、固定资本和货币资本积累和集聚的中心。这个中心也会导致其他中心的出现,这些中心之间借助物质和智力交往而相互联系,进而会使增长极所在地的整个经济状况改观。

根据增长极思想,佩鲁提出相关的政策建议:如果一个不发达国家和地区缺少增长极,那就应该创建增长极。增长极分为两类,一类是吸引中心,一类是扩散中心。吸引中心的作用是把周边地区的居民吸引到增长极来,减轻周边地区的人口压力,使农户的耕作面积扩大并改进技术,从而可以提高周边地区的人均福利水平。扩散中心的作用是通过增加投资,促使周边地区的人口密度加大,从而改善那里的经济发展格局。

佩鲁提出增长极理论之后,引起了许多发展经济学家的浓厚兴趣和关注,并进行了进一步的研究,从而使该理论得到了完善和发展。法国经济学家布代维尔(J. B. Boudeviue)是法国学派的代表人,该学派是以法国、比利时等西欧国家的经济学家为主的学派,主要观点是通过在落后地区建立大型推动型工业作为增长极以此推动周围地区的经济发展。布代维尔作为佩鲁的弟子,继承和发展了佩鲁的增长极理论,他的思想一直在法国学派中占据重要地位。

布代维尔在《区域经济规划问题》、《国土整治和发展极》等著述中系统阐述了他的观点。他把增长极的概念从佩鲁理论中的产业关系转到地理空间关系。他认为经济空间是"经济变量在地理空间之中或之上的运用"①,并把区域按经济空间的类型分为匀质

① 转引自曾坤生:《佩鲁增长极理论及其发展研究》,载《广西社会科学》1994 年第 2 期。

区域、极化区域和计划区域。其中，极化区域是由具有相互依存和相互补充关系的几个空间单位所组成的区域，区域内的经济活动或者人口分布集中在某些特定的空间单位上，资金、商品和劳动力的流向一般都取向于支配该区域的中心地点。在这种区域里，周边空间单位和中心地点之间的机能关系大部分是通过人口的流动、商品和服务的流动、上下班劳动力的流动、电话等信息的流动而形成。通过这种流动关系，出现区域内等级的空间秩序。布代维尔认为增长极是在城市区配置不断扩大的工业综合体，并在其影响范围内引导经济活动的进一步发展。布代维尔把增长极和极化空间以及城镇联系起来，就使增长极有了确定的地理位置，即增长极位于城镇或其附近的中心区域。这样，增长极包含了两个明确的内涵：一是作为经济空间上的某种推动型产业；二是作为地理空间上的产生集聚的城镇，即增长中心。

布代维尔依然强调推动型产业在经济发展中的作用。由于各产业之间存在相互依存的投入—产出关系，推动型产业在规模扩大时，能够带动其他产业的发展，布代维尔把这种效应称为“里昂惕夫乘数效应”。另外，推动型产业一旦配置在区域内具有优越条件的某一节点，这一节点将作为增长极，吸引着周围其他经济活动向其集中，并产生集聚经济，布代维尔把这一过程及其影响称为增长极的极化效应。推动型产业通过这两种效应推动其上游产业和下游产业的建立和发展，使得人力、资本、技术等要素以推动型产业为中心集聚，使该区域随着产业的扩张变得更有吸引力，形成极化区域的累积增长。

美国的赫希曼（A. O. Hischman）是世界著名的发展经济学家、不平衡增长理论的创立者。他经过深入研究在哥伦比亚得到的实践经验，于1957年写成并出版了《经济发展战略》一书。在本书中，赫希曼将增长极的目标开始指向城市等地理单元，第一次提出许多发展经济学领域的重要概念，如不平衡增长、前向和后向联系、极化效应和淋下效应等，发展战略一词也首次被用于经济各领域。

赫希曼在其《经济发展战略》一书中指出，“经济进步不会在所有地方同时出现，而且它一旦出现，强有力的因素必然使经济增长集中于起始点附近区域……不论是什么理由，一个经济要提高其国民收入水平，必须首先发展其内部一个或几个地区中心的经济力量……在发展过程中，需要这些‘增长点’或‘发展极’的出现，说明了国际间与区域间增长的不平衡性，是增长本身不可避免的伴随情况和条件。”①赫希曼以北方地区代表经济增长的地区，以南方地区代表落后的地区，认为北方的成长对南方会产生利弊兼存的影响。他把有利的影响称为淋下效应，主要是指“北方购买的增加和南方投资的增加……北方可能吸收一部分南方潜在的失业人口，并由此提高南方的边际劳动率及人均消费水平。”他把不利的影响称为极化效应，主要是指南方的企业因为效率较低而在市场竞争和贸易条件上处于不利地位，以及因北方经济进步而引起的南方人才的外流。赫希曼提出的淋下效应和极化效应与缪尔达尔的扩散效应和回波效应基本上是一致的。在经济发展的初级阶段，极化效应占主导地位，区域间的差异会逐渐扩大。但从长期来看，发达地区的增长达到一定规模后会产生集聚不经济，从而促进产业向其他地区扩散。这样，淋下效应将超过极化效应而占据优势，落后地区在发达地区的带动下得以发展，区域之间的差异

① 赫希曼著，曹征海等译：《经济发展战略》，北京经济科学出版社 1991 年版，第 166—167 页。

会逐步缩小。

赫希曼认为，发展中国家应该优先选择一些重点部门进行投资，通过部门间的联系效应带动其他部门的发展，从而解决发展中国家的贫困问题。赫希曼的理论强调经济部门或产业的不平衡发展，他指出在直接生产活动部门之间有两种诱导机制发生作用，一是向后联系效应，主要是指某产业与为它提供其所需投入的生产部门之间的关系；一是向前联系效应，主要是指某产业与利用其产品作为投入的生产部门之间的关系。联系效应的大小可以用该产业产品的需求价格弹性和需求收入弹性来度量，赫希曼在《经济发展战略》一书中对两种联系效应进行了测算和验证。凡有联系效应的产业，不管是向前联系还是向后联系，都能通过该产业的扩张和优先增长，逐步扩大对其他相关产业的投资，带动向后联系部门、向前联系部门和整个产业的发展，从而实现整个经济的增长。

因此，在赫希曼看来，发展中国家应该尽心选择和优先发展国民经济产业结构中联系效应最大的产业，通过这些产业的发展诱导其他产业或部门的迅速发展。这样就可以较好地解决发展中国家资金相对短缺的问题，有利于提高资源配置效率。赫希曼的理论对发展经济学和其他社会科学领域以及一些发展中国家产生了深刻而持久的影响，他也因此被公认为是第一流的、具有创新精神的思想家。

法国经济学家 M. 珀努尔认为“极是在技术关系和经济关系上相互补充的整个产业活动综合体。”①增长极以在较大地带内围绕一个主要核心而存在着互补性关系为特征，它有别于增长点和

① M. 珀努尔著，李仁贵译：《增长点·增长极·增长轴》，载《开发研究》1997 年第 1 期。

增长轴。珀努尔还在文章中对发达国家、不发达国家的极化发展机制作了具体分析。他认为，在发达国家，“极化作用特别依赖于产业活动之间与城市中心之间的相互关联程度。”由于在发达地区产业活动之间、城市中心之间联系密切，可以形成巨大的经济活动带。而在不发达地区，由于城市中心的独立性，其发展却不能带动整个区域的发展。珀努尔还指出，在不发达国家中，增长极通常以城市中心即第二产业和第三产业活动的聚集中心形式出现。他认为城市中心在不发达国家的结构变化中起着非常重要的作用，它们通过对周围地区人口的心理影响，促进人们在城市的集中和城市、农村社会经济结构的转变。

美国城市经济学家威尔伯·汤普森对增长极的城市规模与数量进行了历史角度的归纳研究，提出了著名的“城市规模棘轮”假设。他指出，城市（增长极）的规模越小越脆弱，“城市的规模经济与城市提供基本公共服务或基础结构的成本的最适度规模或最小有效规模的一致性决定的，超过‘城市规模棘轮’制约而经久不衰的决定性最小规模是 25 万左右人口。”①增长极理论的实质就是强调区域经济的不平衡发展，把有限的资源集中投入到发展潜力大、规模经济和投资效益明显的少数产业，进而形成该区域的产业集聚，使它们逐步成为区域经济的增长极，达到一定规模后的增长极通过向周围地区辐射和扩散，从而带动整个区域的经济发展。

核心—外围理论首先由劳尔·普雷维什提出，主要是阐明发达国家与落后国家之间的核心—外围不平等体系及其发展模式与政策主张。20 世纪 60 年代，美国著名城市与区域规划学家弗里

① 曾坤生：《佩鲁增长极理论及其发展研究》，载《广西社会科学》1994 年第 2 期。

德曼(J. R. P. Friedmann)将这一概念引入区域经济学,并在其代表作《区域发展政策》中最早提出了核心—外围理论的基本思想。① 1972 年,他又在“极化发展的一般理论”中对这一理论做了进一步的发展。

弗里德曼认为,任何国家的区域系统,都是由核心和外围两个子系统组成的。区域发展是一个不连续的、由创新不断累积而实现的过程。由于现实的资源、市场与环境的空间差异,发展总是源于区域内的少数变革中心,创新由这些中心向周边地区扩散,周边地区依附于这些变革中心而获得发展。创新变革的主要中心被称为核心,区域内的依附于核心的周边地区被称为外围。核心与外围之间存在着一种密切的社会经济联系,共同组成一个完整的区域系统。一方面,核心从外围吸收生产要素产生出创新;另一方面,这些创新又源源不断地向外围扩散,引起外围的经济、社会结构的转变,从而促进整个区域系统的发展。

弗里德曼深刻地刻画了核心—外围结构模式,并把它分解为四个部分:“第一是核心增长区。这是创新变革的发源地,在资本、技术和政策方面具有明显的优势,可以发展那些受原料区位变化影响较小的产业,且由于政治机构集中,处于稳定和支配的地位。第二是向上转移(或上升)地带。这一地带在核心增长区的繁荣的刺激下发展起来,投资不断增加,资源利用和农业发展的集约化程度不断提高,人口迁移量不断上升,显示出经济上升趋势。第三是向下转移(或下降)地带。这种边缘地带多为边远的农村地区,还包括原料枯竭、老工业衰退的区域,经济下降使区域内赖以生存的农业呈停滞甚至下降状态,整个产业结构老化,效率低

① Friedman JR. *Regional development policy: a Case Study of Vena*. MIT Press, 1966.

下,以粗放型经营为主,人口向外迁移。第四是资源边际区。这类地区富有待开发的资源,对区域发展有极大的潜在价值。它可能位于向下带和向上带之间,随着资源开发和人口聚集,使它与外界尤其是核心区的联系要多于毗邻地区的联系,创新、变革可能以较快的速度到达这类地区。"①

弗里德曼认为,由核心和外围组成的空间二元结构会随着时间的推移而不断强化,并把核心强化自身对外围的支配地位这一过程描述为六个主要的效应,"一是支配效应,是指因自然资源、人文资源和资本资源向核心区净转移而使外围区经济不断削弱的效应。二是信息效应,是指因核心区人口、产量和收入增长而产生的内部潜在相互作用增强的效应。这种效应有利于诱导出一个较高的创新速度。三是心理效应,是指核心区通过提供更有前景的创新机会、减少经模仿引起的创新危险以及创造进一步创新的前景等,而使创新者前往核心区。四是现代化效应,是指通过创新而使现有的社会价值观念、行为方式和组织机构朝着更易于被接受的和与迅速积累的变革一致的方向转变的效应。五是连锁效应,是指核心区通过为其他地区提供服务而创造出新的服务市场等方式来使得一种创新的出现能带来另一种创新出现的效应。六是生产效应,是指通过创新者开拓其自身的垄断地位,形成创新关联系统和专业化生产,为创新活动创造一种引人向上的报酬结构,所有这一切都因扩大外部经济的规模和城市化经济倾向于降低创新的成本而达到刺激生产的效应。"②

---

① 孙志刚:《城市功能论》,北京经济管理出版社 1998 年版,第 26 页。

② 杨友孝:《约翰·弗里德曼空间计划发展的一般理论评价》,载《经济学动态》1993 年第 7 期。

核心—外围理论中的区域经济发展的主要形式是，通过核心的创新集聚或扩散生产要素，引导和支配外围，随着市场的扩展、交通的改善、观念的转变以及城市化进程的加快，核心与外围之间的界限会逐步消失，实现区域经济的一体化。弗里德曼把区域经济增长分为四个阶段，每个阶段都反映了核心与外围关系的变化。在第一阶段的前工业化阶段，区域中已经存在若干核心，但是核心与外围之间缺乏联系，生产要素在它们之间也很少流动。在第二阶段的工业化初级阶段，极化效应开始出现，核心地区吸收从外围地区流入的生产要素而迅速发展。在第三阶段的工业化成熟阶段，扩散效应开始出现，生产要素由核心地区向外围地区扩散，外围地区也开始出现较小的中心。在第四阶段的空间经济一体化阶段，生产要素在整个区域内全方位流动，多个核心地区出现，形成完整的城市体系。

弗里德曼提出的核心—外围理论，实际上是主张扩张核心和外围的市场联系，利用政府力量促使新核心，特别是新的产业核心的出现并对外围地区发挥效应，通过不断扩张的市场联系、资源开发、空间扩展等政策，甚至依靠行政区划，逐渐使外围区的城市成为发展中心，使核心与外围之间的界限逐渐消失，推动空间经济向一体化方向发展。核心—外围理论把区域空间结构与区域经济发展联系起来，被广泛应用于指导区域规划与发展，且现实的区域经济发展也证明了它的适用性。

从20世纪80年代中后期开始，我国学者开始对产业集聚现象进行研究。以北京大学的王缉慈、盖文启为代表的关于产业集聚与区域发展的研究（2001）从跨学科的角度，着眼于企业的地方集聚与区域发展的关联机制，在剖析国内外最具典型的产业集聚区域实例的基础上，结合我国当前区域发展与区域研究的现实，指出产业集聚理论是我国目前区域发展战略的理性选择，培养具有地方特色的企业集聚，营造区域创新环境，以强化区域竞争优势，是增强国力的关键。2002 年，陈剑峰、唐振鹏介绍了国外学者对产业集群的定义和分类，从技术创新、组织创新、社会资本、经济增长等方面总结了国外产业集群的关联研究，阐述了国外产业集群的集群政策以及集群研究的逻辑关系，并综述了国外产业集群研究成果。2003 年，王缉慈从韦伯的工业区位理论入手，综述了基于纯经济学和传统经济地理学的集聚理论，介绍了新产业区理论，并分析比较了几种代表性的产业集聚理论。① 2003 年，梁琦对“新工业区”理论进行了详细的介绍，并对克鲁格曼集聚理论、波特集聚理论和其他主要经济学家集聚理论进行了介绍与研究。这些研究主要是对国外最新理论进行介绍与阐释，是将国外理论的引入过程，并没有真正的应用于国内的实践当中去，而仅仅是停留在理论的阶段。

此外还有一些学者专门对产业集聚理论基本概念、分析框架、形成机制、动力机制等理论问题进行研究。如叶建亮（2001）运用新增长理论，建立起经济学模型，得出知识溢出不仅是导致企业集聚的重要原因，而且在维系企业集群的存在和发展中具有重要作用，当企业集群不存在知识溢出时，企业的最佳选择是不加入集群，集群内部知识积累的提高不仅依赖于集群规模的扩大，而且知识存量的增加又会导致有效率的集群规模扩大，两者存在正反馈机制。同时，他还认为，在集群发展中，对知识产权的严格保护与过度的知识溢出一样会导致集群的崩溃，因而除了企业采用一体

① 王缉慈：《创新的空间——企业集群与区域发展》，北京大学出版社 2003 年版。

化行为解决这种经济外部性外，中介组织的适当干预和地方政府的创新补偿机制是一种有效的权宜之策。① 梁琦(2004)通过对产业集聚现象的系统分析，从三个层面揭示了产业集聚过程的内在规律，不仅建立了产业集聚的理论体系，而且一反传统的要素禀赋理论中比较优势决定专业化模式的观点，大胆地提出了集聚优势是专业化生产模式的决定因素、贸易成本的降低可能使比较优势决定的专业化模式发生逆转等论断。② 这些关于产业集聚的研究成果为解释产业集聚尤其是企业集群现象作出了重要贡献。

相对来说另外一些学者更加注重从国内的实践角度进行研究。徐维祥(2001)建立了一个数量分析指标体系，用聚类分析的统计学方法对浙江的"块状经济"进行特征分区研究，探讨了浙江产业群地理空间分布特征，并分析了这些特征区的成因。③ 金祥荣和朱希伟从历史的角度考察了浙江专业化产业区的起源与演化，认为专业化产业区起源的历史条件有三个因素：产业特定性知识、技术工匠和特质劳动力以及产业氛围④；王天义、张建忠(2002)通过对唐山钢铁产业群的案例分析，对传统的均衡区域经济布局理论提出了质疑。⑤ 朱华晟(2002)围绕浙江产业群现象，探讨了浙江产业群的特征、演变趋势与发展动力，提出了影响浙江产业群形成与发展的三个重要因素，即社会网络、企业家和地方政

① 叶建亮：《知识溢出与企业集群》，载《经济科学》2001 年第 3 期。

② 梁琦：《产业集聚论》，商务印书馆 2004 年版。

③ 徐维祥：《浙江"块状经济"地理空间分布特征及成因分析》，载《中国工业经济》2001 年第 12 期。

④ 金祥荣、朱希伟：《专业化产业区的起源与演化》，载《经济研究》2002 年第 8 期。

⑤ 王天义、张建忠：《唐山钢铁产业群发展前景分析》，载《中国工业经济》2002 年第 9 期。

府，并实证分析了诸暨大唐袜业群、嵊州领带产业群、宁波服装产业群。① 以上学者主要围绕产业集聚现象所展开的经验与对策研究，极大地促进了产业集聚理论的发展，对我国区域规划政策具有一定的指导意义。但是，这种建立在个案基础上的经验研究和对策建议毕竟有其局限性，在某些方面还不具普遍指导意义，还需要在更广泛的基础上进行总结和实践。

综上所述，产业集聚是经济全球化过程中引人注目的经济发展现象。它是一种国际化的产业布局形式，其发展符合经济全球化的国际市场需要，符合全球供应链一体化的需要。因此，对中国产业集聚的研究，特别是对基于生态城市的可持续发展产业集聚问题的研究，通过探讨产业集聚的可持续发展模式，促进我国生态城市的发展，对中国形成有世界竞争力的产业布局的同时最大可能的保护生态环境，具有重要的参考意义。我们在这里所界定的产业集聚是指生产要素和经济活动在空间的集中，大量的产业集中形成集聚，进而成为城市的形成和发展的原因之一；而集聚效应也就是指产业生产要素和经济活动大规模集中所引致的对地区增长和发展的综合效果。产业集聚最终会形成一种柔性生产综合体，往往代表着城市的核心竞争力。

四、生态城市理论、可持续发展理论和产业集聚理论研究总结

城市是人类生存与发展的主要场所，而城市的可持续发展离不开理论的指导和实践。因此，生态城市理论和可持续发展的理

① 朱华晟：《浙江产业群、产业网络、成长轨迹与发展动力》，浙江大学出版社2002年版。

论为解决城市问题,推动城市进步,使城市能够持续繁荣发展,提供了理论依据,并为实践提供了指导原则。生态城市理论是可持续发展理论的延伸和具体化。产业的发展是一个城市经济的支柱,而产业集聚作为城市发展中的一个现象,对城市各个方面具有深远的影响,可以说产业的集聚促进了城市的形成,而城市的发展又进一步促进了产业集聚的发展。本章介绍了生态城市、可持续发展以及产业集聚的相关理论,旨在为后文的研究提供理论基础,博采众长,并提供新的研究思路。本书认为,生态城市、可持续发展和产业集聚的概念可作以下论述:

生态城市是在生态平衡条件下,经济繁荣,社会安定祥和,人类不断开拓创新,物质和精神文明高度发达,人与自然、人与人和谐相处并持续发展的理想聚居地。

可持续发展是以人为本,通过生态、经济与社会发展相协调,实现人类代内公平、代际公平的持续发展。

产业集聚是各种生产要素集中于某一地理区域,形成相互关联的产业网络,从而共享资源,降低成本,实现规模效应和外部经济,最终达到优势外溢的经济现象。

可持续发展和生态城市的理念不是近代才产生的,其渊源非常深远。古代中国的"天人合一"的思想强调人与自然的和谐相处,是中国可持续发展的思想源头。20 世纪初,可持续发展理论与生态城市理论逐渐兴起,并辐射到方方面面,理论和实践都有了长足的发展。20 世纪 80 年代生态城市研究的兴起,使可持续发展研究进入了更加具体和深入的层次中,人们从对整个地球或各大洲的可持续发展的研究,逐渐开始关注更小的区域,城市、县域甚至是社区的研究。而且从最初的仅在生态方面的研究,拓展到生态、经济、社会、系统学等多方面、多层次的研究。

在生态学方面，可持续发展的研究者们着眼于是整个地球的资源，强调了资源的永续利用，保护环境，维持自然资本不下降；在城市的生态可持续性的研究中，更加侧重的是城市中的人与自然的关系，和谐相处无疑是最好的关系模式。在经济学方面，研究者们认为可持续发展的核心是经济的发展，经济的可持续发展是指在生态承载力的范围内，实现资源的有效利用，合理配置资源，满足代际公平或逐渐增长。在社会学方面，可持续发展的研究重点是社会公正、利益均衡、代际公平、人们生活质量的提高等方面。而城市作为特定范围内的社会，生态城市的理论所强调的是生态城市的教育、文化、法律、道德、技术都应当“生态化”，培育社会公正性，改善弱势群体的生活状况，为人们提供丰富的社会生活的空间，建立一个健康的社会环境。可以看出，生态城市在社会学方面的研究更加细致，具体到了城市社会中的方方面面。在系统学方面，系统学方向的研究是我国独立开创的可持续发展研究的第四个方向。此方面的研究者认为可持续发展系统是一个以“发展度、协调度、持续度三者的逻辑自治”为中心，由五个子系统组成，规范人与自然，人与人的关系，使其和谐相处，可持续发展是自然、经济、社会的复合系统的可持续。生态城市同样是一个“社会—经济—自然”的复合生态系统，各个系统相互联系，相互影响，这一结构达到动态平衡状态，生态城市中物质流、能量流、信息流高效利用，从而使得生态城市能够稳定持续的发展。运用系统的理念可以全面综合地研究可持续发展和生态城市，并且能够将各方面的研究联系起来，系统地看待问题。生态城市理论是可持续发展理论在城市区域上的具体实现方式，而生态城市理论和实践的发展又进一步扩展和充实了可持续发展理论，使可持续发展理论在区域上落到实处。

产业集聚理论研究的是在区域上集中生产要素，进行高效率利用，合理分配的经济现象。产业的集聚与分工是城市产生和发展的重要原因，而城市的发展又进一步促进了产业的集聚。产业集聚理论与生态城市理论具有内在的相互关联性。产业集聚是城市形成的主要原因之一，产业集聚推动了城市经济和社会的发展，影响了生态资源的分配与利用。城市是自然、经济和社会的复合系统，一个城市能够持续地发展下去，离不开各个要素的协调发展，其中就包括产业集聚因素的协调发展。城市的发展又可以促进产业的进一步集聚。可持续发展产业集聚在考虑了资源配置和高效利用的基础上，还要更加深入地探讨怎样能最大程度的保护生态环境，有效利用能源和减少污染物的排放，同时处理好经济发展与社会进步的关系，进而达到可持续发展。从理论研究上看，尚没有学者将生态城市、可持续发展与产业集聚这三种理论有机地结合在一起，并联系我国的现状，提出相关的发展建议。因此，本书力图将这三种理论有机地结合在一起，并与我国生态城市建设的实践相结合，探讨在我国建设生态城市的问题，从可持续发展的产业集聚角度进行研究，通过可持续发展的产业集聚建设促使我国城市的发展向生态城市的方向转变，进而通过生态城市建设促进产业集聚的可持续发展。本书探讨了适应于我国生态城市的可持续发展的产业集聚模式，是为了增强我国城市的核心竞争力，推动城市的全面发展，以实现具有世界竞争力的产业布局，使我国人与自然，人与人能够和谐相处，达到真正的可持续发展。

第四节 本书的研究内容和研究框架

本书的研究对象是基于生态城市可持续发展的产业集聚问

题,全文的组织结构如下:

第一章:对本书的研究背景,研究的目的和意义作了深入的分析,重点总结了生态城市理论、可持续发展理论和产业集聚理论现有的研究成果,分析了这三种理论之间的联系,提出了本书要解决的问题。

第二章:简单介绍了城市的概念和在中国经济中的地位,详细回顾了新中国成立后生态城市发展的历史并简单分析了其产业方面的发展原因。利用公式对 2020 年中国城市化预期发展速度进行了计算。简单回顾了我国建设国家级生态示范区的沿革,进而从理论上分析了产业集聚与生态城市之间的相互关系。

第三章:选择空间集中度和基尼系数作为中国制造业产业集聚的衡量指标,在计算了历年制造业在省级区域空间上的集聚变动情况和省级区域制造业空间集聚历年变动情况的基础上,结合第二章中关于中国城市化速度的计算,利用 SPSS 软件分析了两者的相关性并验证。

第四章:简单分析了我国生态城市建设所面临的环境污染和能源问题,提出了工业污染和能源问题是中国生态城市发展所面临问题的主要原因。探讨了工业环境污染和能源问题之间的相互关系。在对产业集聚效应进行了经济学分析的基础上,构建了基于生态城市的"资源—可持续发展产业集聚—环境"系统模型。

第五章:分析了中国走可持续发展产业集聚之路的必要性,介绍了可持续发展产业集聚的实践形式——生态工业园。在对生态工业园可持续发展产业集聚形成机理分析的基础上,结合国内外生态工业园区建设的实例介绍了四种可持续发展产业集聚的运作模式。通过对丹麦卡伦堡生态工业园区的分析,提出了对我国建设生态工业园区的建议。

第六章:在构建了可持续发展产业集聚支持体系图的基础上,以生态工业园区核心企业的选择标准为基础,进而利用生态工业园区管理体系进行园区的有序管理,详细的从生态工业园区微观支持体系和宏观支持体系两方面探讨了如何更好地建设中国的生态工业园区。

结论:对全文的研究进行了总结和展望。

本书的研究框架如图 1-3 所示。

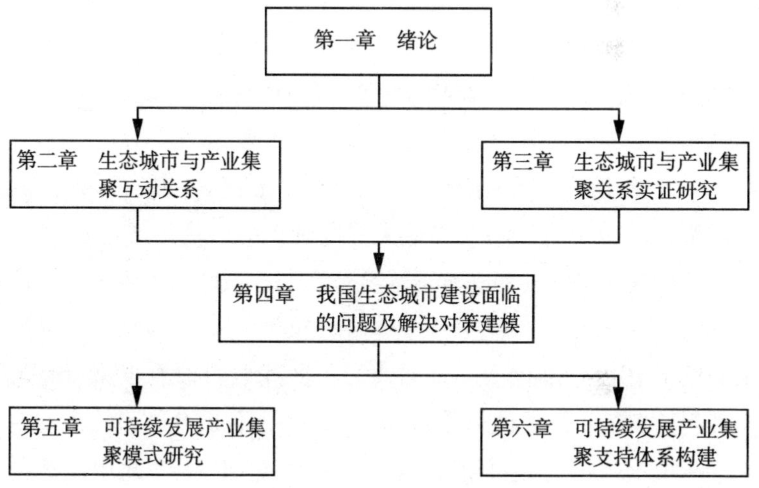

图 1-3　本书总体框架图

第二章　生态城市与产业集聚互动关系

生态城市是城市发展到一定阶段的产物，为了探讨我国生态城市与产业集聚互动关系，我们有必要首先对城市的概念进行界定，其次明确城市在我国经济建设中的地位与作用，提出生态城市建设的必要性，最后再对我国生态城市与产业集聚互动关系进行理论研究。本书认为，生态城市是在生态平衡条件下，经济繁荣，社会安定祥和，人类不断开拓创新，物质和精神文明高度发达，人与自然、人与人和谐相处并持续发展的理想聚居地。

城市是人类社会的基本聚落形态之一。城市是人类发展的产物，是文明进步在空间上的集中体现，“文明”(civilization)一词来源于拉丁语“市民的生活(civitas)”，由此我们可以看出城市是人类文明的象征。随着城市数量、城市人口的不断增加和城市规模的不断扩大，城市在一个国家或地区的经济、政治、文化中的地位和作用不断增强。一般来说，城市的经济社会发展水平要高于周边地区，城市是区域内经济贸易交通信息交换的主要场所，而且其产业效率要远远高于周边地区，此外城市还是人们享受现代物质文明和精神文明的基地。城市是社会生产力发展到一定阶段的产物。在原始社会末期，随着社会生产力的提高，相继出现了三次社会大分工。第一次社会大分工，即畜牧业和农业的分离，使交换具有了经常性，出现了集市作为固定交换的场所。第二次社会大分工，即手工业和农业的分离，使交换活动变得日益频繁和扩大，促进了商品生产的发展，进而出现了手工业和商业的集中地，成为城市的雏形。第三次社会大分工，使商业开始成为一个独立的经济部门，城市逐步走向成熟。后来随着工业的发展，许多大城市开始相继出现。从城市的发展过程我们可以看出，城市的形成与发展是和产业的发展与分工密不可分的。

第一节　城市的概念和作用

一、城市概念的界定

国内外学者从经济、社会、政治、地理、历史、人口等不同的角度对城市进行定义。马克思认为，"城市本身表明了人口、生产工具、资本、享乐和需求的集中；而在乡村里所看到的却是完全相反的情况：孤立和分散。"①恩格斯指出："用石墙、城楼、雉堞围绕着石造或砖造房屋的城市，已经成为部落或部落联盟的中心；这是建筑艺术上的巨大进步，同时也是危险增加和防卫需要增加的标志。……如此多样的活动，已经不能由同一个人来进行，于是发生了第二次大分工：手工业和农业分离了。"②恩格斯还对城市的起源做过这样的描述："大工业企业需要许多工人在一个建筑物里共同劳动；这些工人必须住在近处，甚至在不大的工厂近旁，他们也会形成一个完整的村镇。他们都有一定的需要，为了满足这些需要，还须有其他的人，于是手工业者、裁缝、鞋匠、面包师、泥瓦匠、木匠都搬到这里来了。……当第一个工厂很自然地已经不能保证一切希望工作的人都有工作的时候，工资就下降，结果就是新的厂主搬

① 《马克思恩格斯全集》中文第 1 版，第 3 卷，第 57 页。

② 《马克思恩格斯全集》中文第 1 版，第 21 卷，第 186—187 页。

到这个地方来。于是村镇就变成小城市，而小城市又变成大城市。”①英国经济学家巴顿指出，“城市是一个坐落在有限空间地区内的各种经济市场(住房、劳动力、土地、运输等等)相互交织在一起的网状系统。”②美国社会学家帕克认为，“城市是占据某一特定地区的人口群体，拥有一套技术设施和机构、行政管理体系，以及自身有别于其他集团结构的组织形式。”③苏联人口学家基谢廖夫提出，“城市是由工业、交通、居住、文化教育以及其他部分组成的、在居民数量上有一定要求的专门系统。”④我国关于城市概念的最权威提法，可在《中共中央关于经济体制改革的决定》中找到，“城市是我国经济、政治、科学技术、文化教育的中心，是现代工业和工人阶级集中的地方，在社会主义现代化建设中起主导作用。”⑤总之，城市是相对于农村而言的，是非农产业和人口的集中地，并在所属区域，甚至整个国家的社会和经济发展中发挥着举足轻重的作用。城市是一个历史范畴，它随着生产力的发展而产生和成长，经历了由低级到高级的演进过程。然而，城市并不是独立地存在和发展着的，由于社会分工的存在，在城市与农村、城市与城市之间，总是进行着物质、人员、信息、能量等多方面的交换。

新中国成立后，我国对城市概念的界定，主要是通过是否达到城市设市标准来区分城市与农村。中国的城市划分为建制市和建

① 《马克思恩格斯全集》中文第1版，第2卷，第300—301页。

② K. J. 巴顿著，上海社科院部门经济研究所城市经济研究室译：《城市经济学》，上海译文出版社1984年版，第14页。

③ R. E. 帕克等著，宋俊岭等译：《城市社会学——理论和政策》，华夏出版社1987年版，第169页。

④ 高珮义：《中外城市化比较研究》，南开大学出版社2004年版，第404页。

⑤ 谢文蕙：《城市经济学》，清华大学出版社1996年版，第2页。

制镇两类,其划分标准也多次调整。

1955 年 6 月 9 日,国务院第一次颁布《关于设置市镇建制的决定》规定聚居人口 10 万以上的城镇可以设市,聚居人口不足 10 万,但属重工矿基地、省级地方国家机关所在地、规模较大的物资集散地或边远地区的重要城镇,并确有必要时,可以设市。

1962 年 12 月,为了减少城镇人口,中共中央、国务院联合发布了《关于调整市镇建制、缩小城市郊区的指示》,提高了市镇设置的标准,撤销了大部分 10 万人以下的市和大批不符合条件的镇,强调从严设市,规定市的郊区应尽量缩小,市总人口中农业人口比重一般不应超过 20%,并将设镇的下限标准提高到聚居人口 3000 人以上,非农业人口 70% 以上,或聚居人口 2500—3000 人,非农业人口 85% 以上。通过市镇设置的调整,中国的城市由 1961 年的 208 个减少到 1964 年的 169 个。这一设市的规定从 1963 年开始一直沿用了 18 年。

1984 年 11 月 22 日,国务院批转民政部《关于调整建镇标准的报告》,放宽了建镇标准,撤销人民公社,恢复乡作为县以下的乡村基层行政单位。规定 20000 人以下的乡,假如乡政府驻地非农业人口超过 2000 人的,可以撤乡建镇;总人口在 20000 以上的乡,乡政府驻地非农业人口占全乡人口 10% 以上的,也可以撤乡建镇。1986 年 4 月,国务院批准民政部《关于调整设市标准和市领导县条件的报告》,大大降低了设市的标准,规定"非农业人口 6 万以上,年国民生产总值 2 亿元以上,已经成为该地经济中心的镇,可以设置市的建制"。同时规定,虽不足此标准,但确有必要的地方,也可设市。总人口 50 万以下的县,县人民政府驻地所在镇的非农业人口 10 万以上,常住人口中农业人口不超过 40%,年国民生产总值 3 亿元以上;或者总人口 50 万以上的县,县政府所在镇的非农业人口一般在 12 万以上,年国民生产总值 4 亿元以上,可以撤县设市。

表 2-1　我国现行的设市标准

指标		县级市			地级市
		原来县的人口密度/(人/km^2)			
		>400	100—400	<100	
人口	县城镇人口中				市政府驻地
	非农产业人口	≥12 万	≥10 万	≥8 万	
	非农户口人口	≥8 万	≥7 万	≥6 万	≥20 万
	县总人口中				市区人口中
	非农产业人口	≥15 万	≥12 万	≥10 万	≥25 万
		≥30%	≥25%	≥20%	
	全县乡镇以上				市区
经济	工业产值	≥15 亿元	≥12 亿元	≥8 亿元	工农业总产值大于 25 亿元
	占工农业总产值	≥80%	≥70%	≥60%	工业产值大于 80% 以上
	全县 GDP	≥10 亿元	≥8 亿元	≥6 亿元	市区 GDP 大于 25 亿元
	全县第三产业占 GDP	>20%	>20%	>20%	第三产业占 GDP 大于 35%
		≥100 元/人	≥80 元/人	≥60 元/人	地方预算内财政收入
	地方预算内财政收入	≥6000 万元	≥5000 万元	≥4000 万元	大于 2 亿元
基础设施	自来水普及率	≥65%	≥60%	≥55%	
	道路铺装率	≥65%	≥60%	≥55%	
	排水系统	较好	较好	较好	

资料来源:纪良纲:《城市化与产业集聚互动发展研究》,冶金工业出版社 2005 年版。

1993年，国务院颁发了《国务院批转民政部关于调整设市标准报告的通知》，对1986年的设市标准又作了调整，调整的要点是采取了分类指导的原则和增加了考察的指标，根据县的人口密度不同，分为人口密度大于400人/km^2、100—400人/km^{2}以及不足100人/km^{2}三种情况，分别设置了关于县政府驻地和全县社会经济发展方面的指标。这也是我国现行的城市设置标准，与世界各国的设市标准比较，我们的设市标准仍然太高，这些都在一定程度上不利于城市化进程。

二、城市在经济中的地位

城市在我国社会主义现代化建设尤其是国家经济建设中起了重要作用，对国民经济的发展起着主导作用。根据《中国城市发展报告》分析，2006年，中国城市化率虽然只有43.9%，但2/3以上的GDP产自于城市，城市建成区面积仅占全国国土面积的0.34%，但居住了1/4以上的人口，城市已经成为中国国民经济和社会发展的主体，成为促进经济、社会、人口、资源、环境协调发展的主要地域。下表2－2统计了2002年至2006年地级以上城市GDP占全国GDP比重的状况。由表2－2我们可以看到，近几年来，仅地级以上城市就为全国贡献了60%左右的GDP，可见城市的发展在我国经济建设中起到了举足轻重的作用。

表2－2　2002—2006年全国及地级以上城市GDP状况

（单位:万元）

年份	全国GDP	地级以上城市GDP	地级以上城市所占比例(%)
2002	104790.60	64292.40	61.35
2003	117251.90	76151.61	64.95

年份	全国 GDP	地级以上城市 GDP	地级以上城市所占比例(%)
2005	183084.80	109743.29	59.94
2006	210871.00	132271.90	62.73

注:本表仅统计了地级以上城市的 GDP 状况,不含县级市。
数据来源:《中国统计年鉴》(2003、2004、2006、2007),中国统计出版社。

世界一些发达国家的发展历程,实际上可以视做为传统的城市化的过程。从 80 多年前世界五大工业国家英国、法国、美国、日本、德国的平均城市化率 56.2%,到 2000 年的平均城市化率 85.1%,明显地反映出随着城市化率水平的提高,社会财富和综合国力有着相应的提高,如下表 2-3 所示。从表 2-3 中可以看到,世界上发达国家都有很高的城市化水平。

表 2-3 世界一些发达国家城市化率的历史演进

(单位:%)

国家	1920 年	1950 年	1960 年	1965 年	1970 年	1975 年	1980 年	2000 年
英国	79.3	77.9	78.6	80.2	81.6	84.4	88.3	89.1
法国	46.7	55.4	62.3	66.2	70.4	73.7	78.3	82.5
美国	63.4	70.9	76.4	78.4	81.5	86.8	90.1	94.7
日本	28	45.8	53.9	58	64.5	69.6	74.3	77.9
德国*	63.5	70.9	76.4	78.4	80	83.8	86.4	81.2*

注:* 为东西德统一之后的统计值。
资料来源:世界资源研究所:《世界资源》(2000—2001),牛津大学出版社 2002 年版。

根据世界银行统计,在 1995 年世界高收入国家城市化率平均为 75%,中等收入国家为 60%,低收入国家为 28%。而中国直到 2006 年底的城市化率仅为 43.9%。由此看来,城市化率是制约我国经济发展水平的重要因素。

城市化是人力资源、资本、高科技集聚的过程，是经济增长和社会发展的火车头，是引领财富集聚和社会进步的领头羊，是人类文明演进和实现国家现代化的基本标志。联合国环境规划署执行署长达沃德斯威尔在1999年的年度报告中亲自撰文："必须十分明确，城市的命运不仅仅决定一个国家的命运，而且还要决定我们所居住的整个地球的命运。"千万不要忽视城市的可持续发展，否则将一定会把全人类带入到一个危险的境地。此外，从国际经验看，市场经济的充分发展及其国际化，需要形成一些国际性的贸易、金融、信息中心，而这些中心多以大城市为依托。在国际竞争日趋激烈的情况下，中国也必须发展一些大城市以及以此为依托的区域性、全球性贸易、金融和信息中心。

2000年7月，诺贝尔经济学奖得主斯蒂格利茨教授曾经说过："中国的城市化与美国的高科技发展将是深刻影响21世纪人类发展的两大主题"。斯蒂格利茨教授的论点将中国城市化进程与美国的高科技发展的重要性相提并论，进而受到世界更加强烈的关注。本章力图通过对中国城市化与产业集聚关系研究，探讨以上这些问题产生的可能原因，进而从产业集聚的角度给出相应的解决方法。由于生态城市是城市化发展到一定高级阶段的产物，因此，我们首先回顾一下从1952年开始至今我国的城市化进程。

第二节 我国建设生态城市沿革

一、建国前中国城市化发展

由于生态城市是城市发展到一定阶段的产物，因此，我们有必要首先回顾一下中华人民共和国建国前我国城市发展的简要历史。城市不是自古就有的,中国古代城市的形成最早大概可以追溯到公元前2000年左右的夏商时代。汉语中的"城"一般是指区域中的政治军事中心,而"市"一般是指区域中的经济贸易中心。关于中国城的起源,根据《吴越春秋》记载:"鲧筑城以卫君,造郭以守民,此城郭之始也。"另外,《博物志》上记载筑城始于禹:"禹作城,强者攻,弱者守,敌者战。城郭自禹始也。"关于中国市的起源,《易经·系辞下》记载:"庖羲氏没,神农氏作","日中为市,致天下之民,聚天下之货,交易而退,各得其所"。从以上的古代文献记载中我们可以看出,最早中国古代的"城"与"市"功能和作用区分明显,随着经济和社会的发展,特别是商业的发展和聚居,"城"与"市"逐渐融合,成为我们现代意义上的城市。

西周(公元前11世纪—公元前771年)灭商之后,中国古代初步形成了最早的城市体系。《周礼·考工记》记载:"匠人营国,方九里,旁三门,国中九经九纬,经涂九轨,左祖右社,前朝后市。"从以上记载中,我们可以看出西周时期我国已经有了早期的城市规划的观念,特别是而且已经有了"前朝后市"的城市设置。不仅如此,根据《周礼·司市》记载:"大市日昃而市,百族为主;朝市朝时而市,商贾为主;夕市夕时而市,贩夫贩妇为主。"西周时期对于"市"已经有了相对严格的管理。根据《国语》中对于西周记载:"公食贡,大夫食邑,士食田,庶人食力,工商食官,皂隶食职,官宰食加。"我们可以看出西周的社会阶层可以粗略地划分为"天子"、"公"、"大夫"、"士"、"庶人"、"工商"六等,工商阶级处于社会的最底层。这种轻视工商阶级的社会阶层分类,对西周后的中国商业和城市化的发展影响深远。

自公元前770年起,周王朝逐渐式微,中国进入了诸侯群雄纷争的春秋战国时期(公元前770年—公元前221年)。春秋战国时期,铁制农具和耕牛开始普及,铁器的使用使大规模开垦荒地成为可能,同时也为手工业提供了锐利的工具,进而私人手工业和商业得到大规模发展。根据《战国策·齐策》中对齐国都城临淄记载:"其民无不吹竽、鼓瑟、击筑、弹琴、斗鸡、走犬、六博、蹋踘者;临淄之途,车毂击,人肩摩,连衽成帷,举袂成幕,挥汗成雨,家敦而富,志高而扬",从中我们可以看出临淄的繁荣与发达。由此,我们可以进一步推断,城市的经济功能在春秋战国时期得到充分体现,进而在该时期逐步形成了作为政治、军事和经济中心的城市。

公元前230—公元前221年,秦国吞并韩、赵、魏、楚、燕、齐六国,建立了中国历史上第一个强大的中央集权国家。秦统一全国后,为了削弱六国的残余势力,下令拆毁各国的都城,迁徙各国的贵族至秦国的都城咸阳,这样虽然咸阳城得到了很好的发展,对于韩、赵、魏、楚、燕、齐六国的城市而言,却是一次毁灭性的打击。咸阳城建得辉煌,从杜牧在《阿房宫赋》的描述中可见一斑:"覆压三百余里,隔离六日。骊山北构而西折,直走咸阳。二川溶溶,流入宫墙。五步一楼,十步一阁;廊腰缦回,檐牙高啄;各抱地势,钩心斗角。盘盘焉,囷囷焉,蜂房水涡,矗不知其几千万落。长桥卧波,未云何龙?复道行空,不霁何虹?高低冥迷,不知西东。"从秦开始,在中国漫长的封建历史中,每当统治阶级改朝换代,几乎都会对旧朝的都城造成巨大的破坏,从现代意义上说,我们认为是城市化发展过程中的一种倒退。

秦朝在农民起义中被推翻,刘邦经过和项羽之间长期的"楚汉战争"后,建立了汉朝。西汉王朝建立后,汉高祖、惠帝、吕后都着力于恢复农业生产,稳定封建统治秩序,收到了显著的成效。受到政治稳定,经济复苏的影响,汉朝的城市也有了很大的发展。根据《汉书·地理志》上的记载："本秦京师为内史，分天下作三十六郡。汉兴，以其郡太大，稍复开置，又立诸侯王国。武帝开广三边。故自高祖增二十六，文景各六，武帝二十八，昭帝一，讫于孝平，凡郡国一百三，县邑千三百一十四，道三十二，侯国二百四十一"。从中我们可以看出，汉朝时中国的城市数量已经较秦朝时有了很大的增多。

秦汉以后，古代中国经历了三国、两晋、南北朝长达 400 年的大分裂和大动乱，由于战争不断、割据严重，农田荒芜，手工业和商业萧条，人口锐减，城市的发展也受到了极大的影响。虽然有一些地方性城市得到了一定程度上的繁荣发展，如曹魏都城邺城，但是很多著名的城市如汉朝的东西二都洛阳和长安相继在战争中毁于一旦，这种情况一直到隋朝(公元 581—618 年)时期才有所改观。公元 581 年，北周外戚杨坚夺取了政权，建立隋朝，定都长安，设洛阳为陪都。公元 589 年，隋灭陈，结束了长期分裂的局面，重新统一了全国。隋统一后，社会安定下来，南北经济文化得到了交流。为加强南北的交通，巩固隋朝对全国的统治，605 年，隋炀帝下令开通一条贯通南北的大运河。大运河以洛阳为中心，分永济渠、通济渠、邗沟和江南河四段，全长四五千里，以东都洛阳为中心，东北通到涿郡，东南到余杭，成为南北交通的大动脉。大运河的开凿，对南北经济的交流起了很大的作用，更极大地促进了沿河城市的迅速发展。隋初实行州县两级制，至隋炀帝时，改州为郡，当时全国有 190 个郡，1255 个县。

唐朝(618—907 年)，是中国历史上最重要的朝代之一，也是公认的中国最强盛的时代之一，特别是唐前期，政治稳定清明，疆域宽广，大力推行历朝历代政府各种行之有效的发展政策和措施，各种手工业和商业经济达到空前繁荣。韦尔斯在《世界史纲》中盛赞唐朝:“在唐初诸帝时代,中国的温文有礼、文化腾达和威力远被,同西方世界的腐败、混乱和分裂成为鲜明的对照”(韦尔斯,2004)。唐代开创了中国政区史上道和府的建制。贞观元年(627年),太宗分天下为10道:关内、河南、河东、河北、山南、陇右、淮南、江南、剑南、岭南等十道。贞观十四年(640年),全国共设360州(府),下辖1557县。开元年间又将山南、江南各分东西,并增置京畿、都畿、黔中道,形成十五道的格局。道下设州、府,州、府下再设县,开元末年,全国共有州、府三百二十八座,县一千五百七十三座。《旧唐书·陈子昂传》中记载了唐朝时期成都的繁华景象:“臣窃观蜀为西南一都会,国家之宝库,天下珍货聚出其中。又人富粟多,顺江而下,可以兼济中国”。表2-4显示了与东汉时相比,唐朝城市的发展状况。表2-4中的南北方是以秦岭—淮河为界来划分,从表中我们可以看出,唐朝时期的城市数量较之东汉时期,在都城、州、郡、县各个方面都有了很大程度上的提高,特别是郡和县的数量,几乎增加到了原来的3倍之多。就南北

表2-4 汉唐城市发展的比较

	东汉			唐朝		
等级	全国	北方	南方	全国	北方	南方
都城	1	1	0	2	2	0
州、道	13	9	4	15	7	8
郡	105	73	32	345	133	212
县	581	198	383	1639	675	964
合计	700	281	419	2001	817	1184

资料来源:《后汉书·地理志》,《新唐书·地理志》。

转引自:宁越敏、张务栋、钱今昔:《中国城市发展史》,安徽科学技术出版社1994年版,第189页。

方的城市发展均衡来看，南方城市的发展速度大大超过了北方城市，虽然唐朝的两个都城都在北方，但新兴的城市却大多聚集于南方地区。

宋朝（960—1279 年）是中国历史上承五代十国、下启元朝的时代，根据首都及疆域的变迁，可再分为北宋与南宋，合称两宋。宋朝的经济繁荣程度可谓前所未有，农业、印刷业、造纸业、丝织业、制瓷业均有重大发展。航海业、造船业成绩突出，海外贸易发达，和南太平洋、中东、非洲、欧洲等地区 50 多个国家通商。南宋时期对南方的开发，促成江南地区成为经济文化中心。经济的发展带来的是宋朝城市人口的增多和城市的发展，据《宋史·地理志》记载，宋初年仅有户 650 万左右，至崇宁元年（1102 年）全国已经有户 2000 万，10 万户以上的城市有 50 个，其中临安人口过 120 万，开封人口过 100 万，是当时世界上最大的两个城市。宋朝城市繁荣的景象，我们可以从北宋画家张择端的名画《清明上河图》中管中窥豹。北宋年间的汴京极盛，城内四河流贯，陆路四达，为全国水陆交通中心，商业发达居全国之首，汴京城中有许多热闹的街市，街市开设有各种店铺，甚至出现了夜市。《清明上河图》描绘的是汴京清明时节的繁荣景象，是汴京当年繁荣的见证，也是北宋城市经济情况的写照。据齐藤谦所撰《拙堂文话·卷八》统计，《清明上河图》上共有各色人物 1643 人，动物 208 头（只），比古典小说《三国演义》（1191 人）、《红楼梦》（975 人）、《水浒传》（787 人）中任何一部描绘的人物都要多。

元明清时期为（1271—1911 年）总共 640 年的历史。这一期间，是中国政治上大统一的时代，国家统一，国内相对稳定，农业、手工业、商业均得到一定的发展。城市的发展在元明清时期与宋朝时期相比最大的不同在于，宋以前的城市体系几乎完全取决于行政管理的需要，与行政区划形成一一对应关系，而元明清时期由于地方工商业的不断发展，富余产品不断增加，市场日益繁荣，形成大批非行政中心的繁荣城镇。此外，作为元明清时期共同都城的北京，不仅几乎没有受到改朝换代的影响，反而得到了很大的发展。据史书记载，公元前11世纪，周武王克商以后，封帝尧之后于蓟，封召公于燕。另说周以前就有燕国，后燕并蓟，以蓟城为国都，这就是现在北京的前身。北京明永乐元年（1403年），明成祖朱棣（永乐皇帝）取得皇位后，将他做燕王时的封地北平府改为顺天府，建北京城，并将都城迁于此，这是正式命名为北京的开始，至今已有600余年的历史。北京古城规划是中国古代都城规划的最后经典之作，是中国传统文化的高度体现，为世界罕见。

二、建国后至改革开放前中国城市化发展

1949年10月1日中华人民共和国成立以后，中国的城市化发展掀开了新的历史篇章。通过查阅各年的中国统计年鉴，我们可以画出中国1952—2006年的城市化历程图，如图2-1所示。我们大致可以将建国后中国城市化的发展历史以1978年为界，分为两个部分。1978年之前是中国改革开放之前中国城市化缓慢推进的时期，1978年之后是中国城市化进程相对高速增长的时期。

新中国成立60年来，特别是改革开放以来，随着我国经济建设和各项社会事业的推进，城市数量和城市人口都不断增加。新中国成立之初，设市城市只有132个，建制镇也只有5400多个，城镇人口共5765万人。城镇化水平仅有10.6%。到2003年，全国设市城市达到660个，城镇人口已超过5.2亿，城镇化率达到40.53%。城镇化水平的提高，反映着我国社会的可喜变化。更加

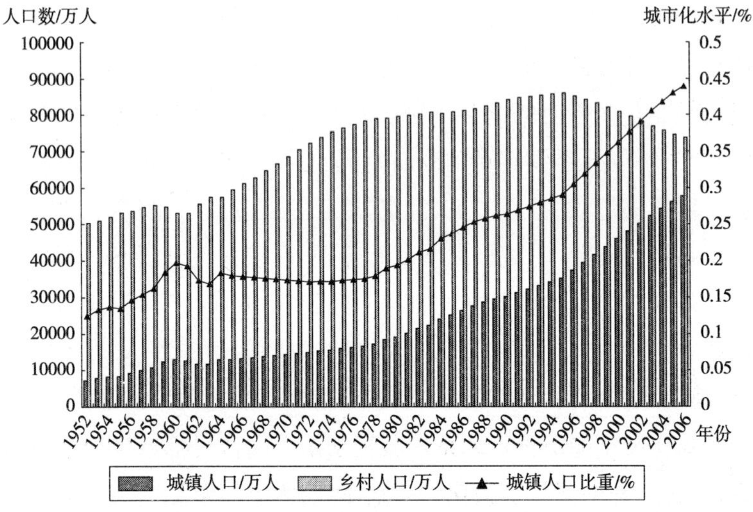

图 2－1　中国 1952—2006 年的城市化历程

资料来源:国家统计局:《中国统计年鉴 2007》,中国统计出版社 2007 年版。

让人欣喜的是,100 万人口以上的大城市,从 1949 年的 5 个增加到 2003 年的 174 个,更产生了以北京、上海、广州为代表的特大城市,50 万到 100 万人口的中型城市数量也有很大提高,从 1949 年的 8 个增加到 2003 年的 274 个。通过结合分析图 2－1 和表 2－5,我们可以看出,建国以来我国城市化的水平和城市的个数都有了质的提高。

建国后,随着战争结束,经济社会运行从战时状态转化为正常的经济社会发展,城市中也逐渐建立起安定的经济社会运行秩序。1949—1952 年是共和国成立后经济的调整与恢复时期,由于其历史时期的特殊性,其数据相对不具可比性,因此,本书的数据分析从 1952 年开始。1952—1978 年 26 年的发展中,中国城市化又大概可以分为三个不同的历史时期:1952—1957年短暂的健康发展

表 2-5　1949—2003 年中国各级规模城市数量及在城市数量中所占比重

年份	合计		100 万人口及以上		50 万—100 万人口		20 万—50 万人口		20 万人口以下	
	城市数量/个	比重/%	城市数量/个	比重/%	城市数量/个	比重/%	城市数量/个	比重/%	城市数量/个	比重/%
1949	132	100	5	3.7	8	5.9	16	12.5	103	77.9
1950	141	100	6	4.2	7	5	22	15.6	106	75.2
1952	157	100	9	5.7	10	6.4	23	14.6	115	73.3
1957	178	100	10	5.6	18	10.1	36	20.2	114	64.1
1958	176	100	11	6.3	19	10.8	36	20.4	110	62.5
1959	183	100	15	8.2	20	10.9	32	17.5	116	63.4
1960	199	100	15	7.5	24	12.1	32	16.1	128	64.3
1961	208	100	15	7.2	22	10.6	33	15.9	138	66.3
1962	198	100	14	7.1	20	10.1	52	26.3	112	56.5
1963	174	100	15	8.6	18	10.4	54	31	87	50.0
1965	171	100	13	7.6	18	10.5	43	25.2	97	56.7
1966	172	100	13	7.6	18	10.5	46	26.7	95	55.2
1970	176	100	11	6.3	21	11.9	47	26.7	97	55.1
1973	181	100	15	8.3	21	11.6	54	29.8	91	50.3
1974	181	100	15	8.3	22	12.1	53	29.3	91	50.3
1975	185	100	13	7	25	13.5	52	28.1	95	51.4
1976	188	100	15	8	22	11.7	57	30.3	94	50.0
1977	188	100	15	8	24	12.8	56	29.8	93	49.4
1978	192	100	13	6.8	27	14.1	60	31.2	92	47.9
1979	216	100	16	7.4	27	12.5	67	31	106	49.1
1980	223	100	15	6.7	30	13.5	70	31.4	108	48.4
1981	233	100	18	7.7	28	12	70	30.1	117	50.2
1982	245	100	19	7.8	29	11.8	70	28.6	127	51.8
1983	289	100	19	6.6	29	10	73	25.3	168	58.1
1984	295	100	19	6.4	31	10.5	81	27.5	164	55.6
1985	324	100	21	6.5	31	9.6	94	29	178	54.9
1986	353	100	23	6.5	31	8.8	95	26.9	204	57.8
1987	382	100	25	6.5	30	7.9	103	27	224	58.6

年份	合计		100万人口及以上		50万—100万人口		20万—50万人口		20万人口以下	
	城市数量/个	比重/%	城市数量/个	比重/%	城市数量/个	比重/%	城市数量/个	比重/%	城市数量/个	比重/%
1988	434	100	28	6.5	30	6.9	110	25.3	266	61.3
1989	450	100	30	6.7	28	6.2	116	25.8	276	61.3
1990	467	100	31	6.6	28	6	117	25.1	291	62.3
1991	479	100	31	6.5	30	6.3	121	25.2	297	62.0
1992	517	100	32	6.2	31	6	141	27.3	313	60.5
1993	570	100	32	5.6	36	6.3	160	28.1	342	60.0
1994	622	100	32	5.2	41	6.6	175	28.1	374	60.1
1995	640	100	32	5	43	6.7	191	29.9	374	58.4
1996	666	100	34	5.1	44	6.6	195	29.3	393	59.0
1997	668	100	34	5.1	47	7	205	30.7	382	57.2
1998	668	100	37	5.5	49	7.3	205	30.7	377	56.4
1999	667	100	37	5.5	49	7.3	216	32.4	365	54.7
2000	663	100	40	6	53	8	218	32.9	352	53.1
2001	662	100	166	25.1	279	42.1	180	27.2	37	5.6
2002	660	100	171	25.9	279	42.3	171	25.9	39	5.9
2003	660	100	174	26.4	274	41.5	172	26.1	40	6.1

资料来源:顾朝林:《中国城镇体系:历史　现状　展望》,商务印书馆 1996 年版。
宁越敏等:《中国城市发展史》,安徽科学出版社 1997 年版。
叶裕民:《中国城市化之路》,商务印书馆 2001 年版。
中国城市发展研究会:《中国城市年鉴》(2002—2004),中国城市年鉴出版社。

时期(基本与“一五”时期重合);1958—1965 年过度城市化及调整时期;1966—1978 年城市化的停滞阶段。

从表 2－6 中我们可以清楚地看出,1952 年至 1958 年这 6 年期间,中国城镇人口比重占全国总人口的比重的比率逐年升高,从 1952 年的 12.46% 上升到了 1958 年的 16.25%,这比较符合城市化发展的三阶段理论,由此我们可以认为 1952—1958 年是中国工业化拉动城市化进行成功探索的时期。城市化速度的发展,除了

表 2－6　1952—1978 年中国的城市化历程

年份	总人口（年末）/万人	城镇人口/万人	乡村人口/万人	城镇人口比重/%	城市化速度/（百分点/a）	城镇人口增长系数
1952	57482	7163	50319	12.46%		
1953	58796	7826	50970	13.31%	0.85	0.5
1954	60266	8249	52017	13.69%	0.38	0.29
1955	61465	8285	53180	13.48%	-0.21	0.03
1956	62828	9185	53643	14.62%	1.14	0.66
1957	64653	9949	54704	15.39%	0.77	0.42
1958	65994	10721	55273	16.25%	0.86	0.58
1959	67207	12371	54836	18.41%	2.16	1.36
1960	66207	13073	53134	19.75%	1.34	-0.7
1961	65859	12707	53152	19.29%	-0.45	1.05
1962	67295	11659	55636	17.33%	-1.97	-0.73
1963	69172	11646	57526	16.84%	-0.49	-0.01
1964	70499	12950	57549	18.37%	1.53	0.98
1965	72538	13045	59493	17.98%	-0.39	0.05
1966	74542	13313	61229	17.86%	-0.12	0.13
1967	76368	13548	62820	17.74%	-0.12	0.13
1968	78534	13838	64696	17.62%	-0.12	0.13
1969	80671	14117	66554	17.50%	-0.12	0.13
1970	82992	14424	68568	17.38%	-0.12	0.13
1971	85229	14711	70518	17.26%	-0.12	0.13
1972	87177	14935	72242	17.13%	-0.13	0.11
1973	89211	15345	73866	17.20%	0.07	0.2
1974	90859	15595	75264	17.16%	-0.04	0.15
1975	92420	16030	76390	17.34%	0.18	0.28
1976	93717	16341	77376	17.44%	0.09	0.24
1977	94974	16669	78305	17.55%	0.11	0.26
1978	96259	17245	79014	17.92%	0.36	0.45

城镇人口增长系数＝（本年城镇人口－上年城镇人口）/（本年总人口－上年总人口）

城市化速度＝本年城镇人口比重－上年城镇人口比重

资料来源：国家统计局：《中国统计年鉴 2007》，中国统计出版社 2007 年版。

1955 年出现负值外,1953 年至 1958 年的城市化发展速度基本和城镇人口变动的方向一致。"一五"期间工业化的快速推进,为中国城市化的发展奠定了较为坚实的经济基础。周恩来总理在 1953 年 6 月曾指示:"城市建设上要反对分散主义思想",明确了城市建设必须集中力量,确保国家工业建设的中心项目所在的重点工业城市的建设。除了北京具有特殊意义外,将全国城市划分为四类,分类进行指导:第一类是承担重要工业建设任务的新兴工业城市,它们分别是太原、包头、兰州、西安、武汉、大同、成都和洛阳,这些城市原有基础设施薄弱,"一五"期间建设项目多,急需进行城市建设与之配套。第二类是大规模扩建的城市,全国有 20 余个。其特点是尽量利用旧市区,有计划地根据工业发展的需要建设新市区。第三类是可以局部扩建的城市,这些城市新建项目不多,城市基础设施主要以维护为主,局部进行改扩建。第四类是一般中小城市,这些城市基本上没有安排重大项目,城市建设主要是维护和管理,对一些公共设施可以进行局部调整①。

从 1959 年开始至 1966 年结束,中国城镇人口比重占全国总人口的比重先升后降,从 1959 年的 18.41% 上升到 1961 年的 19.29%,然后又下降到 1963 年的 16.84%,然后在 1964 年和 1965 年再次先升后降,发展极不稳定。中国城市化速度也相应印证了这一点,一度在 1959 年上升到了 26 年来的最高值 2.16,但是一度又在 1965 年跌落到了 26 年来的最低值 -0.39。这一时期,在城市的发展方面,由于城市人口增长过快,国家的主要力量又放在工业建设上,导致城市建设远远跟不上工业建设及城市人口增长的需要,城市公共设施普遍严重不足,致使相当一批城市发展困

---

① 曹洪涛、储传亨:《当代中国城市建设》,中国社会科学出版社 1990 年版。

难。1961年1月，中共中央提出“调整、巩固、充实、提高”八字方针，开始调整工业建设项目，压缩城市人口，撤销不够条件的市镇建制，并加强城市公共基础设施建设。经过一系列的调整，城市个数由208个减少到168个。

从1966年至1978年，中国城镇人口比重占全国总人口的比重的比率基本保持在17%左右，甚至在1972年时还下降到了17.13%。而从表2-6中我们可以看出，除了1978年中国城市化速度达到了0.36外，1966年至1978年这12年期间中国城市化的速度基本是停滞不前，甚至1966年至1972年之间，连续6年出现了负增长。在此期间，中国城市化的进展必然遭受到了某些问题的困扰，“文化大革命”是造成这种状况的原因之一。1981年6月，中共十一届六中全会通过的《关于建国以来党的若干历史问题的决议》指出：“1966年5月至1976年10月的‘文化大革命’，使党、国家和人民遭到建国以来最严重的挫折和损失。”国家政治经济的整体混乱直接导致了城市发展的混乱局面。特别是“三线”建设期间，由于本着“靠山、分散、隐蔽”的原则布局，为“大打仗，打大仗”做准备，许多城市不仅不做集中的建设，而且还有相当多的企业从城市当中迁出，即使同一个工厂，也提倡将车间分散到不同的地方。这种违反城市集聚本质的做法，特别是违反城市产业集聚本质的做法，极大地阻碍了中国城市化的发展。

三、改革开放后中国城市化发展

1978年，党的十一届三中全会作出了实行改革开放的重大决策。1979年7月，党中央、国务院做出决定，对广东、福建两省的对外经济活动实行特殊政策和优惠措施，并决定在深圳、珠海、汕头、厦门设置经济特区，作为吸收外资、学习国外先进技术和经营管理方法的窗口。伴随着改革开放,从表2-7中我们可以看出,虽然伴随着一些波折,但中国城市化的发展速度仍然在稳步提高。

表2-7　1979—2006年中国的城市化历程

年份	总人口(年末)/万人	城镇人口/万人	乡村人口/万人	城镇人口比重/%	城市化速度/(百分点/a)	城镇人口增长系数
1979	97542	18495	79047	18.96%	1.05	0.97
1980	98705	19140	79565	19.39%	0.43	0.55
1981	100072	20171	79901	20.16%	0.77	0.75
1982	101654	21480	80174	21.13%	0.97	0.83
1983	103008	22274	80734	21.62%	0.49	0.59
1984	104357	24017	80340	23.01%	1.39	1.29
1985	105851	25094	80757	23.71%	0.69	0.72
1986	107507	26366	81141	24.52%	0.82	0.77
1987	109300	27674	81626	25.32%	0.79	0.73
1988	111026	28661	82365	25.81%	0.5	0.57
1989	112704	29540	83164	26.21%	0.4	0.52
1990	114333	30195	84138	26.41%	0.2	0.4
1991	115823	31203	84620	26.94%	0.53	0.68
1992	117171	32175	84996	27.46%	0.52	0.72
1993	118517	33173	85344	27.99%	0.53	0.74
1994	119850	34169	85681	28.51%	0.52	0.75
1995	121121	35174	85947	29.04%	0.53	0.79
1996	122389	37304	85085	30.48%	1.44	1.68
1997	123626	39449	84177	31.91%	1.43	1.73
1998	124761	41608	83153	33.35%	1.44	1.9
1999	125786	43748	82038	34.78%	1.43	2.09
2000	126743	45906	80837	36.22%	1.44	2.25
2001	127627	48064	79563	37.66%	1.44	2.44

年份	总人口(年末)/万人	城镇人口/万人	乡村人口/万人	城镇人口比重/%	城市化速度/(百分点/a)	城镇人口增长系数
2002	128453	50212	78241	39.09%	1.43	2.6
2003	129227	52376	76851	40.53%	1.44	2.8
2004	129988	54283	75705	41.76%	1.23	2.51
2005	130756	56212	74544	42.99%	1.23	2.51
2006	131448	57706	73742	43.90%	0.91	2.16

注:1979—1982 年数据为户籍统计数;1982—1989 年数据根据 1990 年人口普查数据有所调整;1990—2000 年数据根据 2000 年人口普查数据进行了调整;2001—2004 年和 2006 年数据为人口变动情况抽样调查推算数;2005 年数据根据全国 1% 人口抽样调查数据推算。

资料来源:国家统计局:《中国统计年鉴 2007》,中国统计出版社 2007 年版。

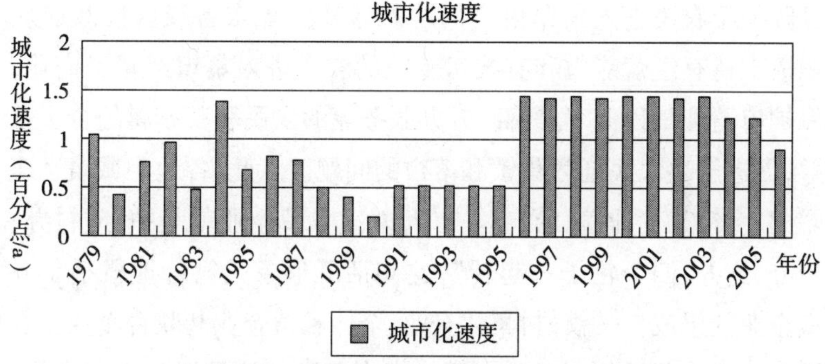

图 2－2　1979—2006 年中国城市化发展速度

从图 2－2 中我们可以看出,在 1995 年以前,除了 1979 和 1984 年外,中国城市化发展速度基本在 1 以下,从 1996 年开始到 2006 年,中国城市化发展速度基本在 1 以上,因此我们可以粗略的将 1979—2006 年中国城市化发展分为两个时期,即 1979—1995 年的低速发展时期和 1996—2006 年的相对高速发展时期。此外,乡村人口在 1995 年达到了 1979—2006 年的最高峰 85947 万人,然后逐年下降，也从一个侧面说明我们以 1995 年作为 1979—2006 年中国城市化发展速度分界点的科学性。根据城市化发展的三阶段论中的描述，在城市化的起步阶段（第一阶段），当区域经济发展处于工业化前期时，城市化进程缓慢，城市化水平在 30% 以下；在城市化的快速发展阶段（第二阶段），当一个国家或区域经济发展进入工业化中期阶段以后，随着工业化过程的迅速推进，城市化呈现出快速增长的态势，城市化水平由 30% 持续上升到 60% 左右，这两个阶段的分类与 1979—2006 年中国城市化发展历程基本相符。

改革开放后，众多乡镇企业从无到有的迅速发展，成为支持中国城市化迅速发展的动力之一，1984 年 10 月，国务院颁发了《国务院关于农民进入集镇落户问题的通知》，要求各级人民政府应积极支持有经营能力和有技术专长的农民进入集镇经营工商业，保护申请到集镇务工、经商、开办服务业的农民和其家属的合法权益，促进解决农民迁入集镇和落户的问题。从此，各地小城镇迅速崛起，乡镇工商业蓬勃兴起。有人说：“乡镇企业就是镇办、村办、户办、连办，四个轮子一起转”，这句话既形象又简练地概括了乡镇企业的组成——镇、村集体企业、个体私营企业和联合企业。乡镇企业成为此后相当长的一段时间内我国经济发展的支撑力量。乡镇企业迅速崛起是中国改革开放的重要成果。在改革开放后的不到 20 年的时间里，我国乡镇企业数目由 1978 年的 153 万个猛增至 1995 年的 2203 万个，平均每年净增乡镇企业 121 万个；乡镇企业从业人数则由 2827 万人增加到 12862 万人，平均每年新增就业 590 万人，如下表 2－8 所示。以乡镇企业为主体的小城镇经济的发展为我国城市化道路的长期持续发展开启了强劲有力的序幕。

表 2－8　1978—1995 年中国乡镇的个数增加及乡镇企业的发展轨迹

年份	乡镇个数/个		乡镇企业数/万个			乡镇企业职工人数/万人			乡镇企业总产值/亿元		
	合计	镇数	合计	乡办	村办	合计	乡办	村办	合计	乡办	村办
1978	52781	—	153	32	121	2827	1258	1569	493	281	212
1980	54183	—	142	34	108	3000	1394	1606	657	369	288
1985	91138	7956	1223	42	143	6979	2111	2216	2728	1139	911
1990	55838	11392	1850	39	107	9265	2333	2259	8462	2987	2442
1995	47136	17282	2203	42	120	12862	3029	3031	68915	21401	20310

资料来源：国家统计局：《中国统计年鉴（1996）》，中国统计出版社 1996 年版。
转引自叶裕民：《中国城市化与可持续发展》，科学出版社 2007 年版，第 80 页。

乡镇企业的发展为中国小城镇的发展奠定了经济基础，1980 年，全国城市规划工作会议提出了“控制大城市规模，合理发展中等城市，积极发展小城市”的城市发展总方针，这同时从经济和政策方面促进了建制镇的崛起。乡镇企业的发展为中国小城镇的发展奠定了经济基础，伴随着工业化的发展，农业份额的下降，必然出现农业人口向非农业人口，乡村人口向城镇人口转移的城市化进程。在 1985 年到 1995 年的短短 10 年间，我国建制镇数目由 7956 个猛增至 17282 个，建制镇成为中国城市化进程的推动力量。1985—1991 年，在乡镇企业和城市改革双重推动下，全国各地区尤其是东部沿海地区涌现了大量新兴的小城镇。

1992 年邓小平南巡谈话和党的十四大以后，明确了经济体制从计划经济向市场经济转换，资本、土地、劳动力和技术等生产要素发挥出更大作用，人口和产业迅速向城镇流动和聚集，农村剩余劳动力大量转移到非农业生产领域。大城市地带和城市群的逐步形成，城市的吸引和辐射作用不断增强，小城镇星罗棋布，使城乡经济有了更快的发展，推动了中国城市化的发展。1993 年 10 月，建设部召开全国村镇建设工作会议，确定了以小城镇建设为重点的村镇建设工作方针，提出了到本世纪末我国小城镇建设发展目标。会后，经国务院原则同意，建设部等6个部委联合颁发了《关于加强小城镇建设的若干意见》。1995年4月，国家体改委、建设部、公安部等11个部委联合下达《小城镇综合改革试点指导意见》，并在全国选择了57个镇作为综合改革试点。1997年6月10日，国务院批转了公安部《小城镇户籍管理制度改革试点方案》和《关于完善农村户籍管理制度意见》的通知。通知认为，应当适时进行户籍管理制度改革，允许已经在小城镇就业、居住并符合一定条件的农村人口在小城镇办理城镇常住户口，以促进农村剩余劳动力就近、有序地向小城镇转移，促进小城镇和农村的全面发展。农村新生婴儿可以随母或者随父登记常住户口。此后，许多小城市为促进经济发展，基本放开了户籍限制；不少大中城市，甚至北京、上海等，也放松了外地人口进入本市的限制。

虽然乡镇企业和小城镇的发展在一定程度上推动了中国城市化的发展，但是由于乡镇企业违背了现代意义上的城市集聚发展原则，产生了很多中国特有的“村村点火，户户冒烟”的现象，所以在其后的发展过程中受到了严重的冲击，大批企业在市场竞争中消亡，所以很多中国的乡镇企业相继开始第二次创业。很多企业开始利用市场规律，利用城市集聚的产业和技术优势，调整布局，离开乡镇，向城市发展。2000年10月，中共中央在关于“十五”规划的建议中提出：“随着农业生产力水平的提高和工业化进程的加快，我国推进城市化条件已渐成熟，要不失时机实施城镇化战略。”为了加快城镇化，2001年5月，国务院批转了公安部《关于推进小城镇户籍管理制度改革的意见》，2001年5月，国务院批转公安部《关于推进小城镇户籍管理制度改革的意见》（以下简称《意见》)。《意见》指出:小城镇户籍管理制度改革的实施范围,是县级市市区、县人民政府驻地镇及其他建制镇;凡在上述范围内有合法固定的住所、稳定的职业或生活来源的人员及与其共同居住生活的直系亲属,均可根据本人意愿办理城镇常住户口;已在小城镇办理的蓝印户口、地方城镇居民户口、自理口粮户口等,符合上述条件的,统一登记为城镇常住户口。这标志着小城镇已经废除了城乡分隔制度。有些地方甚至采取了鼓励农民到小城镇居住和创业的政策。

乡镇企业发展及小城镇崛起唤醒了中国数亿农民和城市居民的市场意识和发展意识,在以国有企业为主的城市经济市场机制还没有得到有效发挥作用的10多年中,为中国城市化发展提供了经济支持。发展小城镇战略在我国二十几年的实践中,极大地缓解了农村劳动力过剩的压力,还避免了许多发展中国家普遍经历的农业衰退问题,经济实力增强,工业经济、城镇经济规模不断扩大,形成了一批优势产业,加速了我国农村城市化进程。

然而,随着我国社会经济的发展,乡镇企业也随之暴露出一系列弱点,如效益低下、发展速度缓慢、投入不足、技术落后、人才缺乏、环境污染问题等。尤其是进入20世纪90年代以后,这一城市化战略已显然不符合第三产业向更高层次发展的趋势,也与建立社会主义市场经济体制不相适应。因此,我国在大力发展乡镇企业的同时也根据我国社会主义初级阶段的基本国情适时调整城市发展的基本方针,如中建部在1980年提出:严格控制大城市,合理发展中等城市,积极发展小城市。1986年提出:严格控制大城市规模,合理发展中等城市和小城市。2002年提出:大中小城市与小城镇协调发展。

四、2020年中国城市化发展预期

《中共中央关于制定国民经济和社会发展第十一个五年规划的建议》中明确指出:在“十一五”期间要促进城市化健康发展。在第17条中明确指出,2006—2010年中国城市化的发展要坚持大中小城市和小城镇协调发展,提高城镇综合承载能力,按照循序渐进、节约土地、集约发展、合理布局的原则,积极稳妥地推进城镇化。《中共中央关于制定国民经济和社会发展第十一个五年规划的建议》与以往的城市化发展指导意见相比,有很多不同之处。首先,由原来主要追求城市化数量的扩张转变到现在更加追求城市化的质量,充分认识到城市化速度过慢和过快都有可能成为我国城市化发展中的阻碍因素。其次,在城市的大的发展方向上,开始明确地提出坚持大中小城市和小城镇协调发展,提高城镇综合承载能力的发展方向,修正了原来大力发展小城镇,抑制大城市发展的发展方向。再次,开始认识到城市发展与自然环境之间的协调,按照循序渐进、节约土地、集约发展、合理布局的原则,积极稳妥地推进城镇化,开始关注人类发展、城市发展和自然环境的承载力以及土地和资源之间的相互关系。最后,明确提出来要以城市群为主体的发展,特别是珠江三角洲、长江三角洲、环渤海地区的城市群,这为我国以城市群和城市化地区为主要依托,走一条聚集型城市化的道路,指明了方向。

为了更加科学地预测中国城市化发展的趋势和水平,通过查阅2007中国统计年鉴上的相关数据,我们通过对1978—2006年中国城市化与人均GDP相互关系的分析来预测中国未来城市化发展水平。1978—2006年中国城市化发展速度与人均GDP的关系如下图2-3所示。

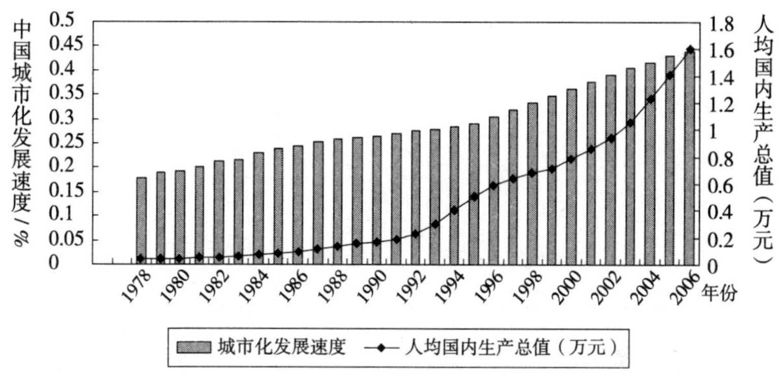

图2-3 1978—2006年中国城市化发展速度与人均GDP关系

在以下模型中,我们采用G为解释变量,代表人均GDP,采用S为被解释变量,代表城市化发展水平。出于尽量减少时间序列中可能出现的异方差问题对结果精确度影响的考虑,我们对使用的数据均进行了对数化处理。本样本数据的年度为1978年到2006年,时间跨度为29年。人均GDP的单位为万元人民币,城市化水平按照百分比衡量。

表2-9 模型变量相关数值

年份	城市化发展速度(S)	人均国民生产总值(GDP)	LnS	LnG
1978	0.18	0.038	-1.720	-3.267
1979	0.19	0.042	-1.663	-3.172
1980	0.19	0.046	-1.640	-3.072
1981	0.20	0.049	-1.602	-3.012
1982	0.21	0.053	-1.554	-2.942
1983	0.22	0.058	-1.531	-2.843
1984	0.23	0.070	-1.469	-2.666

年份	城市化发展速度(S)	人均国民生产总值(GDP)	LnS	LnG
1985	0.24	0.086	-1.439	-2.456
1986	0.25	0.096	-1.405	-2.34
1987	0.25	0.111	-1.374	-2.196
1988	0.26	0.137	-1.354	-1.991
1989	0.26	0.152	-1.339	-1.885
1990	0.26	0.164	-1.331	-1.805
1991	0.27	0.189	-1.312	-1.665
1992	0.27	0.231	-1.292	-1.465
1993	0.28	0.3	-1.273	-1.205
1994	0.29	0.404	-1.255	-0.905
1995	0.29	0.505	-1.236	-0.684
1996	0.30	0.585	-1.188	-0.537
1997	0.32	0.642	-1.142	-0.443
1998	0.33	0.68	-1.098	-0.386
1999	0.35	0.716	-1.056	-0.334
2000	0.36	0.786	-1.016	-0.241
2001	0.38	0.862	-0.977	-0.148
2002	0.39	0.94	-0.939	-0.062
2003	0.41	1.054	-0.903	0.053
2004	0.42	1.234	-0.873	0.21
2005	0.43	1.41	-0.844	0.344
2006	0.44	1.61	-0.823	0.475

资料来源:国家统计局:《中国统计年鉴(2007)》,中国统计出版社2007年版。

由于人均GDP如果以人民币元为单位,其数值大小与代表城市化发展速度的百分数差距较大,不具有可比性,因此,我们采用万元人民币作为人均国民生产总值的计量单位。对1978—2006年中国城市化发展速度与人均GDP都取对数,采用Eviews5.0软件拟合分析结果如下。

Dependent Variable: LNS

Method: Least Squares

Date: 12/12/07 Time: 16:52

Sample: 1978 2006

Included observations: 29

LNS = C(1) + C(2) * LNG

	Coefficient	Std. Error	t-Statistic	Prob.
C(1)	-0.972706	0.015718	-61.88362	0.0000
C(2)	0.207740	0.008504	24.42719	0.0000
R-squared	0.956709	Mean dependent var		-1.263826
Adjusted R-squared	0.955106	S.D. dependent var		0.260472
S.E. of regression	0.055189	Akaike info criterion		-2.889617
Sum squared resid	0.082239	Schwarz criterion		-2.795321
Log likelihood	43.89945	Durbin-Watson stat		0.166302

注:LNS 代表各年城市发展速度的自然对数
LNG 代表各年人均国民生产总值的自然对数

通过分析我们可以看出,人均国民生产总值与城市化发展速度之间关系紧密,由 C(1)的 Coefficient 为 -0.972706 可得,其数据的可靠性因为 R-squared 和 Adjusted R-squared 的数值 0.956 和 0.955 都大于 0.92,所以检验结果相对可信。通过分析可知:

LNS = C(1) + C(2) * LNG　　公式(2.1)

把 C(1) = -0.972706, C(2) = 0.207740 代入公式(2.1)可得

LNS = -0.972706 + 0.207740 * LNG　　公式(2.2)

[-61.88362][4.42719]

$\overline{R^2}=0.955$

方程中，调整后的拟合优度说明方程总体线性关系显著成立。T值说明LnS作为解释变量是合适的。从回归结果可以看出，人均GDP每增加一个百分点，城市化发展水平提高0.208个百分点。这意味着经Eviews分析，人均GDP每比上一年度增长1%，城市化水平相应会比去年增长0.208%。

如果我们剔除人口增长的因素，直接分析各年中国城市化发展速度与国内生产总值的回归关系，其拟合程度与上面的分析基本相同。采用Eviews软件分析结果如下所示：

Dependent Variable：LNS

Method：Least Squares

Date：12/12/07 Time：16:51

Sample：1978 2006

Included observations：29

LNS = C(1) + C(2) * LNG1

	Coefficient	Std. Error	t-Statistic	Prob.
C(1)	-1.463020	0.012946	-113.0133	0.0000
C(2)	0.192121	0.007772	24.72045	0.0000

R-squared	0.957687	Mean dependent var	-1.263826
Adjusted R-squared	0.956120	S. D. dependent var	0.260472
S. E. of regression	0.054563	Akaike info criterion	-2.912463
Sum squared resid	0.080381	Schwarz criterion	-2.818167
Log likelihood	44.23072	Durbin-Watson stat	0.159942

注：LNS代表各年城市发展速度的自然对数

LNG1代表各年国民生产总值（万亿元）

$$LNS = -1.463020 + 0.192121 * LNG1 \qquad 公式(2.3)$$

[-113.0133][0.007772]

$\overline{R^2}=0.956$

方程中，调整后的拟合优度说明方程总体线性关系显著成立。T值说明LnS作为解释变量是合适的。从回归结果可以看出，中国GDP每增加一个百分点，城市化发展水平提高0.192个百分点。人均GDP和GDP总量的分析说明，中国城市化发展水平和以GDP为代表的经济发展速度息息相关。

根据国家统计局的估计，未来一段时间内，中国经济增长率7.2%、人口年平均增长率6.5‰，据此我们可以估计出2020年前中国城市化发展速度：2010年中国城市化发展水平大概为44.7%，2015年中国城市化发展水平大概为52.4%，2020年中国城市化发展水平大概为57.9%。

联合国经济和社会事务部在2004年出版的《世界城市化展望》中对中国未来城镇人口进行了预测，结果见表2-10。根据联合国经济和社会事务部的预测，2020年中国总人口预计将达到14.3亿人，其中7.66亿人为城镇人口，6.64亿人为乡村人口，城

表2－10　联合国经济和社会事务部对中国未来城市人口的预测

年份	城镇人口/亿人	乡村人口/亿人	城市化水平/%
2005	5.36	7.86	40.5
2010	6.16	7.49	45.1
2015	6.94	7.08	49.5
2020	7.66	6.64	53.6
2025	8.27	6.18	57.2
2030	8.78	5.73	60.5

资料来源：UN Department of Economic and Social Affairs. 2004. World Urbanization Prospects: The 2003 Revision. New York United Nations.

转引自叶裕民：《中国城市化与可持续发展》，科学出版社2007年版，第109页。

市化水平将达到53.6%。联合国经济和社会事务部的中国未来城市化发展水平的预测比我们用Eviews模型预测水平略低，与我们的分析基本一致，这进一步验证了我们分析预测的可靠性。

第三节　我国生态城市建设历程

随着我国城市化水平的提高，我国的城市在为国民经济作出了越来越多贡献的同时，其发展过程中面临的环境污染问题和能源问题也越来越突出，关于这两个问题我们将在第四章中作详细的介绍。为了解决这些问题实施可持续发展战略，推动城市社会经济与环境保护协调发展，环境保护部在全国组织开展了生态省(市、县)建设工作，得到了地方各级党委、政府的重视和积极参与，特别是党中央提出科学发展观以来，全国生态省(市、县)建设发展迅速。建设生态示范区是实施可持续发展战略的重要举措，是解决当前我国城市生态环境问题、实现区域经济社会与环境保护协调发展的有效途径。由于生态城市规定的混乱，下面我们以国家级生态示范区中生态城市和生态县的建设为例来说明我国生态城市的建设历程。

1995年以来，全国先后建立了154个省、地、县级规模的生态示范区建设试点。在各省、自治区、直辖市环境保护局的指导和帮助下，各试点地区党委、政府高度重视生态示范区建设工作，按可持续发展战略要求，精心编制和实施生态示范区建设规划。通过生态示范区建设，一些试点地区积极调整产业结构，寓环境保护于经济社会发展之中，发展适应市场经济的生态产业，探索建立了多样化的现代生态经济模式，取得了良好的经济社会和环境效益，推动了环境保护基本国策的贯彻落实，初步实现了经济、社会、生态的良性循环和协调发展。

从1995年到2007年的12年间，环境保护部在全国范围内总共认定了320个国家级生态示范区。这说明了我国政府和公众对于生态城市的建设关注和投入程度。生态城市建设的目的，就是以科学发展观为指导，运用可持续发展理论和循环经济与生态经济学原理，按照全面建设小康社会的总体布局和要求，区别东部和中西部不同环境、资源条件，统筹规划城乡、经济社会和人与自然的发展，坚持走生产发展、生活富裕、生态良好的文明发展道路，努力实现城市区域范围的可持续发展。

生态城市建设的任务，主要围绕循环经济和生态产业、环境保护、生态人居和生态文化等方面开展建设工作，表现在以下四个方面。① 首先是要大力发展循环经济和生态产业，建立高效、低耗、低污染的生产体系。结合产业结构调整，大力推进清洁生产，努力发展循环经济，建立循环型社会。其次是要大力改善环境质量，建立良性循环的生态体系。围绕创建工作，加强环境保护，强化环境监管，防止新的重大人为生态破坏，努力实现辖区内天蓝、海碧、山青、水秀。再次是要大力推进生态人居建设，建设优美舒适、协调和谐的人居体系。在城镇、社区、村落规划和建设中，努力做到现代理念与传统文化相融合，人居环境与自然环境相协调。最后是要大力倡导生态文化，建设现代、文明、各具特色的生态文化体系。传播生态知识，普及现代文明发展理念，弘扬民族优秀文化传统，完善环保法律法规制度，提高全社会环境保护意识。

为了更好地推动生态城市的建设，贯彻落实党的十七大精神，

① 中华人民共和国环境保护部网站：http://www.zhb.gov.cn/natu/stxhq/bz/200505/t20050524_66878.htm

环境保护部于2007年12月26日组织修订了《生态县、生态市、生态省建设指标》，其中关于生态城市建设的具体指标如下表2－11所示。从表2－11中我们可以看出，国家关于生态城市的建设指标分为三大类。从经济发展指标看，如果我们想把单位GDP能耗控制在0.9吨标准煤/万元的水平，把单位工业增加值新鲜水耗控制在20m^3/万元以下，没有可持续发展产业集聚的推动，是不可能实现的。从生态环境指标来看，可持续发展产业集聚产生的生态工业园区，可以有效地帮助园区所在城市在空气环境质量、水环境质量、化学需氧量（COD）、二氧化硫（SO_2）排放量、工业用水重复率、工业固体废物处置利用率等方面达到甚至超过国家的标准。在社会进步指标方面，可持续发展产业集聚可以帮助生态工业园区所在城市极大地提高公众对环境的满意度。综上所述，可持续发展产业集聚可以在经济、生态和社会三个方面促进我国生态城市的建设。

表2－11　国家生态城市建设指标

	序号	名称	单位	指标	说明
经济发展	1	农民年人均纯收入	元/人		约束性指标
		经济发达地区		≥8000	
		经济欠发达地区		≥6000	
	2	第三产业占GDP比例	%	≥40	参考性指标
	3	单位GDP能耗	吨标煤/万元	≤0.9	约束性指标
	4	单位工业增加值新鲜水耗	m^3/万元	≤20	约束性指标
		农业灌溉水有效利用系数		≥0.55	
	5	应当实施强制性清洁生产企业通过验收的比例	%	100	约束性指标

	序号	名称	单位	指标	说明
生态环境保护	6	森林覆盖率	%		约束性指标
		山区		≥70	约束性指标
		丘陵区		≥40	
		平原地区		≥15	
		高寒区或草原区林草覆盖率		≥85	
	7	受保护地区占国土面积比例	%	≥17	约束性指标
	8	空气环境质量	—	达到功能区标准	约束性指标
	9	水环境质量近岸海域水环境质量	—	达到功能区标准，且城市无劣 V 类水体	约束性指标
	10	主要污染物排放强度	千克/万元(GDP)		约束性指标
		化学需氧量(COD)		<4.0	
		二氧化硫(SO_2)		<5.0	
	11	集中式饮用水源水质达标率	%	100	约束性指标
	12	城市污水集中处理率	%	≥85	约束性指标
		工业用水重复率		≥80	约束性指标
	13	噪声环境质量	—	达到功能区标准	约束性指标
	14	城镇生活垃圾无害化处理率	%	≥90	约束性指标
		工业固体废物处置利用率		≥90	约束性指标
				且无危险废物排放	约束性指标
	15	城镇人均公共绿地面积	m^2/人	≥11	约束性指标
	16	环境保护投资占 GDP 的比重	%	≥3.5	约束性指标
社会进步	17	城市化水平	%	≥55	参考性指标
	18	采暖地区集中供热普及率	%	≥65	参考性指标
	19	公众对环境的满意率	%	>90	参考性指标

资料来源：环境保护部网站。

第四节 产业集聚与生态城市发展关系

一、产业分工与城市发展的相互促进

威廉·配第是经济学的奠基人之一，也是最早论述分工与城市关系的经济学家。配第认为，像伦敦这样的大城市所得到的好处来源于由分工所导致的制造业的改进和增长，专业化的好处可以通过将某一制造业集中于某一特定地区而实现，因为这样的集中可以实现交通和运输费用的节约。

亚当·斯密认为，城市和分工有关：一方面城市和农村即是一种不同的分工；另一方面，斯密从城市内部的分工，进一步解释了城市的产生，即“农民常常需要锻工、木匠、轮匠、犁匠、泥水匠、砖匠、皮革匠、鞋匠和缝匠的服务，这类工匠，一方面因为要互相帮助；另一方面又因为不必像农民那样有固定地址，所以，自然而然地聚居一地，结果就形成了一种小市镇或小村落。”斯密的这一思想，在新兴古典经济学那里又得到体现，新兴古典经济学认为分工的演进再加上集中交易，即可产生城市。在一定程度上可以讲，斯密定理是发展经济学的核心，即分工是经济增长的源泉。因为这种由分工演化引起的结构变化被发展经济学家称为工业化，它包括了工业产出份额的上升、投资率和储蓄率的上升等。工业部门收入上升的过程，就是一个社会由自给自足向高分工水平转化的过程，也是城市化的过程。

总之，分工—交易成本理论确切地描述了城市化的发展过程，认为城市的起源和发展都是分工演进的结果：即使生存环境自然禀赋条件完全相同，也会由于选择的不同分工，产生专业化生产和

交易行为的动力。正是由于分工和专业化提高了知识积累的效率从而使不同的部门产生交易的内在需求，当交易的好处大于交易的成本时，分工就会产生。为了降低交易成本就会形成市，当经济发展产生的剩余大到足以支付保卫其所需的成本时，城市就会产生和发展。

产业分工在促进了城市发展的同时，城市发展也促进了产业分工的演化。配第认为，城市能够通过降低交易费用来促进分工。此外，斯密定理同时也说明，分工决定于市场的大小，市场大小又取决于运输的条件。而城市与农村相比，由于人口的密集程度高，居住集中。因此，不管是生产还是消费，运输条件大大改善，市场比农村相对更大，因而能够促进分工和新市场的形成与发展。随着城市规模的扩大，城市社会经济活动的多样性就逐步增强，社会分工就更为深化，交易更为频繁，从而其分工与贸易的经济利益就更为突出。城市规模的扩大毫无疑问也将产生规模经济利益。显然，城市市场规模的扩大既使新企业得以出现，又使新服务得以供给。诸如产业规模经济、劳动力市场经济、信息经济等方面的外部经济利益毫无疑问将随城市规模的扩大而增加。尤其是诸如城市基础设施、政府管理、通讯基础设施等公共产品的提供，只有当城市达到一定规模时，才能实现有效的供给。随着城市规模的扩大，居民、企业的数量增多，市场竞争性增强，资源配置效率也将随之提高。

总之，城市规模和经济发展水平决定市场规模，而市场规模又决定分工的细致程度，从而影响到整体的效率。有人做过分析，认为在我国3万人以下的城镇很难形成有效的分工，25万人以下的城市效率也相当低。所以，产业分工促进城市化，城市化又反过来促进产业分工。

二、产业集聚是城市发展的核心动力

科技革命引起工具革命,工具革命引起产业革命。工业革命首先是在手工业中出现的,随着蒸汽机的出现,机器大生产的生产方式得以建立,机器大生产在极大地提高生产力的同时,就像一块有强引力的磁石,吸引着各种生产要素向他集中。在集中的过程中又进一步促进社会分工,社会分工反过来又进一步吸引生产要素向其集聚,集聚的结果就形成了城市。没有工业化导致的人口、资源等的自然集中,城市的发展就没有内在动力。如英国的工业革命,使得工业企业和服务业集中到城市及靠近煤、铁资源的矿区和交通便利的地区,棉纺织工业的发展,兴起了曼彻斯特、索尔福德、博尔顿、普雷斯顿等一些城市。①

城市作为一种经济现象,是人类社会发展到一定阶段的产物。自十八世纪中叶以来,伴随着工业化和现代化的不断发展,城市也因之产生和发展。产业集聚指处在同一特定的产业领域内的企业,由于彼此之间的共性和互补性而紧密地联系在一起,形成一组在地理上靠近的、相互联系、相互支撑的企业集群。实际上,城市化就是农村从事第一产业的人口向城市第二、三产业集聚的过程。从产业集聚角度来分析城市形成的原因是较为常见的一种分析角度,因为城市经济的本质特征就在于其空间性和空间聚集性。城市因空间聚集而产生、发展和壮大,城市的物质、经济结构既是空间聚集的结果,也是城市聚集的基础。空间聚集既是城市吸引力产生的原因,也是各类城市问题产生的根源。城市是人类社会经

① 纪良纲、陈晓永:《城市化与产业集聚互动发展研究》,冶金工业出版社 2005 年版,第 147 页。

济活动空间集聚的结果。城市的形成虽然受地理、资源、历史因素所导致的特惠利益的吸引，但从经济学角度讲，它是市场作用的必然结果，因为即使地表是完全均一的，城市仍然会产生。促使城市形成（居民和企业的空间集聚）的市场力量首先起源于比较利益和生产的内部规模经济。由于比较利益的存在，促进了社会分工的发展，而分工的深化和生产的内部规模经济的存在则为产业的空间聚集创造了条件，人口的迁移和服务业的不断集聚，从而导致城市的形成。

城市具有空间集聚特性，其基本特征表现为“高人口密度、拥挤的市内交通、昂贵的土地和以资本代替土地”，所以西方的城市经济学一开始便以“分析外在性、街区效应和有关的市场失灵形式为主”。与之相适应，城市经济学提出了城市形成、城市内部结构、城市体系、城市规模等方面的有关理论。聚集效应是城市经济运行中的一个独特现象。从二十世纪三十年代开始，一些学者对集聚与城市的形成与发展进行了理论探讨和实证分析，虽然集聚频繁地应用于分析城市产生、发展和衰退等有关问题的各种理论，但迄今为止，产业集聚与城市发展还未能有比较成熟的理论，也缺乏全面的分析。可以说，在城市经济中，经济系统与空间系统具有不可分性，即城市中的任何经济活动均以空间形式来体现，并以之为前提，城市发展过程也就是各种社会经济活动在城市地域空间集聚的过程。

分析聚集效应影响城市经济增长的典型理论目前主要有两类：一类是有关集聚经济作用下的城市经济增长规模和影响范围的理论分析；另一类则是对聚集效应影响下城市增长路径的分析。前类以贝克曼为代表，其主要方法是将区位选择理论与克里斯托勒的中心地理论结合起来，考察建立在劳动分工基础上的城市聚集规模经济与周围腹地经济的关系。后一类则以巴莫尔的累积非均衡增长模型为代表。运用该模型可以明确地分析聚集经济与不经济给城市增长所带来的累积式影响。有关的城市增长理论虽然可以从动态角度在整体上分析聚集经济效果对城市经济增长的影响,但却难以说明二者之间的内在作用机制,更没有考察城市经济自身的运动规律。

现在人们普遍认为产业集聚对城市的社会、文化、经济、生态等各方面产生着深远的影响。传统的产业集聚理论认为其中因产业聚集而产生的经济效果的影响则更为重要,它直接构成了制约城市发展的第三种经济力量。可以说,产业集聚是决定城市形成和发展的最根本力量,因为如果没有产业集聚,社会经济活动就不必采用空间集中的形式,从而也就不一定会导致城市的产生和发展。产业集聚由于企业或工业集中将造成规模经济,这种规模经济有可能是外在的,但也可能是内在的。产业集聚为城市发展带来了经济利益,由于企业、居民空间设址的接近而导致的经济利益和成本节约,使得整个城市经济具有"聚集经济效果"。从投入—产出角度看,它不仅改变了通常意义上的技术约束和经济约束,而且也改变了经济活动的市场约束;即它对生产函数、成本函数和需求函数同时产生巨大影响;从而城市经济的生产函数具有典型的非线性齐次性特征。可以说,产业集聚不仅在微观上为城市企业带来了各种各样的经济利益,而且在宏观上影响着城市经济的运行。产业集聚的存在,必然吸引企业和家庭的较大聚集,这种较大的聚集又将吸引更大的聚集,从而影响着整个城市地区的发展,所以产业集聚对城市的发展作用是全面的、动态的和持久的。

无论是近代还是现代,工业化导致了人口向城市集聚,伴随着这一集聚过程的是产业的空间集聚。这已成为一个城市发展的核心动力。人类社会最初没有城市，马克思和恩格斯指出："某一民族内部的分工首先引起工业劳动和农业劳动的分离，从而引起城乡的分离和城乡利益的对立。"工业化是城市发展的核心动力。工业化要求生产走向集中，产业集聚产生了大规模的城市。按照规模经济和专业化的原则，如果说生产规模的扩大可以给厂商带来内部集聚效益，那么生产向城市的集中，可以使厂商得到外部集聚效益。工业发展追求规模化和产业化而产生的产业集聚的过程，大大加快了城市发展的进程。

三、城市发展与三大产业发展关系

马克思指出："城市工业本身一旦和农业分离，它的产品一开始就是商品，因而它的产品的出售就需要有商业作为媒介，这是理所当然的。因此，商业依赖于城市的发展，而城市的发展也要以商业为条件。这是不言而喻的。"①由此我们可以看出，城市化与产业集聚是相伴而生，相互促进的关系，城市的产生集聚了大量的人口，而人口的集聚又带来了产业的集聚；产业的集聚进一步地加剧了人口的集聚，从而促进了城市的发展和城市化的程度。城市化是指一个国家或地区由传统的农业社会向现代城市社会发展的自然历史过程，是社会经济结构发生根本性变革并获得巨大发展的空间表现。但是，这个过程是一个缓慢的自然历史过程，其发展速度受到很多因素的影响。就产业而言，我们认为：农业的发展是推进城市形成的前提条件，工业是城市形成与发展的物质基础，而第三产业的迅速发展是推动城市发展的加速器。

农业的迅速发展产生了农业的剩余，这里所说的农业剩余既

① 《马克思恩格斯全集》中文第1版，第25卷，第371页。

包括农业产品(食物和可以作为工业原材料的农产品)的剩余,也包括农业劳动力的剩余,是一种相对广泛意义上的农业剩余。农业对城市形成的贡献,一方面体现为农业产品贡献,即在城市形成的过程中,农业为其提供充足的食物和部分工业生产原料。随着城市的发展,尽管农业在整个国民经济中的就业份额、产值份额都在大幅度地下降,但是人口特别是城市中的人口所需要的食物主要仍然来自于农业,虽然人们对食物的精细加工越来越多,对食物质量的要求越来越高,但是离开了基本农业产品的供应,现代城市的生存和发展是不可想象的。此外,农业部门提供的原料,也直接推进了作为城市发展动力的工业发展,很多产业,如酿酒、纺织、造纸的主要原材料酒来源于农业。另一方面体现为市场需求的贡献,即在城市形成的过程中,农业为其提供广大的市场需求。农村特别是我国的农村是一个潜力巨大的市场,有资料显示,我国13亿人口中,有8亿农民,随着经济的发展和农业技术的提高,农民收入水平不断提高,农民对生产资料和生活资料的需求也随之不断提高,这为城市工业品提供了巨大的销售市场,进而促进了城市化的发展速度。第三方面体现为劳动力的贡献,即在城市形成的过程中,农业为其提供大量的劳动力,成为城市产业工人的主要来源。更重要的是,农业人口的流入和城市企业集中的交互作用,进一步促进了城市化的发展速度。一方面,城市的各种优越条件,对周边地区的农业人口产生巨大的吸引力。人口的大量涌入又会创造出更大的消费市场和人才市场,从而吸引更多的企业集聚到城市中。另一方面,企业的集中将提供更丰富的产品和服务,使城市的优越性进一步提高,从而导致新一轮的人口迁入及城市规模的进一步扩张。同时,随着人口的流入,其中的技术、管理人才为城市经济的发展提供了劳动力资源和智力资源,而投资者则为城市的发展提供了资金支持。

城市化与农业的关系对于中国具有特殊的重要意义。众所周知,中国人口众多而城市化水平较低,有大量的人口散布于广大农村。但是,中国农业生产的自然禀赋并不具备天然优势:中国65%的国土面积是山地和丘陵,33%的国土面积是干旱区荒漠区,70%的国土每年遭受典型的东亚季风的强烈影响,17%的国土面积构成了世界屋脊——青藏高原,这些地表水土资源和气候资源结合较差,不太适宜于农业的耕种。另外,由于滥垦滥伐、超载过牧,使中国土地退化、水土流失严重,不少地区耕地退化超过40%,草地退化超过50%。这一特殊的国情决定了中国众多的农业人口不能主要依赖于农业来谋求生存和发展。要想真正解决农民收入少、农村产业效率低、农村社会发展落后的"三农"问题,实现国富民强,可能只有通过发展城市,提高我国城市化的水平,释放农村的人口压力,站在"三农"问题外审视"三农"问题,才有可能在真正意义上解决这一问题。《中华人民共和国国民经济和社会发展第十个五年计划纲要》关于这一问题也作出了相关的论述。《纲要》中指出:"提高城镇化水平,转移农村人口,有利于农民增收致富,可以为经济发展提供广阔的市场和持久的动力,是优化城乡经济结构、促进国民经济良性循环和社会协调发展的重大措施。随着农业生产力水平的提高和工业化进程的加快,我国推进城镇化的条件已渐成熟,要不失时机地实施城镇化战略。"

城市的发展虽然在一定程度上表现为人口的集聚与迁移,特别是农村人口向城市的迁移,但是究其原因,工业(Industrialization)或者说产业的发展,才是城市形成与发展的决定性因素,而工业的发展并不仅仅是企业的发展,其通常表现为相关企业在空间上的大量集中，特别是同类型的企业和上下游企业的大量集聚。大量统计分析表明，城市化水平与国民生产总值的人均占有量成正比，即：城市化水平越高，人均国民生产总值越高，同样，城市化水平、国民生活水平、工业化水平与第一产业成反比例关系，而与第二、第三产业成正比例①。从中我们可以看出，一个国家的工业越发达，相应的可能其城市化的水平就越高。企业是工业的基本组成部分，是城市的行为主体之一，也是城市经济的基本组织单位。企业集中于城市有助于提高城市经济的集聚效应。具体而言，一是有助于企业开展专业化生产，提高劳动生产率。企业集中于城市中，不仅接近市场，便于购买生产要素资料，雇用熟练劳动力和出售产品，降低运输成本和交易成本，而且通过企业间的分工协作，以及大规模高效的集中生产，进一步拓展市场。二是有利于企业获得新技术和新信息，做出正确的经营决策。三是有利于获得规模效益。产业集中度越高，规模经济获利越大，经济实力越强，专业化分工与协作程度越深，由此形成的良性循环，使得中心城市的集聚效益明显高于其他城市。四是有利于形成新的区位优势，城市规模的扩大和产业的集中，能够促进运输网络的完善，从而进一步增强了城市相对其他区域的优势地位。除此之外，工业在城市的大量集聚直接导致市场的扩大，而市场的扩大有利于形成完整的市场体系。完整的市场体系是中心经济城市形成和发展的保障，决定着城市经济的集聚扩散能力、覆盖空间和辐射范围。城市的基本功能之一就是它的流通功能，完整的市场体系能够加快商品流通速度，使商品迅速完成由生产领域向消费领域的转移，从而增强城市的流通功能、提高城市的经济效益。总之，企业的集

① 参见林玲：《城市化与经济发展》，湖北人民出版社1995年版。

中和经济活动的集聚，为城市的发展和形成奠定了物质基础。1978—2006 年 3 次产业产值占该年 GDP 比值如图 2－4 所示。从图 2－4 中我们可以看出，从 1978 年到 2006 年，第一产业在 GDP 中所占比值总体呈逐年下降趋势，从 1978 年的 28.2% 下降为 2006 年的 11.7%，特别是从 1990 年开始至 2006 年逐年下降，平均每年下降 0.8%。第二产业占 GDP 的比重虽有起伏，但基本保持不变，除了 1990 和 1991 年外，全部保持在 43% 之上，这说明工业在我国国民经济中的主导地位仍然不可动摇。第三产业的发展最为迅速，从 1978 年的 23.9% 提高到 2006 年的 39.4%，年均增加 0.55%。

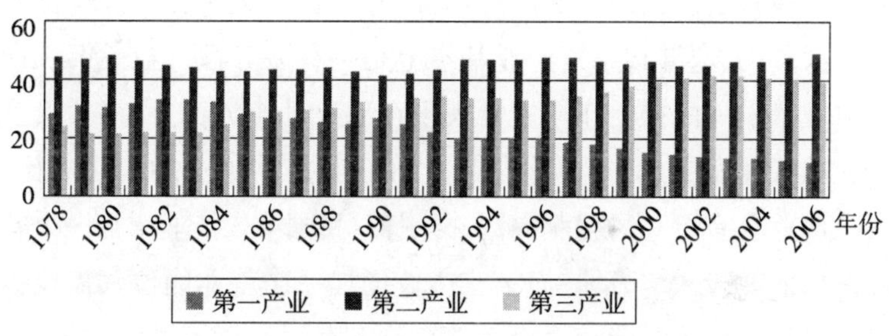

图 2－4　1978—2006 年我国三次产业占 GDP 比例

众所周知，城市化的发展是一个长期发展的过程。工业化作为城市化的第一动力，其功能主要是完成“量的扩张”，而城市化在“质方面的进步”，则主要靠第三产业的后续推动力，可见两者的关系十分密切。① 随着第一产业和第二产业劳动生产率的极大提高，现代经济对产前产后服务提出了更高的要求，并同时改变了竞争格局，从原来的商品竞争转向包括商品和服务在内的“一揽

① 参见朱铁臻：《城市现代化研究》，红旗出版社 2002 年版。

子"竞争,甚至是完全的服务的竞争,从而引起城市的第三产业急剧发展。① 其结果是城市的制造业就业人数不断下降,而金融、商贸、高新技术产业的就业人数不断上升,第三产业逐渐成为城市的主导产业。例如,在20世纪的90年代,伦敦、巴黎、纽约、东京等大城市的第三产业比重分别高达82.6%、88.7%、81.0%、和76.0%。② 可见,以第三产业为中心的产业结构已成为当代城市产业结构发展的一种趋势。第三产业,又称第三次产业,是英国经济学家、新西兰奥塔哥大学教授费希尔1935年在《安全与进步的冲突》一书中首先提出来的。它是指除农业、工业、建筑业以外的其他各业。根据国务院办公厅转发的国家统计局关于建立第三产业统计报告上对我国三次产业划分的意见,我国第三产业包括流通和服务两大部门,第三产业基本上是一种服务性产业。第三产业对城市发展的推动作用主要表现在以下几个方面。首先,第三产业的快速发展,提高了吸纳劳动力的能力。与农业和工业相比,第三产业具有更高的就业弹性,据测算,我国第二产业增加一个就业岗位需要投入7万元;而第三产业增加一个就业岗位只需要投入2万元。就吸纳劳动力而言,第三产业的投资效益明显高于第一和第二产业,而就我国的国情来说,人口众多,就业压力巨大,为了缓解就业压力,推动城市化的快速发展,大力发展第三产业成为解决就业问题的主要途径之一。其次,第三产业的快速发展,促进了城市的集聚效应。城市的集聚功能主要是由以下四种经济效应共同作用而产生的。第一,同一产业部门中企业的聚集使企业间

---

① 国家计委国土开发与地区经济研究所课题组:《对区域性中心城市内涵的基本界定》,载《经济研究参考》2002年第52期。

② 杨立勋:《经济中心城市特征与深圳经济中心城市建设》,载《特区理论与实践》1998年第9期。

的分工合作更加容易，专业化水平的提高促进了劳动生产率的增长和生产成本的降低。第二，企业的集中相应带来了员工的集中，使得有关就业信息的传播更加迅速，也使求职和招聘变得简捷方便。这两种因素直接降低了劳动力供应的成本。第三，产业所需的特定中间投入物和公共服务的经济性。第四，信息传播和创新产生的经济性。同一产业部门内企业和劳动力的集中使相应的技术、工艺、市场信息在产业部门内的传播扩散更加便利，大量专业人才之间的交流更加频繁，技术创新、管理制度创新愈发变得容易，创新成果的推广将激励劳动生产率的提高。以上四种经济效应使得城市的聚集功能经久不衰。① 而这些城市集聚功能的实现离不开现代发达的第三产业所带来的分工与协作。最后，第三产业的快速发展，促进了城市经济的扩散效应。城市的扩散功能是指一个城市通过输出各类生产要素向其他地区扩散其经济成果的功能。它同样是城市的一个基本功能，在实现城市与周边地区共同发展的过程中具有重要作用。国内的城市研究学者顾朝林将城市的扩散功能概括为辐射作用，并作了如下描述：城市经济发展在适当的条件下聚集的作用能够产生相应的经济效益，但当经济发展到一定程度时，这种过分的聚集作用又会削弱经济效益。因为过度的经济聚集必然提高生产成本和流通费用，只有通过就近利用周围地区的公共资源、能源和水源等生产条件以及产品销售市场才能使生产成本下降，于是城市又利用它的联合功能向周围地区渗透。这种渗透主要表现在两方面：一是通过资金、商品、劳动力、技术和信息的向外流动，使其在流动所达的范围内产生积极的经济作用；二是通过城市生产要素的流动，使城市企业向外围扩

① 韩士元：《城市经济功能构成及演进规律》，载《城市》2003 年第 4 期。

散,达到提高整体经济效益的目的。① 而第三产业中的交通运输业、邮电通讯业、物资供销和仓储业、金融业、保险业、公用事业、居民服务业、旅游业、信息咨询服务业以及各种要素市场的发展,是生产从城市向其他地区扩散的前提。也就是说,第三产业越发达,城市的集聚扩散效应越明显,范围越大,效果越好。

综上所述,产业的发展促进了城市化的发展,与此同时,城市化反过来又进一步促进了产业发展特别是产业集聚的发展。具体表现在:城市的规模经济和集聚经济能有效地降低产业主体企业的经营成本,从而为企业进一步在城市中集聚并扩大规模创造了条件;产业主体企业在城市的集聚带动了交通运输、通讯、金融、保险、餐饮娱乐、信息等产业的发展(这些行业本身就是第三产业的组成部分),同时还促进了教育、科学、文化、卫生、体育等各项社会事业的发展,进而带动了城市的全面进步。此外,城市本身就具有集聚的功能,如表 2－12 所示,这些集聚功能为产业的发展创造了良好的外部环境。城市的集聚功能表现为城市是重要的资源转换中心,在资源要素的转换过程中,城市经济创造出新价值,成为价值中心,城市又是物资集散和流转中心,这些物资为产业发展所必需,城市还是资金配置和信息交换中心,最后,城市是创新和管理中心,而创新正是产业集聚和发展的核心竞争力。除此之外,城市具有产业结构上的自我升级能力,是其产业结构优化的主要表现之一,而这一能力来源于城市中产业技术和组织的不断创新。城市是区域内的创新中心,它集中了区域中最优秀的人才、最先进的科研和设备,能够不断产生出新工艺、新技术和新制度。而这些

① 顾朝林著:《城市经济区理论与应用》,吉林科学技术出版社 1991 年版,第 3—7 页。

创新成果又通过上下游产业链关系，向周边地区转移和扩散。城市与其腹地之间通过创新—转移—扩散—再创新的循环往复过程推动产业结构不断升级。城市的各产业部门以其相互间的渗透、竞争，构成了完整和极具活力的产业体系。产业布局的合理和数量的集聚，极大地增强了城市的可持续发展能力、竞争能力和组织区域经济的能力，进而为城市向生态城市演变提供了经济基础。

表2－12　城市集聚功能的一般情况

大　类	小　类
工业中心	钢铁工业中心、电子工业中心、轻纺工业中心、汽车工业中心、食品工业中心、石油工业中心、煤炭工业中心、电力工业中心、建材工业中心、冶炼工业中心、化学工业中心、机械工业中心等
商业中心	零售业中心、电子商业中心、批发业中心、货物储运中心、旅游业中心等
金融中心	银行服务中心、证券交易中心、外汇交易中心、期货交易中心等
交通中心	水运中心、铁路枢纽、航空中心等
信息中心	通讯中心、信息网络中心等
科技中心	科技研究与创新中心、高科技中心等

资料来源：丁健：《现代城市经济》，同济大学出版社2001年版，第114—115页。

第三章　生态城市与产业集聚关系实证研究

费希尔（Allan G. B. Fisher）在 1935 年和克拉克（Colin G. Clark）在 1940 年提出的将产业（industries）划分为第一产业（农业和采掘业）、第二产业（制造业）和第三产业（服务业）的“产业三分法”在 20 世纪中叶得以确立①。目前为理论界所公认的服务业中“服务”的概念是 1977 年希尔（T. P. Hill）提出来的。他指出：“服务是指人或隶属于一定经济单位的物在事先合意的前提下由于其他经济单位的活动所产生的变化。……服务的生产和消费同时进行，即消费者单位的变化和生产者单位的变化同时发生，这种变化是同一的。服务一旦生产出来必须由消费者获得而不能储存，这与其物理特性无关，而只是逻辑上的不可能。”②从理论上说服务业产出应当是所有服务活动的加总。但在现实中，度量服务业的产值却并非易事。正因为这样的原因，吴敬琏先生指出：“由于服务业与制造业的融合，一方面制造业包含有越来越多的服务内容，例如制造业企业中的研发（R&D）和营销，在传统意义上都属于服务业务；另一方面，在现代信息通信技术的条件

---

① A. G. B. Fisher(1935), *The Clash of Progress and Security*, London: Macmillan; C. G. Clark(1940), *Condition of Economic Progres*, London: Macmillan.

② 转引自杨圣明、刘力：《商务贸易理论的兴起与发展》，载《经济学动态》1999 年第 5 期。

下，很多服务内容可以用电子信息技术来存储并借助电信业来远距离传输，改变了传统服务业的特点是既不能储存也不能运输、必须在消费现场提供的特点，使服务产品在很多方面更像制造业的产品。”①

根据国家统计局2003年发布的《三次产业划分规定》,第一产业是指农、林、牧、渔业;第二产业是指采矿业、制造业、电力、燃气及水的生产和供应业、建筑业;第三产业是指除第一、二产业以外的其他行业。我们所说的制造业是指对原材料(包括农产品和采掘业的产品)进行加工或再加工,以及对零部件装配的工业的总称。按照现行工业的分类,制造业包括了工业体系中除采掘业和电力煤气及水生产供应业外的所有29个行业。制造业是国民经济中最为庞大的产业体系,涵盖的范围十分广泛,既包括劳动密集型的传统产业,也包括依托自然资源的资源型产业,还包括知识密集型与资本密集型产业。虽然制造业并不能完全代表一国产业的发展情况,但是当今制造业与服务业,特别是工业服务业的融合,仍然使制造业的发达程度成为衡量一国综合国力的重要指标。因此,本书在以下的分析中,采用计算制造业的集聚程度来衡量我国产业的集聚程度。

第一节　制造业的区位集聚的衡量与分析

一、空间集中度指标

在衡量产业聚集的方法中,空间集中度指标(Concentration

① 吴敬琏:《中国增长模式抉择》,上海远东出版社2005年版。

Ratio)是一个最简单易行、使用最为广泛的常用指标。它是指规模最大的前几位(比如,前 4 位、前 5 位、前 8 位)企业(或地区某行业)的有关数据(如销售额、增加值、职工人数、资产总额)占整个行业或市场的份额。其计算公式如下:

$$CR_m = \frac{\sum_{i=1}^{m} X_i}{\sum_{i=1}^{n} X_i} = \sum_{i=1}^{n} S_i , S_i = \frac{X_i}{\sum_{i=1}^{n} X_i} \qquad 公式(3.1)$$

式中:CR_m 为空间集中度指标;X_i 为一个行业中第 i 个企业的有关数据;S_i 为第 i 个企业在全部行业中所占的份额;n 为第 i 个行业中全部企业数目;m 为所考察的最大企业家数($m \leqslant n$)。

在行业分析中,一般计算前 4 家、前 5 家或前 8 家最大企业的空间集中度指标,即计算 CR_4、CR_5 或 CR_8;而在分析整个工业或整个经济的集聚状况时,一般计算前 50 家、前 100 家、前 200 家或前 500 家最大企业的空间集中度指标(取 $m=50$, $m=100$, $m=200$ 或 $m=500$)。近年来,美国商务部普查局(US Census Bureau)在研究美国制造业集聚情况时,通常也采用计算各行业前 20 家和前 50 家最大企业的空间集中度来衡量其集聚程度。

空间集中度指标的最大优点是具有一定的经济含义,且数据容易取得,计算也简单。但是,它也有自身的缺陷:其一是空间集中度指标只反映 m 个最大企业的集聚状况,不能反映其他企业的数量及其规模与分布,真实市场中企业数量的多少与其集聚程度密切相关。其二是 m 的取值范围问题,当 m 取不同的数值时会得出不同的结论,这样将会影响同一行业以及不同行业之间集聚状况的比较,比如在计算一个行业的集聚程度时,可以计算 CR_4、CR_5 或 CR_8 等不同的指标,这样就给不同国家和地区之间的比较带来了不便。当然，在进行行业集聚的历年变动分析时，这些问题的困扰会变成一些特例。从总体上看，当 m 取不同的数值时，所得出的集聚指标具有娴熟的相关性。综上所述，虽然空间集中度指标有一些缺陷，但它仍然是一个相对较好应用广泛的集聚衡量指标。因此本书在测度制造业各行业的空间集聚程度时，采用 CR_4 指标，即制造业 20 个两位数行业在各省份分布中，该年产值份额最大的前四名省份的份额的累计和。

二、基尼系数指标

为了研究国民收入在国民之间的分配问题，美国统计学家 M. O. 洛伦兹提出了著名的洛伦兹曲线。它先将一国人口按收入由低到高排队，然后考虑收入最低的任意百分比人口所得到的收入百分比。将这样的人口累计百分比和收入累计百分比的对应关系描绘在图形上，即得到洛伦兹曲线。洛伦兹曲线的弯曲程度有重要意义。一般来讲，它反映了收入分配的不平等程度。弯曲程度越大，收入分配越不平等，反之亦然。基尼系数（Gini Coefficient）是意大利经济学家基尼于 1922 年提出的，定量测定收入分配差异程度，国际上用来综合考察居民内部收入分配差异状况的一个重要分析指标。其经济含义是：在全部居民收入中，用于进行不平均分配的那部分收入占总收入的百分比。基尼系数最大为"1"，最小等于"0"。前者表示居民之间的收入分配绝对不平均，即 100% 的收入被一个单位的人全部占有了；而后者则表示居民之间的收入分配绝对平均，即人与人之间收入完全平等，没有任何差异。但这两种情况只是在理论上的绝对化形式，在实际生活中一般不会出现。因此，基尼系数的实际数值只能介于 0—1 之间。利用洛伦兹曲线可以推导出基尼系数，它是洛伦兹曲线与对角线之间的面积与对角线以下的三角形面积之比，基尼系数 G = A/(A + B)，如图 3－1 所示。

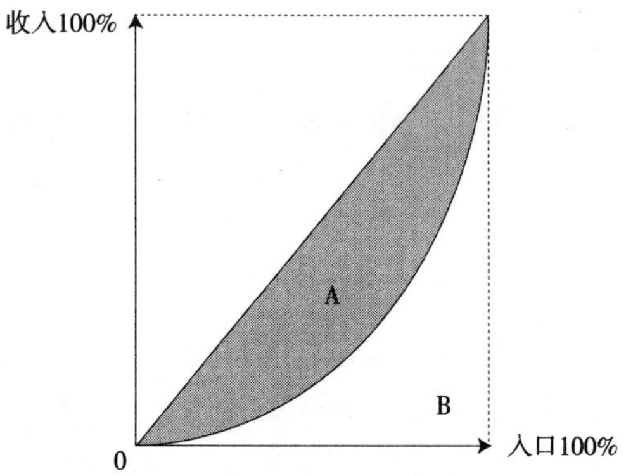

图 3－1　洛伦兹曲线及基尼系数

产业集聚衡量的洛伦兹曲线的绘制方法是：横轴表示由小到大排列的企业累计数的百分比，纵轴表示这些企业市场份额的累计百分比，该曲线上升的越陡峭，说明该行业的集聚程度越高。经济地理学家克鲁格曼首先将洛伦兹曲线和基尼系数引入便形成工业区位基尼系数以反映产业的空间集聚水平。① 工业区位基尼系数指标可分为加权的和未加权的两种，本书采取加权的区位基尼系数，其实质是先画出洛伦兹曲线，后推导出基尼系数。

首先对于样本中所有地区，计算出相对应的两个指标：每一个地区 j 的制造业占全国制造业的产值份额或地区 j 的就业人数总和在全国中的就业份额（可记为 E_j ，j =1，2，…，n）；地区 j 的制造业中第 i（i =1，2，…，m）行业产值占全国该行业产值的份额

① 克鲁格曼：《地理和贸易》，北京大学出版社、中国人民大学出版社 2000 年版，第 53—54 页。

(e_{ij})。然后根据这两组数据的比率($\frac{e_{ij}}{E_j}$)从大到小排序,并依照排序依次计算出地区制造业占全国制造业份额的累计总和与行业的产值份额的累计总和。这两个相对应的累计和之间的关系就构成了制造业第 i 行业的区位洛伦兹曲线。最后,根据洛伦兹曲线计算行业的区位基尼系数,具体计算公式如下:①

$$G = \sum_{i}^{n-1} (M_i Q_{i+1} - M_{i+1} Q_i) \qquad 公式(3.2)$$

这里的 M_i 是某行业在某地区的产值占全国该行业的份额的地区累计和(注意这里的 i 并不是行业的代码,而是累计和的代码), Q_i 为制造业产值(或就业人数)占全国制造业总产值的份额的地区累计和。即:

$$M_i = \sum_{j=1}^{i} I_j, Q_i = \sum_{j=1}^{i} P_j, M_n = Q_n = 1$$

$$I_s = \frac{q_{ij}}{q_i}, P_i = \frac{q_j}{q} \qquad 公式(3.3)$$

式中: q_{ij} 表示地区 j 的行业 i 的产值; $q_i = \sum_{j=1}^{n} q_{ij}$ 是行业 i 的全国总产值,因此, I_s 就是 s 地区 i 行业在全国的产值份额; $q_j = \sum_{i=1}^{n} q_{ij}$ 是地区 j 的制造业总产值; $q = \sum_{j} \sum_{i} q_{ij}$ 是全国制造业总产值,因此 P_s 就是 s 地区在全国的制造业产值份额或就业份额。

洛伦兹曲线的最大优点就是比较直观,缺点是除非进行工业普查,否则很难得到所有行业的确切数据,而且绘制洛伦兹曲线和计算基尼系数都是很费时费力的工作。除了空间集中度指标、区

① 梁琦:《产业集聚论》,商务印书馆2004年版,第256—257页。

位基尼系数，其他常见说明集聚程度的指数还有赫芬达尔指数、熵指数等。考虑到衡量指标的常用性和数据可得性，本书采用空间集中度指标、区位基尼系数两个指标来衡量我国制造业的集聚程度。

本书从两个角度对我国制造业集聚进行衡量与分析：一方面从各省级区域角度分析制造业空间集聚状况；另一方面从制造业各两位数行业在各省级区域的分布上分析空间集聚状况。所衡量的指标主要是空间集中度指标、区位基尼系数。所使用的数据主要来源于已出版的历年《中国工业经济统计年鉴》，但由于该年鉴未能连续出版，加之行业统计口径不一致，部分年份的《中国工业经济统计年鉴》中行业不全。因此，考虑到数据的可得性及分析问题的一致性，本书测度了制造业两位数行业中的食品加工业、食品制造业、饮料制造业、烟草加工业、纺织业、纺织服装、鞋、帽制造业、皮革、毛皮、羽绒及其制品业、造纸及纸制品业、石油加工及炼焦业、化学原料及化学制品制造业、医药制造业、化学纤维制造业、非金属矿物制品业、黑色金属冶炼及压延加工业、有色金属冶炼及压延加工业、金属制品业、普通机械制造业、专用设备制造业、交通运输设备制造业、电气机械及器材制造业、电子及通信设备制造业、仪器仪表及文化、办公用机械制造业等20个行业，若干年份在全国31个省级地区上的空间集聚状况，以及各省级区域的制造业集聚程度。简单来说，就是在区域和行业的二维坐标中分析我国制造业的集聚情况。

第二节　制造业在省级区域上的集聚状况

一、制造业省级区域上的空间集中度现状

本书计算了2006年制造业20个两位数行业的空间集中度（CR_4）指标，结果如表3－1所示。

表3－1　2006年制造业各行业CR_4指标

（单位：%）

行业	CR_4	集中前四名省份及份额			
		1	2	3	4
C37交通运输设备制造业	36.59	广东	上海	江苏	山东
		10.47	9.3	8.65	8.18
C33有色金属冶炼及压延加工业	37.11	江苏	浙江	河南	广东
		10.88	9.39	8.64	8.2
C27医药制造业	40.14	山东	江苏	浙江	广东
		12.60	10.45	9.67	7.41
C25石油加工及炼焦业	40.95	辽宁	山东	广东	上海
		14.16	11.96	8.76	6.07
C15饮料制造业	41.43	山东	四川	广东	江苏
		12.94	12.04	9.22	7.24
C16烟草加工业	43.22	云南	湖南	上海	江苏
		20.14	9.28	7.15	6.66
C14食品制造业	44.54	山东	广东	河南	内蒙古
		18.71	10.07	9.18	6.58
C32黑色金属冶炼及压延加工业	47.39	河北	江苏	山东	辽宁
		15.85	14.99	8.84	7.71

行业	CR_4	集中前四名省份及份额			
		1	2	3	4
C36 专用设备制造业	48.10	山东	江苏	广东	浙江
		17.06	14.13	8.56	8.36
C13 食品加工业	49.19	山东	河南	江苏	广东
		27.55	8.59	6.56	6.49
C31 非金属矿物制品业	49.32	山东	广东	河南	江苏
		18.73	11.75	10.16	8.68
C26 化学原料及化学制品制造业	54.94	江苏	山东	广东	浙江
		19.72	17.27	10.11	7.84
C22 造纸及纸制品业	61.25	山东	广东	浙江	江苏
		22.22	15.89	11.74	11.39
C34 金属制品业	63.59	广东	江苏	浙江	山东
		22.91	17.87	12.89	9.92
C39 电气机械及器材制造业	67.21	广东	江苏	浙江	山东
		26.62	16.23	12.84	11.52
C18 纺织服装、鞋、帽制造业	68.24	江苏	广东	浙江	山东
		22.46	17.74	17.51	10.53
C41 仪器仪表及文化、办公用机械制造业	69.23	广东	江苏	浙江	上海
		31.11	18.20	11.44	8.48
C17 纺织业	73.60	江苏	浙江	山东	广东
		23.93	22.68	18.67	8.31
C40 电子及通信设备制造业	73.87	广东	江苏	上海	北京
		35.95	31.18	11.85	6.75
C28 化学纤维制造业	79.88	浙江	江苏	福建	广东
		38.72	31.18	5.6	4.39

注:本表根据《中国工业经济统计年鉴(2007)》提供的数据计算得出。

计算结果表明,我国20个制造业行业中除烟草加工业、石油加工及炼焦业行业外的其余行业，均高度集聚于东部沿海地区的广东、江苏、山东、浙江等少数几个省份。烟草加工业高度集中在西部的云南省，云南省一直是中国烟草制品生产规模最大的省份，产值份额占有绝对优势。这主要是由于烟草加工业是典型的原料指向性的资源加工型行业，呈现高度地方化的特色。石油加工及炼焦业行业产值份额第一名是东北地区的辽宁，但其产值份额并没有占有绝对优势。

我国20个制造业行业的平均空间集中程度为54.49%，有九个行业均大大超过了平均数，其中纺织业、化学纤维制造业、电子及通信设备制造业都达到了70%以上。这是因为纺织业和化学纤维制造业都属于传统行业，在江苏和浙江已经表现出极强的专门化，历年来在江苏、浙江的集聚程度较高；而电子及通信设备制造业对技术含量、劳动力、资本和基础设施条件要求高，因此仅在广东、江苏等沿海城市高度集中。

二、制造业省级区域上的基尼系数现状

本书计算了2006年制造业20个行业的区位基尼系数指标，结果见表3－2。

表3－2　2006年制造业各行业基尼系数

行业	基尼系数
C33 有色金属冶炼及压延加工业	0.217
C27 医药制造业	0.2225
C37 交通运输设备制造业	0.2235
C15 饮料制造业	0.2401
C25 石油加工及炼焦业	0.2464

行业	基尼系数
C14 食品制造业	0.2724
C16 烟草加工业	0.2728
C32 黑色金属冶炼及压延加工业	0.2879
C31 非金属矿物制品业	0.3027
C36 专用设备制造业	0.3048
C13 食品加工业	0.3193
C26 化学原料及化学制品制造业	0.3373
C22 造纸及纸制品业	0.3838
C34 金属制品业	0.4098
C39 电气机械及器材制造业	0.4245
C18 纺织服装、鞋、帽制造业	0.4437
C17 纺织业	0.4543
C41 仪器仪表及文化、办公用机械制造业	0.4596
C40 电子及通信设备制造业	0.5071
C28 化学纤维制造业	0.5698

注：根据《中国工业经济统计年鉴（2007）》的数据计算而得。

从表3-2中我们可以看出，首先，制造业各行业的平均基尼系数为0.345，20个行业中有8个行业的基尼系数超过制造业各行业平均值，20个行业中有2个行业的区位基尼系数超过0.5，7个行业的基尼系数超过0.4。

其次，从制造业20个行业的基尼系数的大小来看，如果以制造业各行业平均基尼系数为标准，可以将20个行业大致分为三类：一是相对分散的行业。行业的集聚度远低于制造业各行业的平均集聚度，其基尼系数都低于0.3，如C33有色金属冶炼及压延加工业等。这些行业的共同特征是市场指向性较强，其产品多数是直接进入最终消费，因而其布局依各区域市场的大小而定。二是集聚水平处于中间的行业。行业的集聚度在制造业各行业平均水平附近波动，其区位基尼系数大致在0.3—0.4之间。例如，C31非金属矿物制品业、C22造纸及纸制品业等。这些行业多数属于传统机械制造与一般加工业，这些行业对技术与资金有一定的要求，因而空间集聚度也就比较高。三是高度集聚的行业。行业的集聚程度远高于制造业各行业的平均水平，其行业区位基尼系数在0.4以上。例如，C17纺织业、C40电子及通信设备制造业、C28化学纤维制造业等。

高度集聚行业一般是属于对技术、资本有较强要求的新兴行业，如C41仪器仪表及文化、办公用机械制造业、C40电子及通信设备制造业，这些行业多数属于知识密集型与资本密集型工业，具有较大的规模经济性，且产品弹性大，因而这些行业往往集聚在技术先进与资本充足的地方。结合表3-1，我们可以发现这些行业几乎都聚集在广东、江苏、浙江、上海、山东、北京等地，且这些行业的CR_4值都很大（如电子及通信设备制造业产值前四名的省份产值综合占全国的73.87%），整个行业的空间分布很不均衡。高度集聚行业中还有一种情况是某地区的传统行业，如C17纺织业、C28化学纤维制造业。这两种行业都集中于江浙一带，其中化学纤维制造业的江浙产值份额达到全国产值的69.9%，纺织业的份额也达到了全国的56.61%。

最后，比较表3-1与表3-2，我们还可以观察到，通过CR_4和基尼系数两种指标测算得出的各行业集聚度的排序有一定差别。造成不一致的原因在于CR_4指标与基尼系数指标本身差别，前者是反映某一行业最大4个省份的生产集中程度，而忽略了其他省份在该行业的规模分布状况；后者恰恰相反，它衡量的是整个行业的地理分布不均衡状况。因此,结合这两个指标就能够反映出制造业的地理集聚状况。但是基尼系数超过制造业各行业平均值的8个行业的CR_4值都超过各行业的均值,说明这8个行业的空间分布发生了集聚。这8个行业分别是:C22造纸及纸制品业、C34金属制品业、C39电气机械及器材制造业、C18纺织服装、鞋、帽制造业、C17纺织业、C41仪器仪表及文化、办公用机械制造业、C40电子及通信设备制造业、C28化学纤维制造业。

三、制造业省级区域上的空间集中度历年变动

本书分别计算了1997年、2000年、2003年制造业各行业的空间集中度指标(CR_4),并比较了1997年、2000年、2003年与2006年各行业的CR_4的增减状况,计算比较结果见表3-3:

表3-3　1997、2000、2003、2006年制造业各行业CR_4指标变动情况

行业	1997年CR_4	2000年CR_4	2003年CR_4	2006年CR_4	2006年比1997年变动值
C26化学原料及化学制品制造业	37.54	43.61	49.92	54.94	17.40
C15饮料制造业	38.56	40.19	42.21	41.43	2.87
C31非金属矿物制品业	37.57	45.01	46.07	49.32	11.75
C22造纸及纸制品业	42.61	54.55	60.15	61.25	18.64
C27医药制造业	35.74	34.89	36.58	40.14	4.40
C14食品制造业	39.52	42.28	42.16	44.54	5.02
C34金属制品业	48.72	60.21	64.75	63.59	14.87
C39电气机械及器材制造业	57.05	63.29	67.25	67.21	10.16
C36专用设备制造业	48.66	52.53	49.13	48.10	-0.55

行业	1997 年 CR_4	2000 年 CR_4	2003 年 CR_4	2006 年 CR_4	2006 年比 1997 年变动值
C13 食品加工业	39.58	47.64	49.86	49.19	9.61
C37 交通运输设备制造业	41.59	42.54	42.42	36.59	-5.00
C17 纺织业	56.41	63.33	70.18	73.60	17.18
C33 有色金属冶炼及压延加工业	29.92	31.27	35.35	37.11	7.19
C18 纺织服装、鞋、帽制造业	61.37	—	—	68.24	6.87
C41 仪器仪表及文化、办公用机械制造业	62.79	72.23	71.41	69.23	6.44
C32 黑色金属冶炼及压延加工业	42.71	44	43.81	47.39	4.68
C25 石油加工及炼焦业	42.71	44.42	42.53	40.95	-1.76
C28 化学纤维制造业	62.25	65.11	73.82	79.88	17.63
C40 电子及通信设备制造业	60.64	66.07	72.33	73.87	13.23
C16 烟草加工业	49.44	47.88	43.52	43.22	-6.22

通过对表 3-3 的分析,我们可以得到以下结论:

首先,1997 年所统计的 20 个制造业行业的空间集中度相对较低,反映了制造业各行业的空间分布比较均匀,只有少数行业空间集聚度较高。例如,化学纤维制造业明显集聚于江苏、上海等地,电子及通信设备制造集聚于广东、江苏等地。从各行业产值份额最大的 4 个省份的分布情况看,主要集中在东部沿海的山东、江苏、浙江、上海、广东等地,其他地区只有四川在饮料制造业、云南在烟草制造业、湖北与四川在黑色金属冶炼业上有一定的优势,工业基础较好的湖北和吉林在交通运输设备制造业有一定的聚集优势。

其次,进入本世纪以来,随着经济的迅速发展,中国制造业空间分布不断变化。在集聚程度上,空间集中度整体上呈增长趋势(见表3－3)。在所统计的20个行业中,除四个资源型行业(如石油加工及炼焦业、烟草加工业)的集中度有小幅度的降低外,其他各行业都在不断增加。20个制造业行业2006年CR_4平均比1997年增长7.72个百分点,其中C26化学原料及化学制品制造业、C22造纸及纸制品、C17纺织业及C28化学纤维制造业的增幅都远远超过平均增量7.72%。在地域分布上,中国制造业在东、中、西、东北部四大地带各省份之间的分布越来越不均衡,整个制造业越来越集聚于东部沿海地区省份。从1997年的制造业各行业的产值份额最大的省份排名情况看,中西部地区本来就处于劣势,仅在一些资源依赖性较强的行业中占有一席之地。如云南、湖南、河南、湖北等地在烟草加工业,甘肃在有色金属冶炼业上有一定的优势。在众多的"落脚相对自由"的其他行业中,中西部地区有少数省份能够进入产值份额前四名。例如,1997年四川在饮料制造业,湖北、吉林在交通运输设备制造业上有一定的优势。但是到了2006年,这些行业优势大多不再存在,劣势被不断强化,中西及东北地区除了辽宁在石油加工及炼焦业、云南在烟草加工业领域保持领先,河南在非金属矿物制品业、食品制造业、有色金属冶炼及压延加工业排名第三、内蒙古在食品制造业排名第四、河南在食品加工业排名第二,其余各行业的产值份额的前四名省份均是东部地区省份,而且在东部地区内部也呈现不均衡分布状态。

最后,传统老工业基地(如上海、天津)以及新中国成立以来一直承担重工业基地的辽宁省都在逐渐退出产值份额前四名位置,整个制造业逐渐集聚于少数几个省份,如广东、江苏、浙江、山东等地。从1997年的数据看，上海在20个制造业行业中有3个行业占据第一，1个行业占据第二，3个行业占据第三，4个行业占据第四；辽宁有3个行业占据第二。到了2006年，上海只有1个行业占据第二，2个行业占据第三，2个行业占据第四；辽宁只剩下在两个资源指向型行业石油加工及炼焦业中占据第一，黑色金属冶炼及压延加工业中占据第四。另一方面，广东、江苏、浙江、山东等在制造业各行业的产值份额排行榜上处于不断强化的趋势，到2006年已处于绝对优势地位。例如，2006年在20个制造业行业中，山东省占有7个行业第一，2个行业第二，2个行业第三，4个行业第四；广东省占有5个行业第一，4个行业第二，4个行业第三，4个行业第四；江苏占有4个行业第一，7个行业第二，2个行业第三，4个行业第四。可以说我国的东部地区，尤其是广东、江苏、浙江、山东等地已经代替了上海、辽宁等老工业基地，成为新兴的制造业基地。

四、制造业省级区域上的基尼系数历年变动

本书除了计算2006年的基尼系数外，还计算了1997年、2000年、2003年制造业各行业的区位基尼系数，其汇总结果如下表3－4所示。

表3－4　20个制造业行业1997、2000、2003、2006年基尼系数变动

行业	1997年	2000年	2003年	2006年	2003年比1997年增减(%)	2006年比2000年增减(%)	2006年比1997年增减(%)
C26化学原料及化学制品制造业	0.1859	0.2245	0.2479	0.3373	33.39	50.26	81.51
C15饮料制造业	0.1769	0.1837	0.1877	0.2401	6.08	30.67	35.71

行业	1997 年	2000 年	2003 年	2006 年	2003 年比 1997 年增减(%)	2006 年比 2000 年增减(%)	2006 年比 1997 年增减(%)
C31 非金属矿物制品业	0.1752	0.2143	0.1489	0.3027	-15.03	41.24	72.81
C22 造纸及纸制品业	0.2103	0.2674	0.3020	0.3838	43.61	43.53	82.50
C27 医药制造业	0.1589	0.1535	0.1609	0.2225	1.26	44.96	40.07
C14 食品制造业	0.1923	0.2138	0.2085	0.2724	8.43	27.40	41.69
C34 金属制品业	0.2504	0.3248	0.3423	0.4098	36.72	26.17	63.67
C39 电气机械及器材制造业	0.2981	0.3334	0.3534	0.4245	18.54	27.33	42.40
C36 专用设备制造业	0.2485	0.2836	0.2572	0.3048	3.51	7.47	22.67
C13 食品加工业	0.1903	0.2531	0.2741	0.3193	44.04	26.18	67.80
C37 交通运输设备制造业	0.2048	0.2079	0.2108	0.2235	2.96	7.49	9.15
C17 纺织业	0.3008	0.3357	0.3632	0.4543	20.73	35.32	51.04
C18 纺织服装、鞋、帽制造业	0.3285			0.4437			35.07
C33 有色金属冶炼及压延加工业	0.1300	0.1386	0.1519	0.2170	16.87	56.56	66.94
C41 仪器仪表及文化、办公用机械制造业	0.3496	0.4103	0.4131	0.4596	18.14	12.01	31.46
C32 黑色金属冶炼及压延加工业	0.2019	0.1979	0.2133	0.2879	5.62	45.46	42.57
C25 石油加工及炼焦业	0.2258	0.2196	0.2115	0.2464	-6.32	12.20	9.13
C28 化学纤维制造业	0.3234	0.3448	0.4267	0.5698	31.94	65.26	76.17
C40 电子及通信设备制造业	0.3669	0.3791	0.4389	0.5071	19.62	33.76	38.23
C16 烟草加工业	0.2910	0.2770	0.2462	0.2728	-15.38	-1.54	-6.27

注:表中数据根据《中国工业经济统计年鉴 1998、2001、2004、2007》计算而来。

从表 3-4 中我们可以看出,从 1997 年的制造业区位基尼系数与2003年的制造业区位基尼系数比较来看,2003年与1997年相比,20个制造业行业中有3个行业的基尼系数有不同程度的减少,这些行业是:C25石油加工及炼焦业、C31非金属矿物制品业、C16烟草加工业。其余17个行业的基尼系数都有较大幅度的增加,行业平均集聚度提高了12.9%。其中增加幅度较大的前6个行业分别是:C13食品加工业43.61%、C22造纸及纸制品业36.72%、C34金属制品业33.39%、C26化学原料及化学制品制造业31.94%、C28化学纤维制造业44.04%、C17纺织业20.73%。

从2006年的制造业区位基尼系数与1994年的制造业区位基尼系数比较来看,2006年与1994年相比,20个两位数制造业中仅有C16烟草加工业的基尼系数下降。其余19个行业的基尼系数都有不同程度的提高,行业平均集聚度提高了43.46%。20个制造业行业中基尼系数上升程度较大的前6个行业依次为:C22造纸及纸制品业82.50%、C26化学原料及化学制品制造业81.51%、C28化学纤维制造业76.17%、C31非金属矿物制品业72.81%、C13食品加工业67.80%、C33有色金属冶炼及压延加工业66.94%。同时结合表3-3可知C22造纸及纸制品业、C26化学原料及化学制品制造业和C28化学纤维制造业的空间集中度指标(CR_4)从1994年到2006年的变化幅度也居各行业之首。说明1994年以来,中国制造业在空间布局的整体上更加不均衡,制造业集聚程度还在不断上升。

第三节　省级区域制造业空间分布状况

省级区域制造业空间集聚分布状况不同于制造业在省级区域上的空间分布状况,省级区域制造业空间分布状况是以制造业为研究对象,研究各个省级区域中,哪些制造业在该省的集聚情况优于其他制造业行业。而制造业在省级区域上的空间分布状况是以省级区域为单位来划分制造业在全国的区域集聚情况,两者既有联系,又有区别。

一、省级区域制造业空间集聚现状

根据前面给出的空间集中度计算公式,我们可以计算出2006年省级区域制造业空间分布状况,如表3-5所示。

表3-5 2006年各地制造业 CR_4 及其前四名行业名称

(单位:%)

地区	CR_4	1	2	3	4
北京	4.36	电子	交通设备	黑色金属	石油加工
天津	4.50	电子	黑色金属	交通设备	电气机械
河北	6.06	黑色金属	化学原料	石油加工	食品加工
山西	2.61	黑色金属	石油加工	有色金属	化学原料
内蒙古	1.60	黑色金属	有色金属	食品制造	食品加工
辽宁	6.02	石油加工	黑色金属	交通设备	食品加工
吉林	2.86	交通设备	化学原料	食品加工	黑色金属
黑龙江	1.58	石油加工	食品加工	交通设备	食品制造
上海	8.66	电子	交通设备	黑色金属	化学原料
江苏	17.95	电子	化学原料	黑色金属	纺织
浙江	9.12	纺织	电气机械	交通设备	电子
安徽	2.16	电气机械	交通设备	黑色金属	有色金属
福建	3.26	电子	非金属	纺织	服装
江西	1.70	有色金属	黑色金属	交通设备	非金属
山东	12.23	食品加工	化学原料	纺织	黑色金属
河南	4.39	非金属	有色金属	食品加工	黑色金属

地区	CR_4	1	2	3	4
湖北	2.95	交通设备	黑色金属	化学原料	纺织
湖南	2.03	有色金属	黑色金属	化学原料	食品加工
广东	21.05	电子	电气机械	交通设备	化学产值
广西	1.57	食品加工	交通设备	黑色金属	有色金属
海南	0.30	交通设备	石油加工	化学产值	造纸产值
重庆	1.74	交通设备	有色金属	化学产值	黑色金属
四川	2.53	黑色金属	化学产值	食品加工	交通设备
贵州	0.73	黑色金属	有色金属	化学产值	烟草
云南	1.92	有色金属	烟草	黑色金属	化学产值
西藏	0.02	非金属	医药产值	饮料产值	食品加工
陕西	1.40	石油加工	交通设备	黑色金属	化学产值
甘肃	1.54	石油加工	有色金属	黑色金属	化学产值
青海	0.28	有色金属	黑色金属	化学产值	非金属
宁夏	0.34	有色金属	化学产值	石油加工	纺织
新疆	0.99	石油加工	黑色金属	食品加工	化学产值

注：表中数据根据《中国工业经济统计年鉴（2007）》中各省制造业各行业总产值计算而来。

从表3－5的计算结果来看，2006年全国31个省级区域中，总共有10个省级区域的制造业空间集中度超过了平均集中度（4.22%），分别为北京、天津、河北、辽宁、上海、江苏、浙江、山东、河南和湖南，其中空间集中度最高的是广东省，达到了21.05%。如果再细分的话，CR_4超过6%的省份全部集中在东部地区。由此可见，东部地区的制造业集聚程度在全国处于领先地位。从集聚制造业的位次来看，电子在总共6个省级区域中占据首位，是所有行业中最多的；有色金属、黑色金属和石油加工分别在5个省级区域中占据首位。两者相加，占去了总共31个省级区域中2/3强的首位次。从中我们可以看出，新兴的机电行业具有较高的集聚效应，而传统资源型行业如有色金属、黑色金属和石油加工的集聚效应也比较明显。此外，一些传统行业，如纺织、食品加工等仍然在某些省份的行业集聚中占据一席之地。

二、省级区域制造业空间集聚历年变动

本书分别计算了1997年、2000年、2003年省级区域制造业的空间集中度指标（CR_4），并比较了1997年、2000年、2003年与2006年省级区域制造业空间集中度指标的CR_4的增减状况，计算结果见表3－6：

表3－6　省级区域制造业空间集聚1997—2006变动情况

（单位:%）

地区	1997年	2000年	2003年	2006年	2000年比1997年的变动%	2006年比2000年的变动%	2006年比1997年的变动%
北京	4.40	5.31	3.94	4.36	20.54	－17.88	－1.01
天津	4.08	4.85	3.75	4.50	18.97	－7.3	10.29
河北	6.17	5.57	4.61	6.06	－9.81	8.88	－1.8
山西	2.14	2.86	2.19	2.61	33.37	－8.89	21.51
内蒙古	1.45	1.26	1.08	1.60	－13.07	26.6	10.05
辽宁	7.68	5.51	5.26	6.02	－28.27	9.22	－21.66
吉林	3.84	4.05	3.53	2.86	5.55	－29.48	－25.56
黑龙江	2.98	1.47	1.68	1.58	－50.62	7.86	－46.74
上海	10.20	10.70	9.47	8.66	4.94	－19.05	－15.05
江苏	16.16	16.55	14.10	17.95	2.41	8.51	11.12
浙江	7.80	8.93	8.11	9.12	14.38	2.21	16.91
安徽	5.11	1.99	1.68	2.16	－61.06	8.48	－57.76

地区	1997 年	2000 年	2003 年	2006 年	2000 年比 1997 年的变动%	2006 年比 2000 年的变动%	2006 年比 1997 年的变动%
福建	3.29	3.29	3.27	3.26	-0.1	-1.01	-1.11
江西	1.80	1.30	1.09	1.70	-27.74	30.67	-5.58
山东	10.78	10.63	9.24	12.23	-1.37	15.04	13.47
河南	5.32	4.22	3.06	4.39	-20.57	3.98	-17.4
湖北	6.22	4.61	3.13	2.95	-25.92	-36	-52.59
湖南	3.14	2.19	1.54	2.03	-30.07	-7.44	-35.27
广东	16.26	20.12	19.61	21.05	23.72	4.65	29.47
广西	2.26	1.71	1.32	1.57	-24.13	-8.17	-30.33
海南	0.47	0.33	0.33	0.30	-29.53	-7.31	-34.69
重庆	1.89	2.08	1.78	1.74	10.08	-16.17	-7.72
四川	4.30	3.31	2.27	2.53	-23.09	-23.49	-41.16
贵州	1.20	1.24	0.76	0.73	4.07	-41.48	-39.09
云南	3.27	2.60	1.78	1.92	-20.5	-26.26	-41.37
西藏	0.02	0.03	0.02	0.02	77.76	-44.64	-1.59
陕西	1.77	1.43	1.08	1.40	-19.22	-2.23	-21.02
甘肃	1.75	1.38	1.01	1.54	-21.28	11.37	-12.32
青海	0.34	0.43	0.20	0.28	27.4	-35.53	-17.87
宁夏	0.34	0.44	0.25	0.34	29.53	-21.34	1.9
新疆	1.11	0.69	0.83	0.99	-37.84	42.97	-11.13

注:表中数据根据《中国工业经济统计年鉴 1998,2001,2004,2007》中各省制造业各行业总产值计算而来。

从省级区域制造业空间集聚历年变动情况来看,全国 30 个省级区域中,只有天津、山西、浙江、山东、广东和宁夏 6 个省的制造业集聚程度在 2006 年比 1997 年数值有所提高,其余 24 个省级区域空间集聚度均有所降低,这说明我国省级空间的制造业集聚程度整体状况不高。从区域分布来看,总体来说,东部沿海省份的区域制造业空间集聚程度总体较高,而西部一些省份,特别是一些老工业区聚集的省份,制造业集聚程度下降的比较明显。从数值上看,广东、江苏、山东的制造业集聚程度较高,数值上均超过了10%,尤其是广东省,其制造业集聚程度2006年达到了21.05%,显示了广东省在全国范围内较强的集聚优势。河北、浙江、上海、辽宁4个省级区域处于第二集团,其制造业空间集聚数值在5%—10%之间。海南、贵州、西藏、新疆、宁夏、青海6个省份的制造业空间集聚数值较低,全部低于1%。

从省级区域制造业空间集聚居于首位行业的历年变动情况来看,全国有13个省份的首位集聚行业发生了改变。其中,上海和江苏分别由1997年的交通设备和纺织转变为2006年的电子行业;安徽省由食品加工转变为电气机械行业;江西省由交通设备转变为有色金属行业;湖南省由非金属转变为有色金属行业;四川省由电子行业转变为黑色金属;贵州和云南由烟草大省转变为黑色金属和有色金属;陕西、甘肃和新疆由电子、有色金属和纺织行业转变为石油加工;宁夏回族自治区由化学行业转变为有色金属行业。

第四节　中国制造业集聚与生态城市的相关性分析

目前,我国正处于城市化和工业化的快速发展时期。然而,我国城市化与工业化发展过程中出现的资源匮乏和环境问题严重制约着我国经济的发展。在这种背景下,研究如何建设生态城市的问题,特别是从产业的角度来探讨这个问题,就具有重要的实践意义。产业与城市的关系是密不可分的,作为城市,最大的特点是人口与产业的高度聚集。因此，本书拟从产业集聚角度出发，研究生态城市可持续发展问题。

目前，产业集聚的生态效应正受到越来越多的关注。部分学者对我国目前的产业集聚状况及其存在的问题进行了分析。冯薇（2008）提出，近几年来，高度密集的产业集聚地区由于对资源和能源的需求增势强劲，频繁出现了能源全面短缺、土地资源强约束、水质性缺水等突出现象①；由于区域环境资源的承载能力有限，郑季良（2008）认为，产业、人口、资本的过度集聚必然导致土地成本增加、生态环境恶化、交通拥挤等外部不经济现象②；蔺雪芹（2008）等在集中总结了部分学者的观点后，提出产业集聚是造成城市群地区水资源短缺、土地占用、土壤退化、大气污染、生物多样性减少等一系列生态环境问题的主要原因之一③。

以上学者的结论大致趋同，即认为我国目前的产业聚集状况对于生态环境具有负效应。不可否认，在我国工业化发展的过程中，的确出现了明显的产业聚集与生态环境恶化。然而，如果仅据此就将产业集聚地区生态环境恶化归咎为产业集聚未免有失偏颇。举一个简单的例子，假设我国产业集聚程度和粗放型的生产方式始终不变，而产出水平持续提高，是不是生态环境就不会恶化呢？答案显然是否定的。当然，这个例子在现实中一般是不存在的，因为任何一个国家的经济发展都会伴随着产业集聚程度的提

---

① 冯薇：《产业集聚与循环经济互动关系研究》，载《中国人口·资源与环境》2008 年第 4 期。

② 郑季良：《论产业集聚生态效应及其培育》，载《科技进步与对策》2008 年第 4 期。

③ 蔺雪芹、方创琳：《城市群地区产业集聚的生态环境效应研究进展》，载《地理科学进展》2003 年 3 月。

高。然而,它却说明一个问题,即我国生态环境的恶化并不是产业集聚本身造成的,而是粗放型的生产方式以及对于生态环境重视程度不够等其他原因造成的。单论产业集聚,它对于生态环境是有正面效应的。为了对这一效应进行论证,本书将就产业集聚与生态城市的关系进行定量化研究,以明确产业集聚对于生态城市建设的正向作用,从而从产业集聚角度为我国中长期生态城市发展战略的制定提供理论参考。

随着我国城市化水平的提高,城市在为国民经济做出了越来越多贡献的同时,其发展过程中的环境污染问题和能源浪费问题也越来越突出。为了解决这些问题并实施可持续发展战略,推动城市社会经济与环境保护协调发展,环境保护部在全国组织开展了生态省(市、县)建设工作,从 1995 年至 2008 年,环境保护部在全国范围内总共认定了 323 个国家级生态示范区,这说明了我国政府和公众对于生态城市的建设关注和投入程度。生态城市的建设的任务,主要围绕循环经济和生态产业、环境保护、生态人居和生态文化等方面开展建设工作。为了更好地推动生态城市的建设,贯彻落实党的十七大精神,国家环境保护部于 2008 年 1 月 15 日组织修订了《生态县、生态市、生态省建设指标》,其中关于生态城市建设的具体指标如下表 3－7 所示。产业集聚的生态化可以降低单位 GDP 能耗,降低单位工业增加值新鲜水耗,帮助集聚所在城市在空气环境质量、水环境质量、化学需氧量(COD)、二氧化硫(SO_2)排放量、工业用水重复率、工业固体废物处置利用率等方面达到甚至超过国家的标准,进而提高公众对环境的满意度。

这个指标体系能够比较综合、全面地衡量生态城市建设水平,但很难集齐数据计算多个年份的全部指标。本书从中找出了数据相对比较齐全的“农民年人均纯收入”、“第三产业比重”、“森林覆

表 3-7 国家生态城市建设指标

	指标名称		
经济发展	农民年人均纯收入 单位 GDP 能耗 农业灌溉水有效利用系数	第三产业占 GDP 比例 单位工业增加值新鲜水耗 应当实施强制性清洁生产企业通过验收的比例	
生态环境保护	森林覆盖率 空气环境质量 主要污染物排放强度 集中式饮用水源水质达标率 噪声环境质量 城镇人均公共绿地面积	高寒区或草原区林草覆盖率 水环境质量 化学需氧量(COD) 城市污水集中处理率 城镇生活垃圾无害化处理率 环境保护投资占 GDP 的比重	受保护地区占国土面积比例 近岸海域水环境质量 二氧化硫(SO_2) 工业用水重复率 工业固体废物处置利用率
社会进步	城市化水平	采暖地区集中供热普及率	公众对环境的满意率

资料来源:根据"环境保护部网站"公布指标整理。

http://www.mep.gov.cn/natu/stxhq/ghyzb/200801/t20080115_116249.htm

盖率"、"单位 GDP 能耗"、"城镇化水平"、"工业固体废物处置利用率"六个指标,对我国 1986—2007 年的数据进行了收集整理,具体数据如表 3-8 所示。后续的计算分别用 X_1、X_2、X_3、X_4、X_5、X_6 表示这六个指标。其中"农民年人均纯收入"用"农、林、牧、渔业从业人员平均工资"代替,农业是农民的主业,"农、林、牧、渔业从业人员平均工资"能够比较准确地反映农民的收入情况。

由于国家生态城市建设指标体系涵盖的项目较多,很难直观地看出一个地区或国家的生态城市建设水平。本书试图从上述六个指标出发,寻找一个能够衡量生态城市建设水平的综合指标。在综合指标中各指标权重的确定上,目前大多数文献采用的是层次分析法(AHP)。层次分析法是以专家主观打分的形式确定各个指标的权重的,在专家意见发生冲突时,或者专家对于某个指标过于看重时,层次分析法往往较难客观反映指标的真实权重。因

表3-8　六个生态城市建设指标数据

年份	农林牧渔业平均工资(元)	第三产业比重(%)	森林覆盖率(%)	单位GDP能耗(万元/吨)	城镇化水平(%)	工业固体废物处置利用率(%)
1986	3563.20	29.14	12.00	0.43	24.52	60.15
1987	3695.02	29.64	12.00	0.45	25.32	74.50
1988	3691.20	30.51	12.98	0.47	25.81	74.94
1989	3690.06	32.06	12.98	0.47	26.21	82.43
1990	3869.49	31.55	12.98	0.47	26.41	84.73
1991	3881.56	33.69	13.40	0.49	26.94	57.83
1992	3969.63	34.76	13.40	0.54	27.46	63.89
1993	3850.68	33.72	13.40	0.57	27.99	65.71
1994	4406.86	33.57	13.40	0.61	28.51	71.85
1995	4841.97	32.86	13.40	0.64	29.04	66.25
1996	5231.61	32.77	13.40	0.66	30.48	60.48
1997	5485.62	34.17	13.92	0.73	31.91	62.18
1998	5813.42	36.23	13.92	0.82	33.35	54.86
1999	6283.72	37.67	16.55	0.87	34.78	59.30
2000	6607.17	39.02	16.55	0.91	36.22	57.11
2001	7169.92	40.46	16.55	0.96	37.66	69.54
2002	7942.73	41.47	16.55	0.98	39.09	70.55
2003	8330.49	41.23	16.55	0.94	40.53	73.48
2004	8484.54	40.38	18.21	0.89	41.76	78.67
2005	8950.47	40.04	18.21	0.89	42.99	80.52
2006	9753.18	39.36	18.21	0.91	43.90	89.40
2007	10847.00	40.10	18.22	0.94	44.94	99.27

资料来源：根据1987—2008年《中国统计年鉴》中数据整理。

注：本表中GDP和工资均按照2007年价格计算。

此，我们更倾向于选取一种较为客观的方法。

罗志中等（2005）在研究公路网节点问题时引入了主成分分析法确定指标的权重①，但是，在确定指标权重时，作者对于抽取的主成分的含义叙述有所偏误。张文霖（2006）在研究顾客满意指标时也使用了主成分分析法②，作者利用抽取的前两个主成分在每一个指标上载荷的加权平均作为权重。我们在确定权重指标时，主要参考的是张文霖（2006）的方法，这样不仅避免了层次分析法过于主观的缺点，同时对主成分分析法的使用也比较准确。我们求得生态城市指标体系中 6 个指标的相关系数矩阵如表 3－9 所示。

表 3－9　六个生态城市建设指标的相关系数矩阵

	农林牧渔业平均工资	第三产业比重	森林覆盖率	单位 GDP 能耗	城镇化水平	工业固体废物处置利用率
农林牧渔业平均工资	1.000	0.886	0.950	0.896	0.990	0.493
第三产业比重	0.886	1.000	0.931	0.952	0.929	0.229
森林覆盖率	0.950	0.931	1.000	0.902	0.972	0.413
单位 GDP 能耗（单位：万元/吨）	0.896	0.952	0.902	1.000	0.930	0.150
城镇化水平	0.990	0.929	0.972	0.930	1.000	0.425
工业固体废物处置利用率	0.493	0.229	0.413	0.150	0.425	1.000

① 罗志忠、张丰焰：《主成分分析法在公路网节点重要度指标权重分析中的应用》，载《交通运输系统工程与信息》2005 年第 6 期。

② 张文霖：《主成分分析在满意度权重确定中的应用》，载《市场研究》2006 年第 6 期。

然后利用主成分法算得 X_1—X_6 的 6 个主成分 f_1—f_6 及其对 X_1—X_6 变异解释的贡献率，f_1—f_6 按其贡献率由大到小排列，结果如表 3－10 所示。

表 3－10　相关系数矩阵的特征值和贡献率

主成分	特征值 λ	贡献率(%)	累计贡献率(%)
f_1	4.888	81.466	81.466
f_2	0.948	15.799	97.265
f_3	0.080	1.337	98.602
f_4	0.058	0.960	99.562
f_5	0.023	0.385	99.947
f_6	0.003	0.053	100

前两个主成分 f_1、f_2 的累计贡献率达到了 97% 以上，因此仅提取前两个主成分即可基本反映全部 6 个指标所涵盖的全部信息。利用 f_1、f_2 对应特征值 λ_1、λ_2 的特征向量，将 f_1、f_2 写成 6 个生态城市建设指标的函数可得：

$$f_1 = 0.444X_1 + 0.431X_2 + 0.443X_3 + 0.426X_4 + 0.450X_5 + 0.194X_6$$

$$f_2 = -0.093X_1 + 0.219X_2 + 0.002X_3 + 0.300X_4 - 0.005X_5 - 0.924X_6$$

设 $\sum EcoCityIndex = \lambda_1 f_1 + \lambda_2 f_2$

则：$\sum EcoCityIndex = 2.801X_1 + 2.312X_2 + 2.169X_3 + 2.365X_4 + 2.194X_5 + 0.074X_6$

$\sum EcoCityIndex$ 可以作为生态城市建设的综合指标，从 $\sum EcoCityIndex$、f_1、f_2 的表达式可以清楚地看到，$\sum EcoCity$

Index 中 $X_1 - X_6$ 的权重是由其在 f_1 、f_2 表达式中对应的系数乘以各自的特征值，然后两两相加得到的。我们利用手中的数据计算了我国 1986—2007 年的 $\sum EcoCityIndex$ ，如表 3-11 所示。

表 3-11 1986—2007 年我国生态城市综合指标($\sum EcoCityIndex$)

年份	1986	1987	1988	1989	1990	1991
生态城市综合指标	-15.531	-14.522	-12.703	-11.652	-11.535	-9.675
年份	1992	1993	1994	1995	1996	1997
生态城市综合指标	-8.252	-8.35	-7.081	-6.54	-5.395	-2.503
年份	1998	1999	2000	2001	2002	2003
生态城市综合指标	0.552	5.656	7.758	10.328	12.653	12.956
年份	2004	2005	2006	2007		
生态城市综合指标	14.16	14.935	16.079	18.662		

注：生态城市综合指标之所以存在负值是因为我们对原始数据进行了标准化处理，即用 $x_i = (X_i - \overline{X}) / \sqrt{D(X_i)}$ 代替 X_i 计算 $\sum EcoCityIndex$ ，其中 X 、$D(X_i)$ 分别为 X_i 的均值与方差。这样算得的 $\sum EcoCityIndex$ 必然存在负值。

在衡量产业集聚的方法中，空间集中度指标（Concentration Ratio）是一个使用最为广泛的常用指标。因此本文在测度我国产业集聚情况时，选取我国制造业各行业的空间集聚程度 CR_4 指标来代表我国的产业集聚程度。

由于中国工业经济统计年鉴出版的不连续性和数据的可得性，我们经过最大努力地寻找数据，从《中国统计年鉴》、《中国工业经济年鉴》中搜集整理了相关数据，计算了我国 1986—

1994、1997、2000—2007 年 16 个行业的 CR_4 指数，这 16 个行业包括：C37 交通运输设备制造业、C27 医药制造业、C25 石油加工及炼焦业、C15 饮料制造业、C16 烟草加工业、C14 食品制造业、C32 黑色金属冶炼及压延加工业、C31 非金属矿物制品业、C22 造纸及纸制品业、C34 金属制品业、C39 电气机械及器材制造业、C18 纺织服装、鞋、帽制造业、C41 仪器仪表及文化、办公用机械制造业、C17 纺织业、C40 电子及通信设备制造业、C28 化学纤维制造业。由于 1995、1996、1998、1999 年没有发行《中国工业经济年鉴》，这些年份的 CR_4 指数未能计算。另外，由于数据不全，部分行业 1986—1994、1997、2000—2007 年间的个别 CR_4 指数也无法计算。

如果将缺失的指标舍去，不仅会产生偏颇，甚至会得出有误导性的结论，同时也会丢失大量信息，造成数据浪费。因此，必须寻找一种方法将缺失的数据补上。目前，插补（Imputation）是处理缺失数据的一种常用技术，即给每一个缺失数据一些替代值，以得到"完全数据集合"①。插补方法有很多种，比较直观的方法包括算数插补法、几何插补法等，这些插补法是基于"缺失的数据所反映的现象在相应时期内变动是均匀的"这一基本假设基础之上的②。因此如果假设 CR_4 所反映的产业聚集程度在数据缺失年份内均匀变动，则可以采用加权几何平均法计算出其 CR_4 估计值。以 1995、1996 年为例，写出其插补过程。首先计算一个介于 1994、1997 年之间的白化数 CR_4：

① 杨军、赵宇、丁文兴：《抽样调查中缺失数据的插补方法》，载《数理统计与管理》2008 年第 9 期。

② 王天营、沈菊华：《样本数据缺失的灰数补救方法》，载《统计与决策》2008 年第 22 期。

$$\overline{CR_4} = \sqrt{CR_4^{1994} * CR_4^{1997}}$$

$$CR_4^{1995*} = (CR_4^{1994})^{0.67} * (\overline{CR_4})^{0.33}$$

上式中的0.67和0.33代表了CR_4^{1995*}与CR_4^{1994}和$\overline{CR_4}$的相对距离。

同理可得：

$$CR_4^{1996} = (CR_4^{1997})^{0.67} * \overline{(CR_4)}^{0.33}$$

同理可算得1998、1999年两年的CR_4指数估计值。

其他个别年份缺失的指数也可以用几何插补法计算，具体计算公式为：

$$CR_4^t = \sqrt{CR_4^{t-1} * CR_4^{t+1}} \text{或} CR_4^t = (CR_4^{t+1})^2 / CR_4^{t+2}$$

通过上述过程可得1995、1996、1998、1999年CR_4指数的估计值，以及个别缺失年份的CR_4指数，如表3-12所示。由于只有个别年份数据缺失，基本可以认为插补后的整体数据与真实数据吻合。从表3-12可以看出，大多数行业的聚集程度随时间增长逐渐提高，而C37交通运输设备制造业、C32黑色金属冶炼及压延加工业的聚集程度则基本未变，只有C25石油加工及炼焦业的聚集程度随时间增长逐渐降低。

表3-12 选定的16个行业各年CR_4值

	1986	1987	1988	1989	1990	1991	1992
C37 交通运输设备制造业	0.386	0.384	0.327	0.356	0.328	0.36	0.376
C27 医药制造业	0.358*	0.351	0.344	0.344	0.36	0.362	0.39
C25 石油加工及炼焦业	0.528	0.517	0.484	0.533	0.547	0.496	0.499
C15 饮料制造业	0.351	0.3	0.366	0.35	0.361	0.373	0.392
C16 烟草加工业	0.355	0.3	0.003*	0.374	0.394	0.406	0.413

	1986	1987	1988	1989	1990	1991	1992
C14 食品制造业	0. 333	0. 3	0. 338	0. 341	0. 351	0. 352	0. 367
C32 黑色金属冶炼及压延加工业	0. 485	0. 473	0. 566	0. 457	0. 447	0. 454	0. 441
C31 非金属矿物制品业	0. 339*	0. 344	0. 35	0. 349	0. 35	0. 359	0. 381
C22 造纸及纸制品业	0. 292	0. 293	0. 299	0. 302	0. 304	0. 317	0. 346
C34 金属制品业	0. 385	0. 391	0. 399	0. 394	0. 403	0. 425	0. 457
C39 电气机械及器材制造业	0. 448	0. 45	0. 461	0. 448	0. 46	0. 488	0. 495
C18 纺织服装、鞋、帽制造业	0. 424*	0. 672*	0. 46	0. 315	0. 451	0. 499	0. 551
C41 仪器仪表及文化、办公用机械制造业	0. 407*	0. 461	0. 522	0. 544	0. 44	0. 459	0. 504
C17 纺织业	0. 471	0. 486	0. 417	0. 488	0. 534	0. 511	0. 537
C40 电子及通信设备制造业	0. 533	0. 503	0. 005*	0. 471	0. 497	0. 562	0. 584
C28 化学纤维制造业	0. 56	0. 582	0. 37	0. 549	0. 57	0. 59	0. 61

续表

	1993	1994	1995	1996	1997	1998	1999
C37 交通运输设备制造业	0. 38	0. 402	0. 404*	0. 414*	0. 416	0. 417*	0. 424*
C27 医药制造业	0. 385	0. 391	0. 385*	0. 363*	0. 357	0. 356*	0. 350*
C25 石油加工及炼焦业	0. 473	0. 471	0. 463*	0. 434*	0. 427	0. 458*	0. 607*
C15 饮料制造业	0. 409	0. 405	0. 402*	0. 389*	0. 386	0. 388*	0. 399*
C16 烟草加工业	0. 446	0. 515	0. 512*	0. 498*	0. 494	0. 491*	0. 479*
C14 食品制造业	0. 426	0. 437	0. 430*	0. 402*	0. 395	0. 400*	0. 418*
C32 黑色金属冶炼及压延加工业	0. 437	0. 433	0. 432*	0. 428*	0. 427	0. 430*	0. 441*
C31 非金属矿物制品业	0. 403	0. 421	0. 413*	0. 383*	0. 376	0. 387*	0. 437*

	1993	1994	1995	1996	1997	1998	1999
C22 造纸及纸制品业	0.379	0.403	0.407*	0.422*	0.426	0.444*	0.524*
C34 金属制品业	0.45	0.473	0.475*	0.485*	0.487	0.505*	0.581*
C39 电气机械及器材制造业	0.537	0.544	0.548*	0.566*	0.571	0.580*	0.622*
C18 纺织服装、鞋、帽制造业	0.617	0.609	0.610*	0.613*	0.614	0.630*	0.703*
C41 仪器仪表及文化、办公用机械制造业	0.571	0.59	0.596*	0.621*	0.628	0.592*	0.467*
C17 纺织业	0.581	0.581	0.578*	0.567*	0.564	0.575*	0.621*
C28 化学纤维制造业	0.659	0.644	0.640*	0.626*	0.623	0.629*	0.654*

续表

	2000	2001	2002	2003	2004	2005	2006	2007
C37 交通运输设备制造业	0.425	0.424	0.425	0.424	0.383	0.363	0.366	0.369
C27 医药制造业	0.349	0.349	0.349	0.366	0.385	0.402	0.401	0.401
C25 石油加工及炼焦业	0.651	0.424	0.422	0.738	0.417	0.399	0.41	0.42
C15 饮料制造业	0.402	0.409	0.422	0.422	0.405	0.429	0.414	0.4
C16 烟草加工业	0.477*	0.459	0.443	0.422*	0.443	0.431	0.432	0.433
C14 食品制造业	0.423	0.431	0.425	0.422	0.4	0.434	0.445	0.457
C32 黑色金属冶炼及压延加工业	0.444	0.429	0.426	0.425	0.534	0.466	0.474	0.482
C31 非金属矿物制品业	0.45	0.453	0.452	0.461	0.473	0.489	0.493	0.497
C22 造纸及纸制品业	0.546	0.553	0.579	0.602	0.622	0.614	0.613	0.612
C34 金属制品业	0.602	0.605	0.625	0.648	0.473	0.628	0.636	0.644
C39 电气机械及器材制造业	0.633	0.645	0.662	0.673	0.675*	0.678	0.672	0.667
C18 纺织服装、鞋、帽制造业	0.722	0.716*	0.71	0.714	0.694	0.698	0.682	0.667

	2000	2001	2002	2003	2004	2005	2006	2007
C41 仪器仪表及文化、办公用机械制造业	0.44	0.7	0.683	0.438	0.573*	0.709	0.692	0.676
C17 纺织业	0.633	0.666	0.693	0.702	0.731	0.734	0.736	0.738
C40 电子及通信设备制造业	0.479	0.68	0.676	0.435	0.749	0.753	0.739	0.725
C28 化学纤维制造业	0.661	0.655	0.675	0.723	0.751*	0.778	0.799	0.82

注:1989 年 C41 仪器仪表及文化、办公用机械制造业被称为文教体育用品制造业。

1989 年、1991 年 C27 医药制造业被称为医药工业。

1989 年、1991 年 C25 石油加工及炼焦业被称为石油加工业。

1989 年、1991 年 C28 化学纤维制造业被称为化学纤维工业。

1991 年 C41 仪器仪表及文化、办公用机械制造业被称为仪器仪表及其他器具制造业。

2004 年 C25 石油加工及炼焦业数据中包含核燃料加工业。

带“*”的指数是用几何插补法计算得到的。

为了从更宏观的角度把握我国产业聚集程度,须对上述 16 个产业的 CR_4 指数进行整理,以得到反映我国整体产业聚集程度的综合指标。重复上述的主成分分析法,从 16 个主成分中选取前 5 个主成分,累计贡献率为 94.4%,得到 16 个产业 CR_4 的综合指标,用 $\sum CR_4$ 表示。对于计算得到的权重为负的 CR_4 行业指标,取权重为 0,即不考虑该指标对综合指标的影响。得:

$$\sum CR_4 = 1.000 * C37 + 2.123 * C27 + 2.093 * C15 + 2.013 * C16 + 2.560 * C14 + 2.645 * C31 + 2.594 * C22 + 2.143 * C34 + 2.662 * C39 + 2.260 * C18 + 3.440 * C41 + 2.852 * C17 + 3.278 * C40 + 2.888 * C28$$

由此便得到了衡量我国综合产业集聚程度的指标 $\sum CR_4$,结果如表 3－13 所示。

表 3－13　1986—2007 年我国 $\sum CR_4$ 指数

年份	1986	1987	1988	1989	1990	1991
生态城市综合指标	－38.346	－37.852	－58.963	－37.433	－32.712	－25.329
年份	1992	1993	1994	1995	1996	1997
生态城市综合指标	－12.554	1.854	7.208	5.884	1.044	－0.181
年份	1998	1999	2000	2001	2002	2003
生态城市综合指标	0.813	6.564	8.442	23.804	26.175	17.18
年份	2004	2005	2006	2007		
生态城市综合指标	25.558	40.236	39.58	39.026		

为了讨论产业集聚与生态城市的定量关系，除了拥有产业集聚指数 CR_4 外，还须找出影响生态城市建设的其他主要因素，然后将这些因素一并加入到计量模型中进行回归分析。影响生态城市建设的其他因素有很多，但综合来看，科技进步、社会经济发展水平、人们对于环境保护的认知水平三个方面的影响是最主要的。

科技进步对于生态城市建设可能有正负两方面影响：一方面，科技进步会产生更先进的生产技术，可能使得生产过程更为环保；另一方面，科技进步产生的新生产技术可能没有顾及到环境因素，从而加剧了环境污染程度。本书用“专利授权数”作为我国科技进步的衡量指标。另外，考虑到外观设计领域的专利几乎不会对生态环保产生影响，而发明、实用新型两个领域的专利同生态环保的关系可能更为密切；相比于国外专利申请团体，国内专利申请团体对于我国环境保护的责任感更重等因素，我们选取了“我国每年国内团体发明、实用新型专利授权数量”作为科技进步指标,以提高科技进步指标与生态城市建设指标的相关性,并用 *Technology* 表示该指标。科技进步的另一个衡量指标可以选取各类检索(包括 SCI,EI,ISTP 等)收录的我国科技论文数量,但是,该项统计并没有连续年份的数据可用,很难将其完整地加入到模型中去,因此不得不放弃该指标。

社会经济的发展对于生态城市建设的影响也可以概括为正负两方面:一方面,更高的经济水平有可能带来更高的环保投入;而另一方面,在经济增长的过程中很可能忽视了环境的恶化,经济的发展有可能是以牺牲环境为代价的,这种情况在我国可能尤为明显。无疑,一个国家的产出能力直接代表了其社会经济的发展水平,因此社会经济发展水平可以直接用 *GDP* 表示。

一般来说,在资本主义早期,人们更看重的是经济,随着经济发展给环境带来越来越多的问题,人们逐渐认识到保护环境的重要性,不再一味追求经济发展,而是兼顾经济与生态环境的和谐发展,因此,人们对于环境保护的认知水平必然会影响到生态城市建设。这种认识也是人们对于自身发展与大自然和谐统一认识的一个侧面反映。具有更高认知水平的人往往更能够认识到环境保护与经济发展的辩证关系,而能够直观反映这种认知水平的变量是人们的受教育水平,一般来说,人们的认知水平与受教育水平是成正比的。另外,考虑到受过高等教育的人口可能对于社会的发展拥有更多的掌控权,选取高等教育人口作为研究对象是合理的。综合以上分析,本书选取“大专以上受教育人口占 6 岁以上人口的比例”作为人们对于环境保护认知水平指标,并用 Education 表示该指标。以上选取的三个指标具体数值如表 3－14 所示。

表3－14　选取的三个指标具体数值

年份	科技水平(Technology)(单位:项)	社会经济发展水平(GDP)(单位:万元)	人们的认知水平(Education)
1986	2530	34935.646	0.70%
1987	5988	38982.334	0.70%
1988	10730	43379.769	0.70%
1989	14456	45142.377	0.70%
1990	17893	46875.404	1.60%
1991	18511	51178.068	1.60%
1992	25336	58466.186	1.60%
1993	34270	66630.588	1.60%
1994	49037	75346.323	1.60%
1995	31725	83577.894	1.60%
1996	28717	91942.808	2.20%
1997	28344	100490.761	2.70%
1998	35372	108362.551	2.80%
1999	59191	116619.6	3.10%
2000	60584	126452.124	3.60%
2001	59413	136948.052	3.80%
2002	62960	149385.767	4.70%
2003	79695	164362.256	5.50%
2004	88260	180938.255	5.80%
2005	98842	199815.103	5.60%
2006	131389	222993.655	6.20%
2007	180336	249529.9	6.60%

注:"科技水平"用"我国每年国内团体发明、实用新型专利授权数量"衡量;
"人们的认知水平"用"大专以上受教育人口占6岁以上人口的比例"衡量。
GDP按照2007年价格计算。

我们选取了1986—2007年的数据作为研究对象。为了研究生态城市建设水平($\sum EcoCityIndex$)与科技水平(Technology)、社会经济发展水平(GDP)、人们的认知水平(Education)以及产业

聚集度($\sum CR_4$)之间的定量关系,建立如下回归模型:

$$\sum EcoCityIndex_t = \beta_0 Technology_t + \beta_1 GDP_t + \beta_2 Education_t + \beta_3 \sum CR_4^t + u_t \quad (1)$$

考虑到上述模型中使用的是时间序列数据,*OLS* 估计残差 u_t 之间可能存在一阶自相关,即 $u_t = \rho u_{t-1} + \varepsilon_t, \varepsilon_t \sim NID(0,\sigma^2)$,为了检验一阶自相关问题,首先对(3)进行 *OLS* 回归,得到 $DW = 1.125$,在 5% 显著性水平下落入无决定域,但在 10% 显著性水平下拒绝无自相关假设,认为 u_t 存在一阶正自相关。综合考虑 *DW* 检验结果,决定选择 *GLS* 法进行估计。

从上述的 *OLS* 回归可以得到 u_t 的估计值 $\hat{u}_t$ 。通过 $\hat{\rho} = (\sum_{t=1}^{22} \hat{u}_t \hat{u}_{t-1})/(\sum_{t=1}^{22} \hat{u}_t^2)$ 可以得到 $\hat{\rho}$ 的估计值,其中 $\hat{u}_0$,可取作 0。

接着可得 β 的 *GLS* 估计:

$$\hat{\beta}_{GLS} = (X^T \psi \psi^T X)^{-1} X^T \psi \psi^T y$$

其中: $\hat{\beta}_{GLS} = (\hat{\beta}_0, \hat{\beta}_1, \hat{\beta}_2, \hat{\beta}_3)$,为待估计参数向量;

$X = (Technology, GDP, Education)$, $\sum CR_4$ 为解释变量矩阵;

$y = \sum EcoCityIndex$,为被解释变量;

$$\psi = \begin{bmatrix} (1-\hat{\rho}^2)^{1/2} & -\hat{\rho} & 0 & \Lambda & 0 & 0 \\ 0 & 1 & -\hat{\rho}\Lambda & & 0 & 0 \\ M & M & M & & M & M \\ 0 & 0 & 0 & & 1 & -\hat{\rho} \\ 0 & 0 & 0 & \Lambda & 0 & 1 \end{bmatrix}$$ ①。

① 罗素·戴维森、詹姆斯·G. 麦金农著,沈根祥译:《计量经济理论和方法》,上海财经大学出版社 2006 年版,第 246—247 页。

以上的 GLS 回归结果见下表 3－15 所示。

表 3－15　GLS Summary of Model（1）

自变量	系数估计值	标准差	t 值	p 值
$Technology_t$	9.348e－5*	5.279e－5	1.771	0.094
GDP_t	－1.327e－4*	6.557e－5	－2.024	0.058
$Education_t$	386.105*	195.812	1.972	0.064
$\sum CR_4^t$	0.213**	0.050	4.275	0.000
调整 R^2	0.919			

注："*"表示在 a＝0.1 水平下显著
"**"表示在 a＝0.01 水平下显著

从表 3－15 可以看出：Technology 对于 $\sum EcoCityIndex$ 有显著正向作用，即在我国科技水平的提高有助于生态城市的建设；GDP 对 $\sum EcoCityIndex$ 有显著的反向作用，说明我国社会经济的发展有牺牲生态环境的倾向，这可能与我国长期以来难以转变的粗放型、高污染型经济增长方式有关；Education 对 $\sum EcoCityIndex$ 有非常显著的正向作用，说明人们认知水平的提高能够促进生态城市建设，国民认知水平的提高对于我国生态环境的保护有着极其重要的作用。

表 3－15 还显示，综合产业集聚指数变量 $\sum CR_4$ 对 $\sum EcoCityIndex$ 有显著的正向作用，说明产业聚集程度的提高会带来生态城市建设水平的提高，这就验证了产业聚集对于生态城市的正面效应，也验证了产业集聚对生态环境的正面效应。因此，推进产业集聚的发展对于生态城市的建设是十分重要的。

以上的实证研究结果表明，产业聚集对生态城市建设和生态环境具有正向和积极作用，之所以存在这种正向作用，是因为在产业集聚过程中，生产链会拉长或结成网状，使得资源的利用效率提高，并减少了废弃物的排放。这样不仅会产生巨大的经济效益，也会提高产业集聚的生态效益，从而对生态城市建设起到正面作用。

然而，不可否认的是，我国目前的产业结构内部的确存在诸多问题，使得产业集聚地区的生态环境恶化。因此，从宏观角度把握产业布局，在产业集聚区内推广更为环保的生产技术，科学、合理地处置工业废弃物便尤为重要。显然，我国制造业在省级区域上的空间集中程度与城市化水平之间是高度相关的，而且是正相关的关系。这与前面我们的理论分析结果基本相符。

第四章　我国生态城市建设面临的问题及解决对策建模

从前面章节的论述中我们可以看出，城市化是工业化的必然结果，城市化程度是一个国家经济发达程度，特别是工业化水平高低的一个重要标志。然而，工业的发展离不开能源，而不断增长的能源需求与有限的能源供给之间形成了一对矛盾。更进一步地讲，能源的大量消费，尤其是在中国这样的以煤炭为主要能源的国家里，往往会带来严重的环境污染问题。因此，能源和环境污染问题，特别是工业不经济地消耗大量能源和排放大量以废水、废气和固体废弃物为代表的工业三废问题，无疑已成为阻碍我国生态城市建设的首要问题，不从根本上解决这些问题，我国就难以在全国范围内实现建设生态城市的目标。为了更好地深入探讨这一问题，我们首先来分析一下环境问题的特殊性，然后通过对工业环境污染和能源消耗问题的分析，探讨构建城市可持续发展产业集聚符合系统模型，从产业发展的角度来尝试解决这一问题。

第一节　环境污染问题的特殊性

可持续发展的思想实际上是追求经济效益与生态效益的哲学统一。在保证生态环境不受到破坏的情况下，实现经济健康增长。但是，现有的市场约束并不足以对于生态环境起到全面保护作用。

许多企业在没有对废弃物处理的情况下,便将其排放到了大自然中,造成了环境的恶化。而造成这种后果的主要原因是市场失灵情况下经济增长对生态环境的一种负的外部性,是一种经济效益与生态效益不和谐统一的表现。为了从理论上深入剖析造成这种不和谐的原因,我们需要从经济学中熟知的"市场失灵"角度来探讨这一问题。

市场失灵(Market Failure)是指市场在资源配置上的低效率,即由于市场本身不可克服的局限性使市场不可能实现帕累托最优。对市场失灵的分析构成了现代生态经济学的重要组成部分,因为现代生态经济学就是从环境可持续发展角度对市场经济体制以帕累托最优为评价标准进行分析的。作为经济学分析中出发点的完全竞争市场模式在现实中并不存在,以至于出现了市场失灵。完全竞争的市场是在一系列理想化的假设条件下,才能使整个经济达到一般均衡,并最终使资源配置达到帕累托最优状态。但在现实的资本主义经济中,这些假定前提并不存在。正因为如此,现实的市场经济在许多方面不能调节资源的有效配置,市场机制不能真正地发挥作用,甚至还会导致某些不利于社会公平的负效果。这种情况被称为"市场失灵"。

经济学中所说的市场失灵是指在某些领域市场不能有效地配置经济资源,不能实现帕累托最优。根据"边际收益等于边际成本"的原则,如果生产者以最低生产成本的方式生产社会最需要的产品,消费者支付的价格等于生产的最低成本,即产品价格 = 最低生产成本 = 边际成本时,经济资源才能获得最有效的配置。充分竞争市场被认为是能够实现资源最优配置(即产品价格 = 最低生产成本 = 边际成本)的地方,但是正如我们前面所讲充分竞争市场一般在现实中是不存在的,因此市场就不能自动实现"产品

价格 = 边际成本”，资源最优配置也就无法实现，从而出现市场失灵。当然，这里还有一个潜在的假设条件，即消费者每消费一种产品所获得的利益都能准确地反映在需求曲线上，其生产成本一点不漏地由供给曲线代表。也就是说，产品价格应能代表产品所带来的全部利益，而不是一部分利益；产品成本必须是全部而非其中一部分，否则都是市场失灵。

亚当·斯密的“看不见的手”的原理其实要依赖于一个隐含的假定，即单个消费者或生产者的经济行为对社会上其他人的福利没有影响。也就是说，单个经济单位从其经济行为中产生的私人成本和私人利益被看成为等于该行为所造成的社会成本和社会利益。但是，在实际经济生活中这个假定却不成立。因为，在很多场合，某个人的一项经济活动给社会上其他成员带来好处，但他自己却不能由此得到任何补偿；或者他的经济活动给其他人带来种种不便，但他自己却不会由此付出任何代价。也就是说，这个人从其活动中得到的私人利益小于该活动所带来的社会利益；或者说这个人为其活动所付出的私人成本小于该活动造成的社会成本。从生态经济学角度可以给出一个生动的例子说明外部性是如何造成市场失灵的。例如，一条河流上游有一家造纸厂，下游有许多住宅，住宅里的居民依靠吃河里的水生活。但是，由于生产设施落后，造纸厂将未经加工处理的污水直接排放到了这条河流中，从而给河流带来了污染，产生了环境成本。对于造纸厂来说，他所承担的个体环境成本几乎为零。然而，依靠河流的水生存的居民的生活则受到了威胁，由于河流水受到污染，居民在饮用水时增加了患上疾病的概率，从而增加了其看病就医的费用，增加了医药成本，这种成本的增加就可以间接地被看做环境成本，只是这种成本是以医药成本的形式体现的。从环境的成本收益角度讲，无辜的居民承担了这部分环境成本,从而间接地补贴了造纸厂。而由于没有相应的惩罚措施或者缺乏完善的监管体系,造纸厂则并没有因此而遭受损失,或者说他所承担的环境成本为零。造纸厂造成了河流污染的后果,却没有因此而承担任何环境成本,也没有因此影响到其生产,而与造纸厂生产不相关的居民则受到了造纸厂污染行为的影响,这就是一种环境的负外部性,也就是经济学中常说的负的外部效应。

经济学家们把造成市场失灵的原因主要归结为四种:垄断、外部性、公共产品和信息的不完全对称。下面我们将主要从外部性和公共产品这两方面原因来探讨环境问题的外部性。

一、外部性

经济外部性理论是本世纪初由著名的经济学家马歇尔(1910)提出的。随后,他的学生——英国经济学家庇古(Arthur Cecil Pigou)丰富和发展了外部性理论。经济外部性又称外在性、外部效应、外在因素等。外部性的定义有许多种,庇古在其所著的《福利经济学》中指出个经济外部性之所以存在,是因为当 A 对 B 提供劳务时,往往使其他人获得利益或受到损害,可是 A 并未从受益人那里取得报酬,也不必向受损者支付任何补偿。简单地说,外部性就是实际经济活动中,生产者或消费者的活动对其他消费者和生产者产生的超越活动主体范围的影响。它是一种成本或收益的外溢现象。一般来说,外部性有四个基本特征:外部性是独立于市场机制之外需要支付货币的收益或损害;外部性产生于决策范围之外,而且具有伴随性。它是伴随着生产或消费而产生的某种副作用,而不受本原性或预谋性影响;外部性具有一定的不可避免性,外部性产生时,所产生的影响会通过关联性强制地作用于受影响者,而受影响者一般难以回避;外部性难以完全消除。受信息不完全、技术、管理等多种因素的影响,目前很难将外部性完全消除。

在现实生活中,外部性十分普遍。我们可以对外部性从不同的角度进行分类。根据外部性影响的结果,外部性可以分为外部经济(External Economy)和外部不经济性(External Diseconomy)。对外界造成好的影响称为外部经济性,如植树造林、治理大气污染、教育等活动均能够产生外部经济性;对外界造成坏的影响称为外部不经济性,如向环境排放污水、乱砍滥伐森林、草原过度放牧等活动均会产生外部不经济性。在现实生活中,外部不经济性比外部经济性更常见,当前人类面临的环境问题(环境污染和生态破坏)就是外部不经济性的一个表现。根据外部性影响的产生进行分类,外部性可以分为生产外部性和消费外部性。在生产过程中产生的外部性称为生产外部性,如造纸厂向环境排放造纸废水就会产生生产外部性;在消费过程中产生的外部性称为消费外部性,如城市居民排放的生活污水、在公共场所吸烟等均会产生消费外部性。将这两种分类结合起来,外部性可以进一步分为生产的外部经济性、消费的外部经济性、生产的外部不经济性、消费的外部不经济性四种类型。

生产的外部经济性是指当一个生产者在生产过程中给他人带来有利的影响,而该生产者不能从受益人那里得到补偿。例如苹果园与养蜂场是近邻,苹果园为养蜂场提供了蜜源,蜜蜂在采蜜时可以帮助果树传授花粉,苹果园与养蜂场产生了相互受益的外部经济性。① 消费的外部经济性是指当一个消费者在其消费过程中

---

① 林卿:《农地制度与农业可持续发展》,中国环境科学出版社 2000 年版,第 29—30 页。

给他人带来的有利影响,而该消费者不能从受益人那里得到补偿。例如花圃爱好者种植花圃就会产生消费外部经济性。生产的外部不经济性是指当一个生产者在生产过程中给他人带来坏的影响(如给他人造成损失或额外费用),而该生产者不对受害者进行补偿,如造纸厂向环境排放造纸废水就会产生生产外部不经济性。消费的外部不经济性是指当一个消费者在其消费过程中给他人带来坏的影响(如给他人造成损失或额外费用),而该消费者不对受害者进行补偿,如利用一次性塑料快餐饭盒就会产生消费的外部不经济性。

环境污染问题同属于生产外部不经济和消费外部不经济,且以生产的外部不经济为主。在生产过程中,生产者过于注重产出的提高,而忽视了生产过程对于环境的影响就有可能产生生产的外部不经济性。生产者直接或者仅经过简单处理便将废弃物排放到自然环境中,对于环境造成了污染,便产生了生产的外部不经济性,或者说生产的负外部性。环境问题主要是生产外部不经济性的必然结果。对于某一生产,具体过程可表述如下图4-1所示。

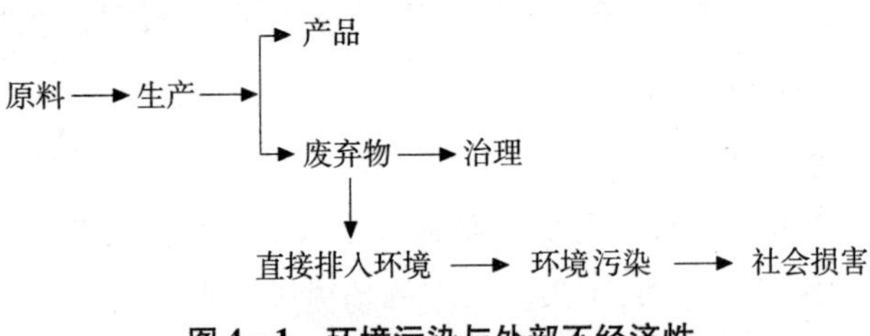

图4-1　环境污染与外部不经济性

如图4-1所示,生产者购买的原材料进入生产环节之后,在生产过程中会产生待出售的产品,同时不可避免地会产生废弃物。在对废弃物的处理上,一般说来,有两种处理办法:对废物进行治理,无害化后再排入环境;直接排入环境之中。受利润最大化动机的支配,生产者进行生产的目的是为了获得更多的盈利。为了达到这一目的,在没有强硬的制度约束的情况下,生产者一般不会对废弃物进行治理,因为对废物进行治理需要花费一定的人力、物力,从而增加支出,这一支出将成为其成本的一部分(简称为私人成本)。由于成本的增加,生产者的盈利必然下降,这是生产者不愿看到的。因此,生产者将舍弃治理,而选择把污染物直接排入环境之中。这样,就可节省一笔开支(私人成本)。但是,由于污染物排入环境后会造成环境污染,从而使该环境内的其他人受到损害,或者说是对社会造成了经济损失(各种损害均可转换为经济损失),这一社会损失简称为社会成本。这样,由于生产者把污染物直接排入到环境中,"节省"了治理污染的私人成本,而使社会付出了社会成本,即私人成本社会化了。需要指出的是,私人成本社会化只是对外部不经济性的一种定性的描述。因为私人成本和社会成本是不等值的,事实上,环境污染造成的社会成本一般要远大于私人成本。

从上面的分析可以看出,环境问题的外部不经济性是由于私人成本社会化了,因而要解决这一问题,必须使私人成本内部化,或者说,应该使外部不经济性内部化。私人成本社会化,是把自身的盈利建立在他人受损的基础之上,这显然不公平。同时,由于社会成本一般远大于私人成本,如果将私人成本内部化,就可减少甚至消除社会成本,就全社会而言,可以用较少的投入,减少较大的损失,这在经济上也是有利可图的。然而在缺乏监管的情况下,私人成本内部化的实现不可能靠生产者自己完成,需要给予生产者以一定的制度约束。以下给出三种制度约束的方法,并对其进行深入剖析。

方法一，管制约束。管制可分为直接管制和间接管制。通过对生产投入或消费的前端进行管制，可以达到减少生产过程中污染排放的目的。在环境管理政策中，管制手段（尤其是直接管制）在发达国家和发展中国家中都是传统的、占主导地位的环境管理手段。管制的前提必须有一些污染控制法律，如环境保护法和具体领域的污染控制法，然后根据这些法律对每一个厂商和消费者确定污染物排放种类、数量、方式以及产品和生产工艺相关污染指标。当然，在管制的要求下，有关生产者和消费者遵守这些法律和污染物排放规定，是义务性或强制性的，而且经常出现对违章行为的法律或经济制裁。这样，管制系统就必须包括一个形成管制指令的机构和一个违章监督惩罚系统，它的基本依据也就是传统的"指令性控制原理（Command and Control Philosophy）"。各国的环境政策偏重选择直接管制手段的原因有：首先，从管理者的角度来看，管制是直接对活动者行为进行控制，其环境效果具有确定性。企业偏向于选择管制是因为它们常常认为通过谈判可以对管制施加影响，并且通过拖延谈判来延长实施管制的时间。当然，其他公共部门领域以及经济管理政策或机制，对选择环境污染控制管理手段的影响也是很大的。从这种意义上说，我国传统的以污染物排放标准为基础，而辅之以超标排污收费的混合管制手段，可以说是传统的经济指令性计划管理的自然延伸。管制手段是一种在污染控制方面行之有效的工具，但在近十年来越来越倾向于与谈判手段（尤其是市场经济的发达国家）结合使用。这种结合，一方面使谈判后的管制实施的可能性或可行性要比没有谈判时更大；另一方面体现了一定程度的灵活性，从而克服了传统上认为直接管制手段无灵活性的缺点。需要指出的是，谈判本身并不是一种环境政策手段，它只不过是企业为预先阻止政府的管制而采取的一种对策,随着我国市场经济的建立和完善,管制中的谈判(如环境管理部门与大中型企业或代表企业利益的行业协会或部门间的谈判)将会越来越多。

然而,管制手段也存在相当多的局限性。直接管制手段在环境效果的可达性与确定性方面存在着较大的优势限性,主要表现在:第一,管制需要大量的信息。政府当局为了有效地控制各种类型的污染源排放活动,必须了解污染源的生产、污染排放、环境状况等信息,信息需求量极大,而实际上这些信息往往难以准确、及时获得,从而在很大程度上失去了管制的有效性。第二,由于各污染源的生产、污染排放情况及污染控制成本都存在很大的差异,而且会随时间推移而发生变化,直接管制应该针对不同的污染源制定相应的管制措施。要做到这一点,需要管理当局耗费大量的人力、物力、财力的投入。在实际工作中,管理当局很少能够制定具有针对性、实用性的管制措施。第三,管制手段缺乏灵活性。管理当局的管制措施出台后,被管制单位只能执行,而无其他的选择。当然,管制手段的这些缺陷并不意味着我们要去削弱或限制它们的作用,而是需要我们去寻求其他手段(如经济手段)来加以弥补他们的不足或作为他们的辅助手段。

方法二,财产或权益损失的直接赔偿。这种方法简称损失赔偿法,它是通过法律途径补救和校正外部不经济性的一种法院仲裁的方法。损失赔偿法来源于西方发达国家(尤其是英、美国家),目前已被大多数国家广泛用于解决环境外部不经济性和污染损失赔偿纠纷。在以私有制为基础的发达国家里,私有财产权是受到法律保护和不可侵犯的权利。这样,受害方可以诉诸法律,要求赔偿或消除由于空气、水体和噪声污染引起的损失。在进行损失赔偿时必须解决:是否发生侵犯财产;应该由谁对谁赔偿;赔偿数量多少,这样才能使污染外部费用内部化。在我国,《环境保护法》、《大气污染防治法》和《水污染防治法》以及《刑法》和《民事诉讼法》中明确规定了污染损害的法律赔偿责任,即要求造成环境污染危害的单位和个人有责任排除危害,并对直接受到损害的单位和个人赔偿损失。赔偿责任和赔偿金额的纠纷,可以根据当事人的请求,由环境保护行政管理部门或者其他依照法律规定行使环境监督管理权的部门处理;当事人对处理决定不服的,可以向人民法院起诉。当事人也可以直接向法院起诉。这种法律责任关系表明任何单位和个人,享有避免环境污染损失的权利,如人体健康的损失和财产使用功能的损失等。举例来说,假设某个居民住户(原告)与一家水泥厂(被告)相邻,水泥厂生产过程中散发的烟尘和粉尘,造成了该居民住户的身体危害和财产损失,从而要求法院判决水泥厂赔偿损失。在该过程中,一般法院处理的方法就是根据"公正性"原则进行平衡调解。法院在听取原告的控告之后,必须首先确定该水泥厂的污染排放是否真的造成了原告的身体和财产损失,然后确定是否责令被告对原告进行损失赔偿。如果受害的居民户很多(如很大的一个居民区),法院还可能考虑是否让水泥厂停产或搬迁。如果原告诉讼属实,法院就可以根据环境污染防治法,裁决被告向原告赔偿损失。

损失赔偿法是解决环境污染外部性问题的一种可行的方法。在理想条件下,法院的裁决可以刚好使污染者的所有外部费用内部化,即污染者的私人费用等于其社会费用。但是,损失赔偿法只是一种事后补救的方法,在实施操作可行性方面存在以下三方面问题亟待解决。首先,诉讼费用可能很高,诉讼期可能很长。受害人为了得到损害赔偿,往往需要经过诉讼程序。为此,受害人还需要支付取证费(提供监测数据和损失证明所花费的费用)、律师费、诉讼费、交通费等费用。即使费用不太高，但有时诉讼需要很长时间，许多环境问题造成的损害赔偿案件往往久拖不决，由此造成损失赔偿难以实施。其次，环境问题的扩散性。由于环境问题的这种特征，使得很难清楚地确认污染者和受害者间的损失计量关系，同时一些受害者只希望他人出面诉讼，自己共享损害赔偿或环境改善的好处，这样就产生了“免费搭车”的现象。最后，环境损失的滞后性。环境污染除了事故性损失之外，大多是表现为一种滞后的损失，例如许多与空气污染有关的呼吸系统疾病，一般都在暴露时间超过数月或数年之后才被发现，甚至从技术上都还无法确认一些新污染物。在这种情况下，要公正判定污染损失赔偿是不太可能的。

方法三，庇古税和科斯手段。阿瑟塞西尔·庇古(1887—1957)是英国新古典学派的代表人物，他对经济外部性进行了深入分析，提出了通过税收或收费(即庇古税)的方式将经济外部性内部化。以庇古理论为指导，各国广泛征收庇古税。当存在外部经济性时，对行为人进行补贴；当存在外部不经济性时，对行为人进行征税。我国实施的排污收费制度就是一种典型的庇古税。科斯出生于英格兰，1951 年移居美国，主要从事制度经济学研究，1991 年获诺贝尔经济学奖。科斯提出解决经济外部性问题的方案是产权安排，这一办法被称为科斯定理。科斯定理的主要内容是：当环境资源产权明晰时，无论初始产权如何确定，经济活动的私人成本与社会成本必然相等，经济外部件就被内部化了；当交易成本为零时，无需政府干预，当事者双方通过协商，进行自愿交易，就可解决问题，此时，当事人双方的边际收益达到最大化；当交易成本不为零时，需要通过政策手段解决经济外部性问题。

环境问题主要是由于生产的外部不经济造成的。由于存在生产的外部不经济,生产个体带来的环境成本不得不由社会来承担,这就造成了一种不公平的存在。要解决生产的负外部性以及成本承担方面的不公平现象,就必须从制度上对生产个体进行约束。但是,制度手段只能对生产个体的生产行为予以约束,换句话说,只能让生产个体客观、被动地遵守相关约束规则,却不能从主观上给予生产个体以改变的动力。因此,除了给予制度约束手段之外,还必须辅之以一定的激励手段,让生产个体有动力自己去消化自身产生的环境成本。将制度约束与政府激励进行结合,从主观和客观角度彻底地改变生产个体产生的环境负外部性的现状。可持续发展视角下的产业集聚对于环境无疑具有正外部性。基于生态城市的可持续发展产业集聚可以充分提高资源和能源的利用效率,最大限度地减少废物排放,保护生态环境。然而,在目前的经济管理体制以及激励机制下,企业并没有太大动力主动朝着产业集聚方向发展,因此,必须辅之以必要的行政激励和经济激励手段来促进可持续发展视角下的产业集聚的形成。

二、公共产品

自然环境本身具有不同于一般商品的特殊属性:环境问题具有外部性;环境质量具有公共物品的属性;环境资源产权不清;环境资源无市场;环境资源具有未来不确定性。下面我们主要就环境的公共产品属性来阐述自然环境的特殊性。经济增长与环境保护从根本目的上说,都是为了提高我国人民的总体福利水平,但是这两个目标在我国的某些地区,经常处于尖锐的对立之中。环境的公共产品属性是我国环境市场失灵问题产生的重要原因之一。

公共产品的严格定义最早是由美国经济学家萨缪尔森在《经济学与统计评论》1954 年 11 月号上发表的《公共支出的纯理论》

一文中给出的。他认为,公共产品是这样一种产品,每个人对这种产品的消费,都不会导致其他人对该产品消费的减少。“与来自纯粹的私有产品的效益不同,来自公共产品的效益牵涉到对一个人以上的不可分割的外部消费效果。相比之下,如果一种产品能够加以分割因而每一部分能够分别按竞争价格卖给不同的个人,而且对其他人没有产生外部效果的话,那么这种产品就是私有产品。”①之后,美国学者奥尔森在其《集体行动的逻辑》一书中,曾对公共产品给出了一个规范性的定义。奥尔森认为,任何产品,如果一个集团中的任何个人能够消费它,他就不能不被该集团中的其他人消费,这类产品便属于公共产品。② 美国学者布坎南从供给的角度把公共产品定义为,“任何由集体或社团决定,为了任何原因,通过集体组织提供的物品或劳务。”③

按照公共产品的作用范围和非竞争性、非排他性的程度,经济学家将公共产品进行了以下分类。按是否同时具有非竞争性和非排他性,分为纯公共产品和准公共产品。根据萨缪尔森的定义所导出的公共产品是纯公共产品,即向全体社会成员共同提供的,而且在消费上不具竞争性、受益上不具排他性的产品,如国防、社会治安、天气预报等都是纯公共产品的典型。而在现实中,有许多产品要么具有非排他性却不具有非竞争性,要么具有非竞争性却不具有非排他性,但是又不能将它们归于私人产品的行列,这些产品

① 保罗·A.萨缪尔森,威廉·D.诺德豪斯著,高鸿业等译:《经济学》,中国发展出版社1992年版,第1194页。

② 曼瑟尔·奥尔森著,陈郁等译:《集体行动的逻辑》,上海三联书店、上海人民出版社1995年版,第35页。

③ 詹姆斯·M.布坎南著,穆怀明译:《民主财政论》,商务印书馆1999年版,第29页。

就被称为准公共产品。根据有无非排他性、非竞争性，准公共产品又可进一步分为以下几类，一是具有非排他性但不具有非竞争性的公共产品。这类产品主要是指公共牧场、公共池塘、地下水、江河湖海、地下的石油、矿藏、海洋等公有资源，它们没有排他性，但具有一定的竞争性。美国经济学家奥斯特罗姆夫妇将这些产品称为“公共池塘产品”。二是具有非竞争性但不具有非排他性的公共产品。这些产品在消费上不具有竞争性，但又具有排他性的特征，或排除追加的消费者的成本很低。这种产品通常被称为排他性公共产品。三是在非竞争性和非排他性方面都不充分的公共产品，如戏院、图书馆、收费公路、桥梁等，美国经济学家布坎南将这类公共产品称为俱乐部产品。按公共产品利益影响的范围，可分为全国性公共产品、地方性公共产品和全球性公共产品。全国性公共产品供全体公民共同消费，如国防、全国治安、国家级道路、电力、信息传播等。有些公共产品主要为某一个地区的公民集体使用，称为地方性公共产品，如城市街道、绿化、污水处理、社区安全等。还有一些公共产品的影响超过了一国的范围，如全球温室效应的治理、防止核武器扩散等，它们是全球性公共产品。按公共产品是否是人类劳动的成果，可分为自然资源类公共产品和劳动产品类公共产品。共有的自然资源，如河流、矿产资源、公海中的海洋资源等，不是人类劳动的成果，而是大自然赋予人类的宝贵财富，都属于自然资源类公共产品。而对于诸如国防、道路、教育等公共产品，则是人类劳动的结果，属于劳动产品类公共产品。从以上公共产品的分类中我们可以看出，除了劳动产品类公共产品外，其他类别的公共产品都或多或少在一定程度上属于自然环境的范畴。

公共产品的特征主要表现在以下几个方面，一是效用的不可分割性。公共产品是向整个社会共同提供的,具有共同受益或联合消费的特点。其效用为整个社会的成员所共享,而不能将其分割为若干部分,分别归属于某些个人或企业享用,或者,不能按照谁付款、谁受益的原则,限定为之付款的个人或企业享用。例如,国防提供的国家安全保障就是对一国国内的所有人而不是在个人的基础上提供的。只要生活在该国境内,任何人都无法拒绝这种服务。所以,国防被作为公共产品的一个典型。生态环境和国防一样,也是典型的公共产品。二是消费的非竞争性。某一个人或企业对公共产品的享用,不排斥、妨碍其他人或其他企业同时享用,也不会因此而减少其他人或企业享用该种公共产品的数量或质量。这就是说,增加一个消费者不会减少一个人对公共产品的消费量,或者,增加一个消费者,其边际成本等于零。三是受益的非排他性。在公共产品的消费过程中,产品的提供者在技术上没有办法将某些消费者(如拒绝为之付款的个人或企业)排除在公共产品的受益范围之外。或者说,公共产品不能由拒绝付款的个人或企业加以阻止。任何人都不能用拒绝付款的办法,将其所不喜欢的公共产品排除在其享用品范围之外。我们甚至可以说,生态环境是比国防更为典型的公共产品,这是因为国防有国界的限制,而生态环境的保护和治理却没有国界的限制。因此,如果某个国家投资改善环境,其他国家就会或多或少分享到环境改善的好处,即所谓的“搭便车”现象,而对于优美环境的一国消费并不会减少其他国家的消费。这样在国与国之间,一个国家内的企业之间,就会自然产生愿意投资治理环境污染和保护环境的组织和个人越来越少的现象。因此,在这种情况下,经济激励手段的介人势在必行。

沈满红认为,导致环境退化、资源耗竭的原因有两个方面:一是“市场失灵”;二是“政府失灵”。微观经济学证明了,市场机制可以有效率地分配生产出的产品于消费者之间,有效率地配置生产要素于企业与产品之间,从而实现帕累托效率。但是,实现帕累托效率,隐含着一系列严格的假定条件,主要有:完全竞争的假设、完全信息的假设、完全理性的假设、不存在外部性的假设、不存在交易费用的假设、不存在规模报酬递增的假设等。当市场价格机制的某些障碍造成资源配置缺乏效率,或者说价格体系在保证资源有效配置方面是不完全时,就出现“市场失灵”。① 帕累托效率亦称“帕累托最适度”或“帕累托最佳条件”。帕累托是意大利庸俗经济学家、社会学家,洛桑学派的创建人之一。他在论述社会资源的有效配置时提出这样的一个命题:如果社会资源的配置或重新配置,能使一些人的境况变好,而不致使另外一些人的境况变坏,这种资源配置是最适度的。也就是说,如果经济社会中任何变化或改革,能使所有的人都好起来,或者一些人好起来,但没有人变得更差,这时社会福利就增加了,这种变化或改革就认为是有效的。②

显然,在环境问题上,有许多帕累托效率的假设条件是不符合的。就环境问题而言,环境主体的有限理性主要表现在:第一,人们对环境的认识有一个历史过程。在人们对环境还没有足够的科学认识以前,非理性的人类行为也就难免了。第二,即使人们已经认识到环境问题的严峻性和重要性,由于受经济发展条件的约束,人们还是不得不采取以毁坏环境为代价的经济增长模式。第三,即使上述两个问题都不存在,由于人的机会主义行为倾向,人们还

① 沈满红:《论环境经济手段》,载《经济研究》1997 年第 10 期。

② 王美涵主编:《税收大辞典》,辽宁人民出版社 1991 年版,第 46 页。

会做出有损环境的行为，比如发洪水之际向江河倾倒废料等。由于这些原因的存在，只顾经济增长，不顾环境保护；只顾眼前利益，不顾长远利益；只顾局部利益，不顾全局利益的环境损害行为就在所难免了。而环境保护是正外部性很强的公共产品。在进行环境保护这一公益事业时，如要求每一个人自愿支付环保费用，有些人可能为此支出付钱，而有些人却不愿意，但后一部分人仍然可以同样从环境保护中得到好处，这样，就产生了"搭便车"问题，即经济主体不愿主动为公共产品付费，总想让别人提供公共产品，然而自己免费享用。

第二节　工业环境污染问题

经济发展与生态建设之间似乎存在着这样一种奇怪的悖论，当我们在追求经济不断增长的同时，却又在不断地将这些增长用于弥补生态的漏洞。根据世界银行 1997 年的统计，我国仅空气和水污染造成的损失，就相当于每年 GDP 的 3%—8%。① 近几年，我国经济呈现出良好的发展态势，GDP 增长一直维持在 8% 至 10% 之间。然而，在经济高速增长的同时，我们也产生了深深的"环境忧虑"。

对于环境污染问题，我国政府在《中华人民共和国国民经济和社会发展第十一个五年规划纲要》中明确提出了"十一五"期间单位国内生产总值主要污染物排放总量减少 10% 的约束性指标。这是我国贯彻落实科学发展观，构建社会主义和谐社会的重大举

① 联合国开发计划署 UNDP(1999)：《中国人类发展报告》，中国财经出版社 1999 年版，第 67 页。

措;是建设资源节约型、环境友好型社会的必然选择;是推进经济结构调整,转变增长方式的必由之路;是提高人民生活质量,维护中华民族长远利益的必然要求。进而,国务院在2007年6月对各省市印发了《节能减排综合性工作方案的通知》。《通知》中指出,"十一五"期间我国在节能减排方面的主要目标是:到2010年,万元国内生产总值能耗由2005年的1.22吨标准煤下降到1吨标准煤以下,降低20%左右;单位工业增加值用水量降低30%。"十一五"期间,主要污染物排放总量减少10%,到2010年,二氧化硫排放量由2005年的2549万吨减少到2295万吨,化学需氧量(COD)由1414万吨减少到1273万吨;全国设市城市污水处理率不低于70%,工业固体废物综合利用率达到60%以上。随着经济和社会的迅速发展,城市成为人类活动最集中的区域,也是环境污染最严重的区域。城市环境污染主要来源就是直接和间接的工业污染,下面我们将分地区和行业分析工业污染中的水污染、固体废弃物污染和大气污染方面的问题。

一、工业废水

随着我国工业化、城市化进程的加快,中国城市面临着日益严重的水污染问题。近几年来,工业废水的排放量日趋增加,图4-2是2000—2006年我国工业废水的排放情况汇总:

从图4-2中我们可以看出,工业废水排放量总体上呈逐年递增趋势,由2000年的194.2亿吨增长到2006年的240.2亿吨,平均年增长率3.95%。虽然工业废水的排放增长速度低于年均GDP的增长速度,但是总量仍然逐年递增,不容忽视。除了工业废水排放总量递增之外,全国各个省市之间的排放量也不均衡,我们以2006年全国各地区的工业废水排放为例。见表4-1:

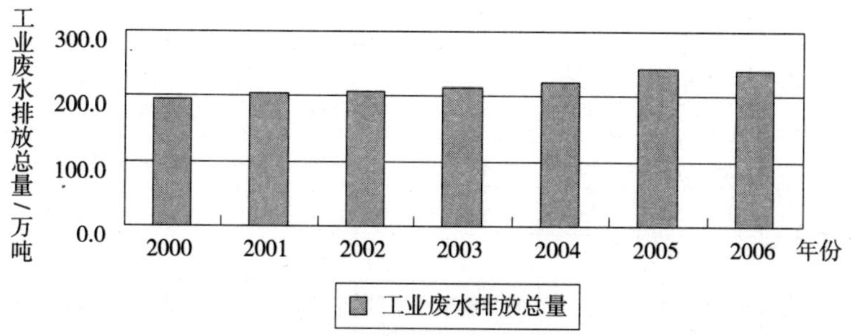

图4－2　2000—2006年我国的工业废水排放量

资料来源:国家统计局:《中国环境统计年鉴》(2006、2007),中国统计出版社。

表4－1　2006年全国各地区工业废水排放情况

地区	工业废水排放总量（万吨）	#直接排入海的	工业废水中污染物排放量(吨)				
			六价铬	铅	化学需氧量	石油类	氨氮
全国	2401946	13176	96.45	339.12	5404114.2	19152.7	424616.8
北京	10170		0.09	0.02	9257.7	72.8	646.0
天津	22978	678	0.16	0.23	36874.7	295.5	4021.4
河北	130340	670	3.50	0.46	358180.9	1582.9	31756.9
山西	44091		0.29	4.76	169633.8	635.6	13911.4
内蒙古	27823		0.32	3.02	136113.8	161.2	6549.9
辽宁	94724	32706	1.15	0.98	260792.0	2872.2	14775.8
吉林	39321		0.93	1.26	167988.9	592.6	6850.4
黑龙江	44801		0.09	0.11	141735.6	1359.2	10081.6
上海	48336	13508	4.42	0.21	35276.2	530.5	3020.7
江苏	287181	695	14.47	10.37	291761.5	2073.3	22760.6
浙江	199593	9136	18.58	2.39	286532.2	595.7	26480.0
安徽	70119		0.68	2.33	141936.9	609.0	22236.3
福建	127583	56615	2.81	4.54	94489.7	250.1	8180.9
江西	64074		1.74	9.34	115807.3	318.9	7948.7

地区	工业废水排放总量（万吨）	#直接排入海的	工业废水中污染物排放量（吨）				
			六价铬	铅	化学需氧量	石油类	氨氮
山东	144365	8672	1.66	0.10	336291.4	684.9	25010.4
河南	130158		4.49	3.99	317937.4	855.2	42376.7
湖北	91146		3.53	2.15	169652.9	1293.9	21692.9
湖南	100024		13.89	77.11	292054.1	1027.7	37404.8
广东	234713	4216	10.13	11.95	293960.5	309.8	7309.5
广西	128932	744	1.56	25.22	679464.4	317.2	36139.2
海南	7351	4096		0.04	12492.5	35.6	677.0
重庆	86496		3.50	2.97	116615.3	154.9	12704.2
四川	115348		3.88	4.32	302031.9	465.2	20356.8
贵州	13928		0.17	2.80	18331.8	107.8	1755.6
云南	34286		0.05	34.37	105633.0	153.8	4035.6
西藏	790				948.3	0.1	10.9
陕西	40476		0.89	2.16	148505.3	989.8	3915.3
甘肃	16570		1.96	74.21	54030.9	339.6	20048.2
青海	7168		0.10	56.52	35318.8	59.3	1424.7
宁夏	18500		0.05	0.01	108052.5	141.0	6001.0
新疆	20558		1.60	1.19	166412.0	267.4	4533.4

资料来源：国家统计局：《中国环境统计年鉴（2007）》，中国统计出版社2007年版。

由表4－1中我们可以看出在总量方面，我国2006年的工业废水排放总量达到2401946万吨，其中直接排入海中工业废水的有13176吨，含有主要污染物六价铬96.45吨，铅339.12吨，石油类19152.7吨，氨氮424616.8吨，化学需氧量更是高达5404114.2吨。面对这样一个数字可能大家无法想象2401946万吨是一个什么样的概念，我们可以做一个粗略的计算：我国截至2006年底的人口总数是13.1488亿,假设全部都是3口之家的家庭结构,那么全国就有大概4亿个家庭,每个家庭每月生活用水平均为5吨,全国的家庭一年的生活用水量大约为240亿吨。换句话说,我国一年排放的工业废水足以供给我国全国家庭的生活用水。可见工业废水的排放总量之大。

工业废水的排放不仅是水资源的严重浪费,由于工业废水中含有大量的六价铬、铅等重金属污染物,对人类身体健康造成了严重威胁和损害,这些威胁和损害直接或间接地蚕食着我国经济增长的成就,降低了人们的生活质量。例如,铅是一种用途广泛而毒性很大的重金属,随着环境中铅污染的加重,其危害受到高度的关注。而铅中毒中铅的重要来源就是工业废水中所包含的铅的排放,虽然我国工业污水通过污水处理厂等处理方法处理的排放达标率逐年提高,但是我们认为简单的末端治理,或者说先污染,后治理的方式,仍然不是一个治理工业污水排放,降低其中有害污染物含量的最好方式。更进一步思考,如果考虑到统计上的误差和我国相当数量的水污染事故,那么表4-1中的工业污水排放总量和污染物含量可能仅仅是冰山一角,大大低于我国的工业污水实际排放量和污染物含量。

从地区分布上看,2006年我国废水排放量最多的六个省分别为:江苏、广东、浙江、山东、河北、河南,占全国工业废水排放总量的近一半之多(46.89%),其中有五个省份位于工业经济较发达的东部地区。站在全国的角度,我们分析得知东部地区的工业废水的排放总量是最多的。那么,到底是哪些行业(工业制造业)的废水排放量较大呢?下面我们再从行业的角度分析一下全国工业废水排放情况。

表4－2　2006年我国各行业工业废水排放汇总

行业	工业废水排放（万吨）	#直接排入海的	工业废水中污染物排放量（吨）				
			六价铬	铅	化学需氧量	石油类	氨氮
行业总计	1613350	67322	75.844	149.631	4038768	15604.6	324140.4
C13 农副食品加工业	94414	2454	0.166	0.071	591654.9	178.7	27329.3
C14 食品制造业	43113	333	0.026		124247.9	1736.4	13955.7
C15 饮料制造业	56049	694	0.006	0.004	222953.8	97.5	6596.2
C16 烟草制品业	2844				4176.1	9.5	134.6
C17 纺织业	197934	3719	5.172		315451.6	220.4	16666.5
C18 纺织服装、鞋、帽制造业	13685	353	0.036		17482.7	9.6	1201.7
C22 造纸及纸制品业	374407	6580	0.018	0.366	1553223.1	259.5	36441.4
C25 石油加工、炼焦及核燃料加工业	70218	24430	1.602	1.558	74665.9	2850.2	11551.7
C26 化学原料及化学制品制造业	335956	13614	5.766	26.507	542863.7	3822.2	166794
C27 医药制造业	42988	139	0.06		113529.8	363.8	7852.3
C28 化学纤维制造业	49543	11152			114721.2	166.3	4454.8
C31 非金属矿物制品业	43070	273	0.349	0.149	59270.6	243.2	3037
C32 黑色金属冶炼及压延加工业	156727	402	9.474	37.419	144114.4	3524.5	14094.6
C33 有色金属冶炼及压延加工业	32751	209	9.09	72.96	49369.3	485.2	5899.7
C34 金属制品业	22448	640	33.463	2.575	17571	251.6	722.7
C36 专用设备制造业	11506	35	2.505	1.501	12417.7	256	1727.1
C37 交通运输设备制造业	25708	1457	1.854	0.345	39050.7	790.8	3259.7
C39 电气机械及器材制造业	8239	68	0.876	2.609	10298.8	132	484.4
C40 通信设备、计算机及其他电子设备制造业	23905	714	3.714	3.215	21579.4	159.4	1448.2
C41 仪器仪表及文化、办公用机械制造业	7845	56	1.667	0.352	10125.1	47.8	488.8

资料来源：国家统计局：《中国环境统计年鉴2007》，中国统计出版社2007年版。

从表4－2中我们可以看出，工业废水排放量居前的行业是：造纸及纸制品业、化学原料及化学制品制造业、纺织业、黑色金属冶炼及压延加工业、农副食品加工业、石油加工、炼焦及核燃料加工业、饮料制造业、化学纤维制造业。这些行业不仅废水排放量大，而且所含污染量也较多。如：造纸及纸制品业所排放的化学需氧量居20个行业之首，共计1553223.1吨，远远超过位居第二的农副食品加工业591654.9吨；化学原料及化学制品制造业所排放的石油类和氨氮污染物均居20个行业之首。另外，我们可以看出工业废水污染源的分布很集中，占前6位的行业所排放的工业废水达总排放量的82.8%，因此在条件允许的时候，我们应该加强对重点水污染源行业企业的综合治理，特别是符合生态城市建设要求的可持续动态治理。

数量如此巨大的工业废水并不是排放到了真空中，而是大量地排入我国的江河湖海，这些工业废水的排放至少是我国江河湖海和地下水水质日益恶化，特别是饮用水的水质不断下降的重要原因之一。例如，从首要污染物来看，渤海、黄海、东海和南海的首要超标污染物都是Inorganic Nitrogen（无机氮），这与工业废水中所含的大量氮基本吻合，因此我们可以大胆地推测，工业废水可能就是我国近海首要超标污染物的主要污染源。

二、工业固体废弃物

除了大量的工业废水排放之外，工业固体废弃物的产生和排放情况也值得我们关注。《中华人民共和国固体废弃物污染环境防治法》中对固体废弃物的定义为：在生产、生活和其他活动中产生的丧失原有利用价值或者虽未丧失利用价值但被抛弃或者放弃的固态、半固态和至于容器中的气态物品、物质以及法律、行政法规规定纳入固体废物管理的物品、物质。而工业固体废弃物是指在生产、经营活动中产生的所有固态的、半固态和除废水以外的高浓度液态废物。工业固体废弃物对生态破坏主要表现在以下几个方面：首先，填埋在地表和地底的工业固体废弃物会污染地下水源，进而通过饮用水导致人类疾病和生态环境的破坏。其次，相当部分的固体废弃物会直接排放到江河湖海中，这些工业固体废弃物会直接危害到水生动植物，进而对生态环境造成破坏。再次，工业固体废弃物在收集、焚烧、处理的过程中，会带来大量的大气悬浮颗粒，进而通过肺的吸收和皮肤的直接接触导致人类疾病的产生。总之，工业固体废弃物一旦产生，就是潜在的污染源。在一定的化学和物理条件下，这些工业固体废弃物还有可能发生转化，长期不断的释放污染生态环境，危害人们健康，进而阻碍生态城市的建设与发展。图 4－3 和图 4－4 是 2000 年至 2006 年工业固体废弃物的产生和排放的总量情况。

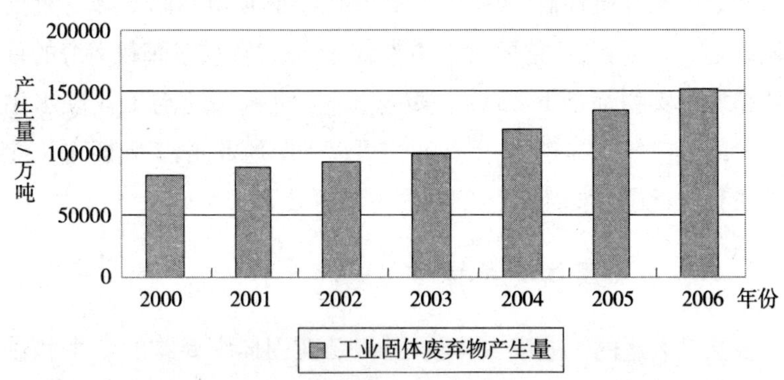

图 4－3　2000—2006 年工业固体废物产生总量

资料来源：国家统计局：《中国环境统计年鉴》（2006、2007），中国统计出版社。

从图 4－3 中我们可以看到，2000 年到 2006 年间工业固体废

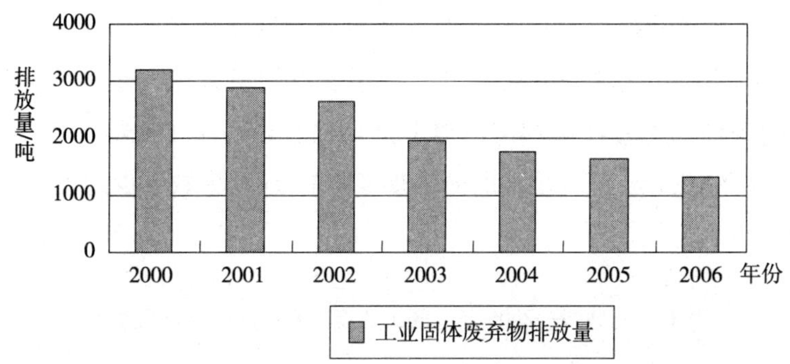

图 4－4　2000—2006 年工业固体废物排放总量

资料来源：国家统计局：《中国环境统计年鉴》（2006、2007），中国统计出版社。

弃物的产生量呈逐年递增趋势，且年增长率有逐年增加的趋势。2000 年到 2006 年工业固体废弃物的产生量总量由 81608 万吨增加到 151541 万吨，净增加 69933 万吨，增长率达 85.69%，平均年增长率 14.28%。然而值得让人欣慰的是，2000 年到 2006 年间工业固体废弃物的排放量呈逐年递减趋势（见图 4－4），这主要是因为近年来工业固体废弃物的综合利用率呈逐年提高趋势，2006 年我国工业固体废弃物总的利用和处置率接近 60%，比 2000 年提高了近 15 个百分点（见图 4－5）。然而我们仍然要清醒地认识

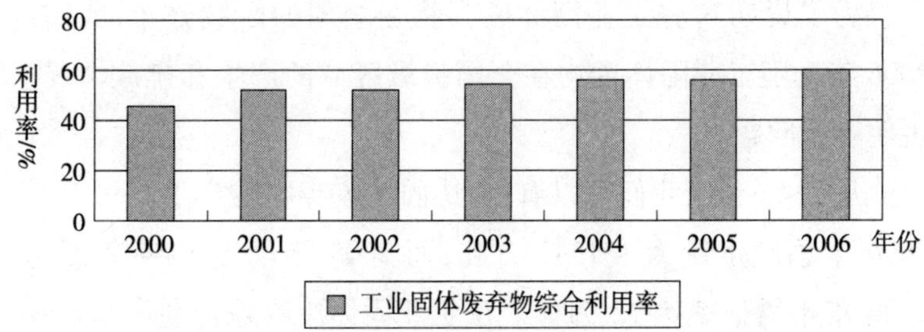

图 4－5　2000—2006 年工业固体废弃物综合利用率情况

资料来源：国家统计局：《中国环境统计年鉴》（2006、2007），中国统计出版社。

到，每年还有接近40%的工业固体废弃物被储存堆积了起来(见表4－3)，这些堆积的固体废弃物不仅占用了大量的土地(据统计，每堆积1万吨渣约需占地1亩)，而且还污染了土壤和水体。更为严重的是，这些堆存的固体废弃物中，还有为数不少的工业危险废弃物。

表4－3　1999—2005年我国工业废弃物的产生与处置情况

(单位:万吨)

年度	产生量	排放量	贮存量	综合利用量
1999	78441.9	3880.5	26294.8	35755.9
2000	81607.7	3183.1	28921.2	37451.2
2001	88745.7	2893.3	30166.4	47285.2
2002	94509.4	2635.2	30029.5	50061.2
2003	100428.4	1940.9	27667.2	56040.1
2004	120030	1762	26011.9	67795.9
2005	134448.9	1654.7	27876	76993.3

转引自中国21世纪议程管理中心:《工业园区固体废物可持续管理工具指南》，化学工业出版社2007年版，第14页。

为了说明这些工业固体废弃物在全国的区域分布，我们以2006年全国工业固体废物在全国省级区域的产生和排放情况来说明这个问题。

从表4－4中我们可以看出，从固体废弃物的产生总量上看，2006年总产生量为151541万吨，而2005年仅为134449万吨，2006年年增长率达12.71%。从工业固体废物综合利用率来看，2006年工业固体废物综合利用率整体上比2005年提高了4个百分点。且东部沿海地区工业经济和技术比较发达的省份工业固体

表4－4　2006年我国各地区工业固体废物产生和排放情况

地区	工业固体废物产生量(万吨)	#危险废物	工业固体废物排放量(吨)	工业固体废物贮存量	工业固体废物综合利用率(%)	“三废”综合利用产品产值(万元)
全国	151541	1084	13020910	22399	60.2	10048809.6
北京	1356	12	1011	63	74.6	110528.6
天津	1292	15			98.4	171747.8
河北	14229	32	419579	2722	61.7	561234.2
山西	11817	4	4357022	992	45.0	225883.8
内蒙古	8710	42	282161	2345	44.0	83917.1
辽宁	13013	44	246918	2273	38.0	305735.7
吉林	2802	35	20509	974	63.5	207413.7
黑龙江	3914	21	10269	859	71.5	175473.4
上海	2063	41	2414	7	94.7	97197.9
江苏	7195	99	270	197	94.1	1440509.3
浙江	3096	44	51800	90	91.8	1497950.1
安徽	5028	6	468	419	81.6	232747.6
福建	4238	8	33707	73	73.1	182826.5
江西	7393	5	83022	560	35.6	252891.5
山东	11011	121	4139	578	92.0	1074662.4
河南	7464	15	32217	704	67.6	444607.7
湖北	4315	18	115310	891	72.3	559119.3
湖南	3688	41	387231	673	73.0	373538.1
广东	3057	130	135771	172	84.3	433236.6
广西	3894	35	227434	896	58.1	312363.4
海南	147	1	200	34	77.1	12714.2
重庆	1764	16	1221841	235	73.7	133994.4
四川	7600	26	848568	1125	55	529852.3
贵州	5827	104	1376600	1096	36	152040.3

地区	工业固体废物产生量(万吨)	#危险废物	工业固体废物排放量(吨)	工业固体废物贮存量	工业固体废物综合利用率(%)	"三废"综合利用产品产值(万元)
云南	5972	57	995583	1535	41	377929.2
西藏	9		73860	1		169.3
陕西	4794	8	429068	683	38	98525.2
甘肃	2591	16	337345	808	27	104990.9
青海	882	76	3145	623	29	10369.2
宁夏	799		60178	156	54	36529.2
新疆	1581	12	1263270	615	48	67227.1

资料来源:国家统计局:《中国环境统计年鉴(2007)》,中国统计出版社2007年版。

废物综合利用率相对较高,如上海、天津、江苏、浙江、山东等地区的工业固体废物综合利用率都达到了90%以上。从地域分布上看,2006年我国固体废弃物的产生量最大的6个省是:河北、辽宁、山西、山东、内蒙古、四川,且这6个省的产生量占了总量的48.3%;排放量最大的6个省是:山西、贵州、新疆、重庆、云南、四川,占排放总量的77.28%。产生量较大的地区一般是工业较发达的地区,如河北、辽宁、山东等,而排放量较大的地区一般是工业技术相对落后的地区,如山西、贵州、新疆等。从中我们可以看出,加强工业固体废物的管理工作,积极寻求固体废物资源化途径,减少工业固体废物的排放总量,提高固体废弃物综合利用率迫在眉睫。

从固体废弃物的产生量上看,2006年东部、中部和西部地区省份的产生量相差不大,东部地区略高。然而在排放量上,西部地区占了总量的55%,远远超过了产生量较高的东部地区(5%),中部地区的排放量也较高,占38%。那么,到底是哪些行业(工业制造业）的固体废弃物的产生和排放量较大呢？下面我们再从行业的角度分析一下全国工业固体废弃物的产生和排放情况。如表4－5所示。

表4－5　2006年各行业工业固体废物产生和排放情况

（单位：万吨）

行　业	工业固体废物产生量	#危险废物	工业固体废物排放量	工业固体废物综合利用率（%）	“三废”综合利用产品产值（万元）
行业合计	57625	721.72	454.21	84.87	8805766.2
C13 农副食品加工业	1450	0.01	6.84	96.8	374100.6
C14 食品制造业	362	0.31	1.77	90.5	126461.4
C15 饮料制造业	811	0.01	6.59	95.9	163328.8
C16 烟草制品业	40	0.03	0.23	84.2	3178.3
C17 纺织业	679	9.70	2.89	93.4	88445.9
C18 纺织服装、鞋、帽制造业	64	1.80	0.99	93.9	17360.3
C22 造纸及纸制品业	1596	8.27	6.84	84.2	864692.5
C25 石油加工、炼焦及核燃料加工业	1779	90.53	37.48	84.7	672102.7
C26 化学原料及化学制品制造业	10152	350.10	46.23	65.3	1089273
C27 医药制造业	258	24.20	2.59	93.1	88632.3
C28 化学纤维制造业	376	26.13	1.85	95.5	94033.8
C31 非金属矿物制品业	4224	2.67	85.22	95.7	2799413.9
C32 黑色金属冶炼及压延加工业	29149	45.75	121.13	71.3	1476290
C33 有色金属冶炼及压延加工业	5544	89.83	121.13	35.4	556061

行　业	工业固体废物产生量	#危险废物	工业固体废物排放量	工业固体废物综合利用率(%)	“三废”综合利用产品产值(万元)
C34 金属制品业	227	13.45	1.24	93.8	66924.8
C36 专用设备制造业	138	2.14	3.08	85.8	28421
C37 交通运输设备制造业	572	8.28	5.22	90.4	114790.5
C39 电气机械及器材制造业	43	5.99	0.36	84.8	40724.8
C40 通信设备、计算机及其他电子设备制造业	115	34.08	2.51	73.1	124601.8
C41 仪器仪表及文化、办公用机械制造业	46	8.44	0.02	89.5	16928.8

资料来源:国家统计局:《中国环境统计年鉴(2007)》,中国统计出版社2007年版。

由表4-5可知,固体废弃物排放量最大的6个行业是:黑色金属冶炼及压延加工业、有色金属冶炼及压延加工业、非金属矿物制品业、化学原料及化学制品制造业、石油加工、炼焦及核燃料加工业、农副食品加工业,占了全国总排放量的92.02%。这些行业不仅固体废弃物排放量大,而且所排放的危险废物也较多,化学原料及化学制品制造业、石油加工、炼焦及核燃料加工业、有色金属冶炼及压延加工业、黑色金属冶炼及压延加工业的危险废物排放量列居危险废物排放的前四位,排放量占总排放量的79.84%,因此属于应该重点治理的行业。

固体废弃物一词中的“废”具有鲜明的时间和空间特征。从时间方面讲,它仅仅相对于目前的科学技术和经济条件。从空间角度看,废物仅仅相对于某一过程或某一方面没有使用价值,而并非在一切过程或一切方面都没有使用价值。某一过程的废物,往往是另一过程的原料，只是由于时间和空间的原因，使这些本身具有价值的所谓"固体废弃物"变成了废物，我们认为，大多数的工业固体废弃物都可以称为放错位置的资源。各工业行业所产生的主要废物类别见表4－6所示。

表4－6　各工业行业所产生的主要固废类别

工业类型	产废工艺	废物种类
军工及副产品	生产、装备	金属、塑料、橡胶、纸、木材、织物、化学残渣等
食品类产品	加工、包装、运送	肉、油脂、油、骨头、下水、蔬菜、水果、果壳、谷类等
织物产品	编织、加工、染色、运送	织物及过滤残渣
服装	裁剪、缝制、熨烫	织物、纤维、金属、塑料、橡胶
木材及木制品	锯床、木制容器、各类木制产品、生产	碎木头、刨花、锯屑，有时还有金属、塑料、纤维、胶、封蜡、涂料、溶剂等
木制家具	家庭及办公家具的生产、隔板、办公室和商店附属装置、床垫	除与木材及木制品行业产生相同的废物外，还有织物及衬垫残余物
金属家具	家庭及办公家具的生产、锁、弹簧、框架	金属、塑料、树脂、玻璃、木头、橡胶、胶黏剂、织物、纸等
纸类制品	造纸、纸和纸板制品、纸板箱及纸容器的生产	纸和纤维残余物、化学试剂、包装纸及填料、墨、胶、扣钉等
印刷及出版	报纸出版、印刷、平版印刷、雕版印刷、装订	纸、白报纸、卡片、金属、化学试剂、织物、墨、胶、扣钉等
化学试剂及产品	无机化学制品的生产和制备(从药品和脂肪酸盐变成涂料、清漆和炸药)	有机和无机化学制品、金属、塑料、橡胶、玻璃油、涂料、溶剂、颜料等
石油精炼及其工业	生产铺路和盖屋顶的材料	沥青和焦油、毡、石棉、纸、织物、纤维
橡胶及各种塑料制品	橡胶和塑料制品加工业	橡胶和塑料碎料、被加工的化合物染料

工业类型	产废工艺	废物种类
皮革及皮革制品	鞣革和抛光、皮革和衬垫材料加工业	皮革碎料、线、染料、油、处理及加工的化合物
石头、黏土及玻璃制品	平板玻璃生产、玻璃加工制作、混凝土、石膏及塑料的生产、石头和石头产品、研磨料、石棉及各种矿物质的生产及加工	玻璃、水泥、黏土、陶瓷、石膏、石棉、石头、纸、研磨料
金属工业	冶炼、铸造、锻造、冲压、滚轧、成型、挤压	黑色及有色金属碎料、炉渣、尾矿、铁心、模子、黏合剂
金属加工产品	金属容器、手工工具、非电加热器、管件附件加工产品、农用机械设备、金属丝和金属的涂层与电镀	金属、陶瓷制品、尾矿、炉渣、铁屑、涂料、溶剂、润滑剂、酸洗剂
机械（不包括电动）	建筑、采矿设备、电梯、移动楼梯、输送机、工业卡车、拖车、升降机、机床等的生产	炉渣、尾矿、铁心、金属碎料、木材、塑料、树脂、橡胶、涂料、溶剂、石油产品、织物
电动机械	电动设备、装置及交换器的生产、机床加工、冲压成型、焊接用印模冲压、弯曲、涂料、电镀烘焙工艺	金属碎料、炭、玻璃、橡胶、塑料、树脂、纤维、织物、残余物
运输设备	摩托车、卡车及汽车车体的生产，摩托车零件及附件、飞机及零件、船及造船，修理摩托车、自行车和零件	金属碎料、玻璃、橡胶、塑料、纤维、织物、木料、涂料、溶剂、石油产品
专用控制设备	生产工程、实验室和研究仪器及有关的设备	金属、玻璃、橡胶、塑料、树脂、木料、纤维、研磨料
电力生产	燃煤发电工艺	粉煤灰（包括飞灰和炉渣）
采选工业	煤炭、铁矿、石英石等的开采	煤矸石、各种尾矿
其他生产	珠宝、银器、电镀制品、玩具、娱乐、运动物品、服饰、广告	金属、玻璃、橡胶、塑料、树脂、皮革、混合物、骨状物织物、胶黏剂、涂料、溶剂等

转引自：中国21世纪议程管理中心：《工业园区固体废物可持续管理工具指南》，化学工业出版社2007年版，第9—10页。

三、工业废气

大气既提供了动植物维持生命活动所需要的各种气体，又对地球自然环境产生深刻的影响。由于人类活动造成的大气污染，导致大气成分比例发生了变化。例如，工业排放的大量 SO_2 导致我国东南部大部分地区成为酸雨区，使湖水酸化，影响鱼类生长繁殖，乃至大量死亡，而且使土壤酸化，危害森林和农作物生长，腐蚀建筑物和文物古迹，并危及人类健康。尽管人类活动引起的大气成分的变化是缓慢的，但已经直接构成对人类健康的危害，并影响到人类的生存环境，进而对社会经济各个方面造成潜在影响。由于人类活动排入大气中的污染物不受国界限制，会随着季风飘散到世界各地，因此大气污染造成的危害是全球性的。据 1998 年世界卫生组织公布的报告，中国已成为世界上大气污染最严重的国家之一，全球 10 大污染城市中国占 7 个，它们依次是太原、北京、乌鲁木齐、兰州、重庆、济南、石家庄。根据环境保护部最新发布的 2006 年中国环境状况公报中显示的数据，2006 年我国城市空气质量总体较上年有所好转，部分城市污染依然严重。2006 年我国监测的 559 个城市中，地级及以上城市（含地、州、盟首府所在地，以下同）322 个，县级城市 237 个。空气质量达到一级标准的城市 24 个（占 4.3%）、二级标准的城市 325 个（占 58.1%）、三级标准的城市 159 个（占 28.5%）、劣于三级标准的城市 51 个（占 9.1%）。与 2005 年相比（可比城市），城市空气质量达到或优于二级的城市比例增加 4.7 个百分点；劣于三级的城市比例减少 2.1 个百分点。城市空气质量总体有所改善。与 2005 年相比（可比城市），62.8% 的城市颗粒物浓度达到或优于二级标准，增加 3.3 个百分点；5.3% 的城市超过三级标准，减少 0.2 个百分点。颗粒物污染状况比上年有所好转。然而,当我们将视角转向工业废气的排放量时会发现近年来工业废气的排放量在逐年增加(如图4－6所示)。

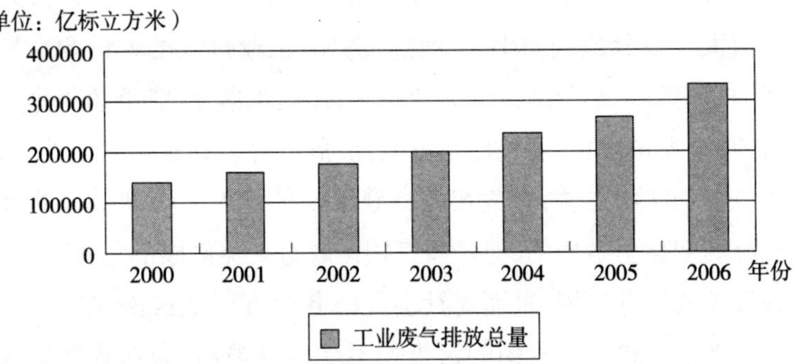

图4－6　2000—2006年工业废气排放总量

从图4－6中我们可以清楚地看到,工业废气排放总量呈逐年递增趋势。2000年我国工业废气年排放量为138145亿标立方米,2006年增至330990亿标立方米,净增加192845亿标立方米,增长率高达139.6%。更为严重的是废气排放量的增长速度在逐年增加。如,2000年排放量为138145亿标立方米,2001年则为160863亿标立方米,比2000年增加16.45%,而2005年为268988亿标立方米,2006年增加到330990亿标立方米,比上年增长了23.05%。这一方面说明我国工业的发展迅速,另一方面说明工业废气污染治理的严重性。虽然我国工业废气的达标排放量逐年提高,但是,考虑到我国废气达标标准和国际标准之间的差异以及在达标标准实施前我国已经排放的大量废气情况,从总体上来说,我国的工业废气污染总体情况仍然不容乐观。

下面我们以2006年为例对工业废气的区域排放情况进行分

析。下表4－7是2006年全国各省级区域工业废气排放情况。

表4－7　2006年全国各地区废气排放情况

（单位：万吨）

地区	工业废气排放总量（亿标立方米）	SO_2排放总量（万吨）		烟尘排放总量		工业粉尘排放总量
			工业SO_2排放总量		工业烟尘排放量	
全国	330992	2586.8	2232.9	1088.6	864.2	808.4
北京	4641	17.6	9.4	5.0	1.5	3.0
天津	6512	25.5	23.2	8.0	6.7	1.0
河北	39254	154.5	132.6	72.3	55.3	64.6
山西	18128	147.8	117.7	106.1	84.5	64.3
内蒙古	18415	155.7	138.4	66.1	48.8	27.0
辽宁	27195	125.9	103.7	71.4	45.6	42.0
吉林	5352	40.9	33.6	41.8	32.9	12.7
黑龙江	5991	51.8	44.0	53.8	44.2	12.6
上海	9428	50.8	37.4	11.3	4.7	1.0
江苏	24881	130.4	124.1	43.0	40.2	30.2
浙江	14702	85.9	82.9	20.6	19.5	22.0
安徽	8677	58.4	51.9	31.0	25.4	40.8
福建	6884	46.9	44.6	14.5	10.9	17.6
江西	5096	63.4	57.0	23.0	21.2	34.8
山东	25751	196.2	168.7	58.4	41.8	32.3
河南	16770	162.4	146.4	79.7	72.5	56.4
湖北	11015	76.0	65.4	30.7	26.9	32.6
湖南	5986	93.4	76.6	49.1	41.6	73.4
广东	13584	126.7	124.7	28.2	27.2	27.8
广西	8969	99.4	94.4	45.7	44.6	46.2
海南	860	2.4	2.3	1.1	1.0	1.0

地区	工业废气排放总量（亿标立方米）	SO_2 排放总量（万吨）	工业 SO_2 排放总量	烟尘排放总量	工业烟尘排放量	工业粉尘排放总量
重庆	6757	86.0	71.2	21.3	13.1	20.1
四川	10553	128.1	112.1	61.3	47.5	32.8
贵州	8344	146.5	104.0	26.3	18.4	15.4
云南	6646	55.1	45.6	21.7	16.0	14.8
西藏	13	0.2	0.1		0.1	0.1
陕西	5535	98.1	84.6	34.5	27.0	30.6
甘肃	4761	54.6	46.3	15.9	11.4	16.1
青海	2099	13.0	12.1	7.2	5.2	8.9
宁夏	3140	38.3	35.0	11.4	9.7	8.8
新疆	5053	54.9	42.9	28.2	18.8	17.5

资料来源：国家统计局：《中国统计年鉴（2007）》，中国统计出版社2007年版。

由表4－7可知，从总量上看，2006年工业废气排放总量达330992亿标立方米，其中工业 SO_2 排放量1088.6万吨，工业烟尘排放量864.2万吨，工业粉尘排放量808.4万吨。工业 SO_2 排放总量占全国 SO_2 排放总量的86.32%，工业烟尘排放量占全国工业烟尘排放总量的79.38%。考虑到污染气体的全国流动性，如果我们想建设生态城市，那么有效治理工业废气的排放和污染成为降低全国城市 SO_2 浓度和空气颗粒浓度的重中之重。

从地域分布上看，废气排放量占前6位的地区是：河北、辽宁、山东、江苏、内蒙古、山西，排放量占全国的46.41%，那么，到底是哪些行业（工业制造业）的工业废气的产生和排放量较大呢？下面我们再从行业的角度分析一下全国工业废气的产生和排放情况。表4－8是各行业2006年的废气排放情况：

表 4-8　2006 年全国各行业废气排放情况

（单位：万吨）

行　业	工业废气排放量(亿标)	工业烟尘排放量(万吨)	工业 SO_2 排放总量	工业粉尘排放量
行业总计	213096	381.50	733.90	682.00
C13 农副食品加工业	2367	16.10	16.80	0.70
C14 食品制造业	1009	5.00	10.50	0.20
C15 饮料制造业	2250	8.80	11.60	0.20
C16 烟草制品业	406	0.70	1.50	0.20
C17 纺织业	3843	12.40	30.30	0.60
C18 纺织服装、鞋、帽制造业	211	1.10	2.10	0.10
C22 造纸及纸制品业	5395	20.90	42.80	1.20
C25 石油加工、炼焦及核燃料加工业	10234	36.80	66.10	18.20
C26 化学原料及化学制品制造业	19528	51.10	111.50	17.50
C27 医药制造业	885	4.50	7.30	0.20
C28 化学纤维制造业	3313	4.60	13.20	0.20
C31 非金属矿物制品业	65132	122.40	186.70	506.70
C32 黑色金属冶炼及压延加工业	73691	72.70	149.40	113.70
C33 有色金属冶炼及压延加工业	16744	15.00	69.50	14.10
C34 金属制品业	1450	2.20	4.00	1.20
C36 专用设备制造业	633	1.80	2.30	3.70
C37 交通运输设备制造业	2888	3.50	3.90	2.50
C39 电气机械及器材制造业	551	0.70	1.00	0.10

行　业	工业废气排放量(亿标)	工业烟尘排放量(万吨)	工业 SO_2 排放总量	工业粉尘排放量
C40 通信设备、计算机及其他电子设备制造业	2072	0.60	1.80	0.70
C41 仪器仪表及文化、办公用机械制造业	494	0.60	1.60	

资料来源:国家统计局:《中国统计年鉴(2007)》,中国统计出版社 2007 年版。

由表 4－8 可知,废气排放量占前 6 位的行业是:黑色金属冶炼及压延加工业、非金属矿物制品业、化学原料及化学制品制造业、有色金属冶炼及压延加工业、石油加工、炼焦及核燃料加工业、造纸及纸制品业,排放量占全国的 89.5%。结合前面章节我们对于制造业在省级区域的集聚情况和表 4－8 可知,河北省是黑色金属冶炼及压延加工业较聚集的地区,辽宁省黑色金属冶炼及压延加工业和石油加工、炼焦及核燃料加工业比较发达,而山东省的黑色金属冶炼及压延加工业、非金属矿物制品业、化学原料及化学制品制造业、有色金属冶炼及压延加工业、石油加工、炼焦及核燃料加工业、造纸及纸制品业产值都比较大,这些行业都是废气排放量较大的行业。

第三节　工业能源消耗问题

一、能源的消耗总量与结构

中国能源的消费问题,无疑是建设生态城市的关键"瓶颈"之一。据国家能源办介绍,随着我国经济持续快速增长,能源资源日益成为影响经济平稳运行的突出制约因素。从能源的消费量上去分析,中国所处的发展阶段,正是消耗能源数量和速率最高的时期,对满足能源需求的压力越来越大,并且这种压力将至少持续20—30年;从能源消费的结构和品质上去分析,中国以"肮脏能源"的煤炭为主,排放大量的 CO_2 和 SO_2,对于环境质量的影响较大。我国既是能源生产大国,也是能源消费大国。根据《中国能源统计年鉴(2005)》统计数据得知,2004年我国的能源生产总量占世界的13.7%,位居世界第二,仅次于美国14.63%,能源最终消费量占世界的12.42%,同样位居世界第二,仅次于美国24.27%。

自改革开放30多年来,我国的GDP(按当年价格计算)增长了56.8倍。经济的快速增长在很大程度上是以大量的能源投入为代价的(见表4-9)。随着中国经济的持续、快速的发展,中国经济发展对能源的需求也越来越大,能源供应日趋紧张,能源也很有可能成为制约我国经济发展和城市化进程的最大阻碍因素。

表4-9　1978—2006年中国能源消费状况

年份	能源消费总量(万吨标准煤)	总人口/万人	GDP/亿元	人均能源消费(以标准煤计)/(吨/人)	能源消费强度(以标准煤计)/(吨/万元)
1978	57144	96259	3645.2	0.59	15.68
1980	60275	98705	4545.6	0.61	13.26
1985	76682	105851	9016.0	0.72	8.51
1990	98703	114333	18667.8	0.86	5.29
1991	103783	115823	21781.5	0.90	4.76
1992	109170	117171	26923.5	0.93	4.05
1993	115993	118517	35333.9	0.98	3.28
1994	122737	119850	48197.9	1.02	2.55
1995	131176	121121	60793.7	1.08	2.16

年份	能源消费总量(万吨标准煤)	总人口/万人	GDP/亿元	人均能源消费(以标准煤计)/(吨/人)	能源消费强度(以标准煤计)/(吨/万元)
1996	138948	122389	71176.6	1.14	1.95
1997	137798	123626	78973.0	1.11	1.74
1998	132214	124761	84402.3	1.06	1.57
1999	133831	125786	89677.1	1.06	1.49
2000	138553	126743	99214.6	1.09	1.40
2001	143199	127627	109655.2	1.12	1.31
2002	151797	128453	120332.7	1.18	1.26
2003	174990	129227	135822.8	1.35	1.29
2004	203227	129988	159878.3	1.56	1.27
2005	224682	130756	183867.9	1.72	1.22
2006	246270	131448	210871.0	1.87	1.17

资料来源:国家统计局:《中国统计年鉴(2007)》,中国统计出版社 2007 年版。

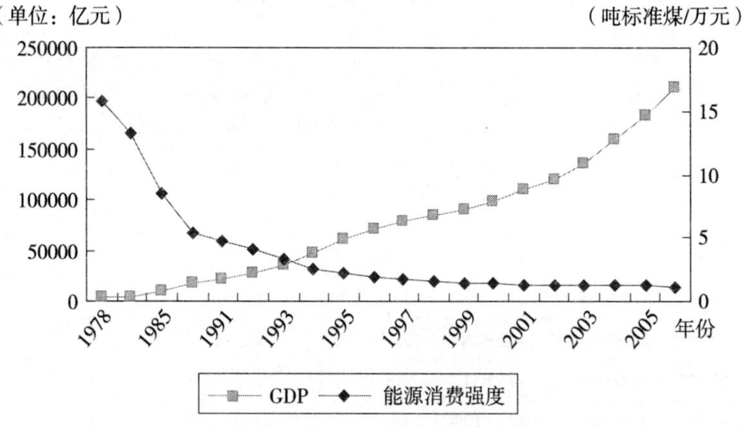

图 4-7　1978—2006 年中国 GDP 和能源消费强度变化趋势

结合表4－9和图4－7可知,中国能源利用效率不断提高,能源消费强度(每万元GDP消耗标准煤吨数)从1978年的15.77降至2006年的1.17,但从图4－7中我们可以明显地看到,从上世纪九十年代中期开始,GDP的增长速度明显高于能源消费强度的下降速度,导致能源消耗的绝对量仍在不断上升,能源消耗量(以标准煤计)仍然从1978年的57144万吨上升到2006年的246270万吨,增加了3.3倍。

国际经验表明,进入到资本密集型工业化阶段后,经济增长潜力进一步提高的同时,能源和资源的消耗也必然要出现高增长,尤其是我国的工业化是一个13亿人口的发展中大国的工业化,这在人类历史上是史无前例的。国际能源机构(IEA)2007年11月19日发布《2007全球能源展望报告》指出,从现在起到2030年,全球能源需求增长的近一半将来自经济快速增长的中国和印度两国。报告预计,中国到2010年以后将取代美国成为全球头号能源消费国。由此看来,随着经济的增长,能源消费总量的增长是不可扭转的趋势,但是由于作为我国能源消费主体的煤和石油从可以预见的未来来看都是不可再生的能源,而这些战略资源的国际争夺又愈演愈烈,因此,如何合理使用能源和提高能源产出效率问题成为我国工业化和城市化必须考虑的首要问题。

人均能源消费量是衡量一个国家工业化和居民消费水平的重要指标。近年来,我国人均能源消费量(以标准煤计)增长速度也非常快,从1978年的0.59吨/人增加到2006年的1.87吨/人。自2000年以来人均能源消费的增长速度明显加快,这与中国进入新一轮工业化时代密切相关,说明中国的工业化很大程度上仍然是靠能源的高消费推动的。

衡量能源效率的指标有经济能源效率和物理能源效率,我们在研究时主要考虑经济能源效率。能源消费强度是量化经济能源效率的重要指标。从与世界其他主要国家相比中,也可以看出我国的能源消费强度是较高的。

表 4-10　中国与主要国家的 GDP 能源消费强度比较（2001—2004 年）

（吨标准油/千美元 2000 年价格）

国家和地区	2001 年	2002 年	2003 年	2004 年
世界	0.31	0.31	0.31	0.32
OECD 合计	0.21	0.20	0.20	0.20
日本	0.11	0.11	0.11	0.11
意大利	0.16	0.16	0.16	0.17
德国	0.19	0.18	0.18	0.18
美国	0.23	0.23	0.22	0.22
澳大利亚	0.27	0.26	0.25	0.25
加拿大	0.34	0.33	0.34	0.34
韩国	0.36	0.36	0.35	0.35
非 OECD 合计	0.78	0.75	0.76	0.76
中国香港	0.10	0.10	0.09	0.09
阿根廷	0.22	0.23	0.23	0.22
巴西	0.31	0.31	0.31	0.31
中国台北	0.31	0.32	0.32	0.32
南非	0.84	0.81	0.84	0.87
印度尼西亚	0.98	0.90	0.88	0.88
中国(大陆)	0.98	0.86	0.89	0.94
印度	1.09	1.07	1.01	0.99
俄罗斯	2.28	2.16	2.08	1.95

资料来源:许宪春主编:《中国能源统计年鉴(2006)》,中国统计出版社 2007 年版。

从与世界主要国家的比较中（表4－10）我们可以看出，历年来我国能源消费强度都远远高于世界平均水平，并且高于世界非OECD国家的平均水平。2004年我国的能源消费强度是世界非OECD国家的能源消费强度的1.24倍，是世界平均水平的2.94倍，是世界OECD国家的4.73倍，足以证明我国能源利用效率较低。据2007年世界自然基金会（WWF）发布的《气候变化解决方案——WWF2050展望》中文版报告称，目前中国能源利用效率仅为33%左右，相当于发达国家20年前的水平。从主观上讲，是由于长期以来我国推行着粗放型经济发展模式，导致了资源开发和利用的粗放模式，最终加剧了我国能源形势的严峻性。

当然，我们不能由此推断说，能源消耗量大就一定会带来严重的环境污染。比如美国、日本、德国也是能源消耗大国，但它们的环境污染问题却相对比较小。究其原因，是因为它们的能源结构比较合理，煤炭在一次能源消费中的比重越来越低，石油、天然气、核能等洁净、高效、优质能源消费比重稳步上升。但是，中国能源消费结构的不合理性在世界各国中非常突出，例如，2001年世界一次能源消费构成是煤炭21%、石油40%、天然气23%、水电5%、核电10%、其他1%；同年我国一次能源消费构成为：煤炭66%、石油24%、天然气3%、水电6%和核电占1%，两者比较如下图4－8所示。

从2001年到2006年，煤炭在我国能源消费结构中的比例不但没有下降，反而从66%上升为70%。我国2006年的能源消费结构如下图4－9所示。

从图4－9中我们可以看出，我国的能源消费结构以煤为主，消费比例高达70%，而世界的主要能源石油的消费量在我国仅占20%，而清洁能源天然气和电能占的比例很小，分别为3%和7%。

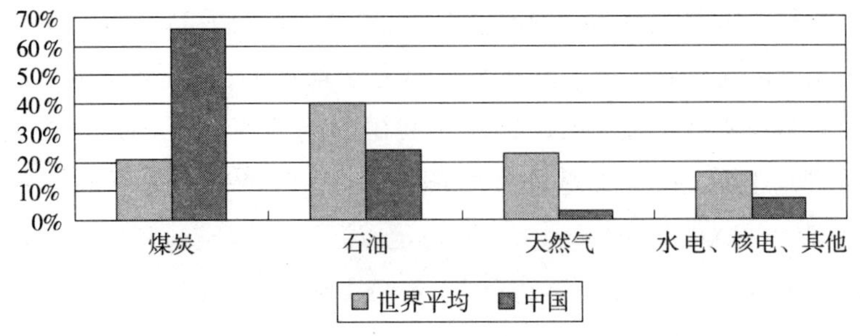

图 4－8　2001 年中国能源消费结构与世界平均水平的比较

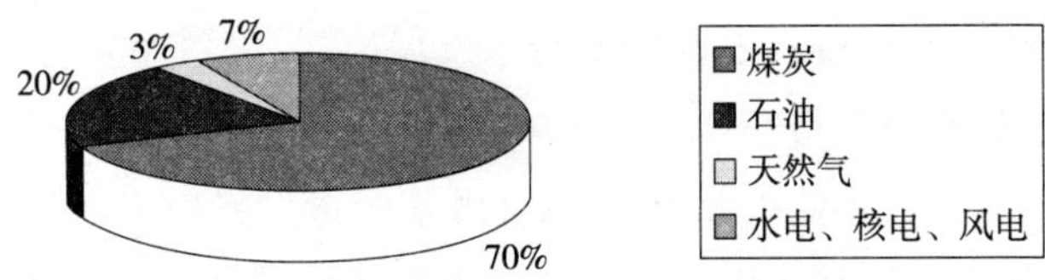

图 4－9　2006 年中国能源消费结构

资料来源：国家统计局：《中国统计年鉴（2007）》，中国统计出版社 2007 年版。

由此看来，高污染煤炭消费作为我国城市环境污染的主要原因也不足为奇。从有关部门的统计来看，我国烟尘排放量的 70%、二氧化硫排放量的 90%、氮氧化物的 67%、二氧化碳的 70% 都来自于燃煤。除了能源消费过程中的污染物排放外，能源在开采、炼制及供应过程中，也会产生大量有害气体，严重影响着大气环境质量，"十五"期间，中国主要污染物排放量原计划到 2005 年比 2000 年减少 10%，但 2005 年的统计数据表明，烟尘、化学需氧量等相当一部分污染物的减排量均未实现预期目标。我国与发达国家相比，每增加单位 GDP 的废水排放量要高出 4 倍，单位工业产值产生的固体废弃物要高出 10 倍以上，大气污染造成的经济损失占 GDP 的 3% 到 7%。中国对煤炭的大量消耗也令中国的环境和能源消费面临极限。据《21 世纪经济报道》2007 年 11

月 5 日报道的预测数据，到 2020 年，中国一次能源需求将达 30—36 亿吨标准煤。其中煤炭需求高达 29 亿吨，石油 6.1 亿吨。这样煤炭需求就将超过国内供应能力的极限(30 亿吨)，石油进口依存度将达到 70%。敏感性分析表明，能源消费结构中煤炭的比重每下降一个百分点，相应的能源需求总量可降低 2000 万吨标准煤。燃煤造成的二氧化硫和烟尘排放量约占排放总量的 70%—80%。

追溯我国能源消费结构的历史，我们可以看出从 1978 年到 2004 年，煤炭在我国能源的总消费中所占比重一直保持在 65% 以上，而水电和其他较为清洁能源的比例几乎可以忽略不计，这种能源消费结构在煤和石油的可开采量日益减少的情况下，几乎不可能持续发展。因此调整能源结构在今后相当长一段时期仍然是我国最重要的能源与环境战略，也是我国当前建立生态城市的关键。我国人口众多，以一种能源为主的单一能源供应路线已不能有效保障中国经济全面可持续的发展，因此调整能源结构其核心问题是大幅度减少煤炭消费量和提高水电、油气以及其他洁净新能源的供应。一方面，国家应采取重大措施进一步削减煤炭消费量，这包括：坚决关闭一批小煤炭企业和亏损严重、高硫煤国有煤炭企业；取消对煤炭生产、运输、消费各环节的补贴；缓建或停建在建火电项目，不再批准高污染的火电建设；关闭一批污染严重、达不到规模经济的小火电，利用税收手段鼓励水电替代火电。另一方面，要求大力开发我国丰富的水电资源，大量使用清洁能源，积极充分利用国际市场和国际资源，大量进口我国紧缺的油气资源，这是保证中国经济持续快速增长和国家安全的必然选择。

二、工业能源消耗

著名的IPAT公式可以从指标上量化资源效率革命的目标。IPAT公式由美国著名人口学家埃利希(Paul R. Ehrlich)于1971年提出,它是一个关于环境影响(I)、人口(P)、富裕程度(A)和技术(T)四个因素的恒等式:

$I = P \times A \times T$

即:环境影响 = 人口数量 × 人均 GDP × 环境影响/GDP

在这里等式左边的I,可以用能源消费量表示。等式右边的P以人数表示,A以人均国内生产总值(GDP)表示,T以单位国内生产总值(GDP)的能源消费量,即,能源消费量与GDP的比重表示。

若I表示能源消费量,则有

能源消费量 = 人口 ×(GDP/人口)×(能源消费量/GDP)

很显然,随着经济的发展,人口和人均GDP都在不断增长,因此要控制能源消费量增长,通过技术进步降低能源消费强度,提高能源的利用率是唯一的方法。由公式可见,只有能源生产率(R)提高到或者单位经济的物质强度(T)减少到足以抵消经济增长的规模时,经济增长才是物质消耗非增加型的。

目前我国的能源消费的途径主要有农、林、牧、渔、水利业消费、工业消费、建筑业消费、交通运输、仓储和邮政业消费、批发、零售业和住宿、餐饮业消费、生活消费及其他。其中工业消费占的比重最大(如下图4－10所示)。

从图4－10中可以明显看出,在我国能源的消费总量中,工业消费比例历年来都占到70%以上,而且在工业能源消费中,制造业的消费比例达到75%以上,而且二者都有逐年递增的趋势。因此制造业的能源消费情况很大程度上代表了我国的能源消费现

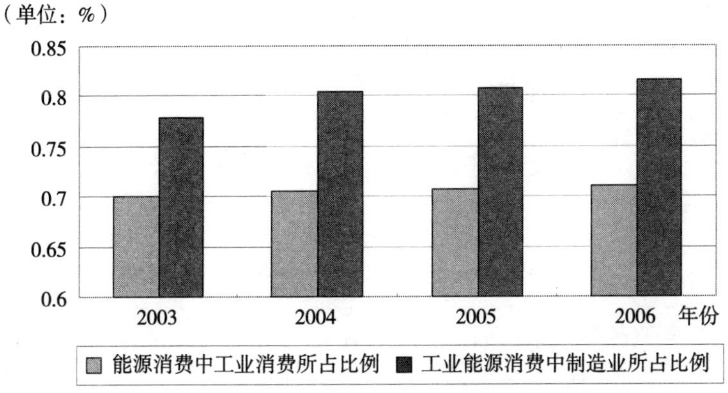

图 4－10　2003—2006 年能源消费中工业消费比例及工业中制造业所占比例

资料来源：国家统计局：《中国统计年鉴（2007）》，中国统计出版社 2007 年版。

状，如果能在保证经济发展的同时，最大限度地降低制造业单位 GDP 的能耗问题，将可以极大地缓解我国建设生态城市过程中面临的能源问题。

我们仍以前文所述的 20 个制造业两位数行业为例，分析我国的能源消费现状以及针对目前能源消费中存在问题的应对方案。

表 4－11　2004 年我国制造业的行业能源消费情况

行　业	能源消费总量（万吨标准煤）	煤炭消费量（万吨）	原油消费量（万吨）	天然气消费量（亿立方米）	电力消费量（亿千瓦小时）
C13 农副食品加工业	1820.78	1064.15	0.14	0.20	202.03
C14 食品制造业	1026.11	770.98	0.20	1.49	100.05
C15 饮料制造业	848.54	698.13	0.43	0.56	66.71

行　业	能源消费总量(万吨标准煤)	煤炭消费量(万吨)	原油消费量(万吨)	天然气消费量(亿立方米)	电力消费量(亿千瓦小时)
C16 烟草加工业	238.16	126.01	0.00	0.28	31.25
C17 纺织业	4550.25	1991.36	0.20	0.50	719.32
C18 纺织服装、鞋、帽制造业	472.82	171.20	0.47	0.10	72.57
C22 造纸及纸制品业	3081.35	2713.93	0.38	0.37	359.33
C25 石油加工、炼焦及核燃料加工业	12173.85	15792.68	25480.02	19.16	412.85
C26 化学原料及化学制品制造业	20346.88	9960.73	1797.67	130.63	1849.20
C27 医药制造业	1040.60	539.29	0.00	0.70	130.92
C28 化学纤维制造业	1303.03	778.88	8.48	0.21	225.33
C31 非金属矿物制品业	18088.40	16304.84	11.62	19.56	1209.25
C32 黑色金属冶炼及压延加工业	29702.49	16209.57	0.11	7.64	2063.63
C33 有色金属冶炼及压延加工业	6403.53	2093.04	0.44	2.82	1257.93
C34 金属制品业	1966.62	269.45	0.10	0.80	432.79
C36 专用设备制造业	1146.52	450.60	0.08	1.97	152.31

行　业	能源消费总量(万吨标准煤)	煤炭消费量(万吨)	原油消费量(万吨)	天然气消费量(亿立方米)	电力消费量(亿千瓦小时)
C37 交通运输设备制造业	2079.64	802.90	0.10	3.65	357.67
C39 电气机械及器材制造业	1119.35	149.70	0.16	0.90	222.92
C40 电子及通信设备制造业	1272.02	137.62	0.45	4.68	277.21
C41 仪器仪表及文化、办公用机械制造业	171.55	20.54	0.06	0.06	35.35

资料来源:许一帆主编:《中国能源统计年鉴(2005)》,中国统计出版社2006年版。

从表4-11中我们可以看出,能源消费量最大的六个行业分别是C32黑色金属冶炼及压延加工业,C26化学原料及化学制品制造业,C31非金属矿物制品业,C25石油加工、炼焦及核燃料加工业,C33有色金属冶炼及压延加工业,C17纺织业,占能源消费总量的84.3%。而且这六个行业中的C31非金属矿物制品业、C32黑色金属冶炼及压延加工业、C25石油加工、炼焦及核燃料加工业、C26化学原料及化学制品制造业的煤炭消费量依次居行业煤炭消费的前四位。

我们将分析的视角转到全国省级区域的能源消费状况的地域分布,结果如下表4-12所示:

从表4-12中我们可以看出,全国31个省级区域中,有九个省份2004年的能源消费量超过了一亿吨标准煤。分别是:山东、河北、广东、江苏、辽宁、河南、山西、浙江、四川。这9个省份的能源消费总量占了全国的54%。由前面的分析中我们得知,工业消费比例历年来都占到总能源消费量的70%以上,而且在工业能源

表4－12 2004年全国各地区的能源消费情况

地区	能源消费总量（万吨标准煤）	煤炭消费量（万吨）	原油消费量（万吨）	天然气消费量（亿立方米）	电力消费量（亿千瓦小时）
北京	5140	2939	809.35	27.02	510.11
天津	3697	3509	786.57	8.55	350.97
河北	15782	17074	939.39	9.73	1291.41
山西	11251	22433	0	2.96	841.55
内蒙古	7623	11391	132.19	4.42	535.58
辽宁	13074	11945	5216.67	15.81	1058.1
吉林	5603	5715	833.01	4	383.06
黑龙江	7466	7347	1616.07	20.34	541.65
上海	7406	5144	1842.29	10.69	821.44
江苏	13652	13272	1875.39	3.14	1820.08
浙江	10825	8362	1853.44	0.32	1419.53
安徽	6017	7823	419.79	0.15	515.94
福建	4625	3806	390.55	0.6	664.35
江西	3814	3944	363.41	0	389.2
山东	19624	18270	3196.39	11.71	1693.71
河南	13074	14938	704.54	20.29	1299.63
湖北	9120	8054	754.01	0.94	699.41
湖南	7134	6040	615.79	0.06	662.61
广东	15210	8790	2391.35	1.62	2387.14
广西	4203	3367	82.36	0.02	456.86
海南	742	477	13.87	23.89	68.66
重庆	3590	2904	0.48	30.34	309.06
四川	10700	8189	114.99	80.64	857.02
贵州	6282	7994	0	4.99	583.26
云南	5210	5689	0.06	5.76	475.19
西藏	—	—	—	—	—
陕西	4776	4958	1072.98	32.77	459.78

地区	能源消费总量(万吨标准煤)	煤炭消费量(万吨)	原油消费量(万吨)	天然气消费量(亿立方米)	电力消费量(亿千瓦小时)
甘肃	3908	3479	1154.76	8.53	452
青海	1364	680	83.41	17.91	199.64
宁夏	2322	2761	159.1	6.77	272.83
新疆	4910	3632	1314.13	54.01	265.9

注:由于折算系数的不同,故各地区相加数与全国总数不等。

资料来源:徐一帆主编:《中国能源统计年鉴(2005)》,中国统计出版社2006年版。

消费中,制造业的消费比例达到工业消费量75%以上,因此,如果我们能够在发展经济的同时,降低这9个省份的能源消耗的总数量,那么就有可能在全国实现在能源消耗总数量保持基本不变的情况下实现经济的迅速发展。

第四节 工业污染与能源消耗问题之间的联系

下面我们分析一下工业污染和能源消费之间的关系。在这里我们引入工业污染压力指数来定量评价各行业和地区的工业污染程度。

首先,从行业的角度分析工业污染和能源消费状况。

设变量 EPI_i 为 i 行业环境污染压力指数, WP_i 为 i 行业废水排放量占全部行业①的比例, SP_i 为 i 行业固体废弃物产生量占全部行业的比例, GP_i 为 i 行业废气排放量占全部行业的比例, P_W 为废水污染权重, P_S 为固体废弃物污染权重, P_G 为废气污染

① 全部行业指所选20个行业,因此其总和与《中国环境统计年鉴(2006)》所列制造业污染物排放量不等。

权重。

i 行业环境污染压力指数 = i 行业废水排放量占全部行业的比例 × 废水污染权重 + i 行业固体废弃物产生量占全部行业的比例 × 固体废弃物污染权重 + i 行业废气排放量占全部行业的比例 × 废气污染权重

即：$EPI_i = WP_i \times P_W + SP_i \times P_S + GP_i \times P_G$

我们仍以前文所述制造业 20 个 2 位数行业为例进行评价，令 $P_W = P_S = 0.4$，$P_G = 0.2$。根据《中国环境统计年鉴(2006)》所提供的各行业工业污染数据，我们可以计算得出 2005 年我国制造业 20 个 2 位数行业的工业污染压力指数，如下表 4－13 所示。

表 4－13　2005 年制造业 20 个行业工业污染压力指数

行业	WP_i（%）	SP_i（%）	GP_i（%）	EPI_i
C13 农副食品加工业	5.85	2.52	1.11	3.57
C14 食品制造业	2.67	0.63	0.47	1.41
C15 饮料制造业	3.47	1.41	1.06	2.16
C16 烟草制品业	0.18	0.07	0.19	0.14
C17 纺织业	12.27	1.18	1.80	5.74
C18 纺织服装、鞋、帽制造业	0.85	0.11	0.10	0.40
C22 造纸及纸制品业	23.21	2.77	2.53	10.90
C25 石油加工、炼焦及核燃料加工业	4.35	3.09	4.80	3.94
C26 化学原料及化学制品制造业	20.82	17.62	9.16	17.21
C27 医药制造业	2.66	0.45	0.42	1.33
C28 化学纤维制造业	3.07	0.65	1.55	1.80
C31 非金属矿物制品业	2.67	7.33	30.56	10.11
C32 黑色金属冶炼及压延加工业	9.71	50.58	34.58	31.04

行业	WP_i（%）	SP_i（%）	GP_i（%）	EPI_i
C33 有色金属冶炼及压延加工业	2.03	9.62	7.86	6.23
C34 金属制品业	1.39	0.39	0.68	0.85
C36 专用设备制造业	0.71	0.24	0.30	0.44
C37 交通运输设备制造业	1.59	0.99	1.36	1.31
C39 电气机械及器材制造业	0.51	0.07	0.26	0.29
C40 通信设备、计算机及其他电子设备制造业	1.48	0.20	0.97	0.87
C41 仪器仪表及文化、办公用机械制造业	0.49	0.08	0.23	0.27

从表 4－13 中我们可以看出，工业污染压力指数最大的六个行业由大到小排列分别是 C32 黑色金属冶炼及压延加工业、C26 化学原料及化学制品制造业、C22 造纸及纸制品业、C31 非金属矿物制品业、C33 有色金属冶炼及压延加工业、C17 纺织业。

下面我们从能源消耗方面计算一下上述制造业 20 个 2 位数行业的能源消耗情况，我们按照以万吨标准煤为单位的能源消耗总量如下表 4－14 所示。

表 4－14　2005 年制造业 20 个行业能源消耗比较

行　业	能源消费总量（万吨标准煤）	煤炭消费量（万吨）	原油消费量（万吨）	天然气消费量（亿立方米）	电力消费量（亿千瓦小时）
C13 农副食品加工业	2034.4	1152.73	0.07	0.3	252.75
C14 食品制造业	1169.46	814.83	0.1	1.4	114.54
C15 饮料制造业	879.57	682.08	0.5	0.55	76.37

行业	能源消费总量(万吨标准煤)	煤炭消费量(万吨)	原油消费量(万吨)	天然气消费量(亿立方米)	电力消费量(亿千瓦小时)
C16 烟草制品业	237.68	107.97		0.28	35.78
C17 纺织业	4978.35	2141.14	0.2	0.61	821.61
C18 纺织服装、鞋、帽制造业	546.82	191.54	0.24	0.1	87.4
C22 造纸及纸制品业	3274.13	3027.87	0.51	0.54	406.76
C25 石油加工、炼焦及核燃料加工业	11881.87	18919.09	26021.27	19.52	312.74
C26 化学原料及化学制品制造业	22494.07	11209.03	2513.08	154.43	2124.7
C27 医药制造业	1122.39	573.5		1.06	152.85
C28 化学纤维制造业	1342	760.15	10.62	0.32	232.65
C31 非金属矿物制品业	18849.94	16764.28	14.17	26.04	1416.13
C32 黑色金属冶炼及压延加工业	35988.23	19186.7	0.13	10.68	2544.4
C33 有色金属冶炼及压延加工业	7188.69	2238.11	0.31	4.23	1469.6
C34 金属制品业	2220.38	273.28	0.06	0.75	506.04
C36 专用设备制造业	1242.52	456.52	0.11	2.96	182.47

行　业	能源消费总量(万吨标准煤)	煤炭消费量(万吨)	原油消费量(万吨)	天然气消费量(亿立方米)	电力消费量(亿千瓦小时)
C37 交通运输设备制造业	1950.44	730.35	0.15	5.37	300
C39 电气机械及器材制造业	1191.25	137.82	0.26	1.35	245.21
C41 电子及通信设备制造业	1474.41	132.29	0.4	5.22	327.11
C42 仪器仪表及办公用机械制造业	194.18	19.76	0.05	0.09	42.42

由表4－14中我们可以看出,能源消费量最大的6个行业从大到小排列分别是:C32黑色金属冶炼及压延加工业、C26化学原料及化学制品制造业、C31非金属矿物制品业、C25石油加工炼焦及核燃料加工业、C33有色金属冶炼及压延加工业、C17纺织业。综合归纳表4－13和4－14,我们可以得到如下的汇总表4－15来显示这20个2位数制造业行业的能耗与污染之间的对比关系。

表4－15　2005年中国制造业20个行业能源消耗与环境污染对比

位次	按工业污染压力指数由大到小	按能源消耗数量由大到小
1	C32黑色金属冶炼及压延加工业	C32黑色金属冶炼及压延加工业
2	C26化学原料及化学制品制造业	C26化学原料及化学制品制造业
3	C22造纸及纸制品业	C31非金属矿物制品业
4	C31非金属矿物制品业	C25石油加工炼焦及核燃料加工业
5	C33有色金属冶炼及压延加工业	C33有色金属冶炼及压延加工业
6	C17纺织业	C17纺织业

位次	按工业污染压力指数由大到小	按能源消耗数量由大到小
7	C25 石油加工、炼焦及核燃料加工业	C22 造纸及纸制品业
8	C13 农副食品加工业	C34 金属制品业
9	C15 饮料制造业	C13 农副食品加工业
10	C28 化学纤维制造业	C37 交通运输设备制造业
11	C14 食品制造业	C40 电子及通信设备制造业
12	C27 医药制造业	C28 化学纤维制造业
13	C37 交通运输设备制造业	C36 专用设备制造业
14	C40 通信设备、计算机及其他电子设备制造业	C39 电气机械及器材制造业
15	C34 金属制品业	C14 食品制造业
16	C36 专用设备制造业	C27 医药制造业
17	C18 纺织服装、鞋、帽制造业	C15 饮料制造业
18	C39 电气机械及器材制造业	C18 纺织服装、鞋、帽制造业
19	C41 仪器仪表及文化、办公用机械制造业	C16 烟草加工业
20	C16 烟草制品业	C41 仪器仪表及文化、办公用机械制造业

分析表4－15我们可以看出，高能耗和高环境污染的行业基本吻合，高能耗的前6位行业中，C32黑色金属冶炼及压延加工业、C26化学原料及化学制品制造业、C31非金属矿物制品业、C33有色金属冶炼及压延加工业、C17纺织业均排在高环境污染的前6位，而唯一不在其中的C25石油加工炼焦及核燃料加工业在环境污染强度中排在第7位。从低污染排放低能耗角度考虑，两个表也基本相同，C16烟草制品业和C41仪器仪表及文化、办公用机械制造业虽然排位顺序有所不同，但都排在能源消耗和环境污染行业的末尾2位。由此我们可以大胆地推测，环境污染和能源消

耗强度对于制造业很多行业来说，基本呈正相关的关系。换句话说，如果我们能够降低这些行业的一次能源消耗，那么也能在很大程度上降低其环境污染程度，一举两得，而这正是可持续发展的产业集聚现阶段的实现模式——生态工业园区所能做到的事情，进而可以推动生态城市的良好发展。而表4-15也为我们在全国范围内优先考虑发展生态工业的产业做出了排序参考。

我们把考虑问题的视角转向全国的31个省级区域。设变量EPI_j为j地区环境污染压力指数，WP_j为j地区废水排放量占全国的比例，SP_j为j地区固体废弃物产生量占全国的比例，GP_j为j地区废气排放量占全国的比例，P_W为废水污染权重，P_S为固体废弃物污染权重，P_G为废气污染权重。

j地区环境污染压力指数＝j地区废水排放量占全国的比例×废水污染权重＋j地区固体废弃物产生量占全国的比例×固体废弃物污染权重＋j地区废气排放量占全国的比例×废气污染权重

即：$EPI_j = WP_j \times P_W + SP_j \times P_S + GP_j \times P_G$

令$P_W = P_S = 0.4$，$P_G = 0.2$，同样根据《中国环境统计年鉴(2006)》所提供的地区工业污染数据我们得出全国各省级区域的工业污染压力指数。

表4-16　2005年全国省级区域工业污染压力指数比较

地区	WP_j(%)	SP_j(%)	GP_j(%)	EPI_j
北京	0.42	0.89	1.40	0.81
天津	0.96	0.85	1.97	1.12
河北	5.43	9.39	11.86	8.30
山西	1.84	7.80	5.48	4.95

地区	WP_j(%)	SP_j(%)	GP_j(%)	EPI_j
内蒙古	1.16	5.75	5.56	3.88
辽宁	3.94	8.59	8.22	6.66
吉林	1.64	1.85	1.62	1.72
黑龙江	1.87	2.58	1.81	2.14
上海	2.01	1.36	2.85	1.92
江苏	11.96	4.75	7.52	8.19
浙江	8.31	2.04	4.44	5.03
安徽	2.92	3.32	2.62	3.02
福建	5.31	2.80	2.08	3.66
江西	2.67	4.88	1.54	3.33
山东	6.01	7.27	7.78	6.87
河南	5.42	4.93	5.07	5.15
湖北	3.79	2.85	3.33	3.32
湖南	4.16	2.43	1.81	3.00
广东	9.77	2.02	4.10	5.54
广西	5.37	2.57	2.71	3.72
海南	0.31	0.10	0.26	0.21
重庆	3.60	1.16	2.04	2.31
四川	4.80	5.02	3.19	4.56
贵州	0.58	3.85	2.52	2.27
云南	1.43	3.94	2.01	2.55
西藏	0.03	0.01	0.00	0.02
陕西	1.69	3.16	1.67	2.27
甘肃	0.69	1.71	1.44	1.25
青海	0.30	0.58	0.63	0.48
宁夏	0.77	0.53	0.95	0.71
新疆	0.86	1.04	1.53	1.06

通过分析表4－16我们可以看出，工业污染压力指数最大的6个省份分别为：河北、江苏、山东、辽宁、广东、河南。下面我们从能源消耗方面计算一下上述31个省份的能源消耗情况，我们按照以万吨标准煤为单位的能源消耗总量由高到低排列如下表4－17所示。

表4－17　2005年全国各省能源消耗比较

地区	能源消费总量（万吨标准煤）	煤炭消费量（万吨）	原油消费量（万吨）	天然气消费量（亿立方米）	电力消费量（亿千瓦小时）
山东	23610	25248	3300.36	17.89	2004.50
河北	19745	20542	1003.29	9.14	1501.93
广东	17769	9942	2388.37	2.49	2673.55
江苏	16895	16779	2264.76	13.62	2193.45
辽宁	14685	13070	5410.89	14.81	1110.54
河南	14625	18468	668.82	23.71	1387.49
山西	12312	25681		3.24	946.32
浙江	12032	9681	2113.04	2.25	1642.32
四川	11301	7792	140.81	89.52	942.59
湖北	9851	8653	822.13	6.11	804.41
内蒙古	9643	13922	131.83	6.35	667.93
湖南	9110	8739	660.86	1	674.42
上海	8069	5325	1967	18.72	921.97
黑龙江	8026	8560	1785.01	24.43	555.23
安徽	6518	8340	414.49	0.85	581.65
贵州	6429	8651	—	5.44	554.47
福建	6157	4857	348.4	0.51	756.59
云南	6024	6682	0.07	6.12	557.25

地区	能源消费总量（万吨标准煤）	煤炭消费量（万吨）	原油消费量（万吨）	天然气消费量（亿立方米）	电力消费量（亿千瓦小时）
吉林	5958	6802	968.36	6.18	378.23
北京	5522	3069	799.6	32.04	567.04
新疆	5507	3860	1628.77	56.46	
陕西	5424	6049	1242.42	18.76	516
广西	4981	3734	97.71	1.12	509.84
甘肃	4368	3751	1229.26	9.62	489.48
重庆	4360	3335	2.86	35.5	348.95
江西	4286	4243	368.02	0.11	413.98
天津	4115	3801	863.14	9.04	396.33
宁夏	2510	3249	167.05	6.63	307.01
青海	1670	699	95.02	22.11	207.8
海南	819	342	11.46	20.97	82.04
西藏	—	—	—	—	—

注：西藏能源消费结构中，电力、煤炭及石油等消费所占比重很小，数据过小，不列入表中计算。

资料来源：《中国能源统计年鉴（2006）》。

由表4－17可知，能源消费总量最大的6个地区分别为山东、河北、广东、江苏、辽宁、河南。综合归纳表4－16和表4－17，我们可以得到如下的汇总表4－18来显示这31个省份的能耗与工业污染之间的对比关系。

表4－18　2005年中国31个省级区域能源消耗与环境污染压力指数对比

位次	按工业污染压力指数由大到小	按能源消耗数量由大到小
1	河北	山东
2	江苏	河北

位次	按工业污染压力指数由大到小	按能源消耗数量由大到小
3	山东	广东
4	辽宁	江苏
5	广东	辽宁
6	河南	河南
7	浙江	山西
8	山西	浙江
9	四川	四川
10	内蒙古	湖北
11	广西	内蒙古
12	福建	湖南
13	江西	上海
14	湖北	黑龙江
15	安徽	安徽
16	湖南	贵州
17	云南	福建
18	重庆	云南
19	贵州	吉林
20	陕西	北京
21	黑龙江	新疆
22	上海	陕西
23	吉林	广西
24	甘肃	甘肃
25	天津	重庆
26	新疆	江西
27	北京	天津
28	宁夏	宁夏
29	青海	青海
30	海南	海南
31	西藏	西藏

从表4－18中我们可以看出,2005年中国31个省级区域中按工业污染压力指数由大到小和按能源消耗数量由大到小的前8位省份虽然排序略有不同,但都包括山东、河北、广东、江苏、辽宁、河南、山西和浙江8个省份,这些省份的工业污染量和能源消耗量都很大。从低污染排放、低能耗角度考虑,表4－18的分析结果也基本相同,甚至能耗和污染排放的后4个省份宁夏、青海、海南、西藏的排序位次都是一样的。由此我们可以大胆地推测,环境污染和能源消耗强度对于制造业很多省级区域来说,基本呈正相关的关系。这也进一步说明,以工业为代表的制造业在能源消耗和污染排放方面所占的比例巨大,如果我们想在全国范围内真正实现生态城市的建设,这些产业的治理势在必行。

经过以上的分析,我们可以清楚地认识到我国城市化过程中面临严峻的环境污染和能源消耗的问题,如果这些问题不能很好地得到解决,那么我国城市建设的进程必然受到延缓,而生态城市的美好愿景也将难以实现。我们认为,建立工业化与城市化良性循环的互动机制,特别是建立符合生态城市发展的可持续发展产业集聚生态工业园区,是我国加快城市化进程,实现生态城市目标的关键。生态工业园区由于坚持减量化、再利用和再循环的3R原则,以自然生态系统为榜样,因此可以促进园区内企业最大可能的提高能源使用效率,通过企业间的多方协作进而实现整个园区的废弃物排放最小化目标,成为解决城市化过程中污染和能耗问题的重要途径。更进一步分析,工业特别是制造业产业在生态工业园区中的集聚,还可以带动第三产业,特别是为工业服务的第三产业的大力发展,而第三产业的劳动密集型特点正好可以极大地提高我国的城市化水平。因此,我们认为,以生态工业园区建设为代表的可持续发展产业集聚模式,成为我国建设生态城市的关键。

为了解决我国城市快速发展过程中面临的严峻环境污染和能源消耗的问题，我们提出了基于生态城市可持续发展的“资源—产业集聚—环境”复合系统结构模型，在分析这个模型之前，我们首先进行产业集聚的经济学分析。

第五节　产业集聚效应的经济学分析

产业集聚促进城市发展的内在经济机理在于产业集聚所产生的聚集经济。聚集经济又称聚集经济利益、聚集经济效益或集聚经济利益、集聚经济效益，一般是指居民、企业或产业在特定区位上的空间集中和彼此相互作用而带来的经济利益或成本节约。聚集经济往往与外部性以及规模经济性密切相关。一般而言，产业集聚的集聚效应，是因社会经济活动的空间集中而形成的聚集经济与聚集不经济综合作用的结果，同时又是社会经济活动进一步空间聚集与分散的重要原因。因此，聚集效应实质上两种相反力量的共同作用：聚集经济作为推动城市发展的主要力量，吸引着社会经济活动在城市进一步集中；而聚集不经济则是作为排斥力阻碍和限制着社会经济活动在城市的进一步集聚，造成城市发展的不可持续性。

一、集聚经济的理论基础

产业集聚作为经济活动的一种地理特征，其与城市发展之间具有内在的密切联系。“集聚”所产生的经济效益是大城市发展基本条件，导致了城市的形成和发展。

Richardson 在分析城市集聚时，把聚集经济分为商业聚集经济、社会聚集经济和家庭聚集经济。家庭聚集经济是指城市聚集规模的扩大而为居民所带来的外部性利益,包括正的消费外部性、邻里效应、就业机会的增多、社会文化环境的提高等各个方面。商业聚集经济则是指城市聚集为企业所带来的各种经济利益,属于正的生产外部性。社会聚集经济则包括两种类别:一种是城市公共服务效率的提高;另一种则是城市作为技术革新刺激与扩散中心的系统性功能的增强。

朱英明认为,产业聚集经济、家庭聚集经济与社会聚集经济三者相互联系又互相影响,其中最基本的是产业的聚集经济。因为,作为生产力空间集中的产业聚集经济是推动其他两种聚集经济的源动力,在产业集聚的基础上,才伴随着家庭和社会集聚的产生。相反,在产业高度分散的区位,不可能产生家庭和社会因素的空间集中。

兰德尔·W.埃贝茨(2003)把聚集经济分为三类:(1)内部规模经济;(2)对企业是外部的,但对产业部门而言是内部经济;(3)对企业和产业部门都是外部的,但因为产业聚集在某一个城市而产生的经济。聚集经济的第二种类型被称为"定域化经济",第三种类型被称为"城市化经济"。

而 O' sulivanz 则认为,聚集经济有两种类型:地方化经济和城市化经济。如果某行业的企业生产成本随着行业总产量的提高而降低,就会出现地方化经济。当单个企业的生产成本随着城市地区总产量的上升而降低时,就出现了城市化经济。城市化经济与地方化经济的区别体现在两个方面:第一,城市化经济源于整个城市经济的规模,而不是单个行业的规模;第二,城市化经济为整个城市中的企业带来利益,而并非只针对某一个行业中的企业。

二、产业集聚经济的交易费用理论分析

科斯批判了新古典经济学理论存在的重大缺陷。他认为，由于新古典经济学强调价格在资源配置中的作用，对实际经济活动中普遍存在的交易费用视而不见，忽略生产和交换过程中的产权问题，从假设企业和市场的制度安排是既定的前提来分析经济问题，是片面的，存在缺陷。科斯首先提出了企业组织理论，他认为企业和市场都是配置资源、协调经济活动的形式。企业存在的根本原因是能够减少市场交易成本。企业组织的产生和发展是经济效率提高的客观要求，经济效率的提高可以表现为交易成本的降低。但是，企业规模发展是有界限的，其限度在于：利用企业方式组织交易的成本等于通过市场交易的成本。这个限度决定了企业的购买、生产和销售。而产业集聚这种企业组织结构有效地弥补了企业组织规模存在边界的缺陷。它的规模越大，越可以得到外部规模效应。产业集聚导致集聚内各个相关产业或企业在地理位置上的优势和其生产产品的高度相关性，使其交易成本降至最低。

产业集聚往往集中在特定的区域，在这个区域内部，垂直和水平的专门程度化非常高，且集中在生产链的单一功能区上，最终产品有可能远销国外，但是中间产品通常是在集群内销售的。由于地理位置上邻近的最大优势，能量、物质和信息的交换变得十分便利。集聚产业往往处于高度合作又高度竞争的状态。这种合作与竞争交织的状态，使产业集聚处于最有效率的状态，交易费用也达到了最低。

三、产业集聚经济的外部性理论分析

外部性又称外在性、外部效应、第三方效应。它是指经济主体

(个人或企业)生产或消费活动受到其他经济体的活动的直接影响。外部性有两种类型:一种是外部经济,一种是外部不经济。按照马歇尔的分析,外部经济是指整个行业的规模扩大和产量增加,而使个别厂商得到好处。外部不经济是指整个行业的扩大和产量的增加而使个别厂商成本增加,收益减少。

产业集聚的外部性主要表现在:第一,外部性是一种外部影响或效应关系。在城市经济社会生态系统中,由于社会分工的细化,各微观主体相互影响、相互制约、紧密联系,任何一个微观主体的活动都会对外部环境产生或正或负的影响。因此,产业集聚内部各个行业或企业之间的活动也会产生外部性。第二,产业集聚中的各个行业或者企业的专业化分工与协作产生了外部经济。这种外部经济是由产业环境或由一群企业的技术扩散或专业化协作所导致的。外部经济不只是针对某一产业有影响,还会延伸到这个产业的关联产业中。如浙江诸暨大唐镇由 8000 多家家庭企业生产袜子,平均每家织机仅 8 台,谈不上是一个完整的企业,但全镇将袜子分为 10 个环节,1000 家原料厂,300 家缝头厂,100 家定型厂,300 家包装厂,200 家机械配件厂,600 家经销商,100 家联运商。分工明确,合起来就是规模庞大的袜业“巨无霸”,再大的订单也能完成。大唐镇年产 48 亿双袜子,产值达 90 多亿元人民币①。第三,一旦出现产业集聚,其内部集聚机制便会自我加强,集聚优势就越能吸引于外部规模经济,可以将其称之为产业规模经济。在产业规模存在的情况下,整个集群内的产业将随着集群产业规模扩大而提高。这种外部规模经济不同于内部规模经济,在内部规模经济中,企业效益的提高得益于自身规模的扩大,而与

① 参见胡宇辰:《产业集群支撑体系》,经济管理出版社 2005 年版。

行业的规模无关，企业内部规模不能无限扩大，如果扩大到一定的程度，就会导致内部规模不经济。第四，在产业集聚的过程中，大量的企业组成一条完整的生产链，而且大部分分布于其中的每一个生产功能区，中间产品全部在产业集聚内生产和销售，大量的企业从事的不同中间产品导致了产业集群的规模经济。另外，很重要的一方面，生产链的拉长或者是结成网状，提高了资源的利用效率，极大地减少了废弃物的排放，不仅产生经济效益，还提高了产业集聚的生态效益。如何利用产业集聚所产生的经济效益和生态效益促进生态城市建设，将在后文展开研究。

四、产业集聚经济的协同效应理论分析

所谓协同效应，是指企业从资源配置和经营范围的决策中所能寻求到的各种努力的结果，也就是说，分力之和大于各分力简单相加的结果，即“1 +1 >2”的效应。可以说，协同效应是决定产业集聚经济最重要的因素之一。

在产品技术日益分散化的今天，已经没有哪个企业能够长期拥有生产某种产品的全部最新技术，企业单纯依靠自己的能力已经很难掌握竞争的主动性。因此，每个企业都可以采用外部资源并积极创造条件以实现内外部资源的优势共享，取长补短，将企业的信息网络扩大到整个集群范围，利用群内的资源、品牌、资金、技术等要素进行优势互补，实现集聚的效益大于集聚前各个成员的个别效益之和的协同效应。另外，对于任何一个企业来说，研究和开发一项新产品、新技术常常要受到自身能力、信息不完全、消费者态度等因素的制约，需要付出很高的代价。而且随着技术的日益复杂化，开发的成本也越来越高。这些因素决定了新产品、新技术的研究和开发需要很大的投入，具有很高的风险，在这种情况

下，企业自然要转向技术合作，通过产业间的集聚实现最大的规模经济。

第六节　构建基于生态城市的可持续发展产业集聚复合系统模型

生态城市理念将城市看做一个“经济—社会—自然”复合系统，因此要强调系统的整体和谐与统一。在伴随着工业化的城市化过程中，人们更多地强调了经济发展的重要性，这种发展过程，给城市环境带来了极大的破坏。生态城市建设首要的问题是改变那种高能耗、高消费、末端治理式的生产与消费理念及“资源—生产—消费—废弃”的生产与消费模式。可持续发展产业集聚是指，利用产业生态学理论，从生产和消费模式做起，以系统创新的方法，努力实现产业集聚生态化，通过物质和能量的多层次分级利用，废弃物再循环、再利用等手段，向循环经济模式过渡，以提高资源的利用率并减少环境污染，实现外部“生态成本”的内部化，从而达到城市经济的高效率运行和可持续发展的产业集聚模式。生态产业是生态城市赖以可持续的核心目标，因此，产业的生态集聚模式研究对于那些具有一定产业基础，需要进行提高和改革而又缺乏持续经济增长动力的城市尤为紧迫。

一、传统产业运作的“资源—产业集聚—环境”复合系统模型

产业是经济运行的核心，为了理清产业集聚对城市生态环境的影响关系，需要深入分析城市的物质能量循环。产业运作的物质能量不仅涉及经济系统还涉及与之关联的资源系统和环境系

统。因此,产业集聚的物质能量代谢过程是一个“资源—产业集聚—环境”复合系统。在探索生态化产业集聚模式建设生态城市的过程中,要充分认识这个复合系统的结构。

图4－11表示了传统产业运作的“资源—产业集聚—环境”复合系统模型。这个模型由资源系统、产业系统和环境系统复合而成。图中圆圈表示这三个系统:方框表示产业运作的主体;实线和箭头表示物质和能量的流动方向和过程(即物流和能流)。需要特别说明的是,为了简化模型,图中忽略了居民的生活活动对环境的影响,主要考察与产业活动相关的生产与消费模式及其影响。从图4－11中我们可以看出,传统的“资源—产业集聚—环境”复合系统基本是线性的物质流动,也就是说,资源系统和环境系统在为传统产业集聚系统源源不断地提供能源和原材料的同时,还要承担大量的工业三废的排放和生活废弃物的排放,其整个物质能量循环过程基本是线性的,从长期的发展来看,必然是不可持续的,在这种产业集聚基础上,建设生态城市的目标也难以实现。

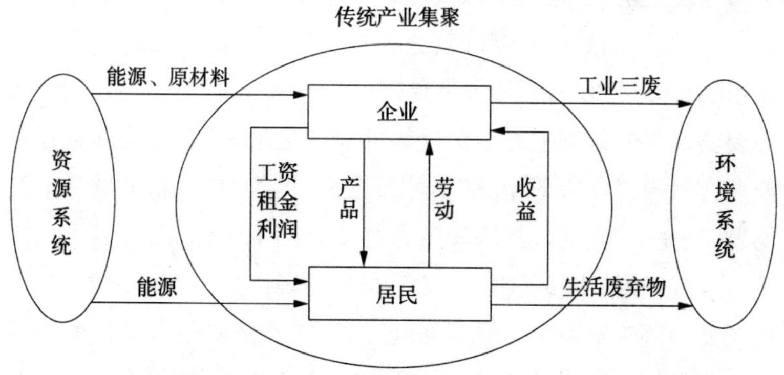

图4－11　传统产业运作的“资源—产业集聚—环境”复合系统模型

据统计，现实世界中的原料，经企业加工形成产品，在消费者（居民和政府）消费后，有90%以报废品的形式排向了环境系统。从图4－11中我们可以看出，这种形式的系统耦合关系是一种线性的单向耦合，导致的结果是自然系统的双向损耗：自然系统可从其功能上分为资源系统和环境系统两大系统，传统的产业运作模式是从资源系统中大量地摄取原料和能源，以及能源的单向使用，导致资源的快速枯竭，形成严重资源损耗；另一方面，大量的副产品和废物排放到了环境系统当中，形成了环境损耗。因此，传统的产业运作模式对自然环境造成了双向损耗。

二、构建"资源—可持续发展产业集聚—环境"复合系统模型

在传统的产业集聚促进城市经济飞速发展的同时，也带来了严重的环境问题，城市发展面临能否可持续的问题。面对传统的产业集聚模式带来的严重的环境问题、生态问题，城市发展必须走可持续发展之路，建设生态城市。生态城市的建设不是单纯地追求生态效益，而是追求经济效益和生态效益的最优化组合。生态城市的建设过程中，不能再单纯追求经济增长的产业集聚模式，而是要尝试建立具有生态集聚优势的产业集聚模式，即经济生态化产业集聚模式。所谓经济生态化不是一个简单的经济问题或生态问题，而是一个社会、经济和生态的复合问题，是一个立足于现行社会、经济和技术现实框架，又能充分体现保护生态环境要求，在能明显地改善资源生态效率的同时，实现经济效益有效提高的模式。也是旨在实现经济、社会、生态环境和技术真正交融地，相互渗透、协同和发展，代替现有的经济、社会、生态环境和技术现行独立的发展模式。经济生态化的目标仍然是财富的有效增长，但在

传统的财富观基础上，赋予了新的内涵，即财富的概念不仅仅局限于创造的物质财富的货币收入，还包括自然生态环境这样的非物质资源财富。经济生态化要求产业的组织形式是生态型的。因此，产业在城市的聚集不仅要考虑经济的集聚效应，还要考虑生态的集聚效应。也就是说，生态城市的可持续发展要求产业集聚不仅要考虑经济的正外部性，也要考虑生态的正外部性。此处产业生态化集聚或者说是产业集聚生态化不同于循环经济，不是仅从经济上或生态约束上去谋求解决某一个或一些问题的方法和途径，不是狭义地强调物质资源的再循环和再使用，而是从更广义的整个经济发展模式转变的角度来看待经济与生态如何协同发展的问题。

为了最大限度地减少产业发展对自然环境的双向损耗，提高城市可持续发展的能力，产业运作模式必须发生转变。即改变传统的产业系统与资源体统和环境系统的单向、线性耦合关系，建立一种基于产业生态学的产业集聚生态化模式，这种模式是一种有补偿回路的耦合关系。图 4－12 是基于生态城市的可持续发展产业集聚模型图示。

与图 4－11 传统产业集聚相比，图 4－12 基于生态城市可持续发展的产业集聚在以下几个方面得到了改进：首先是废弃物的资源化。即在动脉生态产业内部首先将可用的生产废弃物和其中富含的能源进行再回收和再利用，重新补充到动脉生态产业中，从而形成对物质和能量的生态工业园区内的补偿机制。其次是建立了静脉生态产业，通过静脉生态产业将动脉生态产业中所不能自己消化利用的副产品和居民产生的生活废弃物进行集中处理，回收利用，最大限度地进行物质的利用和能源的合理使用，从根本上改变了用完就扔的线性生产模式，使产业集聚生态化，副产品能够

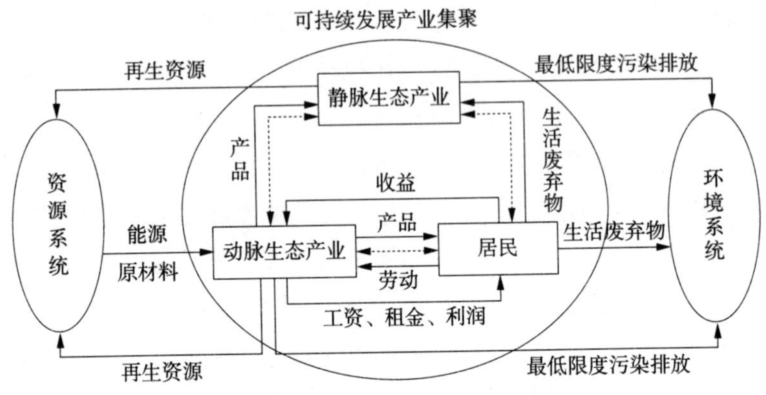

图 4－12　基于生态城市的“资源—可持续发展产业集聚—环境”复合系统模型

共享且能源能够多级使用,形成新的产业生态链,只向资源系统和环境系统中排放最低限度的污染物。再次,在动脉生态产业、静脉生态产业和居民之间,形成信息流的循环(图 4－12 中用虚线双箭头表示),加强产品和废弃物在其整个生命周期中的管理,从而从根本上将 3R 的原则贯彻在生产和消费方面,减少对资源和环境系统的压力,最终形成产业集聚的可持续发展,进而推动生态城市的建设。最后,由静脉生态产业生产的再生资源,可以有效地补充给资源系统,从而形成“资源—可持续发展产业集聚—环境”复合系统的总体循环良性发展。

从图 4－11 中我们可以看出,传统产业活动对城市生命支持系统的影响一方面是对资源系统的持续利用,形成了资源的枯竭;另一方面是持续的污染物、报废物和剩余能量的排放,造成了严重的环境污染。整个过程可以看做是物质和能量从资源系统经过产业系统到环境系统的循环过程,产业系统繁荣的代价是资源的持续减少和污染的持续增加。为了避免这种局面,在产业发展不受影响的前提下，可行的手段是减少物质能量的流量。图4－12中的反馈回路补偿了资源系统的流出量，而且产业生态集聚提高了资源的利用率也减少了环境系统的流入量。最终，图4－11所形成的生命支持系统双向损耗过程也得到缓解。与现实的运行图4－11形成的机制不同，不能仅依靠市场自发机制和较弱的政府管制实现这种转变，转变过程要政府进行强有力的产业政策支持和公众的参与，从而促成图4－12的形成。

在图4－12中，还有一点需要说明，那就是动脉生态产业的建立对于整个可持续发展产业集聚的建立，具有重要意义。这是因为传统的工业生产过程将原材料转变为产品和废弃物之后，直接将废弃物排放，既造成了资源浪费，又导致环境污染。而在动脉生态工业园区中，相互关联集聚在一起的厂商，将上一个生产过程中输出的废弃物全部或者部分作为下一个生产过程的原材料，实现了废弃物的资源化，从而像自然界中的生态系统一样，极大提高了资源和能源的利用效率，如图4－13所示。从中我们可以看出，每一个生产过程都不可避免地会产生产品和废弃物，如果我们直接将废弃物进行处置和排放，那么就很可能会丧失了将废弃物作为其他企业原材料的机会，而动脉生态工业园区却可以最大可能地将这些所谓的“废物”变废为宝，极大地增加了生产过程中的废弃物变成原材料的机会。更进一步来说，园区内模拟自然界生态系统建立的生态产业链，不仅可以将废弃物纳入循环，还可以将产品也纳入循环，形成物质能量的多极利用。这样的可持续发展产业集聚一旦形成，不仅具有成本节约的经济优势，而且具有资源系统和环境系统友好的生态优势。

在现有的技术和经济条件下，我们很难找到一种静脉生态产业可以将动脉生态产业和居民消费过程中产生的废弃物处理达到

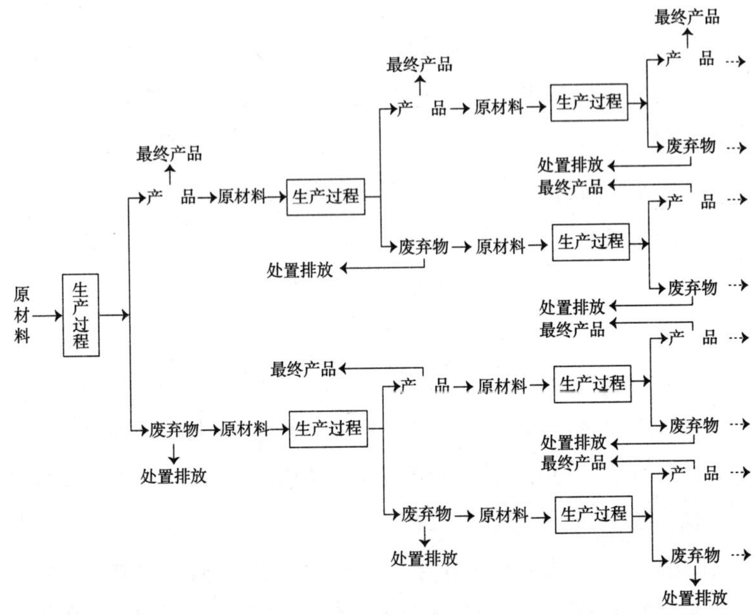

图 4－13　动脉生态工业园工业代谢流程图

资料来源：武春友：《资源效率与生态规划管理》，清华大学出版社 2006 年版，第 18 页。

这种废弃物零排放的状态，而且在分解的过程中也要消耗能源和资源，这些也有巨大的生态包袱，这也是为什么本书将分析的重点放在建立符合生态城市要求的动脉生态产业集聚上。当然，这并不是说静脉生态产业不重要，而是说我们现阶段可操作性较强的就是先从生产者——动脉产业集聚入手实现产业生态集聚，利用产业生态学和循环经济的基本原理在生产环节控制资源和环境污染的源头，这也就是本书研究重点之所在，如何建立基于生态城市可持续发展的产业生态集聚模式将在下一章详细展开分析。

第七节　构建“资源—可持续发展产业集聚—环境”因素分解模型

一、能源消耗的因素分解模型

从图4-13可知，城市产业集聚对资源系统的压力来自于原材料和能源的消耗，对环境系统的压力来自于能源消耗过程中形成的余能污染、废弃物污染和原材料加工形成的废弃物污染。不同的产业对能源的消耗强度差别非常大，相同的产业、不同的生产技术对能源的消耗也不同，不同的经济总量所消耗的能源数量也不同。我们如何来判定在能源消耗过程中有多少是由于经济总量的增长引起的，有多少是由于技术进步和产业集聚生态化引起的。为此，本节拟通过建立能源消耗的因素分解模型来分析各种因素对能源消耗的贡献，为下一步的建模做准备。

对于每一种产业的能源消耗来讲，下列等式总是成立的：

$$Q = pq \qquad \text{公式(4.1)}$$

其中，Q 为某种产业的能源消耗总量，p 为这种产业单位GDP能源消耗总量，q 为这种产业的GDP总量。

根据环境库兹涅茨曲线的数学表达式：

$$z = m - n(x - p)^2 \qquad \text{公式(4.2)}$$

其中，z 为环境恶化程度；x 为人均GDP；m 为环境阈值，$m > 0$；n,p 是非负参数。

将公式(4.2)动态化并进行分解，得到公式(4.3)：

$${}_{\Delta}Q = Q_1 - Q_0 = (p_1q_1 - p_0q_1) + (p_0q_1 - p_0q_0) \qquad \text{公式(4.3)}$$

公式(4.3)中，${}_{\Delta}Q$ 为能源消耗增量；Q_1 为报告期能源消耗量，Q_0 为基期能源消耗量；p_1 为报告期某产业生产单位 GDP 能源消耗量；p_0 为基期某产业生产单位 GDP 能源消耗量；q_1 为报告期 GDP 总量；q_0 为基期 GDP 总量。$(p_1q_1 - p_0q_1)$ 为产业技术进步引起能源消耗；$(p_0q_1 - p_0q_0)$ 为经济总量引起的能源消耗。因此，每种产业的能源消耗变动模式被式(4.3)分解为技术进步引起的能源消耗和经济总量变化引起的能源消耗两部分。

设 Q_1/Q_0 为能源消耗速度，则有

$$Q_1/Q_0 = (p_1q_1/p_0q_1)(p_0q_1/p_0q_0) \qquad \text{公式(4.4)}$$

其中，(p_1q_1/p_0q_1) 是技术因素引起的能源消耗发展速度；(p_0q_1/p_0q_0) 是经济总量引起的能源消耗发展速度。

对于一个城市而言，能源消耗变动关系除了技术进步和经济总量的影响外，还有产业集聚模式的影响。即，一个城市内，由不同能源消耗强度的产业所组成的产业集聚模式，对能源消耗总量的影响也不一样。引入产业集聚因素后，一个城市的全部产业活动能量消耗模型为：

$$Q = \sum pqs \qquad \text{公式(4.5)}$$

公式(4.5)中，s 为产业结构，p 、q 、Q 的意义与前面一样。将公式(4.5)动态化并进行分解，则有：

$$Q = \sum pqs$$

$$_{\Delta}Q = Q_1 - Q_2 = \sum (p_1q_1s_1 - p_0q_0s_0)$$

$$= \sum [(p_1q_1s_1 - p_0q_1s_1) + (p_0q_1s_1 - p_0q_0s_0) + (p_0q_0s_1 - p_0q_0s_0)]$$

公式(4.6)

其中，$(p_1q_1s_1 - p_0q_1s_1)$ 为技术进步因素引起的能源消耗变动；$(p_0q_1s_1 - p_0q_0s_0)$ 为经济总量变动因素引起的能源消耗变动；

$(p_0q_0s_1 - p_0q_0s_0)$ 为产业结构变动引起的能源消耗变动。

根据公式(4.6)和统计数据，即可计算一个城市中工业内部各个行业的能源消耗对总体能源消耗的贡献。如果通过探索可持续发展产业集聚模式进行生态城市建设，则可利用公式(4.6)计算城市各产业的能耗贡献率，从而找出能源消耗贡献大的产业或者更为具体的行业或企业，为这些产业或行业设计可持续发展产业集聚模式治理这些产业或行业提供决策支持。

二、物质能源代谢的因素分解模型

能量消耗的因素分解模型中，没有考虑到能源的层叠利用问题和原材料对资源系统形成压力的问题，生态城市建设要考虑如何通过可持续发展产业集聚对资源系统和环境系统整体优化问题。因此，需要在上述模型的基础上建立一个考虑上述两个因素的模型。

能量消耗因素分解模型的扩展。能源消耗的"资源—环境"压力模型是在公式(4.5)的基础上进行的，模型中的符号 Q 、p 、q 、s 的意义与公式(4.5)相同，只是将 p 进一步分解，即：

$$p = n + w \qquad \text{公式(4.7)}$$

其中，n 代表某种产业每生产一单位 GDP 所需要的能源；w 代表某产业每生产一单位 GDP 浪费掉的能源。即把公式(4.5)中的能源消耗分解为生产过程中的能源浪费和实际做功两部分，这就将生产中未被充分利用的能源分解出来，探索通过可持续发展产业集聚提高资源的利用效率和资源的层叠利用问题。于是，公式(4.7)可以推导为：

$$Q = \sum pqs = \sum (n + w)qs \qquad \text{公式(4.8)}$$

将公式(4.8)动态化并进行分解,则有①:

$$_{\Delta}Q = Q_1 - Q_0 = \sum(p_1q_1s_1 - p_0q_0s_0)$$

$$= \sum[(n_1 + w_1)q_1s_1 - (n_0 + w_0)q_0s_0]$$

$$= \sum[n_1q_1s_1 + w_1q_1s_1 - n_0q_0s_0 - w_0q_0s_0]$$

$$= \sum\begin{bmatrix}(n_1q_1s_1 - n_0q_1s_1) + (n_0q_1s_1 - n_0q_0s_1) + (n_0q_0s_1 - n_0q_0s_0) + \\ (w_1q_1s_1 - w_0q_1s_1) + (w_0q_1s_1 - w_0q_0s_1) + (w_0q_0s_1 - w_0q_0s_0)\end{bmatrix}$$

$$= \sum(n_1q_1s_1 - n_0q_1s_1) + \sum[(n_0 + w_0)q_1s_1 - (n_0 + w_0)q_0s_1] + \sum[(n_0 + w_0)q_0s_1 - (n_0 + w_0)q_0s_0] \quad \text{公式(4.9)}$$

由于 $p = n + w$,所以,$p_1 = n_1 + w_1$;$p_0 = n_0 + w_0$

因此,公式(4.9)可以变换为:

$$_{\Delta}Q = \sum(n_1q_1s_1 - n_0q_1s_1) + \sum(p_0q_1s_1 - n_0q_0s_1) + \sum(p_0q_0s_1 - p_0q_0s_0) + \sum(w_1q_1s_1 - w_0q_1s_1) \quad \text{公式(4.10)}$$

令:

$$_{\Delta}Q_1 = \sum(n_1q_1s_1 - n_0q_1s_1)$$

$$_{\Delta}Q_2 = \sum(p_0q_1s_1 - n_0q_0s_1)$$

$$_{\Delta}Q_3 = \sum(p_0q_0s_1 - p_0q_0s_0)$$

$$_{\Delta}Q_4 = \sum(w_1q_1s_1 - w_0q_1s_1)$$

则公式(4.10)变换为:

$$_{\Delta}Q = {_{\Delta}Q_1} + {_{\Delta}Q_2} + {_{\Delta}Q_3} + {_{\Delta}Q_4} \quad \text{公式(4.11)}$$

公式(4.11)表明,能源消耗的变化由四部分组成。其中,$_{\Delta}Q_1$代表由于技术进步而导致的实际能源消耗增量,这个增量可以理

① 郭丕斌:《城市化与工业化道路》,经济管理出版社2006年版,第108—109页。

解为与清洁生产有关；$_{\Delta}Q_2$ 代表由于经济总量变化而导致的能源消耗增量；$_{\Delta}Q_3$ 代表产业结构变动引起的能源消耗增量；$_{\Delta}Q_4$ 代表由于可持续发展产业集聚能源多级利用导致的能源增量，即"产业集聚的生态共生效应"。利用这个模型，不仅可以计算公式(4.6)中所能计算的各种产业的能源使用效率、技术进步的能源使用效率和经济总量增长带来的能源消耗，还可以计算可持续发展产业集聚带来的能源节约情况，即"产业生态集聚共生"对资源环境的影响。由前面章节对于产业集聚理论的分析可知，可持续发展产业集聚的建立存在技术外溢的优势，可以促进以清洁生产为代表的环境友好型技术在集聚企业间的扩散和相互学习，因此 $_{\Delta}Q_1$ 的数值会比传统的产业集聚方式小很多，甚至可能产生负值。可持续发展产业集聚的建立，还可以促进区域内产业结构的调整。$_{\Delta}Q_3$ 代表产业结构变动引起的能源消耗增量，由于可持续发展产业集聚的建立可以促进工业服务业在集聚企业间的发展，因此可持续发展产业集聚可以调整当地城市的产业结构，尽量地降低 $_{\Delta}Q_3$，甚至在一定条件下使 $_{\Delta}Q_3$ 成为负值。在科学规划和先进的科学技术支持下，由于可持续发展产业集聚能源多级利用导致的能源增量一般会小于传统产业集聚的能源浪费量，所以就整个生态城市来说，虽然 $_{\Delta}Q_4$ 为正值，但是整个生态城市的能源消耗总量会减少很多。$_{\Delta}Q_2$ 代表由于经济总量变化而导致的能源消耗增量，因此 $_{\Delta}Q_2$ 一般会随着经济的增长而增长。但是，德国和荷兰的经验告诉我们，两者之间并不一定是同向增长，甚至可能产生反向变化，其主要原因就是循环经济和可持续发展产业的理念在这两个国家的普及和以生态工业园区建设为代表的实践，这为我国的经济发展提供了很好的学习榜样。综上所述，基于生态城市可持续发展产业集聚的建立，会使 $_{\Delta}Q$ 的增长得到控制。在可以预见的未来,如果我国真的能够在全国范围内推广可持续发展的产业集聚模式以促进生态城市的发展,$_{\Delta}Q$ 甚至可以实现与 GDP 增长的反向变化。

尽管产业集聚生态化只是生态城市建设的主要手段之一,但是通过本章的建模分析,进一步说明了基于代谢过程改变的生态化可持续发展产业集聚是生态城市建设的基础和核心内容。通过可持续发展产业集聚,彻底改变产业运作的生产和消费模式,发展环境友好型的产业集聚模式,增强城市可持续发展的基础和经济实力,是生态城市可持续发展的可行选择。只有系统分析物质、能量代谢过程,才能把握产业运行和可持续发展产业集聚的实质,才能实现真正意义上的产业集聚生态化。按照产业集聚生态化的内涵,产业转型不是单个生产阶段或生产部门能够达到的,需要整个生产和消费过程的系统变革。从"资源—可持续发展产业集聚—环境"因素分解模型公式的影响因素可知,如果想解决产业活动对资源系统和环境系统的压力,仅仅依赖清洁生产是达不到目的的,必须依靠产业集聚生态化,走生态产业之路。

第五章　可持续发展产业集聚模式研究

在发展生态经济的过程中，我们只有效仿40多亿年的自然生态系统的演化和循环规律，在科学发展观的指导下，建立起基于生态城市可持续发展的产业集聚的发展模式，促进各个产业和城市的可持续发展，以“生态效益”和“经济效益”双重指标来指导生态城市的建设，走出一条人与自然、环境与发展和谐共生的产业集聚新路子。只有这样，自然资源才能在现有技术条件下得到高效的利用，废弃物才能得到有效控制和利用，人们生存的质量才能得到提高，经济发展的进程才能得以持续，生态城市建设才能从理论走向实践。本章将展开对可持续发展产业集聚模式的研究以及国内外可持续发展产业集聚的实证分析，探索可行性强的生态城市建设产业集聚模式。

第一节　我国走可持续发展产业集聚之路的必要性

一、传统产业集聚发展的不可持续性

产业集聚作为经济发展的一种重要组织形式，具有其他组织所不具备的竞争优势。从20世纪产业集聚现象产生以来，产业集聚以其特有的聚集优势，逐渐成为主要的地域生产组织形式，成为发展区域经济、提升区域竞争力的有效途径。产业集聚虽起到了

加速城市经济增长的作用,但在集聚以其聚集优势为区域经济增长做出巨大贡献的同时,其大规模生产产生了对区域自然环境的巨大的干涉能力,造成了资源短缺、环境污染及生态破坏等负效应,因此传统产业集聚一般很难自发形成可持续发展能力,进而影响城市可持续发展能力的进一步提升。

传统产业集聚模式不可持续的主要原因是传统产业集聚采用"资源—产品—废物"或者先污染、后治理的单向生产模式,没有形成资源的循环利用通道,造成产业集聚生态系统的生产者、消费者、分解者(再循环者)产业链的中断即分解者(再循环者)的缺失。分解者(再循环者)的缺失使资源的循环通道无法形成,最终导致了许多自然资源的短缺与枯竭,并酿成了灾害性的环境污染后果。同时又大量排放废物,严重污染生态环境,破坏生态平衡,使人类赖以生存的空气、水和粮食都受到了不同程度的污染,酿成一系列危及人类生存与发展的灾害。主要表现为:水体污染加剧、酸雨未获缓解、土壤污染加重、生态系统及食品安全状况等都不容乐观。以苏南地区为例,苏南产业集聚主要环太湖分布。目前太湖流域有80%河道被污染,50%的水源不能饮用,80%的水质达不到Ⅲ类水标准;资源和环境的占用已处于超饱和状态。这些都严重影响到该地区居民的饮用水安全和身体健康,为该地区的可持续发展埋下了隐患。另外,苏南产业集聚的发展还常面临着能源荒、水荒、民工荒以及土地资源短缺等问题。

实际上,产业集聚是以产业关联为基础,以地理靠近为特征,以设施配套、机构完善为支撑条件,以文化融合为联结纽带的本地化的"社会地域生产综合体"。集聚内企业分工协作、互惠共生是其最重要的一个特征。集聚内企业分工协作、互惠共生促进生产要素以及技术、知识和信息在产业链中顺畅流动、扩散、创新与增值，使整个集聚产生绝对竞争优势与相对竞争优势。但是传统的集聚发展模式，例如一些工业园的建设只考虑园内企业的集中，集聚区内企业结构不合理，并未形成分工协作、互惠共生的关系，成为城市可持续发展的掣肘和瓶颈，城市可持续发展必须要打破传统的产业集聚模式，用生态学理论指导产业集聚的可持续发展，寻求可持续发展产业集聚模式。

二、可持续发展产业集聚的内涵

与传统模式的产业集聚相比较，可持续发展的集聚模式是在人类深刻的反思和坚实的科学基础之上确立起来的。它抛弃了传统集聚模式以经济增长为核心的发展观和高消耗、高污染为特征的粗放型生产经营方式，进而把生态学"普遍联系"的系统整体观念作为发展产业集聚指导思想。产业集聚生态化，①是依据生态学、环境科学、系统科学等学科的基本原理和集聚经济的经济学理念并将它们有机结合，在自然系统承载能力以内，对特定空间上的集聚产业系统、自然系统与社会系统之间进行耦合优化，以实现特定区位上经济、社会、生态环境三者之间的整体协调与和谐发展。正是由于生态化的产业集聚过程，从而使生态化的产业集聚成为产业集聚可持续发展的必然趋势和新型模式。

基于生态城市的可持续发展产业集聚可以充分提高资源和能源的利用效率，最大限度地减少废物排放，保护生态环境。传统经济是由"资源—产品—污染排放"所构成的单向物质流动的经济，而可持续发展产业集聚倡导建立在"废物即资源"基础上的经济

① 何泽军：《新公司法对公司治理结构完善与不足》，载《企业活力》2006 年第 3 期。

模式，根据废物再生资源化的原则，把经济活动组织成一个“资源—产品—再生资源—产品”的循环流动过程，使得整个经济系统从生产到消费的全过程基本上不产生或者少产生废弃物，最大限度地减少废物末端处理，提高资源利用率。从这一角度来说，生态化产业集聚是解决当下城市环境和可持续发展问题的根本出路。在宏观层次要求整个城市产业尽可能实现网络化，把资源投入的产业链尽可能拉长，使资源实现跨产业循环利用，尽可能少地产生废弃物或者不产生废弃物。产业集聚生态化以提高资源利用效率为基础，以资源的循环利用和废弃物资源化为手段，以城市经济可持续发展为目标，推进生态城市建设，实现人与自然和谐发展。

三、可持续发展产业集聚是生态城市建设的产业选择

生态城市建设要求产业生态化，可持续发展产业集聚作为一种新的生产方式，它是在生态环境越来越成为城市经济增长和发展的制约要素、良好的生态环境成为一种公共财富的现实情况下一种新的经济形态。“资源消费—产品—再生资源”闭环型物质流动模式，资源消耗的减量化、再利用和资源再生化都仅仅是其技术经济范式的表征。其本质是对人类生产关系进行调整，其目标是追求可持续发展。人类要实现可持续发展，必须重新构建一种新的制度框架，对人与自然的关系和人类社会生产关系进行新的制度安排。这种新的制度框架的核心是要将生态环境作为一种生产要素进行新的规制管理，纳入市场运行机制之中。这必将重新构造社会价格形成机制，从而重新调整社会利益分配关系。

可持续经济发展即经济、社会、自然生态以及环境资源的协调

发展、统一共进的经济。而可持续发展产业集聚,是通过对自然生态的模仿,人为地建立起一种物质和能量的永续利用途径,使废弃物重新成为资源得以利用而实现经济可持续发展的过程。很多人把治理污染和修复生态寄望于不断发展的科学技术。这有一定道理,但是必须看到,技术是一把双刃剑。也有很多人认为环境问题是经济发展在低级阶段的产物,经济发达之后环境问题就会自然消失了。殊不知正是传统工业化过程中片面追求经济利益和利润导向的经济增长导致的技术滥用造成了日益严重的环境问题。在经济增长带来物质消费繁荣的同时,人类生存质量和环境被忽视了。传统的集聚模式将物质生产和消费割裂开来,形成大量生产、大量消费和大量废弃的恶性循环。基于可持续发展产业集聚的工业体系在不同层面将生产和消费纳入到一个有机的可持续发展框架中。目前,发达国家的可持续发展产业集聚的实践已经将生产(包括资源消耗)和消费(包括废物排放)这两个最重要的环节有机地联系起来:企业间或产业间的可持续发展产业集聚,如著名的丹麦卡伦堡生态工业园。

因此,大力发展基于可持续发展产业集聚,能够从根本上解决城市发展过程中尤其是在生态城市建设过程中遇到的经济增长与资源环境之间的尖锐矛盾,协调城市经济与资源环境的发展,走出中国特色的新型工业化道路和城市化道路。

四、可持续发展产业集聚是我国转变经济增长方式的需要

在过去的20年中,我们基本走的是高投入、高消耗、高污染、低效益的粗放型发展道路。未来20年,我国经济总量将在2000年的基础上翻两番,污染物排放量必然大幅度增加。目前,我国很

多现有的工业园不论是经济开发区还是高新技术开发区，其所代表的都是“资源—环境—废物”单项流动的线性经济。

传统经济通过把资源持续不断地变成废物来实现经济增长，忽视了经济结构内部各产业之间的有机联系和共生关系，忽视了社会经济系统与自然生态系统中的物质、能量和信息的传递、迁移、循环等规律，形成高开采、高消耗、高排放、低利用“三高一低”的线性经济发展模式，导致经济发展速度越快，付出的资源环境代价越大，最终将丧失发展的基础和后劲。

可持续发展产业集聚以协调人与自然关系为准则，模拟自然生态系统运行方式，实现资源循环持续利用，使社会生产从片面追求经济增长转变为人与自然和谐发展的生态环境与经济发展并重的增长。基于生态化的产业集聚可以实现社会、经济和环境的“三赢”发展。因此，大力发展基于可持续发展产业集聚，能够从根本上解决城市发展过程中尤其是在生态城市建设过程中遇到的经济增长与资源环境之间的尖锐矛盾，协调城市经济与资源环境的发展，进而促进生态城市的建设。

我国人口多，资源相对不足，经济增长快，经营方式粗放，技术和管理水平相对落后，经济发展与环境保护之间的矛盾十分突出。一方面环境污染还相当严重，污染物排放总量大大超过环境自净能力；另一方面，生态问题日益突出，虽然近年来国家采取了一系列积极的生态建设措施，但由于历史和主客观等诸多因素，生态环境恶化的趋势没有得到有效控制，城市生态环境安全受到威胁。若继续沿袭传统发展方式实现经济总量翻两番的目标，资源和环境支撑将难以为继，城市生态环境安全将面临前所未有的严峻局面，人与自然和谐发展的生态文明目标就难以实现。

第二节　可持续发展产业集聚形成机理分析

影响可持续发展产业集聚生成的因素多种多样,既有内在的动力机制,也有外部环境的推进。从最初的产业集聚现象来看,充分利用地区的生产材料和自然资源优势降低生产成本是形成产业集聚的原始动力。随着科学技术的迅速发展和全球工业体系的不断进化,产业集聚出现了许多新的情况,提高企业的环境绩效,减少对当地社区的负面影响,从而提高资源与生态效率已成为企业建立产业集聚关系所追求的主要目标。知识的创新和应用、人才的集聚以及信息网络技术的支持也已成为目前产业集聚形成的新的推动力量。特别是在目前世界各地新兴产业区的蓬勃发展和网络技术的有效支撑下,产业集聚已经与传统的单纯副产品交换发生了很大的改变。本质上,企业相互之间建立产业集聚关系是产业集聚的一种表现形式,同时也是一种网络组织,因此,在生态工业园的形成及运作过程中会表现出产业集聚和网络组织的相关特性,有必要从产业集聚和网络组织的角度对生态工业园内产业集聚形成的机理进行分析。此外,由于可持续发展产业集聚是一种复杂的系统结构,它的形成除了受到强大外部环境的推动,来自网络自身的力量也不容忽视。因此,可持续发展产业集聚的形成是受多种因素作用的结果,本节将分别对可持续发展产业集聚形成的成本推动机理、效益拉动机理和环境取向机理进行研究。

一、可持续发展产业集聚形成的成本推动机理

我们首先来分析一下可持续发展产业集聚形成的成本传导机制。随着环境法规执行力度的加强,企业“废物”不经处理直接排

放的现象将受到严厉惩罚。事实上,如果这些“废物”能够在生态工业园内得到充分消化,它将不再是一种“废物”,相反会成为推动生态工业园整体成本节约的“资源”,这也是生态工业园之所以成功的重要原因。以此为目标导向的产业集聚建立后,每一个参与企业都会对成本—效益状况进行分析和比较。如果企业不与其他公司建立共生关系,它将面临两种选择,要么自行处置(包括自己投资处理设施或运到垃圾填埋场),要么不经处理直接排放。前者需要花费大量的处置费用(废物焚烧费、运输费、填埋费以及污染许可证),对企业来说十分不经济,而后者则可能面临更大的潜在惩罚,这些成本都是在企业不参与产业集聚的情况下发生的,统称为非合作成本。如果企业加入可持续发展产业集聚,则会享受由于大量企业存在而产生的“共生效应”,主要表现在两个方面:副产品的充分利用极大地降低企业“废物”的处理成本和遭受惩罚的可能性;同时,企业间的频繁交流降低了交易成本,企业间知识和技术转移促进了废物利用技术提升。由此可见,可持续发展产业集聚能够有效降低非合作成本。但值得一提的是,网络的建设和维护需要企业的共同投资,会产生新的费用。

通过分析,不难发现可持续发展产业集聚的成本传导规律:随着非合作处理成本的升高,企业将会对采用循环网络处理自己的废物变得越来越感兴趣,但成本的升高并不是连续的,在大部分情况下都有一个临界值,当有关部门(地区、省或国家政府机关)提高企业向自然界排放废物的成本达到某一临界值时(不同的废物类型该临界值不同),企业将会积极寻找合作伙伴,把它的废物流全部纳入到可持续发展产业集聚中,从而促进可持续发展产业集聚的形成。此外,政府部门提高废物排放成本不仅会起到直接促进园区内某些特殊企业积极处理废物的效果,而且当达到网络建立的临界值时，还会通过间接的"共生效应"促进副产品在园区的流动，减少废物排放的总量。

总之，成本因素在生态工业园可持续发展产业集聚的形成过程中起着非常重要的作用，追求低成本是企业建立可持续发展产业集聚的主要动力，合理利用"成本杠杆"有助于可持续发展产业集聚的形成。具体来说，可以降低运输成本、采购成本、副产品处理成本并最终获得国家和地方相关优惠政策的支持。

实现降低成本，提高收益，改善环境，获取经济、环境双重收益是可持续发展产业集聚的最初本意。从最初的企业行为来看，充分利用本地资源优势，节省原材料的采购费用和运输费用，从而节约生产成本是形成企业共生的原始动力。

早期的产业集聚得益于本地化的自然禀赋（土地、矿产、地理位置等）、产业发达程度及劳动力资源方面的差异。这主要是由于农业经济和工业经济时代交通运输及其他相关成本的存在，企业在选址问题上首要考虑的因素就是生产资源的供应是否便利，一般都选择在距离资源近的地方建厂。即使是现在，对这个问题的考虑仍是许多企业建立产业集聚关系的重要原因。

由于企业集聚和共生现象的存在，原材料、副产品和产成品的运输大多成为短距离的门对门运输，费用大大降低，为企业生产提供了便利，缩短了交货及生产时间，甚至有些企业的原材料运输费用降到了最低限，这在企业分散经营的情况下是不可能实现的。企业的集聚和共生形成的规模和市场解决了运输难的问题，大大降低了运输费用，从而成为企业愿意进入可持续发展产业集聚系统的原因之一。

企业建立产业集聚关系，可以大幅度地降低原材料的采购成本，上游企业生产的副产品可以作为下游企业的原材料，本来是运送到垃圾填埋场的生产废物，经过一定的回收和处理又变为了另一家企业的生产原料。一般地说，以这种方式获得原材料的价格都是非常低的，有些甚至是免费的，这有助于企业降低原材料的采购成本，对企业具有巨大的吸引力。丹麦卡伦堡生态工业园内的产业集聚现象就是一个非常成功的案例。阿斯内斯火力发电厂工作的热效率约为40%，像所有其他烧煤电厂一样，产生的大部分能量进入了烟囱。同时另一家耗能大户斯塔托伊尔（Statoil）精炼厂的大部分可燃气体也都白白燃烧掉了，为此，为了充分利用多余的资源，节约成本，围绕这两家大型企业形成了一系列的产业集聚关系。①

随着社会或周围社区对环境保护的重视，企业对自己所生产废物的处理标准也越来越严格，处理成本也相对增加。特别是对于一些化工、机械、能源生产企业，它们生产的副产品一般都占很大的比例，废物处理费在成本中占的比例也非常高。特别是一些化学废物，处理过程本身就会产生污染，因此，满足环保要求，降低副产品的处理费是该类型企业建立可持续发展产业集聚的一个重要原因。通过与相关企业建立产业集聚关系，许多副产品将会成为下游企业的生产原料，这对上游企业来说不但节约了处理这部分废物的成本，反而还会给企业带来一定的收入，这对于生态工业园中的企业来说无疑具有很大的吸引力。菲律宾德克萨斯设备公司（TIP）和伯克努塔水泥厂（BC）之间的合作就是一个非常好的案例。TIP是一家集成电路制造商，位于菲律宾碧瑶城（Baguio）

① Gertler Nicholas and J. Ehrenfeld, Industrial Symbiosis in Kalundborg: Development and Implications, *Program on Technology, Business, and Environment Working Paper, Cambridge*, 1994, pp. 298－302.

的出口自治区。它每月产生约 200 吨的铸模废物，含有大量热塑料材料，直接排放对环境有很大的危害性，并且其重量的 60% 为粉灰，有非常大的可利用价值。通常情况下，这些铸模被掺杂在混合垃圾中运到垃圾填埋场处理掉，既占用了耕地，又需大量处理费用。在经纪人的联系下，伯克努塔水泥厂与 TIP 建立了合作关系。因为铸模具有很高的热量价值、研磨性、点火温度、含灰量和凝固性，成为很好的水泥添加剂。这样 TIP 每月从这些本来应花费资金处理掉的废物那里获得约 15000 美元的收入，同时，BC 公司通过使用这些廉价的添加剂每月直接节省生产成本达 50000 美元，真正实现了双赢。美孚化学公司的 Joliet 厂每个月就向其下游合作伙伴销售 22000 加仑的废苯乙烯，在以前，处理每加仑废物会花费美孚公司 1 美元，现在反而能从每加仑的这种废物中收入 0.5 美元。① 企业在相互合作中减少了废物的处理成本，同时又从交换中获得收益，成为企业建立可持续发展产业集聚的主要动力。

为了鼓励企业建立可持续发展产业集聚，当地政府一般会制定许多相应的优惠政策，如土地使用费的免减、税收优惠和财政补贴等，这无形之中也使企业节省许多成本。尤其在园区内的基础设施建设和维护方面，如交通、水、电、能源和垃圾填埋场等，一般都由政府统一建设和管理，通过规模化的运作和共同投资，减少了企业的重复性开支，这也成为吸引企业进入的一个重要手段；同时，政府对于公共环境和生态系统采取统一管理，减少了企业与周围社区及单位的摩擦成本，可以把主要精力用在生产经营方面。

此外，企业成本的降低还体现在产业集聚方面，大量企业集聚在一起既能凸显规模效应，又能发挥专业化分工的优势。一般来

① *United Press International*, April 24, 1989.

说，一家企业的需求是多方面的，而自己的供给能力是有限的，这时企业成本的降低靠自己是困难的。而若干家具有生产关联关系的企业集聚在一起，情况就不同了，需求的急剧增长，会使相应的供应商出现，从而使成本得以大幅度的降低。这种具有关联关系的企业集聚不仅使共生企业获得了降低成本的收益，也有助于衍生新的相关产业和服务业，随着集聚企业的增多，会使共生链条上的各环节获益，并可能形成新的市场，市场的不断发展，反过来将进一步降低生产成本。因此，可持续发展产业集聚依靠众多企业集聚成一个"联合型大企业"而获得"准规模优势"，最终实现降低生产成本的目的。

二、可持续发展产业集聚生成的效益拉动机理

首先，可持续发展产业集聚可以衍生集聚经济效益。产业集聚是产业发展演化过程中的一种地缘现象，即某个领域内相互关联（互补、竞争）的企业在一定的地域内连片，形成上、中、下游结构完整（从原材料供应到销售渠道甚至最终用户）、外围支持产业体系健全、具有灵活机动等特性的有机体系，成为城市经济发展的主要动力现象。① 产业集聚自人类进入工业化社会以来便已经存在了，它是由生产的社会化分工、地域间资源禀赋的不同和居民的文化程度的差异等诸多因素作用的结果，只要这些因素存在，产业集聚的现象就会继续延续下去。

可持续发展产业集聚企业共同位于相对近距离的某一地域范围内，上游企业的生产副产品可以作为下游企业的生产原材料，从而形成投入产出的关联体。可持续发展产业集聚与传统的产业集

① 石培哲：《产业集群形成原因探析》，载《机械管理开发》1999 年第 11 期。

聚在所引入的企业类型方面存在一定的差别,它一般拥有若干家大型的企业,作为集聚的核心企业(Anchor Tenant),围绕这些大型企业再引入与之在生产和销售方面关联的中小型企业。一般情况下,企业需寻求合适的分工对象与之结成交易关系,在这个过程中,如果企业分布比较分散或相互之间不了解,交涉和调查等需要费用,选择合作对象花费过多时间又容易丧失扩大市场的机会,这些费用或危险可视为企业间分工的成本。如果这个成本不能降低,企业间机动灵活的分工将难以实现。

作为可持续发展产业集聚的管理者和倡导者,政府将会从政策、信息和基础设施方面为这些集聚企业提供非常优惠的条件,例如向集聚企业提供基础设施,提供培训服务,提供特殊信息服务等。通过政府的政策引导和制度设计,会形成一种良好的运作机制,在该集聚系统中的企业、公共部门(特别是地方政府)和非政府组织之间可以相互交流。这种交流可以提高企业间合作的效率,例如共同营销、共同设计、共同培训等。政府还可以在集聚区内提倡成立供应商协会和学习型组织,促进转包业务的发展,提高服务效率。

另外,产业集聚达到一定规模,就会如电流产生的磁场一样产生极大的吸引和辐射作用,从园区外或其他地区、国家吸引新的企业、人才和资金。产业集聚网络是"有组织的市场",企业间以经济流为基础,进行包括文化、技术、制度、政治各方面的交流,使交易费用大大降低。企业的集聚化程度越高,相互之间的关系越紧密,合作越紧密,越有利于创新的传播。集聚的存在以及网络化的合作方式是企业良好创新环境形成的基础。企业集聚化发展的内在动力,正是由于企业之间各种正式与非正式的合作和信息交流带来了创新灵感和加快了对技术的学习过程,从而能形成持续的创新动力。这些都会增加集聚内企业的利益,使建立可持续发展产业集聚的企业比分散的企业能获得更好的经济效益。

其次,可持续发展产业集聚可以产生规模经济与范围经济的牵引效应。众所周知,规模经济,是指伴随生产能力的扩大而导致生产批量扩大,从而使生产的单位成本下降、收益上升的一种规律性现象。实现规模经济效益的形式很多,最基础的就是分工、协作。在工业化高度发展、进入知识信息社会之际,机器体系、自动机器体系日益向高效化发展,要求相应大的生产规模与之匹配,以充分运用产能。现代企业高额的研发费用(R&D)、固定半固定费用,只有大批量生产才能合理分摊,这也相应造就了一批大型、特大型企业集团。对于可持续发展产业集聚来说,也具有这种特性,一方面表现为可持续发展产业集聚系统自身的规模不断扩大;另一方面表现为一系列的大型或特大型企业,为了追求规模经济和范围经济,不管在经营范围还是在生产规模上都不断拓展。这也是现代社会化大生产中特定的分工协作形式。在生产集中化、大型特大型企业内部分工协作发展的同时,伴随着生产分散化,围绕着大型特大型主导企业的生产经营,大量中小企业为之提供"少而专"的生产技术劳务协作,首先"集中规模"从而造成"带动规模"产生"规模效益"。

因此,对于企业来说,产业集聚发展到一定程度,会获得两种规模经济效益。一种是出现达到经济规模的大企业,获得规模经济效益;另一种是若干小企业在从生产的密切联系度上形成了一个"联合型的大企业",在供给与需求的博弈中获得了"准规模经济效益"。这可能是可持续发展产业集聚企业共生的潜在力量之所在,是对小企业的强大吸引力。因为对于中小企业,就其每个单位来说无规模的利益可言,而就其共生整体来说却实现了规模的利益。

从经济学意义上讲，范围经济则意味着对多产品进行共同生产相对于单独生产的经济性，是指一个厂商由于生产多种产品而对有关生产要素共同使用所产生的成本节约。在构建可持续发展产业集聚系统时，要从整体上对系统进行规划，在基础设施方面，根据系统的规模和实际需要在道路交通、生产用水、暖、气等能源方面以及生产废物的回收与处理方面进行统一规划，杜绝企业各自重复建设、浪费严重的现象，提高资源的使用效率。同时，在软环境方面，为企业在信息、人力资源培训、管理咨询和金融服务等方面提供各种优惠条件，节省企业在这些方面的投资，杜绝规模不经济。这使得各种要素间的组合或分工成为多种多样且灵活可变。这是僵化、非效率的分工所不具备的，参加共生合作的每个企业均可享受"范围经济"的利益。由此可见，可持续发展产业集聚企业共同使用基础设施和享受园区的软性环境，具有明显的规模经济效益和范围经济效益。因此，由规模经济和范围经济而产生的成本降低和生产便利性是吸引企业建立可持续发展产业集聚的重要因素。

最后，可持续发展产业集聚可以将外部经济内化。从一般均衡的角度看，经济主体之间的经济行为是相互影响和相互制约的，而且这种影响是通过供求关系和市场价格的变动来发生作用的。当经济中存在无法通过市场反映出来的影响时，我们说市场存在外部性。之所以叫"外部性"，顾名思义，是因为这种影响是在"市场之外"的。① 按照影响的"好坏"，外部性可以分为正外部性和负外部性，分别又称为外部经济和外部不经济。

---

① 张五常：《经济解释》，商务印书馆2000年版，第248—249页。

马歇尔在1981年出版的《经济学原理》第四篇中提出了外部经济这一术语。① 马歇尔的外部经济概念是指经济中外在于企业的因素变化对企业的有利影响,如知识增加、技术进步等导致单个企业的成本下降。这种影响对产业是内在的,但对企业是外在的。马歇尔指出:我们可以把任何一种商品的生产规模之扩大而发生的经济分为两类:第一是有赖于这种工业的一般发达的经济;第二是有赖于从事这种工业的个别企业的资源、组织和效率的经济。前者称为外部经济,后者称为内部经济。外部经济往往能因许多相互发生联系的企业集中在特定的地方——如工业集聚区——而获得。② 他还指出:任何商品的总生产量之增加,一般会增大这样一个代表性企业的规模,因而会增加它所有的内部经济;第二,总生产量的增加,常会增大它所获得的外部经济,因而使它能花费在比例上较以前更少的劳动和代价来制造商品。从马歇尔的论述可以看出,所谓内部经济,是指由于企业内部的各种因素所导致的生产费用的节约,这些影响因素包括劳动者的工作热情、工作技能的提高、内部分工协作的完善、先进设备的采用、管理水平的提高和管理费用的减少等等。所谓外部经济,是指由于企业外部的各种因素所导致的生产费用的减少,这些影响因素包括企业离原材料供应地和产品销售市场的远近、市场容量的大小、运输通讯的便利程度、其他与这些企业相关联企业的发展水平等等。具有关联关系的企业集聚在一起,会使外部经济的效果增强,外部经济效果的增强会促使企业产生内部经济效果,增强企业的竞争优势。

① 马歇尔:《经济学原理(上卷)》,商务印书馆1981年版,第283—291页。

② 杨小凯:《张永生新古典经济学和超边际分析》,中国人民大学出版社2000年版,第278—280页。

根据马歇尔的理论，可持续发展产业集聚在同一区域范围内，会使经济环境发生变化，而共有这一环境的企业和个人能得到有形、无形的利益，这是一种外部经济。外部经济对于可持续发展产业集聚的企业是有利的，为企业提供了顺利发展的外部环境，通过各种渠道促进企业快速发展和技术创新，增强企业的内在优势。作为可持续发展产业集聚载体的生态工业园为企业创造的外部经济效果具体表现在以下几个方面：

第一，完善的基础设施为企业的生产经营提供了良好的外部环境。生态工业园的投资者和经营者根据工业生态学的原理对园区进行总体设计和规划，使园区内具有各种有利于环境保护的基础设施，从而具有生态系统的特性。一般情况下，园区内的基础设施包括：道路交通、能源（水、电、气）、生产废物处理设施、信息中心、环境中心和人员培训中心等。园区经营者会从总体上对这些基础设施进行管理和协调，减少企业在这方面的重复投资，节约生产成本和交易费用，使企业能切实感受到外部经济所产生的内在化效果。

第二，产业集聚创造了巨大的市场机会。许多具有关联关系的企业集聚在生态工业园内，通过原材料、半成品、产成品、生产副产品以及各种生产废物等建立紧密或半紧密的产业集聚关系，一家企业的生产副产品可能是另一家企业的生产原材料，供应商和消费者在园区内可以非常方便地找到，为企业创造了广阔的市场机会。同时，由于产业的集聚吸引了大量的金融机构、咨询公司、信息中介等服务机构进入生态工业园，使企业在园区内享受到许多非常便利的服务，大大减少了交易成本。因此，由于产业集聚和产业集聚而产生的各种溢出效果，增强了企业的内在优势，提高了企业的市场竞争力。

第三，知识与技术溢出效果。在生态工业园内由于产业的集聚和产业集聚关系的发生，除重大的商业秘密和关键性技术外，一般性信息、知识、技术的溢出是经常的。园区内交通便利、信息交流畅通，并且各家企业的员工之间具有许多交流的途径，如共同培训、业务往来、商务谈判以及休闲聚会等都会促进先进技术、信息和知识在园区内的传播与流动。企业之间的这种知识与技术的溢出从总体上来看对企业的发展是有利的。它可以使企业很便利地获得所在行业的技术发展趋势和目前所达到的技术水平，明白本行业的竞争状态、市场份额分布及行业领先者等基本信息。更为重要的是，它会推动园区内企业的技术创新进程，通过相互交流、模仿和学习，加速企业的变革速度。

第四，人才的集聚效果。生态工业园在吸引大量的优秀企业进入园区的同时，也吸引了大量的人才集聚到这里，包括各种管理人才和技术工人等。人才是区域经济发展中最活跃也是最关键的因素，生态工业园能否获得发展，关键就在于它能否创造人才价值实现的机会，成为人才的集聚区。各企业的优秀人才在园区内的流动，一方面有利于各种知识和技术的流动与传播；另一方面也减少了企业寻找合适人才的成本，降低了交易费用。因此，产业的集聚带动人才的集聚，人才的集聚所产生的溢出效果为所有参与企业提供了广阔的发展空间。

当然，由可持续发展产业集聚产生的外部经济不仅仅局限于生态工业园内部，它同样可以扩展到园区所在的经济区域中。产业的增长尤其是当集中在特定的地区时，便创造出熟练的劳动力市场，先进的附属企业或专门化的服务性行业，以及铁路交通和其他基础设施等相关产业的发展。而且，产业的增长会导致劳动分工的扩大，而分工与交易的最终结果便是效率的提高及收益的递增。

三、可持续发展产业集聚的环境取向机理

环境保护已经成为全球关注的热点问题，各国政府为保证本国环境的持续改进都制定了非常严格的法律和法规，尤其是对企业运营过程中的环境问题提出了严格的要求。企业要生存，必须符合国家及地区的环境法律法规，只有在首先满足环保要求的条件下，才可以投资建厂和运营。在环保法规日益严格的大背景下，企业仅靠自己的力量采用末端处理办法，将很难满足环保法规的要求，并且这有可能成为企业的一项沉重负担。

以德国进口计算机为例，从 1990 年起，德国包装法要求制造商负起所有外包装的回收责任，两年后，进一步要求内包装亦需回收。除了法规之规定外，德国进口商更进一步要求外国厂商包装需使用水性油墨印刷，且要求必须保证在包装、运输、使用、维护和弃置过程中，不能生成氟氯碳化物、多氯联苯和重金属之污染问题，否则，厂商需负全部责任。①

上述分析说明，企业治污是出于环保法规和政策的威慑压力。实际上，治污成本对单个企业而言是非常高昂的，往往使企业背负沉重的负担，这种仅靠单个企业的末端处理方式并未能从根本上解决污染问题，最终的结局可能是企业花了大量经费从事污染物的处理工作，并且最终经过努力总算达到了法规的标准，然而过不了多久法规又更改了，排放标准又提高了，必须再花上更多的金钱方能再次达到法规的要求。面对越来越严格的环境法规和政策压

---

① 张英:《欧共体环境政策的法律基础、目标和原则探析》，载《法学评论》2001 年第 4 期。

力，企业若想摆脱环境问题的束缚，将主要精力和资金用于生产过程中，最为经济和可行的途径就是与其他企业合作，建立副产品交换系统，通过可持续发展产业集聚实现经济和环境双重效应。

四、可持续发展产业集聚形成的内生机理

可持续发展产业集聚是一种复杂的系统组织，它的形成不仅受到强大外部环境的推动，更为重要的则是其自身所具有内在动力之驱使，主要有复杂系统运作机理、自组织机理、协同机理。其中，系统的复杂性是可持续发展产业集聚生成的内在动力之源，正是系统复杂性的存在才使自组织机理和协同机理在可持续发展产业集聚的形成过程中得以体现。

首先，可持续发展产业集聚是一个复杂系统，它不仅包括各参与方的信息结构和行动，而且各参与方内部的技术、经济信息结构也十分复杂。多家企业相互合作，其信息结构和行动相互交流与渗透就形成了错综复杂的网络系统。从复杂系统的动力机制来看，可持续发展产业集聚是一个复杂的非线性动力系统，它的形成遵循其演化机制，沿一定的演化轨迹进行。在可持续发展产业集聚体系中，物资流、信息流驱动网络运作，网络协议保证产业集聚的正常运转，可持续发展产业集聚通过重组去适应外部环境，通过网络成员协作创新实现组织目标。可持续发展产业集聚就是靠组织结点间的协作创新在复杂、不确定的环境中逐渐形成的。可持续发展产业集聚所处环境的复杂性是网络组织复杂性的外在要求，网络组织通过与环境交互作用，向环境学习、与环境匹配来推动自身的演进。

可持续发展产业集聚由具有决策能力的活性结点构成，各结点具有信息加工和处理能力，网络结点的数量不一、结点的决策特

征不同,决策模式多样,决策素质各异,网络结点间联结方式多种多样、联结效果也不尽相同。可持续发展产业集聚中结点及其数量、特征,结点间联系的数目、形式是网络复杂性的静态结构基础,也是网络形成的载体。

可持续发展产业集聚结点间具有非线性、即时的联结机制,企业之间的相互交流和学习为产业集聚的形成构建了重要平台。网络组织发展的源泉为相互学习,信息流驱动组织学习进程,网络组织沟通过程是信息流在各个结点间流动的过程,信息流可分为知识信息流和控制信息流,两种信息在流动中所占的比重显示控制、集中决策/分散决策的程度,信息流动的方向有单向流动、双向流动和伪双向流动,信息流动使得结点的性质和结点间联系都会发生变化,有的变得更加紧密,有的变得相对疏远,可持续发展产业集聚中信息的流量、质量、分布以及流动方向的组合也决定了网络组织结构的动态复杂性,同时也决定了可持续发展产业集聚组织的成与败。

可持续发展产业集聚创新源于决策结点活性和结点之间的相互作用,组织接受可以容忍的冲突,组织中结点的冲突、交流是创新的原动力。可持续发展产业集聚成员决策能力不同可能因为决策模式不一样,也可以源于知识背景不同、经验能力不同,所以在网络组织中可以并行运转解决一个复杂问题的不同方面,而不只是各结点重复同样的工作,产业集聚结点间可以进行决策分工、而不仅仅是操作分工。因此根据复杂系统的观点,来自可持续发展产业集聚内部的扰动及其他不安定因素可以使组织走向创新。

可持续发展产业集聚的边界具有模糊性和时变性。由于产业集聚是活性结点的动态组合,组织结点随着网络组织对环境的反应、目标及网络组织运行进程进行调整,结点可以增加和撤除,可持续发展产业集聚是一种无边界组织或弹性边界组织，网络组织与利益相关者联系紧密，一些利益相关者可以划到网络组织内部。因此，可持续发展产业集聚所具有的静态和动态的复杂结构，以及活性结点间的非线性联结机制是其复杂性的内在动因和可持续发展产业集聚形成的真正动力。正是由于复杂性的存在，才使得可持续发展产业集聚表现出了其他相关特性，使其在复杂的环境变化中获得不断完善。

其次，可持续发展产业集聚具有自组织机理。自然系统演变的结果总是符合热力学第二定律，即孤立系统从非平衡趋向平衡，从有序趋向无序的退化。然而，在生物界和社会系统中起主导作用的演化则是从无序向有序的进化。比利时布鲁塞尔学派领导人普利高津（Prigogine）教授经过多年研究指出，一个远离平衡的开放系统（不管是力学的、物理的、化学的、生物的等）在外界条件变化达到某一特定闭值时，量变可能引起质变，系统通过不断与外界交换能量和分子运动产生一种自组织现象，组成系统的各子系统会形成一种互相协调的作用，从而可能从原来的无序状态转变为一种在时间、空间或功能上有序的自组织结构。① 这种非平衡态下的新的自组织结构，普利高津等人把它称为耗散结构，原因是为了维持这种组织，必须对系统作某种形式的“功”，即不断的“耗散”能量。耗散结构能够产生自组织现象，所以又称为“非平衡系统的自组织理论”。它解决了开放系统如何从无序转化为有序的问题，对于处理可逆与不可逆、有序与无序、平衡与非平衡、整体与局部、决定论与随机性等关系提出了良好的思考方法，从而把一般系统论向前推进了一大步。

① 沈小峰等：《耗散结构论》，上海人民出版社 1987 年版，第 25—27、33—35 页。

一般情况下,形成自组织必须具有三个基本条件:系统必须是远离平衡态的开放系统;系统内各个要素之间存在着非线性的相互作用;系统要有涨落的触发。生态工业园可持续发展产业集聚实际上是一个由工业经济系统、社会系统和自然生态系统构成的相互作用的有机整体,其本质是人类通过工业生产活动和自然生态系统发生物质、能量、信息交流。由于这种交流表现为无限循环的输入、输出功能,才保持了工业系统的"生命过程",并不断由无序到有序的进化发展。显然,可持续发展产业集聚必须具备耗散结构的特征,必须随时与外界交换能量和物质,进而保持一种非平衡态下的有序结构,该网络才能进一步演化和发展。

可持续发展产业集聚作为一种"工业生态系统",处于多种因素的共同作用下,而且各种因素彼此渗透,互相制约。这样,可持续发展产业集聚中的不同元素之间必然是非线性的作用。一个富有活力而且开放的网络组织,其发展是由许多高度非线性的复杂因素连锁控制着的。当外界条件变化,如环保法规的修订、环境技术的突飞猛进以及新企业的加入等,造成了对网络的冲击和波动,使可持续发展产业集聚始终处于强大的压力之下而远离平衡状态。这时,可持续发展产业集聚内的企业通过不断地与其他企业发生交易,交换信息和人员流通以及资源(能源、材料和水)转移,使产业集聚始终处于激烈的动态变化之中。当达到某一特定值时,动态的量变可能引起质变,可持续发展产业集聚系统有可能从原来的无序的运动状态转变为一种时间、空间和功能相对有序的静态状态。这时,非平衡就成为可持续发展产业集聚新组织系统有序的源泉,在此情况下,新的产业集聚组织结构就能够自发地形成。

在可持续发展产业集聚处于平衡态时,外部的影响不会对网络内部系统起什么作用，因为这时的网络是处于全开放性的，所以由此产生的这种平衡本身便是抗外界冲击的；当可持续发展产业集聚处于接近平衡态的线性非平衡区时，仍处于相对平衡状态，外部的涨落只会使产业集聚系统发生微小的冲击，使网络的平衡状态暂时偏离，如对环境法规的修订而使网络成员发生的暂时波动。如果这种涨落不足以冲击可持续发展产业集聚本身的平衡状态，这种偏离状态就会不断衰减直到消失，最后回到稳定的状态；当可持续发展产业集聚处于远离平衡态的非线性区域时，如园区管理政策发生重大变动，企业成本急剧增加，这时可持续发展产业集聚中的一个微观随机的小振动，就会通过相关作用得到放大，促成网络成员外流增多、园区形象不佳等诸多问题，形成一个整体的、宏观的“巨涨落”，使产业集聚进入了不稳定状态。这时，当地政府、生态工业园投资者和经营者针对内外具体情况加以调整，从而使可持续发展产业集聚得到了负熵的输入，而又跃迁到一个新的稳定的有序状态，从而使可持续发展产业集聚在新状态下实现了平衡。

可持续发展产业集聚作为一种“工业生态系统”，处于多种因素的共同作用下，而且各种因素彼此渗透，互相制约。这样，可持续发展产业集聚中的不同元素之间必然是非线性的作用。一个富有活力而且开放的网络组织，其发展是由许多高度非线性的复杂因素连锁控制着的。当外界条件变化，如环保法规的修订、环境技术的突飞猛进以及新企业的加入等，造成了对网络的冲击和波动，使可持续发展产业集聚始终处于强大的压力之下而远离平衡状态。这时，可持续发展产业集聚内的企业通过不断地与其他企业发生交易，交换信息和人员流通以及资源（能源、材料和水）转移，使产业集聚始终处于激烈的动态变化之中。当达到某一特定值时，动态的量变可能引起质变，可持续发展产业集聚系统有可能从原来的无序的运动状态转变为一种时间、空间和功能的相对有序的静态状态。这时，非平衡就成为可持续发展产业集聚新组织系统有序的源泉，在此种情况下，新的产业集聚组织结构就能够自发地形成。

实践表明，可持续发展产业集聚的自组织特性保证了网络各子系统有充分的能力和资源来实现内部的协调和平衡，并能更好地适应外界环境的迅速变化，实现从不平衡到平衡、从无序到有序的发展，正是由于自组织特性的存在使可持续发展产业集聚能够在不断波动和变化中持续发展，使网络不断趋于完善。

最后，可持续发展产业集聚具有协同机理。由前面的分析可知，可持续发展产业集聚是一个开放的复杂系统，由许多子系统组成，因此，在形成过程中具有协同学的特性。协同学是由德国物理学家哈肯首先提出的，它研究各子系统如何协作，形成宏观尺度上的空间、时间或功能的结构。协同学所研究的这种有序结构是通过自组织的方式形成的。一个系统从无序向有序转化的关键并不在于热力学平衡还是不平衡，也不在于离平衡态有多远，而在于只要是一个由大量子系统构成的系统，在一定条件下，它的子系统之间通过非线性的相互作用就能够产生时间结构、空间结构或时空结构，形成一定的自组织结构，表现出新的有序状态。实际上，可持续发展产业集聚正是这样一个系统，网络平衡态形成之前的原状态与形成之后新平衡态构成了协同学的研究对象，贯穿整个可持续发展产业集聚的形成过程中。

在具有协同性质的可持续发展产业集聚中，序参量支配着各子系统的行为。序参量支配着其他参量的变化，主宰着深化的进程，同时其他参量的变化也通过耦合和反馈牵制着序参量，他们之间互相依赖,又在序参量的主导下协同一致,从而形成一个不受外界作用和内部涨落影响的自组织结构。子系统间之所以能够出现协同合作是由于子系统之间存在着某种关联力所造成的。因此,协同学中的协同是指在序参量支配下形成的子系统之间的协同运动,它是系统走上有序以及形成演化序列的原因。无论是平衡相变还是非平衡相变,其相变过程都是自组织过程,并且各种自组织过程的规律与子系统的性质无关。

协同导致有序还表现在可持续发展产业集聚序参量之间的协作与竞争上。在很多情况下,可持续发展产业集聚同时存在着几个序参量,网络的状况由每一个序参量间的协作与竞争的结果来定。由于衰减常数相近,网络中的各子系统会自动妥协,协同一致共同形成企业组织系统的一种有序结构。随着外界条件的变化,这种合作行为遭到破坏,在新的内外环境中,竞争导致只有一个序参量主宰产业集聚的有序结构。这种序参量之间的协同合作与竞争决定着可持续发展产业集聚中各企业从无序到有序的深化进程。

第三节 可持续发展产业集聚运作模式

可持续发展产业集聚,其典型的特点就是企业之间相互合作,通过可持续发展产业集聚实现资源相互利用和循环。最具代表性的可持续发展产业集聚模式主要包括:依托型可持续发展产业集聚、平等型可持续发展产业集聚、嵌套型可持续发展产业集聚和虚拟型可持续发展产业集聚四种,下面结合具体案例分别对每一种模式进行分析。

一、依托型可持续发展产业集聚运作模式

依托型可持续发展产业集聚是生态工业园中最基本和最为广泛存在的组织形式。这种网络组织形式的形成往往是因为生态工业园中存在一家或几家大型核心企业(anchor tenant),许多中小型企业分别围绕这些核心企业进行运作,从而形成可持续发展产业集聚。由于核心企业的存在,一方面需要其他企业为它供应大量原材料或零部件,这也为大量相关中小型企业提供了巨大市场机会;另一方面,核心企业也产生大量的副产品,如水、材料或能源等,当这些廉价的副产品是相关中小型企业的生产材料时,也会吸引大量企业围绕其相关业务建厂。例如摩托罗拉公司落户天津开发区以后,先后吸引了近40家相关的上下游中小企业进入该地区,一方面使原来本应作为废物处理掉的材料成为其他企业的生产资源,企业在此过程中获得了经济效益,提高了资源使用效率,同时减少了废物排放对环境的影响,实现了环境保护。

根据生态工业园中核心企业的数目不同,依托型可持续发展产业集聚模式可以分为:单中心依托型可持续发展产业集聚(如图5-1)和多中心依托型可持续发展产业集聚(如图5-3)。当生态工业园中只存在一家核心企业时,围绕该核心企业所建立的可持续发展产业集聚称为单中心依托型可持续发展产业集聚。

目前,单中心依托型可持续发展产业集聚在我国工业园中非常普遍,特别是一些大型企业集团,为扩大规模,围绕集团核心业务建立一系列的分厂,充分利用各种副产品和原材料,形成集团内部企业可持续发展产业集聚,最为典型的企业有广西贵糖集团和鲁北化工企业集团。其中,广西贵糖(集团)有限公司(简称贵糖集团)是位于广西贵港市的一家大型制糖企业,由于制糖业是一

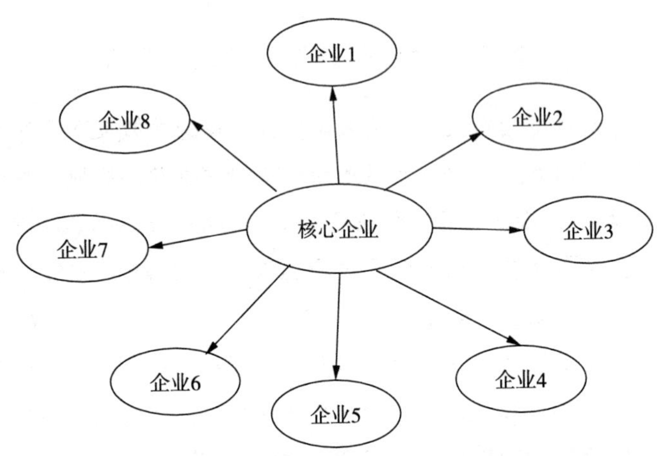

图5－1　单中心依托型可持续发展产业集聚模式

种排污多、污染重的行业，特别是在我国这种制糖技术比较落后的国家，制糖企业造成的污染和浪费一直是该行业比较难以克服的一个大问题，为了解决这一问题，变废为宝，贵糖集团创建了一系列子公司或分公司来循环利用这些废物从而减少污染和从中获益。围绕制糖厂贵糖集团共建立了酿酒厂、纸浆厂、造纸厂、化肥厂、水泥厂、发电厂以及承包了大量蔗田等，其企业共生网络围绕制糖业贵糖集团共建立了酿酒厂、纸浆厂、造纸厂、化肥厂、水泥厂、发电厂以及承包了大量蔗田等，其企业可持续发展产业集聚模式如图5－2所示。

所谓多中心依托型可持续发展产业集聚是指在生态工业园中存在两家或更多的核心企业，围绕多家核心企业所建立的可持续发展产业集聚。多中心可持续发展产业集聚的出现大大降低了生态工业园内因某一环节中断而使园区整个集聚网络全部瘫痪的风险，提高了园区整体集聚网络的稳定性和安全性。多中心依托型可持续发展产业集聚的典型代表是丹麦卡伦堡工业共生体。该工

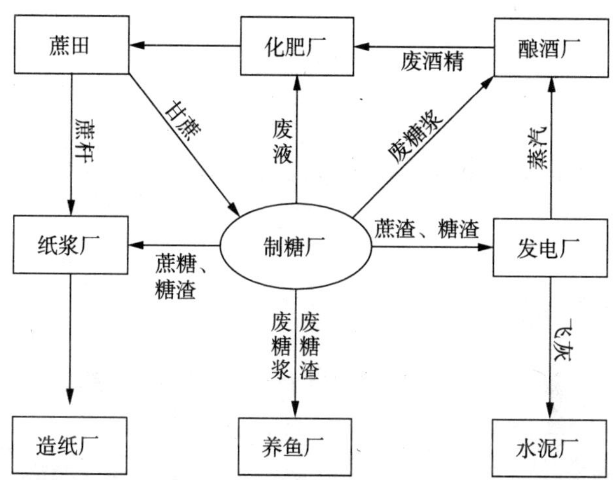

图 5-2 广西贵糖集团的依托型可持续发展产业集聚模式

业园最初是围绕丹麦最大的燃煤火力发电厂阿斯内斯(Asnaes)发电厂发展起来的,随着规模的扩大,斯塔托伊尔炼油厂、诺和诺德制药公司、济普洛克石膏厂等大型企业也进入了该园区,逐渐成为园区内可持续发展产业集聚的核心企业,随着这些大型企业的加入又有许多相关中小型企业跟随而来,通过在蒸汽、燃气、飞灰和水等方面的交换形成了目前的错综复杂的多中心依托型工业共生网络。卡伦堡可持续发展产业集聚的简化模式如图 5-4 所示。

依托型可持续发展产业集聚的特点在于对核心企业具有很强的依附性,核心企业主导网络的运行,在谈判与治理过程中处于绝对的主导地位。一般情况下,核心企业大都是特大型企业,由于核心企业对生产材料的需求量或为其他企业提供副产品的供应量基本上是丰富而稳定的,具有规模优势,因此,与之合作企业的主要目的是为它提供生产材料或者是利用它廉价的副产品。核心企业往往被视为依托型可持续发展产业集聚的缔造者,它决定了可持

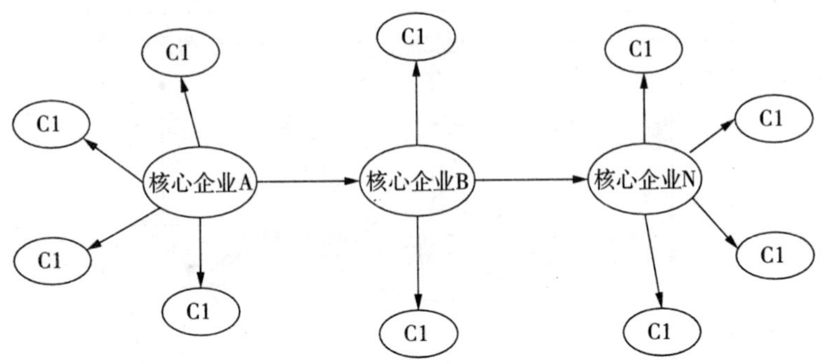

图5-3　多中心依托型可持续发展产业集聚模式

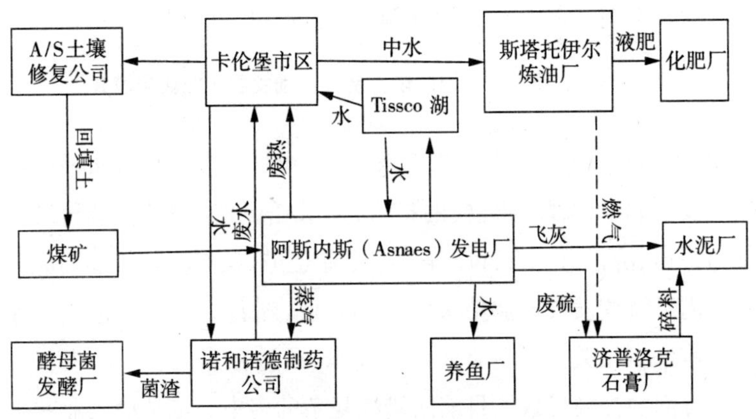

图5-4　丹麦卡伦堡生态工业园中的多中心依托型可持续发展产业集聚模式

续发展产业集聚能否持续发展的技术可行性，一旦核心企业的经营环境发生变化，如工艺调整、材料更换或者规模变更等，都会对它的依附企业产生非常大的影响，最终将直接影响既定可持续发展产业集聚模式的稳定性和安全性，甚至导致可持续发展产业集聚的失败。

在生态工业园的实际运作过程中，为避免依托型可持续发展产业集聚中因核心企业经营的波动而给可持续发展产业集聚带来的强烈震动，参与共生的各企业往往倾向于与其他多家企业建立长期稳定关系，以备核心企业经营出现变故时另有选择，从而避免了由对单一核心企业的依赖所带来的风险，这也正是其他类型可持续发展产业集聚模式不断出现的主要动力。

二、平等型可持续发展产业集聚运作模式

所谓平等型可持续发展产业集聚是指在生态工业园中，各个结点企业处于对等的地位，通过各结点之间（物质、信息、资金和人才）的相互交流，形成网络组织的自我调节以维持组织的运行，其简易的结构模式如图5－5所示。

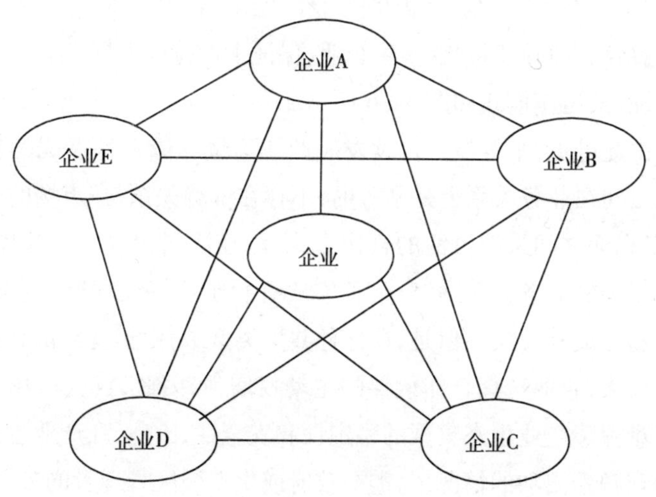

图5－5　平等型可持续发展产业集聚模式

在平等型可持续发展产业集聚中，一家企业会同时与多家企业进行资源的交流，企业之间不存在依附关系，在合作谈判过程中

处于相对平等的地位,依靠市场调节机制来实现价值链的增值,当两家企业之间的交换不再为任何一方带来利益时,就终止生态集聚关系,再寻求与其他企业的合作。参与平等型可持续发展产业集聚的企业一般为中小型企业,组织结构相对灵活,依靠市场机制的调节,以利益为导向,通过自组织过程实现网络的运作与管理。目前,在世界范围的工业园中,平等型可持续发展产业集聚普遍存在,特别是在一些高科技园区,如美国硅谷工业园、中国台湾新竹工业园和北京中关村科技园区内的企业大都以平等型可持续发展产业集聚模式为主体架构来运作的。世界上采用平行型可持续发展产业集聚最为成功的生态工业园——加拿大波恩赛德工业园(Burnside Industrial Park)越来越受到人们的关注。从总体上考虑,波恩赛德生态工业园内的工业活动丰富多样,企业冗余度很大,网络结点间同时存在多家企业,保证了可持续发展产业集聚的稳定性,其运作模式如图 5－6 所示。

由此可见,平等型可持续发展产业集聚的最大特点就是参与企业之间在业务关系上是平等的,不存在依赖关系,在市场的安排下,各企业之间采取灵活的合作方式,以经济利润最大化为导向,建立复杂的业务关系网络,这种模式有利于可持续发展产业集聚的迅速形成和发展。但是,在这种共生类型中,由于受经济利益影响比较大,企业选择合作伙伴的主动权增强,因此,仅凭市场的调节很难保障产业生态集聚的稳定性和安全性,因此,在产业生态集聚出现频繁波动的情况下,需要政府或生态园区管理者的参与。

三、嵌套型可持续发展产业集聚运作模式

依托型可持续发展产业集聚和平等型可持续发展产业集聚是生态工业园内产业生态集聚的两种极端形式,前者过于依赖于某

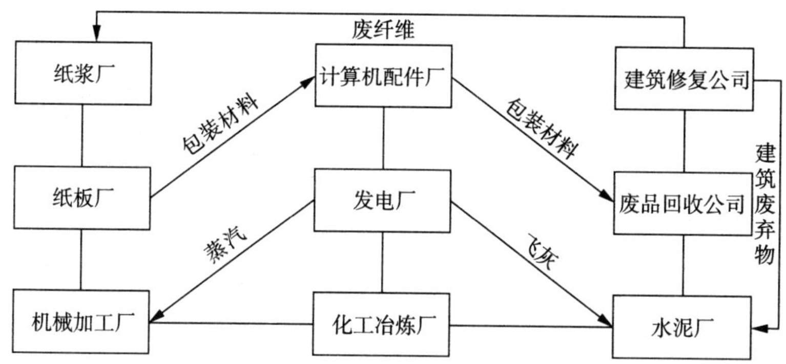

图 5－6　波恩赛德生态工业园中的平等型可持续发展产业集聚模式

一企业，具有非常强的专一性，而后者过于松散，很难形成主体生态产业链。随着世界各国生态工业园的不断发展，网络组织也在不断进化，一种介于依托型可持续发展产业集聚和平等型可持续发展产业集聚之间的新型组织结构——嵌套型可持续发展产业集聚在实践中开始出现。嵌套型可持续发展产业集聚是一种复杂网络组织模式，它吸收了依托型可持续发展产业集聚和平等型可持续发展产业集聚的优点，由多家大型企业和其吸附企业通过各种业务关系而形成的多级嵌套网络模式，其结构如图 5－7 所示。

在生态工业园内，多家大型企业之间通过副产品、信息、资金和人才等资源的交流建立集聚关系，形成主体集聚网络，同时，每家大型企业又吸附大量的中小型企业，这些中小型企业以该大型企业为中心又形成子集聚网络，另外，围绕在各大型企业周围的这些中小型企业之间也存在业务关系，所有集聚的企业通过各级网络交织在了一起，既有各大型企业之间的平等型共生和中小型企业的依托型可持续发展产业集聚，还有各子集聚网络之间的相互渗透，从而形成一个错综复杂的可持续发展产业集聚综合体。奥地利 Styria 生态工业园是嵌套型工业共生网络运作模式的典型代

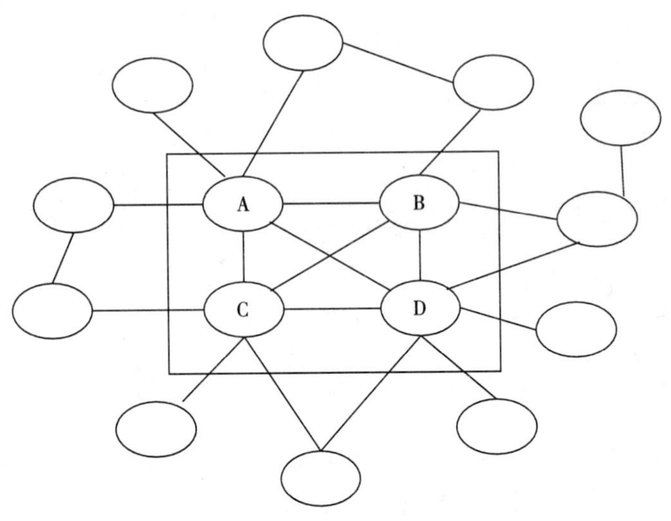

图5－7　平等型可持续发展产业集聚模式

表，其结构如图5－8所示。在该工业共生网络中有一系列的核心企业，如造纸厂、发电厂、水泥厂、炼钢厂以及污水处理厂等，这些核心企业之间具有频繁的产品交换活动，它们构成了整个网络的主体框架。围绕这些核心企业的有大量的中小型企业，如废物回收公司、小型水泥厂和造纸厂等，这些企业一方面与大型企业建立稳定的交换关系，同时与其他中小型企业也存在业务来往，网络关系延伸到每一个企业中，使整个园区形成错综复杂的网络系统。由图5－8可以看出，Styria生态工业园中的企业之间呈现出"你中有我，我中有你"的嵌套关系，保证了网络的复杂性和稳定性。嵌套型可持续发展产业集聚不仅提高了企业进行自由选择合作伙伴的可能性，而且增强了合作企业之间相互依赖和相互凝聚的网络整体性。在这种网络模式下，网络成员之间的资源交流渠道增多、交流频率加快各级网络层层嵌套，提高了网络的稳定性和安全性。

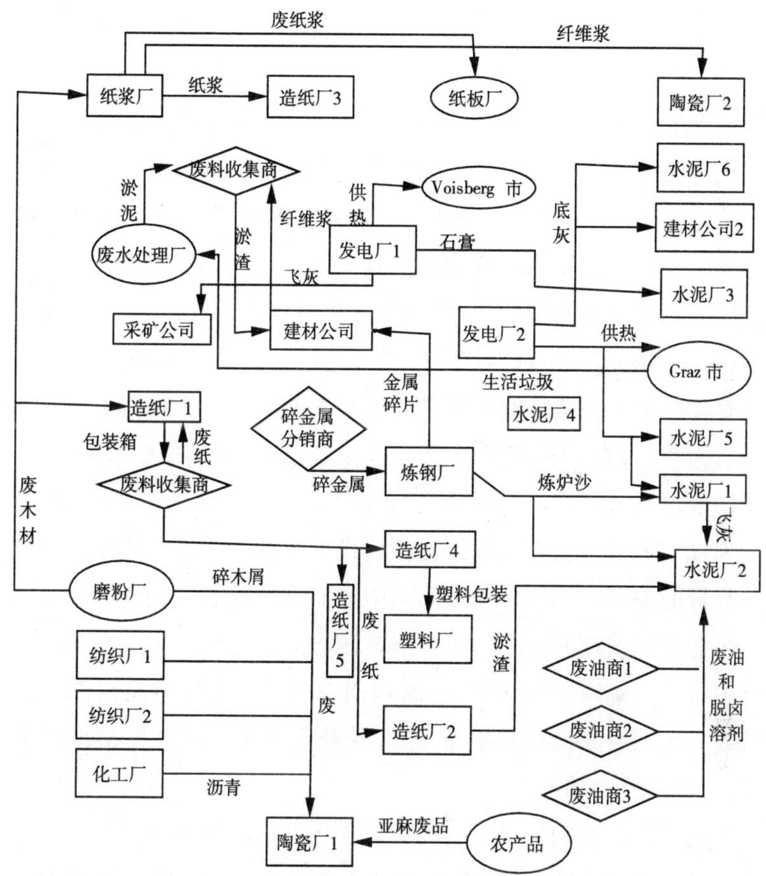

图 5－8　奥地利 Styria 生态工业园中的嵌套型可持续发展产业集聚模式

四、虚拟型可持续发展产业集聚运作模式

虚拟型可持续发展产业集聚是一种新颖的组织形式，它突破了传统的固定地理界限和具体的实物交流，借助于现代信息技术手段，用信息流连接价值链建立开放式动态联盟，组建和运营的动力来自多样化、柔性化的市场需求，以市场价值的实现作为目标，

整个区域内的产业发展形成灵活的梯次结构,因此具有极强的适应性。同时,参加合作的企业通过各自核心能力的组合突破了资源有限的限制,整个虚拟组织以网络为依托,充分发挥了协同工作和优势互补的作用。美国布朗斯维尔生态工业园和北卡罗莱纳州三角研究园(Research Triangle Park)是目前世界上采用虚拟型可持续发展产业集聚比较成功的代表性园区。北卡罗莱纳州三角研究园共涵盖北卡罗莱纳州3000平方英里6个郡的区域,包括Raleigh,Durham和Chapel Hill等地区。在如此广阔的地理范围内,只有建立虚拟型可持续发展产业集聚才能实现副产品的交换。到目前为止,共有1382家企业参与到该虚拟网络中来,有1249种不同物资进行了交换。下面我们以布朗斯维尔生态工业园的发展历程来说明虚拟型生态工业园区的建设。布朗斯维尔可持续发展产业集聚的原型如图5-9所示,从中我们可以看出,基于这12家成员企业所能实现的工业共生是非常困难的。这是因为由于该生态链中一个关键环节的缺失,造成布朗斯维尔生态工业园内部难以形成一个闭合的循环共生系统,如果将整个工业园区全部推倒重建,又面临巨大的困难。

为了克服布朗斯维尔生态工业园企业之间距离遥远且缺少关键生态关联企业的问题,园区的设计者在原有企业成员的基础上引入了一家发电厂,补齐了生态产业链中的关键环节,如图5-10所示。从图5-9和图5-10的对比中,我们可以清楚地看出,新引入的发电厂有机地将炼油厂、沥青厂、储油罐区、石材厂和石膏板厂的物质循环和能量层级利用联系在一起,建立了基础的工业共生体系。

当布朗斯维尔生态工业园的成员企业随着时间的推移越来越多的时候,园区的管理者又适时地引入了为园区企业服务园区服

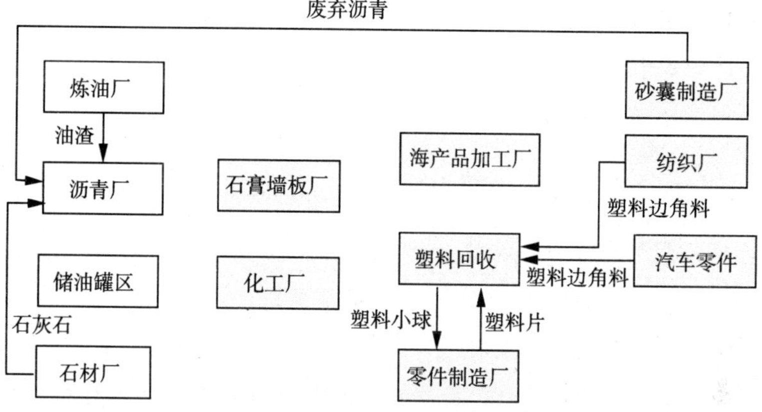

图 5－9　布朗斯维尔生态工业园原型

注:灰色表示远距

资料来源:赵旭、陆莹莹:《都市圈产业生态集聚模式》,上海三联书店 2006 年版,第 82 页。

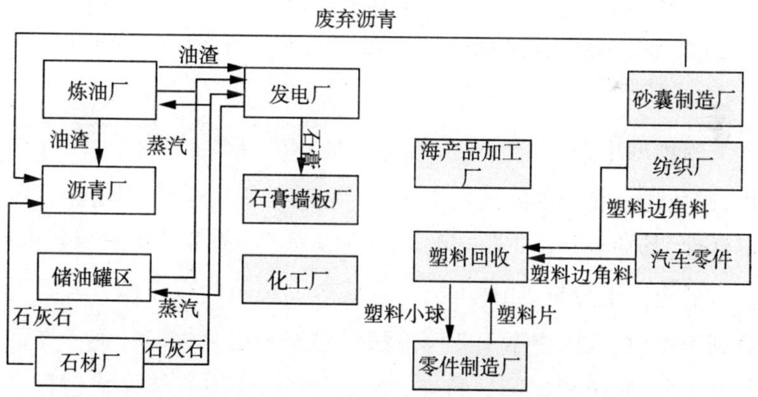

图 5－10　引入发电厂后的布朗斯维尔生态工业园

资料来源:赵旭、陆莹莹:《都市圈产业生态集聚模式》,上海三联书店 2006 年版,第 82 页。

务的企业,通过这些企业的支持,将地理位置本不在园区内的企业有机地集聚在一起，在物质循环和能量层级利用上与园区的企业组成有机的产业集聚体系，最终发展成为一个成功的虚拟型生态工业园区，如图 5－11 所示。

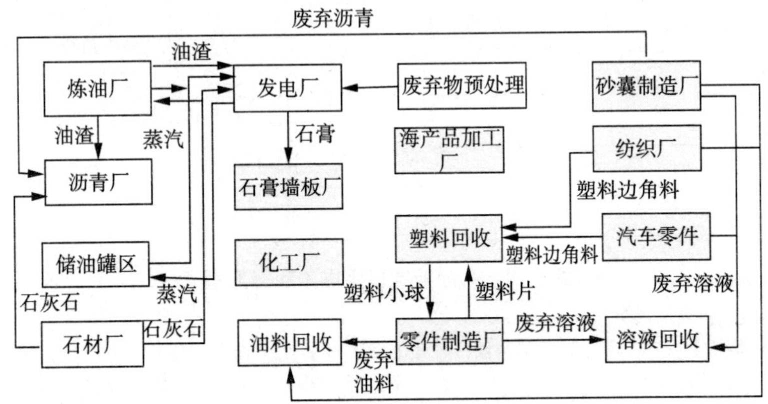

图 5－11　引入新的工业服务业后的布朗斯维尔生态工业园

资料来源：赵旭、陆莹莹：《都市圈产业生态集聚模式》，上海三联书店 2006 年版，第 83 页。

虚拟型生态工业园可以省去一般建园所需的昂贵的购地费用，避免建立复杂的园区系统和进行艰难的工厂迁址，具有很大的灵活性，其缺点是由于距离的增加可能要承担较昂贵的运输费用。

通过以上分析，四种可持续发展产业集聚的运作模式各具优点和不足，在我国生态工业园的建设过程中过分偏向任何一种都是不可取的，应根据园区特点、企业规模和类型有选择地进行采用。在一座工业园中，往往既可能存在依托性可持续发展产业集聚，也会存在平等型可持续发展产业集聚、嵌套型可持续发展产业集聚和虚拟型可持续发展产业集聚以及这些网络的混合模式，不管何种模式，只有使参与企业在获取经济效益的情况下，并能提高资源的使用效率从而改善园区的环境表现才是最佳的选择。

第四节　可持续发展产业集聚的实践——生态工业园

一、生态工业园概念的提出

生态工业园主要是一个实践范畴，Suren Erkman 在他的《工业生态学》一书中提出，生态工业园概念的形成，来源于生态学与工业活动相结合而产生的新兴交叉学科工业生态学，只有借助工业生态学的有关原理组建生态工业园，才能实现工业化社会的可持续发展。生态工业园（Eco-Industrial Park，EIP）是工业生态学理论在实践中最成功的应用方式。早在 20 世纪 90 年代初期，加拿大达尔湖西大学和美国康乃尔大学的学者们就对工业园的发展进行了初步构思。在 1992 年，美国 Indigo 发展研究所首先提出了生态工业园的概念，并于 1993 年在美国环境管理委员会（EPA）上向全体会员介绍了这一概念。① 1995 年 EPA 在一项环境技术规划中列入了一项 EIP 项目，并且建议总统可持续发展委员会将 EIP 作为示范项目进行推广，截至 2001 年上半年，美国至少有 40 个社区建立了生态工业园项目。在除美国以外的其他地方，如亚洲、欧洲、南美洲、澳大利亚、南非和纳比米亚等地也建立了许多生态工业园项目，据初步统计，至少有 60 项，仅日本就有 30 多项。

生态工业园与传统的工业园在很多方面存在相似性，都拥有一些彼此距离很近的资产设施、大量入驻的企业，共同分享园区内

① Cohen-Rosenthal, Ed and Tad McGalliard, Designing Eco-Industrial Parks: The US Experience, *Industry and Environment*, UNEP, December, 1993(4), pp. 14 - 18.

的基础设施和服务，生态工业方法对工业园发展的创新之处就是集中在了持续改善园区的环境绩效和经济表现。① 在工业生态学的文献中，生态工业园最初被描述为在考虑某些物质化学联系可能性的情况下用来管理材料和能源流动的一种有效方式。更多的是，环境学家将它作为实现废物最小化的一种工具，通过建立特殊的联系，需要丢弃的固体废弃物、原材料的投入和运输成本减少了，从而对环境的破坏也就大大减少了。Saga 和 Frosch 在一篇备受大家关注的文章中认为生态工业园的概念可以被描述为“在一个确定的地理区域范围内，有组织地创造的一个园区……主要是便于材料的再循环或再使用”。②

1995 年，Raymond. P. Cote 和 Hall 提出了这样的定义：生态工业园是一个保护自然和经济资源的工业系统，它通过降低在生产、使用原料和能源、安全保障以及加工处理过程中的成本来提高运营效率、产品质量、劳动者健康水平和公共形象，同时通过使用和销售废料来提供创造收入来源的机会。③ Cote 的定义强调了生态工业园在提高生态效率和创造市场机会方面所起的作用，是对生态工业园最终所追求结果的一种描述，但他未对如何才能实现这些效果进行描述，仅通过该定义很难付诸实践。

1996 年 10 月美国总统可持续发展委员会提出了两个重要的生态工业园定义：生态工业园是指在某一社区范围内的各企业相

① Spurlock, J. M., Ward, H. C., *Systems-Integration Requirements for the Synergistic Co-Siting of Industrial Activities*, Washington, DC: US Department of Commerce, National Technical Information Service Publication, 1980, pp. 121 – 125, 203 – 205.

② Ayres RU, Ayres L., *Industrial ecology-towards closing the materials cycle*, Edward Elgar, Cheltenham (UK), 1996, pp. 278 – 280.

③ Cote, Raymond and J. Hall (eds.), *The Industrial Ecology Reader*, Halifax, Nova Scotia: Dalhousie University School for Resource and Environmental Studies, 1995, pp. 66 – 71.

互协作,共同高效率的分享社区内的各种资源(信息、原料、水、能量、基础设施和自然居所),从而获得经济效益和环境质量的提高,最终实现社区内的人、经济和环境均衡发展。① 生态工业园是一个经过对原材料和能量交换进行精心规划过的工业系统。在这个系统内通过尽可能少地投入能量和原料而实现废物产生的最小化,从而建立经济、生态和社会的可持续发展。

美国环保局1998年对生态工业园的定义是:生态工业园是一种由制造业和服务业所组成的产业共同体,他们通过联合来共同地管理环境与物资流动(包括能量、水和资源)从而致力于提高环境与经济绩效。通过联合运作,产业共同体可以取得比单个企业通过个体的最优化所取得的效益之和更大的效益。②

我国学者段宁认为:生态工业园是实现生态工业和工业生态学的重要途径,它通过园内物流与能流的正确设计,模拟自然生态系统,形成企业间可持续发展产业集聚,一个企业的废物成为另一个企业的原材料,企业间能量及水等资源梯级利用。③ 钟书华在2003年给出的定义是:生态工业园是一种以追求更高物质利用率和能量转化效率,更少废物排放甚至零排放为目标的企业地域分布形式。④ 中国环保总局对于生态工业园的定义是:生态工业园是依据清洁生产要求、循环经济理念和工业生态学原理而设计建立的一种新型工业园。它通过物流或能流传递等方式,把不同工

---

① President's Council on Sustainable Development, In:*Eco-Industrial Park Workshop Proceedings*, Washington (DC), October 1996, pp. 17 – 18.

② 厄纳斯特·劳爱尔著,耿勇译:《工业生态学和生态工业园》,北京化学工业出版社2003年版。

③ 段宁:《清洁生产、生态工业和循环经济》,载《环境科学研究》2001年第16期。

④ 钟书华:《工业生态学与生态工业园》,载《科技管理研究》2003年第23期。

厂或企业连接起来，形成共享资源和互换副产品的产业共生组合，使一家工厂的废弃物或副产品成为另一家工厂的原料或能源，模拟自然系统在产业系统中建立“生产者—消费者—分解者”的循环途径，寻求物质闭环循环、能量多级利用和废物产生最小化。

除上述定义外，还有许多学者给出了类似的定义，但目前在学界还没有统一的解释。综合以上定义，生态工业园具有如下特点：(1)强调相互合作与整体利益。生态工业园通过园区内相关产业和企业的生态集聚可以取得环境、经济和社会效益的同时实现。(2)强调系统思想的重要性。通过对能流、物流、信息流的系统集成从而改善园区的运作效率，实现基础设施的共享。(3)强调工业生产的生态化和环境友好性。按照自然生态的机理来规划和设计整个工业生产过程，使得工业生产能有机地融入整个自然系统之中，与环境更加和谐。(4)强调可持续性。生态工业园通过资源的循环运作和能源的梯级流动实现资源使用的最小化和环境保护的最大化，实现产业集聚的生态化，因此它是一种可持续发展的模式。

二、生态工业园可持续发展产业集聚形成路径分析

基于工业共生形成的可持续发展产业集聚是存在于生态工业园内的普遍现象，已受到世界各国园区开发者的重视，在运作形式和管理手段上表现出多样性。但是迄今为止，对于如何建立完善的可持续发展产业集聚模式的问题仍然没有得到满意的回答。纵观世界著名生态工业园项目的实践经验，因其地理因素、国家产业发展政策和参与企业状况不同，在产业生态集聚的形成路径、需要的客观条件、产业结构以及网络类型等方面表现出不同的特色，非常具有借鉴意义。

基于工业共生的可持续发展产业集聚形成有多条路径,有的是在市场利润的吸引下形成的,有的是靠政府政策的推动形成的,还有的是在二者的共同作用下发展起来的,不管其表现形式如何,归纳起来,生态产业的形成路径可主要分为两种:自发形成和人为规划设计形成。

所谓自发形成是指集聚在园区内的企业因经济利润的吸引在长期的合作过程中自我发展起来的一种可持续发展产业集聚模式,这也是生态工业园区内产业集聚的普遍现象。丹麦卡伦堡生态工业园是该种模式的典型代表。在卡伦堡工业园发展的初期并没有任何机构对它进行规划和设计,它的发展纯粹是企业的自发行为,是在市场因素的作用下自组织和自协调的过程。开始,卡伦堡并未有意发展成工业生态体系,而以几家大公司为核心经过虽然缓慢但非常有效的拓展形成了可持续发展产业集聚的雏形,后来经过政府和科研机构的积极参与,加快了其发展速度,形成了目前状态。

围绕主导产业形成可持续发展产业集聚是美国产业生态化的显著特点,高度发达的市场机制为生态工业园内工业共生关系的形成提供了广阔的发展空间,目前美国所涌现出的许多著名生态工业园在开始阶段也都是围绕某一主导产业自发形成的。位于巴尔的摩城东南部的费尔菲尔德(Fairfield)工业园在政府和相关科研机构参与规划之前,就已自发形成了可持续发展产业集聚的雏形,由于该地区靠近港口,集聚在这里的公司大都是围绕石油和化学产品建立的,包括原油加工厂、有机化学品的生产公司(例如,沥青制造厂、分销公司以及石油和化学公司)和一些围绕大公司新成立的较小专业公司(例如,货运公司、轮胎翻新厂和货箱制造厂等)构成,因此费尔菲尔德一直被描述为是一个基于“碳”的经济区。这里为许多企业提供了一个进一步循环有机化合物的巨大场所和机会,并不断吸引新的企业加入到该园区,填补可持续发展产业集聚的空白节点。

自发形成的可持续发展产业集聚除了在美国和丹麦比较普遍以外,在世界上许多其他地方也都取得了成功,比如,在芬兰、澳大利亚、奥地利以及加拿大的一些地区,尤其是在意大利的 Emilio Romagna 地区得到了非常好的发展,它们在使用资源和适应市场方面都表现出很高的效率和良好的绩效。这些企业集结在一起,相互利用对方的优势,这是满足园区内部运作和外部顾客的某些要求所必需的。它们的链接并不是随意的,而是建立在对整个网络系统思考的基础上的,在不承担过重负担的情况下,该网络的柔性和能力将得到提高。它们的行为反映了自然界中自组织生态系统的一些特征,并不是所有的生物体都能克服环境变化对它们的挑战,但群集要比每个单体能更好地抵制这种压力。Cowan 认为:"像这种自我发展而形成的系统表现出了许多人为设计系统所不具有的特征,在遇到外部环境剧烈变化时,它们能自我寻找到解决所遇问题的独特方法。这可能使人们感到困惑,因为我们已经习惯了为它们制定详细计划,然而在某些复杂情况下,我们有限的知识可能还达不到控制它们的水平,与其这样,就不如干脆相信这个自我设计系统的能力,这或许是解决这种复杂问题的一个比较好的方法。"①

"人为的规划设计"是可持续发展产业集聚在生态工业园内形成的另一种普遍方式,它是在政府、园区管理者和科研机构的参

① Van Der Ryn, *Sim and Stuart Cowan*, *Ecological Design*. Washington, D. C. : Island Press, 1996, pp. 222 – 228.

与下,依靠行政命令、政策和技术手段进行规划和设计而形成的。实践表明,准确而充分的数据分析和优秀的系统设计能够实现"零排放",日本联合国大学零排放研究中心正在潜心研究的项目藤泽(Fujisawa)生态工业园、Bechtel 模式在德克萨斯州的布朗斯维尔(Brownsville)工业园的应用以及田纳西州的"精致园"都是依靠精心设计出来的,而我国贵港生态工业园是在政府的参与下进行兼并、重组后慢慢发展起来的。① 对于这些工业园区,在开始阶段可能是一片"白纸",园区内的企业都是根据预先规划和设计好的方案后期进行招商引入的,还可能这些园区内本来就集聚了一些企业,但它们之间缺乏建立产业生态化的客观条件,生态产业链条是不连续的,为了弥补生态产业链条上的空缺节点,在外力的作用下引入了上下游企业,从而形成可持续发展产业集聚。

通过以上比较可知,可持续发展产业集聚的形成不管是自发的还是人为设计的,两种形成路径都各有长处,刻意的追求或模仿不会真正形成可持续发展产业集聚,要与该地区的产业政策、市场制度和企业特点结合起来,只有遵循经济发展的客观规律才能实现可持续发展产业集聚和生态工业园的可持续发展。

三、生态工业园中可持续发展产业集聚的原则

可持续发展产业集聚是生态工业园建设中的重要内容,生态工业园建设中的产业集聚,就是通过模仿自然生态系统,建立工业系统内的"生态链"结构,通过高效的物质循环和能量的优化利用,达到资源和能源利用效率的最大化,使经济社会可持续发展。

---

① 王金南、李有润:《工业生态园区的实践与设计》,http://www.lncpc.com.cn/eurl/xhjj/xgwz/cpc78_xhjj3.doc.

因此,可持续发展产业集聚需要遵循以下原则:

首先,要遵循整体性原则。生态工业园中的可持续发展产业集聚,是在原有工业系统的基础上,构筑园区新的生态工业系统。这是一项复杂的系统工程,各层次的耦合必须能够全面反映园区可持续发展的各个方面,具有层次高、涵盖广、系统性强的特点。因此在进行产业集聚时,需要进行从工业园整体上进行系统考虑。

其次,要遵循循环性原则。生态工业园的可持续发展产业集聚构筑了一个生态工业系统,这一系统的主要目标是把最主要的"废弃资源"在系统内部通过循环利用的方式予以消化。这就需要采用各种生态设计方法和资源、能源梯级利用技术,鼓励再生产业,促进物质的循环利用。同时,对废弃物进行资源化利用,使之重新回到生产或消费领域。

再次,要遵循多样性原则和协调性原则。园区内的生态工业链形成网状结构,这种结构使园区产品的种类、生产规模等对资源供应、市场需求以及外界环境的随机波动具有较大的弹性,从而提高生态工业系统的抗干扰能力。多样性包括园区行业与企业组成的多样性、企业规模及企业间联系的多样性等。系统的协调性是指系统组成要素的类型与数量的协调、要素运行规律的协调及系统结构与功能的协调等方面。对于生态工业园的可持续发展产业集聚来说,由于其物质和能量输入、输出量巨大,企业运转相对平稳、波动较小,因此,在生态工业系统的协调性中,企业行业组成及其链接关系的协调性就成为所关心的主要内容。

最后,要遵循效率与效益原则。生态工业园效率与效益的提高,主要通过两个途径来实现,一是降低生产过程的物能消耗;二是减少污染物的排放。据此,在生态工业园内可持续发展产业集聚过程中鼓励利用可再生资源的重复利用,有效降低本企业的资源消耗和废物产生，通过资源综合利用企业的引入，积极进行企业副产品交换，实现园区废弃物资源再利用与循环利用，从总体上降低园区物耗、能耗和水耗。多样性原则是建设园区产业生态集聚结构的基础。

第五节　可持续发展产业集聚模式的实证研究

上面的论述中我们初步粗略地涉及了国外和国内探索可持续发展产业集聚模式成功的案例，在这一节中将详细展开对丹麦卡伦堡生态工业园和广西贵港国家生态工业园的深入分析，探求可持续发展产业集聚模式的宝贵经验。①

一、丹麦卡伦堡生态工业园

20 世纪 50 年代，在丹麦卡伦堡(Kalundborg)自发形成的“可持续发展产业集聚模式”被誉为世界上第一个生态工业园。卡伦堡市位于北海之滨，是北半球同纬度地区少数几个不冻港之一，其优良的港口条件使卡伦堡的工业得到了快速发展。随着政府环境政策的不断实施、企业战略等的变化，卡伦堡的主要企业开始尝试在企业间交流蒸汽、废水等各种副产品。卡伦堡产业集聚生态化开始于 1972 年吉普罗克(Gyproc)公司对斯塔托伊尔石油(Statoil)公司产生的丁烷气体的使用。四年后，新诺迪斯克(Novo Nordisk)制药厂开始将其产生的含氮和含磷的淤泥提供给约 1000 个农场作肥料。1979 年，阿斯内斯(Asnaes)电厂开始给阿尔伯格波特兰(Alborg Portland)水泥公司提供飞灰。之后的十多年里，更多

① 邓伟根、王贵明：《产业生态学导论》，中国社会科学出版社 2006 年版。

的公司和机构加入到副产品的开发利用活动中，至今已经形成较为完善的可持续发展产业集聚体系。图 5－12 是 2000 年卡伦堡的可持续发展产业集聚模式关系图。

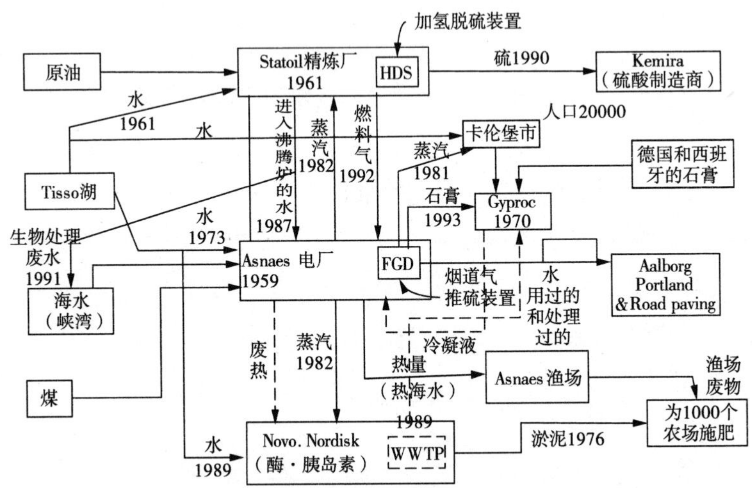

图 5－12　2000 年卡伦堡的可持续发展产业集聚模式

可持续发展产业集聚以阿斯内斯火电厂、斯泰特石油公司、新诺迪斯克制药厂和吉普罗克石膏板厂四个企业为核心，通过贸易的形式将生产过程中的副产品供给其他企业作为原料使用或替代部分原材料，同时参与副产品交换的还有大棚养殖场、养鱼场、硫酸厂、供热站、水泥厂、农场等。阿斯内斯电厂是该系统的核心，电厂将高温热能向炼油厂和制药厂供应蒸汽，从而提供了炼油厂生产所需要蒸汽的 40%、制药厂所需要的全部热能；中温的热能向公众供热，减少了镇上 3500 座燃油渣炉子的使用，从而减少了大量烟尘排放；低温热能为养鱼和大棚供热。这样，电厂在总体上实现了热能的梯级利用。同时，电厂向石膏板厂提供其副产品工业石膏,使石膏厂石膏进口量减少 50%。电厂还出售粉煤灰供造路和生产水泥之用。斯泰特石油精炼厂综合利用了火焰气:一是通过管道向石膏厂供气,用于干燥石膏板,同时减少了火焰气排空;二是酸气脱硫生产稀硫酸,用罐车运到一家硫酸厂生产硫酸;三是脱硫后的气体通过管道供给电厂燃烧使用。新诺迪斯克制药厂组合利用了生产残渣,该厂生产用的原材料是农产品,原材料经过微生物发酵工程最终生成药物,其残渣主要是有机物。制药厂将残渣处理、杀死微生物后,销售到附近农场供 1000 多家农户进一步使用。此外,卡伦堡生态工业园还实施了水资源的重复利用,减少了生态工业园 25% 的用水量,综合利用了水资源。

卡伦堡生态工业园可持续发展产业集聚的年总收益为 1500 万美元,总投资 7500 万美元(包括各种交换设备和管道),单一工程项目偿还时间大约平均 5 年,经济收益主要来自节约资源。例如,企业内水的再循环每年节约 200 万立方米的地下水和 100 万立方米的地表水。工业石膏的重新利用可以节约 20 万吨原料石膏,通过蒸汽交换节省 2 万吨油,等等。卡伦堡可持续发展产业集聚模式的环境效益和经济效益如表 5－1 所示。

表 5－1　卡伦堡可持续发展产业集聚模式每年的环境与经济效益

（单位:吨）

副产品/废弃物的重新利用		节约的资源		减少污染排放	
飞灰	7000	油	45000	二氧化碳	175000
硫	2800	煤	30000	二氧化硫	10200
石膏	200000	水	3000000		
污泥中的氮	800000				
磷	600				

资料来源:邓南圣、吴峰:《工业生态学——理论与应用》,化学工业出版社 2002 年版。

我们用1975年、1985年和2000年卡伦堡生态工业园发展的图示对比来说明成功的生态工业园区的建设，需要相当长的时间去探索与尝试。更为重要的是，生态工业园区的建设离不开当地城市的发展与支持，1975年卡伦堡生态工业园区的图示如图5-13所示，1985年卡伦堡生态工业园区的图示如图5-14所示。

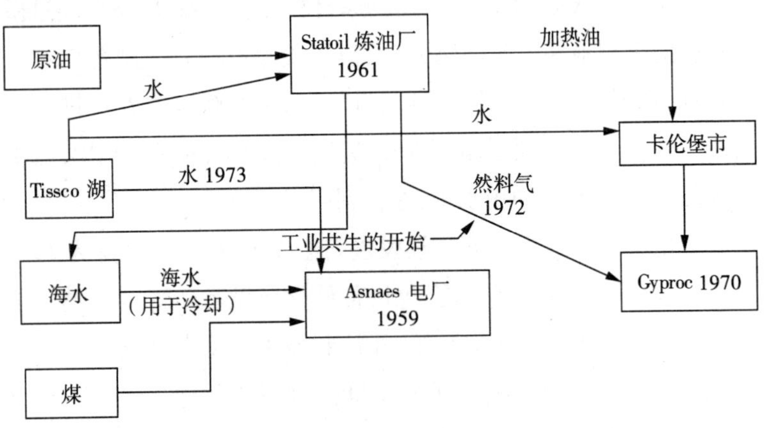

图5-13　1975年卡伦堡的可持续发展产业集聚模式

从以上三个卡伦堡生态工业园不同时间发展状况的对比中，我们可以看出，1975年的卡伦堡工业园仅仅是工业共生的开始，参与副产品交换的企业仅有斯塔托伊尔和济普洛克石膏墙板厂。在1975年至1985年的10年中，卡伦堡工业园的生态工业得到了进一步的规划和完善，首次有了厂址不在卡伦堡工业园的一家公司加入了共生体，这与虚拟工业园区的定义基本相符。在1985年至2000年间，卡伦堡的共生体系在其副产品交换方面内容更加丰富，又有大量的企业参与到了该工业共生网络中。截止到2000年，卡伦堡工业园已有6家大型企业和10余家小型企业，它们通过“废弃物”、资金、信息等纽带联系在一起，形成了一个举世瞩目

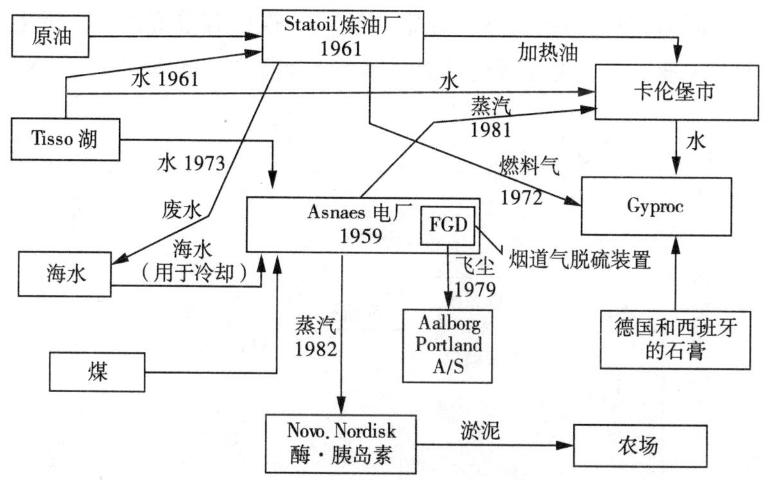

图 5－14　1985 年卡伦堡的可持续发展产业集聚模式

的工业共生系统。卡伦堡可持续发展产业集聚模式不仅实现了从废弃物到原料的转变，而且实现了能源的层级利用，一方面减少了废物产生量和处理的费用以及废物对环境的污染和破坏；另一方面产生了较好的经济效益，形成了经济发展与环境保护的良性循环，为利用产业生态集聚建设生态城市提供了有益的经验。

二、贵港国家生态工业园

贵港国家生态工业示范园区是我国第一家国家级生态工业示范园区，由环境保护部于 2001 年 8 月批准建设。园区建设主体为广西贵糖集团股份有限公司。近年来，国内制糖业面临结构性污染严重、区域性污染严重、制糖技术装备落后、劳动生产率低下、原料生产集约化程度低、甘蔗单产和含糖分低等困难和难题，这些都制约着制糖业的发展。因此，以生态工业和产业集聚理论为指导，解决制糖工业的污染问题，实现产业生态化转型，增强经济可持续发展能力，对可持续发展产业集聚模式的推广有重要意义。贵港生态工业园区六个子系统的总体示意图如图 5－15 所示。

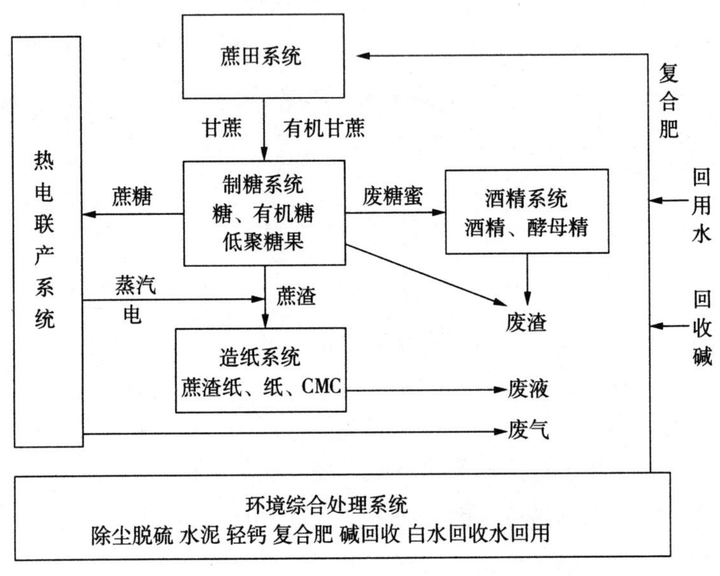

图 5－15　贵港国家生态工业园区总体结构图

资料来源：诸大建：《中国循环经济与可持续发展》，科学出版社 2007 年版，第 221 页。

贵港市是我国重要的甘蔗生产基地，其位于广西壮族自治区东南部，属于南亚热带季风气候，气候温暖、雨量充沛，其优越的自然条件为甘蔗的种植和生长提供了良好的环境。制糖工业是贵港市的主导产业，目前，贵港市有贵糖（集团）股份有限公司、贵糖甘化股份有限公司、桂平糖厂、平南糖厂和西江糖厂五家制糖企业，其中贵糖集团是最大的制糖企业，也是全国最大、资源综合利用最好的企业。

贵糖集团成立于 1954 年，员工超过 3800 人，甘蔗种植面积

14700万平方米。为了解决制糖业污染多、污染重的问题，变废为宝，贵糖集团创建了一系列子公司或分公司来循环利用这些废弃“资源”，从而减少污染和从中获得经济效益。贵糖集团下属企业组成的这个产业集聚体系包括制糖厂、酿酒厂、纸浆厂、造纸厂、碳酸钙厂、水泥厂、发电厂及蔗田等。图5－15表示该可持续发展产业集聚模式的物流情况。

贵糖集团形成的可持续发展产业集聚模式各种产品的产量情况为：年产糖12万吨、纸8.5万吨、酒精1万吨、水泥33万吨、碳酸钙2.5万吨、化肥3万吨、碱8000吨。20世纪90年代末，除制糖以外，各集聚企业创造的收益站集团公司总收益的40%。以制糖业为主，大力发展可持续发展产业集聚，贵糖集团已经得到了实实在在的好处。为了使产业集聚进一步生态化，真正实现能源、水和原材料流动的闭环系统，贵糖集团准备今后还要引入以甘蔗叶作为饲料饲养肉牛和奶牛及肉、乳产品更新换代深加工业，以弥补其生态产业链条上的缺口。

贵糖集团的成功鼓励了贵港市实施以生态工业理论为指导，通过产业生态集聚，实现产业生态化，建设生态城市的计划。2002年，环境保护部已正式确认广西贵港生态工业园区为国家生态工业示范园区。贵港国家生态工业示范园区由蔗田系统、制糖系统、酒精系统、造纸系统、热电联产系统、环境综合处理系统六个系统组成，各系统内分别有产品产出，各系统之间通过中间产品和废弃物的相互交换而相互衔接，从而形成一个较为完整和闭合的可持续发展产业集聚体系，使园内资源得到最佳配置，废弃物得到有效利用，环境污染减少到最低程度。在六个系统之间，形成了“甘蔗—制糖—蔗渣造纸”生态产业链、“制糖—废糖蜜制酒精—酒精废液制复合肥”生态产业链及“制糖—低聚果糖”生态产业链这三条主要的生态链，因为相互间的耦合关系，物流之间没有废弃物概念而只有资源概念，各环节实现了充分的资源共享，将污染负效益转化成了资源正效益。贵港国家示范园区建设共有12个建设项目，其中现代化甘蔗园建设工程，蔗髓热电联产技改工程，节水工程为在建项目；生活用纸扩建工程，低聚果糖生物工程，能源酒精技改工程，有机糖技改工程，绿色制浆技改工程，制糖新工艺改造工程，酵母精生物工程，CMC工程及生态工业能力建设等为新建工程项目。据初步估算，示范园区工程建设总投资为364794.7万元，其中建设资金276046.3万元，占总投资的75.7%；流动资金88748.4万元，占总投资的24.3%。在资金筹措方面，向银行申请贷款252457.9万元；利用增发新股等市场手段自筹110786.8万元；其余1550万元申请政府拨款，三条筹资渠道分别占总投资的69.2%、30.37%和0.43%。

表5－2　贵港国家生态示范园区工程建设总投资

（单位：万元）

工程名称	建设资金	流动资金	总投资	状态
现代化甘蔗园建设工程	3000	10242	13242	在建
生活用纸扩建工程	144910	11065	155975	新建
能源酒精技改工程	79811	34653.9	114464.9	新建
有机糖技改工程	12170	2000	14170	新建
低聚果糖生物工程	13256.2	24498	37754.2	新建
绿色制浆技改工程	2876.8	257.2	3134	新建
蔗髓热电联产技改工程	3034.3	432.26	3466.6	在建
节水工程	236		236	在建
制糖新工艺改造工程	1752	300	2052	新建
酵母精生物工程	7000	1000	8000	新建

工程名称	建设资金	流动资金	总投资	状态
CMC 工程	8000	4000	12000	新建
生态工业能力建设		300	300	
合计	276046.3	88748.4	364794.7	
其中:新建	269776	78074.1	347850.1	

贵港国家生态工业园区取得的主要经济效益、环境效益和社会效益归纳如下。从经济效益来看:贵港市新增甘蔗产值 4.59 亿元,蔗农收入水平将大大提高;制糖行业将新增产品销售收入 55.7 亿元,其中糖、纸、酒精等主要产品分别新增 20.6 亿元、8.7 亿元和 17.9 亿元,共计 47.2 亿元;制糖行业将新增利润近 9.2 亿元(其中主要产品糖、纸、酒精将新增利润 8.4 亿元),较 2000 年制糖行业利润 0.96 亿元增加 8.24 亿元,经济实力大大增强;制糖行业将新增各项税金近 7.5 亿元,为地方财政做出重大贡献;至 2005 年,贵港市制糖行业整体产品销售收入将达到 72.0 亿元,整体实现利税总值 18.9 亿元(其中税金 8.7 亿元,利润 10.2 亿元),制糖行业必将更加巩固其在贵港市经济发展中的核心地位。①

从环境效益来看:20 万吨燃料酒精生产每年可节约玉米 60 万吨,而且重要的是以废糖蜜为原料可直接把当地资源优势发展成为经济优势。20 万吨蔗渣造纸每年可避免 60 万—66 万立方米木材的消耗,这对于当地森林资源的保护以及生态环境的保护都具有重要意义。除此以外,对造纸脉冲水的回用每年可减少新鲜水 1584 万吨的消耗和污染,这对郁江流域水资源的保护以及饮用

① 环境保护部科技标准司:《循环经济和生态工业规划汇编》,化学工业出版社 2004 年版,第 15 页。

水源的安全都具有重要意义；大大减少污染物排放数量，极大程度地解决广西结构性环境污染问题。本示范园区集中广西全区93%左右的废糖蜜进行能源酒精的集中生产，同时产生的酒精废液用于生产复合肥料，使广西境内93%左右的酒精废液不再向外界环境排放。据初步估算，每年将直接减少13.4万吨的有机物对水体的污染；对贵港市而言，2000年制糖工业整体排放COD7.4万吨，按酒精废液排放COD占总量COD的30%—40%的平均数据计算，每年将直接减排COD2.2—3.0万吨，制糖行业在2000年水平上平均COD削减量将在35%以上，这对当地主要河流即郁江、鲤鱼江、浔江水质的根本改善将起到至关重要的作用；现代化甘蔗园的建设必将使当地传统的农业生产方式向生态的、有机的生产方式转换，减少不可再生资源的消耗，控制和减轻农村面源污染，保护和恢复农业生态环境，促进甘蔗种植的可持续发展。

从社会效益来看：贵港市制糖工业以生态工业理念为指导思想进行产业结构调整和资源优化配置，以彻底根除结构性污染，提高企业科技创新能力和抗衡市场冲击的能力，在全国范围内第一个走上生态工业发展道路；示范园区采用高新技术和先进适用技术改造传统工业，生产出低聚果糖、低硫糖及酵母精等高附加值产品。贵港市制糖工业无论从产品生产规模或产品科技含量来看都有可能成为全国范围内的“四王”，即糖王、纸王、低聚果糖王、酵母精王。示范园区通过制糖工业整体技术水平的提高，将提高其在贵港市经济发展中的科技贡献率，使贵港市成为以高新科技为龙头的新兴城市，成为广西甚至全国经济发展和投资的黄金地带；贵港市制糖工业的发展带动起相关一、二、三产业的发展，三类产业之间以制糖为核心形成一个紧密的网络，加强了全面的联系，实现全面的发展,并不断催生出新的行业和机遇。社会经济呈现出长期、稳定的发展必将给当地人民带来最大的利益,对全市人民生活水平的提高和迈向现代化小康生活步伐的加快将发挥极大的作用;示范园区瞄准未来能源危机的出现,利用制糖过程产生的废糖蜜制取酒精而后进一步与汽油混合以减少汽油的消耗量,降低对石油资源的依赖性,为我国能源安全问题提供了一条经济上可行且来源可靠的解决途径。

经过数年的实践,贵港国家生态工业园区所取得的最大收益和卡伦堡工业园一样,都是来自工业伴生品的综合利用和废弃物的回收利用。可持续发展产业集聚使得生产过程中各个环节的废弃物得到了充分利用,初步实现了经济效益和环境效益的"双赢"。更为重要的是,贵港国家生态工业园和卡伦堡生态工业园的城市案例,都是服务于当地生态城市的建设,并依靠生态城市的发展进一步完善生态工业园区。这与本书基于生态城市的可持续发展产业集聚问题的研究结果基本相符,也从另一方面用事实证明了这种基于生态城市的可持续发展产业集聚模式的现实可行性。

三、卡伦堡生态工业园和贵港国家生态工业园的启示

卡伦堡和贵糖集团可持续发展产业集聚模式成功运行,为我们建立基于生态城市可持续发展的产业集聚模式提供了宝贵的经验:

第一,环保相关政策、法规的强制执行是可持续发展产业集聚的推动力量。从某种意义上说,卡伦堡可持续发展产业集聚的出现和发展是环保法律法规实施的一个必然结果。在丹麦,制药厂

废水处理的残渣是禁止填海的，因此，制药厂才有加工生产有机肥并向当地农民出售的动力。电厂热能的分级使用也是如此，通过热能的分级使用，不仅减少了对周围环境的热污染，还产生了明显的经济效益。

我们应该通过政策引导可持续发展产业集聚的发展，产业政策应强调资源利用效率的提高和环境保护，提高经济的竞争力，促进经济结构的战略性调整，以有利于可持续发展产业集聚体系的形成和发展。在投资政策和项目选择上，以及在对投资方向的鼓励和限制上，应向产业生态化方向倾斜。例如，投资于天然气工程建设可以改变城市能源的供应结构，减少因燃煤产生的二氧化硫和烟尘排放。通过对环境友好宣传教育，引导公众消费绿色产品，以需求拉动可持续发展产业集聚的发展。各级政府应起表率作用，通过采购计划拉动可持续发展产业集聚的需求，并影响社会公众。如优先采购经过生态设计或通过环境标志认证的产品，优先采购经过清洁生产审计或通过 ISO14001 认证企业的产品。

我国虽然制定了一些鼓励开展资源综合利用的政策措施，但至今还没有一部这方面的法律。我国要实现生产方式由粗放型向集约型的转变，提高经济发展的质量和效益，不是一朝一夕所能完成的。受发展阶段所限，国家的很多宏观努力在不知不觉中被一个个浪费资源和污染环境的微观行为抵消了。因此，根据国外发展可持续发展产业集聚的经验，必须加快制定必要的生态产业法规，通过法规对可持续发展产业集聚加以引导和规范，坚决杜绝短期行为和急功近利的现象出现。

第二，经济利益驱动是可持续发展产业集聚形成的前提条件。经济利益是决定企业布局和交易成本的重要因素，这二者优势形成产业集聚的基础，因此，从根本上来说，经济利益的驱动是可持续发展产业集聚形成的前提。如在卡伦堡生态工业园中,石膏厂使用电厂的除尘副产品工业石膏,是为了节省原材料成本。在贵港国家生态工业园区内,蔗渣造纸、废糖蜜制酒精、酒精废液制复合肥,也是为了节省资金。

利用经济利益手段,形成可持续发展产业集聚发展的激励机制,用经济手段促进可持续发展产业集聚的发展,是我国采用激励机制保护环境的有机延伸。由于我国情况比较特殊,因为:一是虽然我国的"谁污染谁治理"政策,类似于"污染者付费"政策,但实施的效果并不好;二是我国企业一旦使用其他企业的废弃物,如工业废渣、粉煤灰等,原来的废物产生者不仅不付费,而且还要向使用者收费,使综合利用企业无利可图,严重挫伤了资源综合利用企业的积极性。因此,需要进行认真地调查研究,利用经济手段形成有效的激励政策,推动可持续发展产业集聚的发展。

第三,企业间的技术联系与支撑是可持续发展产业集聚形成的关键因素。技术进步是可持续发展产业集聚的重要保障,一方面,相关企业尽可能使设备相互联通,以减少废物交换过程中交通运输的能耗物耗;另一方面,通过企业间的技术联系,对于有回收利用价值的副产品可以实现综合利用。

开发形成技术支撑体系,运用可持续发展产业集聚的思路,通过对经济系统的物流和能流分析,设计我国的基于生态城市建设的可持续发展产业集聚模式,建设可持续发展产业集聚体系,降低生产和消费过程的资源、能源消耗及污染物的产生和排放。可持续发展产业集聚的发展,最终要靠技术进步。研究开发那些可持续发展产业集聚发展所必需的技术,诸如信息技术、能源综合利用技术、回收和再循环技术、重复利用和替代技术等。

第四,政府推动与公众参与是可持续发展产业集聚完善与发展的重要保障。模拟自然界生态系统建立的生态工业园区,其建立与发展并不是一蹴而就的。生态工业园区的完善与发展离不开当地政府与公众长期的支持与关心。卡伦堡生态工业园被认为是世界上最早建立也是目前运营最成功的生态工业园。从卡伦堡生态工业园的发展中我们可以看出,生态工业园区的发展与完善是需要时间和耐心的,而当地政府和公众的持续不断的参与和支持,是生态工业园区完善与发展的重要保障。

第六节　可持续发展产业集聚模式的激励研究

一、激励的基本理论

"激励"一词,作为心理学的术语,指的是持续激发人的动机的心理过程。通过激励,在某种内部或外部刺激的影响下,使人始终维持在一个兴奋状态中。将"激励"这一概念用于管理,就是通常所说的调动人的积极性的问题。从组织行为学的角度来看,激励就是激发、引导、保持、归化组织成员的行为,使其努力实现组织目标的过程,组织成员的努力是以能够满足他们的某些需要为前提条件的。大多数管理者认为,激励就是激励主体通过某些手段或方式让激励客体在心理上处于兴奋和紧张状态,积极行动起来,付出更多的时间和精力,以实现激励主体所期望的目标。具体而言,激励可以从以下三个角度理解:从诱因和强化的观点看,激励就是将外部适当的刺激(诱因)转化为内部心理动力,从而强化(增强或减弱)人的行为;从内部状态来看,激励即指人的动机系统被激发起来,处在一种激活状态,对行为有强大的推动力量。一切内心要争取的条件:希望、愿望、动力等都构成人的激励;从心理和行为过程来看,激励主要指由一定的刺激激发人的动机,使人有一股内在的动力,朝向所期望的目标前进的心理和行为过程。未满足的需要是激励过程的起点,由此而引起个人内心(生理上或心理上)的激奋,产生目标导向与目标行动,导致个人从事满足需要的某种目标行动,达到了目标,需要得到满足,激励过程也就宣告完成。然后新的需要发生,又引起新的行为和新的激励过程。

激励的实质就是动机激发过程,激励与动机两个概念有紧密的关系。所谓动机无非是引起某种行为,维持该行为,并保持其引向一定目标的过程。动机是由需要驱使、刺激强化和目标诱导三种因素相互作用形成的一种合力。需要是实施激励的基础,认清需要的类别、层次是选准激励手段的关键。人们的需要是特定的结果具有吸引力的某种内部状态。从获得满足的来源看,需要可分为:外在需要和内在需要。外在需要是指事物本身无法控制,要靠组织所掌握的分配资源或奖励来满足的需要。外在需要可分为物质性需要和社会性需要:物质性需要指工资、奖金、住房、其他各种福利待遇等物质资源性来满足的需要;社会性需要指用友谊、温暖、亲密关系、信任、认可、表扬、尊重、荣誉等社会感情性资源来满足的需要。内在需要的满足对象是工作本身或工作完成时所带来的各种效果。内在需要的满足取决于当事人自身的体验、爱好和判断。注重内在需要的人们,工作不再是工具性的,而是具有直接吸引力的。内在需要也可以分为过程导向性需要和结果导向性需要:前者指工作活动本身的需要,主要靠工作本身提供的交往机会等。这类需要与结果无关,吸引人们的只是工作能力本身;而后者是在工作完成后才感到满足。

传统的激励理论研究的重心放在如何激励员工,探求影响员工和管理者工作态度的因素，寻找影响员工和管理者努力工作的原因。激励理论可以分为内容型激励理论和过程型激励理论两大类。内容型激励理论侧重研究用什么样的因素激励人、调动人的积极性；过程型激励理论着重探讨从人们接受了激励信息以后到行为产生的过程。虽然激励理论主要的研究方向在于激励员工，但是在研究经济激励在环境经济学的应用中，我们可以把相关组织类比为员工，来探讨在这种情况下使用合适的经济手段来激励组织的可能性和可行性。内容型激励理论的代表理论主要有：马斯洛需求层次理论、赫兹伯格的双因素理论、麦克利兰的成就动机理论。过程型激励理论的代表理论主要有：弗鲁姆的期望理论、韩第的激励计算理论。下面我们主要回顾一下马斯洛需求层次理论、赫兹伯格的双因素理论、麦克利兰的成就动机理论和弗鲁姆的期望理论。

马斯洛需求层次理论（Maslow's Hierarchy of Needs），亦称“基本需求层次理论”，是行为科学的理论之一，由美国心理学家亚伯拉罕·马斯洛提出的，是最为大家所熟知的激励理论之一。①马斯洛理论把需求分成生理需求、安全需求、社交需求、尊重需求和自我实现需求五类，依次由较低层次到较高层次排列。五种需要像阶梯一样从低到高，按层次逐级递升，但这样次序不是完全固定的，可以变化，也有种种例外情况。一般来说，某一层次的需要相对满足了，就会向高一层次发展，追求更高一层次的需要就成为驱使行为的动力。相应的，获得基本满足的需要就不再是一股激励力量。五种需要可以分为两级，其中生理上的需要、安全上的需要和感情上的需要都属于低一级的需要，这些需要通过外部条件

① A. Maslow, *Motivation and Personality*, New York：McGraw-Hill, 1954.

就可以满足；而尊重的需要和自我实现的需要是高级需要，它们是通过内部因素才能满足的，而且一个人对尊重和自我实现的需要是无止境的。同一时期，一个人可能有几种需要，但每一时期总有一种需要占支配地位，对行为起决定作用。任何一种需要都不会因为更高层次需要的发展而消失。各层次的需要相互依赖和重叠，高层次的需要发展后，低层次的需要仍然存在，只是对行为影响的程度大大减小。马斯洛和其他的行为心理学家都认为，一个国家多数人的需要层次结构，是同这个国家的经济发展水平、科技发展水平、文化和民众受教育的程度直接相关的。在不发达国家，生理需要和安全需要占主导的人数比例较大，而高级需要占主导的人数比例较小；在发达国家，则刚好相反。马斯洛的需求层次理论，在一定程度上反映了人类行为和心理活动的共同规律。他从人的需要出发探索人的激励和研究人的行为，抓住了问题的关键。同时，他指出了人的需要是由低级向高级不断发展的，这一趋势基本上是符合需要发展规律的。因此，需要层次理论对企业管理者如何有效地调动人的积极性有启发作用。但是，马斯洛是离开社会条件、离开人的历史发展以及人的社会实践来考察人的需要及其结构的。其理论基础是存在主义的人本主义学说，即人的本质是超越社会历史的，抽象的"自然人"，由此得出的一些观点就难以适合其他国家的情况。

1959 年，美国心理学家赫兹伯格（Fredrick Herzberg）提出了双因素理论（Two Factor Theory），全名叫"激励、保健因素理论"（Motivator-Hygiene Theory）。与传统理论的观点"满意的对立面是不满意"有所不同，双因素理论认为满意的对立面是没有满意，不满意的对立面是没有不满意。满意和不满意并非共存于单一的连续体中，而是截然分开的，这种双重的连续体意味着一个人可以同时感到满意和不满意,它还暗示着工作条件和薪金等保健因素并不能影响人们对工作的满意程度,而只能影响对工作的不满意的程度。双因素理论还指出,内部因素与工作满意和动机有关,外部因素与工作的不满意有关①。因此,影响职工工作积极性的因素可分为两类:保健因素和激励因素,这两种因素是彼此独立的并且以不同的方式影响人们的工作行为。所谓激励因素,就是那些使职工感到满意的因素,唯有它们的改善才能让职工感到满意,给职工以较高的激励,调动积极性,提高劳动生产效率。它们主要有工作表现机会、工作本身的乐趣、工作上的成就感、对未来发展的期望、职务上的责任感等等。这些因素涉及对工作的积极感情,又和工作本身的内容有关。这些积极感情和个人过去的成就,被人认可以及担负过的责任有关,它们的基础在于工作环境中持久的而不是短暂的成就。所谓保健因素,就是那些造成职工不满的因素,它们的改善能够解除职工的不满,但不能使职工感到满意并激发起职工的积极性。它们主要有企业的政策、行政管理、工资发放、劳动保护、工作监督以及各种人事关系处理等。由于它们只带有预防性,只起维持工作现状的作用,也被称为"维持因素"。这些因素涉及工作的消极因素,也与工作的氛围和环境有关。也就是说,对工作和工作本身而言,这些因素是外在的,而激励因素是内在的,或者说是与工作相联系的内在因素。

双因素理论与马斯洛的需要层次理论是相吻合的,马斯洛理论中低层次的需要,相当于保健因素,而高层次的需要相似于激励因素。

---

① F Herzberb, B. Mausner, and B Snyderman, *The Motivation to Work*, New York: John Wiley, 1959.

美国哈佛大学教授戴维·麦克利兰(David. C. McClelland)是当代研究动机的权威心理学家。他从20世纪40—50年代起就开始对人的需要和动机进行研究,提出了著名的“三种需要理论”①,并得出了一系列重要的研究结论。与赫兹伯格的双因素理论和马斯洛的理论一样,“三种需要理论”重点在于试图说服员工重视某些与工作绩效有关的因素。麦克利兰注重研究人的高层次需要与社会性的动机,强调采用系统的、客观的、有效的方法进行研究,提出了个体在工作情境中有三种重要需要:成就需要(Need for Achievement):争取成功希望做得最好的需要。麦克利兰认为,具有强烈的成就需要的人渴望将事情做得更为完美,提高工作效率,获得更大的成功,他们追求的是在争取成功的过程中克服困难、解决难题、努力奋斗的乐趣,以及成功之后的个人的成就感,他们并不看重成功所带来的物质奖励。高成就需要者事业心强,有进取心,敢冒一定的风险,比较实际,大多是进取的现实主义者。权力需要(The Need for Authority and Power):影响或控制他人且不受他人控制的需要。不同人对权力的渴望程度也有所不同。权力需要较高的人喜欢支配、影响他人,喜欢对别人“发号施令”,注重争取地位和影响力。他们喜欢具有竞争性和能体现较高地位的场合或情境,他们也会追求出色的成绩,但他们这样做并不像高成就需要的人那样是为了个人的成就感,而是为了获得地位和权力与自己已具有的权力和地位相称。权力需要是管理成功的基本要素之一。亲和需要(Need for Affiliation):建立友好亲密的人际关系的需要,即寻求被他人喜爱和接纳的一种愿望。高亲和需要的

① D. C. McClelland, *The Achieving Society*, New York: Van Nostrand Reinhold, 1961.

人更倾向于与他人进行交往，至少是为他人着想，这种交往会给他带来愉快。高亲和需要者渴望友谊，喜欢合作而不是竞争的工作环境，希望彼此之间沟通与理解，他们对环境中的人际关系更为敏感。有时，亲和需要也表现为对失去某些亲密关系的恐惧和对人际冲突的回避。亲和需要是保持社会交往和人际关系和谐的重要条件。亲和需要与马斯洛的感情上的需求基本相同。麦克利兰指出，注重亲和需求的管理者容易因为讲究交情和义气而违背或不重视管理工作原则，从而会导致组织效率下降。

在员工激励方面最全面、最为广泛被接受的应数北美著名心理学家和行为科学家维克托·弗鲁姆（Victor H. Vroom）提出的期望理论（Expectancy Theory），又称作“效价—手段—期望理论”①。弗鲁姆认为，人总是渴求满足一定的需要并设法达到一定的目标。这个目标在尚未实现时，表现为一种期望，这时目标反过来对个人的动机又是一种激发的力量，而这个激发力量的大小，取决于目标价值（效价）和期望概率（期望值）的乘积。用公式表示就是：

$$M = \sum V \times E$$

M 表示激发力量，是指调动一个人的积极性，激发人内部潜力的强度。

V 表示目标价值（效价），这是一个心理学概念，是指达到目标对于满足他个人需要的价值。同一目标，由于各个人所处的环境不同、需求不同，其需要的目标价值也就不同。同一个目标对每一个人可能有三种效价：正、零、负。效价越高，激励力量就越大。

E 表示期望值，是人们根据过去经验判断自己达到某种目标

① V. H. Vroom, Organizational Choice: A Study of Pre-and Postdecision Processes, *Organizational Behavior and Human Performance*, April 1966, pp. 212 - 225.

的可能性是大还是小，即能够达到目标的概率。目标价值大小直接反映人的需要动机强弱，期望概率反映人实现需要和动机的信心强弱。

这个公式说明：假如一个人把某种目标的价值看得很大，估计能实现的概率也很高，那么这个目标激发动机的力量越强烈。显然，只有当人们对某一行动成果的效价和期望值同时处于较高水平时，才有可能产生强大的激励力。

弗鲁姆的期望理论辩证地提出了当人们预期某种行为能带给个体某种特定的结果，而且这种结果对个体具有吸引力时，个体就倾向于采取这种行为。因此，进行激励时要处理好三方面的关系，这些也是调动人们工作积极性的三个条件。见下图5－16。

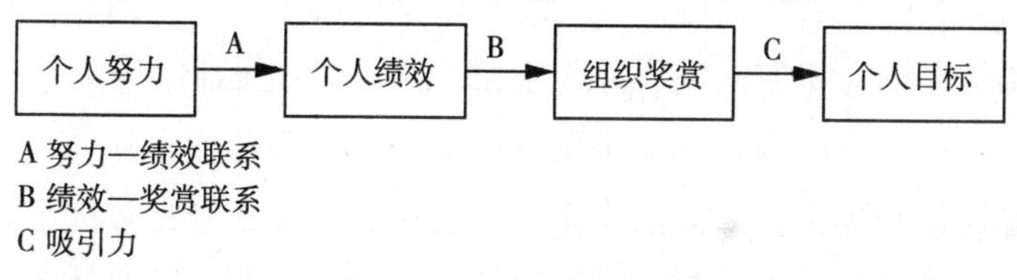

图5－16　简化的期望模式

努力—绩效联系：个体感到通过一定程度的努力可以达到某种工作绩效的可能性。人们总是希望通过一定的努力达到预期的目标，如果个人主观认为达到目标的概率很高，就会有信心，并激发出很强的工作力量，反之如果他认为目标太高，通过努力也不会有很好绩效时，就失去了内在的动力，导致工作消极。绩效—奖赏联系：个体相信达到一定的绩效水平后即可获得理想结果的程度。人总是希望取得成绩后能够得到奖励，当然这个奖励也是综合的，既包括物质上的，也包括精神上的。如果他认为取得绩效后能得到合理的奖励，就可能产生工作热情，否则就可能没有积极性。吸引力:从工作中可以获得的结果或奖赏对个体的重要性程度。人总是希望自己所获得的奖励能满足自己某方面的需要。然而由于人们在年龄、性别、资历、社会地位和经济条件等方面都存在着差异,他们对各种需要要求得到满足的程度就不同。因此,对于不同的人,采用同一种奖励办法能满足的需要程度不同,能激发出的工作动力也就不同。

二、可持续发展产业集聚政府激励动因研究

由于环境的公共产品属性和存在的严重市场失灵问题,所以政府应采取政府补贴、融资支持、税收手段和价格改革等经济激励手段来纠正市场失灵问题,通过建立可持续发展产业集聚的模式来推动我国生态城市的建设。经济激励机制主要包括内在利益机制和外在动力机制两大类。企业加入生态工业园区,成为可持续发展产业集聚的内在利益主要来自于废弃物转化为商品后产生的经济效益和集聚带来的成本下降,而外在的动力主要来自于政府相关的激励与约束政策。有关可持续发展产业集聚的具体政府经济激励模式,我们将在下一部分中具体讨论。在这里,我们主要讨论一下政府激励动因问题。

政府作为制度供给有效主体,其行为对制度建设影响重大,政府机构通过制度约束实现与企业激励的相容,会较好地解决政府对企业的激励问题。“激励相容”理论来源于哈维茨(Hurwiez)创立的机制设计理论:在市场经济中,每个理性经济人都会有自利的一面,其个人行为会按自利的规则行为行动;如果能有一种制度安排,使行为人追求个人利益的行为,正好与企业实现集体价值最大化的目标相吻合,这一制度安排,就是“激励相容”。在激励企业方面也是同样道理,只有采取有限市场化的方式,由政府通过公共

支出政策，实现对市场和企业的激励，鼓励企业参与到公共物品提供中来，或者通过灵活的方式实现政府与企业联合提供公共物品，从而有效提高公共物品的提供效率和质量。而在这个过程中，激励相容就成为政府行政行为的重要原则。政府针对企业的激励相容，就是指政府管理的侧重点由规制转变为激励，政府的经济行为及政治决策对企业具有激励作用，通过努力调节经济主体的行为选择方向，推动经济主体做出追求效益、提高效率和秉持信用、追求正义的行为选择，从而促进经济效率和社会公平；而企业的行为相容于政府行为之中，他们会根据政府政策和决策做出对他人或社会有利的反应。这使企业在追求自身利益时，同时也达到了政府机构想要达到的宏观目标①。政府激励是指为了调动整个社会各阶层、各单位和个人的积极性，政府利用自己特有的公共权力，采取一定的激励手段来满足人们的需要，诱发人们的行为动机，匡正人们的不良行为，使人们所追求的目标与整个社会发展的目标相一致，推动社会发展。

政府激励人们积极性的效果好坏与政府激励机制的好坏成正比。一般来说，政府激励机制是指在组织系统中，激励主体（政府）系统运用多种激励手段并使之规范化和相对固定化，而与激励客体（社会各阶层、单位）相互作用、相互制约的结构方式、关系及规律的总和。激励的过程就是政府利用激励的各个子系统，经过政府的努力，把民众的积极性合成一起，从而达到推动社会发展的目的。政府激励机制设计是指政府为了实现自己的目标，根据激励客体的需要，制定适当的行为规范和分配制度（激励手段使

---

①　商庆军：《论地方政府政策与私人行为的激励相容》，载《地方财政研究》2006年第6期。

用的方式)，以实现资源的最优配置，实现激励客体利益和激励主体利益一致。

利用政府激励可以调动整个社会的生产主体保护环境的积极性。政府利用公共权力，采取一定的激励手段来满足生产主体的需要，诱发他们有利于宏观环境发展方向的行为动机，约束他们破坏环境的行为，使他们的行为方向与可持续发展产业集聚目标相一致。如图 5－17 所示，利用政府激励的作用，努力使生产主体行为方向与可持续发展产业集聚目标的夹角最小。

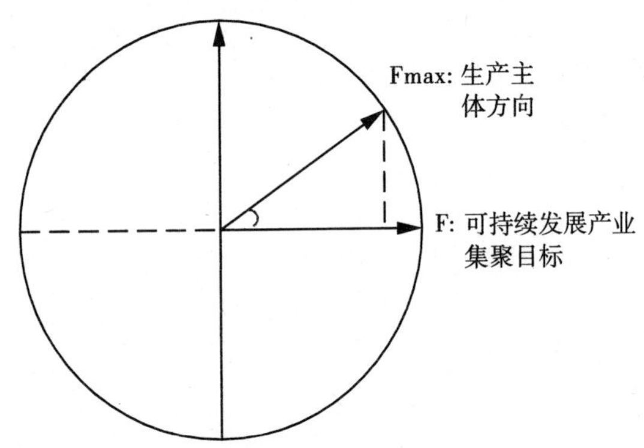

图 5－17　可持续发展产业集聚利用政府激励

在假定政府可以有效激励企业组建可持续发展产业集聚的前提下，政府本身的激励动因值得我们深思。本书认为，采用每年绿色 GDP 的发展速度而不是现阶段的 GDP 发展速度作为考核城市政府执政能力的主要指标，可以有效激励我国各级政府真正努力推动可持续发展产业集聚的发展，进而推动生态城市建设的发展。

绿色 GDP 本身就可以制约各级政府以及生产企业在发展中节约使用资源，实行保护环境的生产工艺，落实可持续发展的理念。绿色 GDP(可持续收入)的基本思想是由希克斯在其 1946 年的著作中提出的。这个概念的基础是:只有当全部的资本存量随时间保持不变或增长时,这种发展途径才是可持续的。可持续收入定义为不会减少总资本水平所必须保证的收入水平。对可持续收入的衡量要求对环境资本所提供的各种服务的流动进行价值评估。可持续收入数量上等于传统意义的GNP减去人造资本、自然资本、人力资本和社会资本等各种资本的折旧。衡量可持续收入意味着要调整国民经济核算体系。绿色GDP是相对于传统GDP而言的。传统的以国内生产总值为核心的核算体系,不能反映自然资源对经济发展的贡献,不能反映经济活动对生态环境造成的破坏状况。从而使环境污染和生态破坏日趋严重,这不仅削弱了国家发展经济的自然物质基础,而且制约了经济的发展。因此,必须把资源成本和环境成本纳入国民经济核算体系,把建立绿色GDP核算提到日程上来。所谓"绿色GDP",是指在传统GDP计算的基础上,加入资源、环境及人文指标统一测算而生成的GDP,又称"生态GDP"。有关专家提出"绿色GDP" =(传统GDP) -(自然部分的虚数) -(人文部分的虚数)。其中"自然部分的虚数"是指人类牺牲自然资源或修复自然资源所带来的那部分增加值;"人文部分的虚数"是指人类牺牲人文环境或修复人文环境所带来的那部分增加值。但上述两部分"虚数"如何核算、资料如何取得,目前仍是一个难题。"绿色GDP"反映的是持续发展的概念,追求的是经济效益、社会效益和生态效益的最佳统一,是效率与速度的协调发展。绿色GDP是考虑了一个国家或地区在考虑了自然资源(主要包括土地、森林、矿产、水和海洋)与环境因素(包括生态环境、自然环境、人文环境等)影响之后经济活动的最终成果,即将经济活动中所付出的资源耗减成本和环境降级成本从GDP中予以扣除。改革现行的国民经济核算体系,对环境资源进行核算,从现行 GDP 中扣除环境资源成本和对环境资源的保护服务费用,其计算结果可称之为“绿色 GDP”。目前,构建绿色国民经济核算体系有两种途径①:

一种是对国民经济账户表进行改造。最有代表性的是联合国统计局在 1993 年提出的“综合环境与经济账户系统(SEEA)”,它是在传统的国民经济账户表中加入反映自然资源和环境的成本信息,通过调整传统的 GDP 得到绿色 GDP,又称“卫星账户”。已经有一些西方国家正利用 SEEA 框架对原有国民经济账户进行调整,建立环境资源的卫星账户对其国民经济活动进行绿色衡量。这种方法的争议很大,原因在于缺少国际通行的转换资源利用和环境退化信息的做法。此外国家财富、卫星账户等生物物理核算方法难以深入国民经济行业部门内部,因此无法给出有效的行业管理措施和对各行业的管理建议,从而无法有针对性地对国民经济内部结构进行调整。另一种方法是从国民经济账户体系出发,利用投入产出技术描述和计算绿色 GDP。其基本方法是在投入产出表的主栏中增加资源消耗、污染排放两部门,在宾栏增加资源恢复和废物治理两部门。由于投入产出法详细描述了社会总供给与总需求、国民收入的分配与再分配、中间使用与最终使用、进出口等国民经济重要比例关系,因此,基于投入产出分析的绿色 GDP 核算可以深入国民经济内部结构,为加强国民经济综合平衡,提高宏观管理水平,加速经济决策科学化提供强大技术支持。

从 20 世纪 70 年代开始,联合国和世界银行等国际组织在绿

① 钟定胜:《绿色国民经济核算的理论问题探讨》,载《中国软科学》2006 年第 2 期。

色 GDP 的研究和推广方面做了大量工作。自 20 世纪 80 年代以来，许多国家针对绿色 GDP 进行了多方位的研究，但目前全球对绿色 GDP 核算的方法研究并不成熟，各国都在摸索与实验之中。1993 年，联合国、世界银行和国际货币基金组织联合出版的《综合环境与经济核算手册》(SEEA)包括了绿色 GDP 核算，这在很大程度上推动了绿色 GDP 的国际化发展。一些发达国家在绿色 GDP 的推广上还取得了很大成绩，主要是欧美的一些发达国家①，如挪威、芬兰、法国、美国等。挪威 1978 年就开始了资源环境的核算。重点是矿物资源、生物资源、流动性资源(包括"水力"等)，环境资源，还有土地、空气污染以及两类水污染物(氮和磷)。为此，挪威建立起了包括能源核算、鱼类存量核算、森林存量核算，以及空气排放、水排泄物(主要人口和农业的排泄物)、废旧物品再生利用、环境费用支出等项目的详尽统计制度，为绿色 GDP 核算体系奠定了重要基础。芬兰也建立起了自然资源核算框架体系。其资源环境成本的核算内容有三项：森林资源核算，环境保护支出费用统计和空气排放调查。其中最重要的是森林资源核算。森林资源和空气排放的核算，采用实用量核算法；而环境保护支出费用的核算，则采用价值量核算法。特别值得一提的是墨西哥。墨西哥是发展中国家，也率先实行了绿色 GDP。1990 年，在联合国支持下，墨西哥将石油、各种用地、水、空气、土壤和森林列入环境经济核算范围，再将这些自然资产及其变化编制成实物指标数据，最后通过估价将各种自然资产的实物量数据转化为货币数据。这便在传统国内生产净产出(NDP)基础上，得出了石油、木材、地下水的耗减成本和土地转移引起的损失成本。然后，又进一步得出了环境退化

① 潘岳：《浅谈绿色 GDP》，载《半月谈》2001 年第 9 期。

成本。与此同时，在资本形成概念基础上还产生了两个净积累概念：经济资产净积累和环境资产净积累。这些方法被印尼、泰国、巴布亚新几内亚等国纷纷仿效。

三、可持续发展产业集聚政府激励措施研究

自20世纪60年代后期，随着人们对环境问题的认识和重视，可持续发展问题成为学术界的关注焦点，人们在增加生产的同时，必须注意生态环境的保护与改善，实现经济效益与生态效益的辩证统一的思想变得越来越鲜明。与此同时，作为政策制定者的政府也在孜孜以求能够实现环境、资源和经济协调发展的途径和手段。由于环境和某些自然资源的公共物品的特征会导致市场失灵，因此政府这只看得见的手就要发挥作用，通过"使用政治程序和投票规则"①，即通过采取一系列行政或是经济措施，譬如相关法律法规、政府财政补贴、融资支持、税收减免等方式，鼓励有利于环境的企业和个人行为。虽然行政手段可以依靠其强制性、权威性的规范作用迅速获得实施，但是也有人呼吁更多地采用经济激励手段。因为，虽然世界各国通过传统的行政手段极大地改善了环境质量，一些国家的经验也表明在很多情况下都产生了有益的效果，然而，其实施成本都远高于人们所预期的水平，再加上"寻租"现象的存在，有些时候还存在"政策失灵"，使得传统行政手段渐渐不再是人们的首选。行政手段"虽然在短时间内立竿见影，但长期效果很有限"。

针对传统行政手段与之俱来的弊病，人们将目光转向了成本

① Scott J. Callan, Janet M · Thomas 著，李建民等译：《环境经济学与环境管理——理论、政策和应用》（第三版），清华大学出版社2006年版，第59页。

更低、更有效率的经济激励手段,变"堵"为"疏"。尽管不能仅仅依靠市场本身解决环境问题,但是,政策制定者在解决环境问题时可以运用市场经济激励手段。与传统的行政管制方法不同,市场经济激励方法运用价格或其他经济变量激励污染者削减有害物质的排放。也就是说,经济激励手段从影响成本和效益入手(使得价格反映全部社会成本),引导经济当事人进行决策行为选择,以便实现改善环境质量和持续利用自然资源的目标。① 许多国家的经验都表明,把传统的行政手段与基于市场的经济激励手段结合起来,有助于更好地解决可持续发展问题。在《中国21世纪议程》和《中国环境与发展十大对策》等政府文件中,也都提出要推进经济手段在管理环境中和自然资源以及促进可持续发展方面的应用,更明确提出要将环境成本纳入各项经济分析和决策过程,"有效利用经济激励手段和其他面向市场的方法来促进可持续发展"。② 在众多的可持续发展产业集聚政府激励措施中,我们主要讨论财政补贴、融资支持和税收这三种措施。

第一,政府财政补贴。随着二战后环境生态问题的加剧,各国政府采取了一系列财政措施介入环境治理。最早进入财政政策领域的是环境税收及补贴等间接手段,以替代或补充命令加管制的政策手段,随后政府财政直接介入了一些环境治理项目。政府在资源环境管理方面的效率低下,又促生了进行产权改革依托私人市场行为改善效率的重要思路。西方国家在几十年的环境治理实践中,还相继创新出污染配额、资源耗用配额、许可证交易等一系

① 姜学民、周升起:《均衡与效率——可持续发展的经济激励机制研究》,人民出版社2007年版,第85页。

② 《中国21世纪议程》编制组:《中国21世纪议程》,中国环境科学出版社1994年版,第35页。

列环境公共政策手段，并在环境治理活动中与私人投资相结合创造出了 BOT、TOT 等一系列财政安排形式。在财政介入环境治理活动不断深入过程中，财政补贴制度中生态观念占据了越来越重要的地位。在财政活动中，欧洲等国政府贯彻了生态的原则，使政府财政活动建立在生态的基础之上。财政补贴是一种转移性支出，是指国家为了实现特定的政治经济目标，由财政安排专项基金向国有企业或劳动者个人提供的一种资助。财政补贴的政策工具主要包括环境税收（补贴）、优惠利率贷款、政府管制、直接投资、污染配额等。就其根本而言，与环境相关的财政政策只是一般性财政理论在环境问题上的应用。其根本性的调整表现在，税基的调整——由以所得税为主转向以资源税为主；财政引导——全面转向有利于生态资本积累的投资引导；补贴转移——转向有助于环境生态的产业。同时，生态经济学家更推崇许可证交易——污染许可证交易、资源耗用许可证交易甚至人口配额许可证交易。

中国现行的财政补贴主要包括价格补贴、企业亏损补贴等。补贴的对象是国有企业和居民等。补贴的范围涉及工业、农业、商业、交通运输业、建筑业、外贸等国民经济各部门和生产、流通、消费各环节及居民生活各方面。从支出者——政府的角度看，支付是无偿的；从领取补贴者——企业等的角度看，意味着投入成本的减少或实际收入的增加，经济效益较之前有所改善。政府财政补贴与相对价格的变动联系在一起，它具有改变资源配置结构、供给结构、需求结构的影响，进而可以引导企业对环境的影响。政府财政补贴是在特定的条件下，为了发展经济和保障劳动者的福利而采取的一项财政措施，它是一把双刃剑：一方面，财政补贴是国家调节国民经济和社会生活的经济激励手段，可以刺激和扶持国家想要发展的产业，从而体现国家的产业导向和产业政策。运用财政补贴特别是价格补贴，能够保持市场价格的基本稳定；保证城乡居民的基本生活水平；有利于合理分配国民收入；有利于合理利用和开发资源。另一方面，补贴范围过广，项目过多也会扭曲比价关系，削弱价格作为经济杠杆的作用，妨碍正确核算成本和效益，掩盖企业的经营性亏损，不利于促使企业改善经营管理；如果补贴数额过大，超越国家财力所能，就会成为国家财政的沉重负担，影响经济建设规模，阻滞经济发展速度。

政府补贴在可持续发展产业集聚的过程中扮演了重要的角色，在很多情况下，企业利用其他企业副产品或者废弃物的直接经济效益很低，甚至是负效益，但外部效益大于内部效益。外部效益由企业内部支付成本显然是不合理的，因此，政府代表社会将企业发展循环经济的外部效益内部化，对企业循环利用资源给予一定的财政或税收优惠——直接或间接的补贴，对全面发展循环经济具有直接的促进作用。党的十七大报告中也明确提出生态文明建设的要求，指出要"建设生态文明，基本形成节约能源资源和保护生态环境的产业结构、增长方式、消费模式"。具体的政府财政补贴支持体现在三个方面。首先，对可持续发展产业集聚项目建设和运行提供补贴，如将生态产业园区作为一种公共基础设施投资建设，然后无偿或有偿鼓励企业形成集聚。其次，对集聚企业——生产者进行投资补贴。最后，是对消费者进行补贴。无论补贴采取什么形式，都要保证集聚企业的产品价格，降低其真实经济成本，保证其经济效益。企业微观上具有经济效益——企业进行生态产业集聚的生命之本，是企业进行生态产业集聚的基本原动力。发展生态产业集聚必须使相关企业，基本上都能够通过利用其他集聚企业的副产品或废弃物取得较好的经济效益。随着我国经济实力的不断增强和国家环保意识的不断提高，政府财政对环境保护和资源利用方面的支持不断增加,2007 年环境保护支出 782. 11 亿元①,2008 年环境保护执行预算 1040. 30 亿元、2009 年预算环境保护支出 1236. 62 亿元,年均增幅 24%,其中 2009 年能源节约利用和可再生资源投入 14 亿元②。

第二,政府融资支持。政府财政对可持续发展产业集聚的投入虽然起到了促进作用,但是财政支持之于可持续发展产业集聚需要的资金来说仍然是杯水车薪。比如,可持续发展产业集聚的载体——生态产业园的建设需要资金投入和可持续发展产业集聚企业的运营需要的投入都需要企业通过向银行、社会融资来解决。但是由于可持续发展产业集聚企业,和其他环境友好型产业一样初期投入大,投资回收期长,见效慢,这类企业很可能难以筹集到建设和发展所需要的资金,为此,为了鼓励企业互相利用废弃物,促进能源的再利用,国家应给予相应的融资扶持政策。国家对集聚企业的融资支持主要有建立优惠(贴息)专项贷款、提供政府信用担保、建立风险投资基金三种措施。

优惠贷款是指对于可持续发展产业集聚的企业获得的低于一般正常商业贷款利率水平的信贷。一般是中央财政对于某一项目贷款进行贴息补助,按照商业银行利率的一定百分比补贴企业。贴息的方法是:企业先按照商业利率还本付息,根据企业的项目技术的可行性和经营情况,中央财政一次性补贴利率差值所应该交付的利息,此项补贴由财政直接转入银行。优惠贷款可以用于可持续发展产业集聚之新技术或者新设施的投入等。从近几年开

① 财政部:http://www. mof. gov. cn/mof/zhengwuxinxi/caizhengshuju/200810/t20081021_83131. html。

② 财政部:http://www. mof. gov. cn/mof/zhengwuxinxi/caizhengshuju/200903/t20090319_124155. html。

始,除固定资产投资、经济效率不高的行业和农业生产企业等可以享受贴息贷款以外,国家也逐步将优惠贴息贷款政策应用于环境保护的相关行业,如山东省烟台市在2006年就出台相关政策对资源节约、循环经济的试点示范和项目进行专项补助,按项目当期的银行贷款利率计算贴息,贴息率为30%,贴息期限最多不超过两年,单个项目(企业)最高贴息额不超过30万元①。由于没有用于促进可持续发展产业集聚的专项优惠或贴息贷款政策,从实际运行情况来看,可持续发展产业集聚项目优惠融资渠道窄而且不稳定,制约了可持续发展产业集聚的推进。这主要是因为:一是我国的银行体制正开始向商业银行过渡,现在几乎所有的银行已经转制成为商业银行。一般情况下,商业银行直接对企业提供低息贷款。目前,只有几家政策性银行可以提供政策性低息贷款。例如,国家开发银行、农业开发银行等对国家扶持的产业发展给予政策性的低息贷款,帮助这些企业的发展。二是这些专业银行受国家政策控制较严,可持续发展产业集聚项目难以分享优惠贴息贷款的这块"大蛋糕"。三是上述资金总额太小,对于高投入、回收期长的非单纯追求经济效益的可持续发展产业集聚项目来说远远不能满足其需求。

政府信用担保是指企业利用政府专门成立的信托机构或其他金融机构凭借资财雄厚、信誉卓著等条件,托其担保能履行到期还款义务,保障债权人应享债权实现的一种服务。随着废弃物利用技术的应用和发展,相关企业利用国外资金和商业化贷款的机会增多。许多情况下,可持续发展产业集聚企业需要贷款进行建设和发展,在银行系统逐步商业化的现实条件下,企业信用担保往往

① 水母网:http://www.shm.com.cn/ytrb/2006-07/31/content_1781268.htm。

会成为能否获得银行贷款的重要条件。尤其是,我国近年来实行了资本金制度,要求债务人必须拥有30%的资本金,方能获得银行贷款。这样无形中提高了企业融资的准入门槛,将很多可持续发展产业集聚企业挡在了银行的大门外。这时,政府就可以出面,对切实可行、有较好环境效益和经济效益双重效益的项目和企业进行担保,使其获得所需资金支持。1994年银行系统体制改革,政府部门不能为企业进行担保,这些职能由银行承担,但是政府对企业信用担保的影响仍然十分重要①。

目前,我国可持续发展产业集聚项目的融资渠道不外乎自筹和银行贷款两种,渠道较为单一,不利于该类产业的发展。由于可持续发展产业集聚项目的发展的高投入、回收期长,使得其投资风险高,但是一旦运营成功,就会带来经济和生态的双重效益,其对于企业来说会带来较大利润,对于社会来说会促进资源的集约利用和废弃物的重新利用,也会推动其他企业形成可持续发展的产业集聚模式,意义之重大不是单单用金钱来衡量的。所以,政府可以充分诉诸于资本市场,通过合理的制度安排和组织结构设置,使资本市场和创新产业有效结合,从而提供一种新的融资渠道。风险投资就是在技术创新与金融创新相互作用过程中形成的产物。它的作用不仅表现在资金方面,而且更注重利用资金管理机构的优势为企业提供包括管理、营销、财务、人力、技术等多方面的服务。风险投资主体主要有两类:风险投资公司和风险投资基金。其中,直接投资型机构即风险投资公司的投资能力受资本金限制,其发展能力是有限的。目前我国风险投资公司估计有150家,发

① 姜学民、周升起:《均衡与效率——可持续发展的经济激励机制研究》,人民出版社2007年版,第196页。

展速度虽然很快,但是这些公司的注册资本金都在8亿元人民币以下,大部分不足1亿元,其资金供给能力相对于众多投资项目的资金需求而言,可谓杯水车薪。鉴于此,我国有必要发展基金型的风险投资主体,即风险投资基金。由于基金型风险投资机构调动资本的能力更强,运作效率、专业化程度以及对投资者的保护程度更高,更符合风险投资特点。发展风险投资基金是一项复杂的系统工程,涉及法律和政策环境、资金供给能力、股权市场、投资项目市场等多个方面,政府的介入是必须的。目前,我国政府在风险投资领域的着眼点过分集中于扶持高新技术产业的成果,没有着力于转换投融资体制,结果只能是相对粗放型地发展了一小部分企业和项目,而并没有调动民间投资,效果是有限的。可持续发展产业集聚风投基金一部分可来源于国际风险投资机构资金,亦可来源于数额庞大的民间储蓄或社会保障基金,甚至可以利用债权对特定项目进行定向融资。

在风险投资基金的建立和运作过程中,政府应该在如下几个方面发挥作用:首先是确定风险投资基金基本模式。以我国目前的状况而言,应该发展企业法人和私人投资者共同参与、国家扶持的风险投资基金发展模式。主要原因在于:从资金供给能力上看,当前,政府财政资金紧张;银行业存在分业经营的限制,不能涉足产业投资;而私人储蓄增长势头良好,储蓄集中度日趋提高;企业法人的资金量也是相对宽松的,因此有必要充分发挥企业法人和私人投资者的力量。从管理能力上看,有关研究表明,我国法人持股型的企业往往具有相对完善的治理结构,股东对管理层的约束相对严格。综合这两方面因素我们可以认为:企业法人和私人投资者有能力成为我国风险投资基金的主要运作主体。其次是制定和完善相关的法律法规,创造良好的政策环境。如:出台《产业投资管理办法》、制订《风险投资基金管理办法》，使得风险投资基金的设立和运作有法可依，引导其投资行为与国家的产业政策相符；制订中外合作或合资风险投资基金设立办法，鼓励境外资金参与风险投资企业的各个发展阶段；制订税收减免等优惠税收政策，采用间接调控手段推动风险投资基金发展，促进科技进步；作为一项长期任务，政府还应该运用法律工具推动社会信用意识培养进程，减少风险投资中的欺诈行为。再次是改善风险投资基金的公司治理机制，规范风险投资主体行为。由于风险投资基金涉及投资者、基金管理公司和被投资企业等多方参与主体，存在着投资者与基金管理公司、基金管理公司和被投资企业双重的委托—代理关系，无论是在何种企业代理理论模型中，投资者和管理者的信息不对称都是关键因素。所以必须对风险投资基金的治理结构进行设计，在董事会组成和决策程序、管理者权力、内部控制、信息披露等问题上作出严格规定，一方面使得基金的投资者能够及时有效地监控和参与基金的管理，保护基金投资者的利益；另一方面也使得风险投资基金在设立初期就得到规范有序的发展，维护市场参与者的信心，起到应有的作用。然后是发展完善的、多层次的股权交易市场，规范企业的兼并收购行为。我国政府有关监管部门已将设立二板市场提上议事日程。但是，这只是第一步。由于风险投资企业具有不同的发展阶段，对应着不同类型的融资需求，除了设立可持续发展板市场外，还需要建立和完善其他不同层次的资本市场，满足不同发展阶段的风险投资企业的资金和股权交易需求，保证退出渠道的多样性。同时，要清晰界定每个市场之间的“接口”条件，形成与风险投资企业发展阶段相适应的“阶梯”型市场体系。另外，我国市场经济的实践表明，政府部门如果过多地运用行政性手段介入股票市场，必然会形成股票市场的扭曲，无法有效配置资源。所以,必须强调按照市场经济的规则建立市场框架,制订运作标准。最后,要把可持续发展产业发展放在一般产业发展的大背景中加以分析,改革现行投融资体制,规范企业的兼并收购行为。最后是规范中介企业的经营行为。市场质量的提升离不开中介机构素质的提高。目前,在我国的风险投资领域,中介机构的数量和质量都亟待改善。从数量上看,风险投资行业协会和高新技术企业的标准认证机构,以及其他一些为风险投资服务的机构还不是很多。从质量上看,这些中介机构的发起人资格限定、行为准则、中介机构的治理结构、中介市场的准入条件等问题都缺乏详细规定。因此政府必须从这两个方面着手,建设良好的中介市场。从历史经验和实际效果来看,在这一领域,不宜建立国有独资或控股式的中介机构,也不能挂靠任何行政部门,否则只会重复过去曾反复出现的中介市场无效率垄断问题,甚至出现违规、反程序操作现象。

第三,政府税收手段。税收除了为国家征集运转资金以外,它还充分体现着一个国家的产业政策,因为税收是一种重要的经济调节手段。虽然前文提到通过政府财政补贴手段来鼓励可持续发展产业集聚,但是补贴政策不可能是大范围的。相比较而言,通过税收调节更具有可行性和可操作性。通过征税,可以引导作为微观经济主体的企业规范自身的经济行为,在追求经济效益的同时注意生态效益、保护社会生态环境。由于生态资源价值不在生产或消费成本中得到正确体现,成本构成不完善,会直接影响到微观经济主体收益的真实性。通过征税,可以有效地解决外部性不经济现象,从而将可持续发展和生态环境保护变为一种具有经济效益的制度安排。还可以通过对可持续发展产业集聚企业进行减免税收鼓励该类企业积极利用其他企业的废弃物或者主动寻找可利用本企业所产生的废弃物的企业发生集聚。另外，通过税收可以积累专项资金用于支持可持续发展产业集聚的发展。具体来说，税收手段主要包括征税和减税两种手段。

废弃物排放税是从生产者角度来调节废弃物排放。任何生产行为都要投入许多要素，也会产生废弃物的排放。如果生产企业可以肆意排放废弃物而不付费，它就会过多地排放废弃物而不加限制，从而造成资源浪费和环境污染。解决的办法就是让它付费，“谁排放谁付费”，而且要使付出的费用等于污染的机会成本。假定有 X、Y 两家企业，X 是与其他企业形成可持续发展产业集聚，X 排放的废弃物完全被其他企业吸收利用或者没有废弃物排放，Y 存在废弃物排放问题，即 X 的生产没有外部性，而 Y 的生产存在负的外部性。则 X 的产品价格 P_x 等于其边际成本也等于其边际社会成本，即 $P_x = MC_x = SMC_x$；而对于 Y 则有：$SMC_y > MC_y$，即 Y 企业的边际社会成本高于其边际私人成本。

从下图 5－18 可以看出：

第一，生产所产生的废弃物污染意味着 Y 的边际社会成本超过其边际私人成本，市场均衡时就会产生废弃物的过度排放。这时如果利用产业集聚的形式将这部分废弃物作为其他企业的原材料投入，则资源的配置效率会更高；

第二，Y_1 是市场均衡产量，假设此时对应一定的废弃物排放量，1/2 是最优产量，即所产生的废弃物全部为集聚企业所利用，对应的废弃物排放量应该为 0；

第三，MC_y 是反映 Y 的私人成本的供求曲线，它与需求曲线的交点决定它的价格 P_1 和产量 OY_2，SMC_y 具有双重意义：它既表明 Y 的社会成本，又衡量了它的私人成本和应征的废弃物排放税。也就是说，政府对 Y 征收废弃物排放税的最适税额为能使其

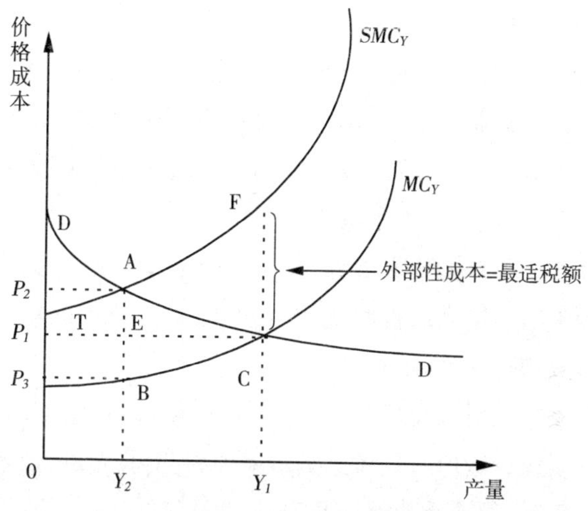

图 5-18　废弃物排放税征收原理

减少产量至排放废弃物被集聚企业正好利用为止的外部成本 FC。正是因为废弃物排放税使排放者的边际私人成本等于边际社会成本，使其面临真实社会成本和社会收益，所以有人把这种税称为“纠正性税”；

第四，Y 被征税后，其生产成本提高，供给曲线上移至 SMC_y，市场价格提高到 P_2，但该生产者单位商品价格为 P_3，即市场价格减去税金。此时 Y 企业所产生的废弃物正好为其他集聚企业所利用，对于 Y 企业而言纳入此产业集聚系统后相当于零排放；

第五，废弃物排放税使排放者生产量减少了 Y_1—Y_2，排放量也相应减少至集聚系统内所需要的量。这也说明，政府通过征收等于废弃物排放外部性成本的税迫使废弃物排放者抑制其过度排放实现了环境保护和资源的集约利用。

政府通过征收废弃物排放税，一方面迫使给环境带来危害的废弃物排放者付出代价，将环境污染外部性成本内部化；另一方面，利用由此而产生的强大市场竞争力推动企业积极参与可持续发展产业集聚，实现既降低成本又减少污染量。此外，征收废弃物排放税是针对企业的生产行为，只要产生污染就征税，一视同仁，不存在税收歧视，政府可将该税款用于可持续发展产业集聚的推广，这也体现了废弃物排放税的公平性。

除了开征废弃物排放税外，在可持续发展产业集聚开发建设项目过程中给予适当的税收优惠和照顾，称为税收减免。减免税收只是减少部分财政收入，由于可持续发展产业集聚的规模不大，不会给国家带来财政负担，也减轻了企业负担，企业也比较欢迎，因此易于实施。政府可以考虑酌情减免参与可持续发展产业集聚企业的所得税，取消企业增值税和增值税附加。企业所得税是指我国境内，对企业和其他取得收入的组织在一定时期内的各种所得征收的一类税收。企业所得税的税后可支配的收入高低，直接影响企业税后可支配的收入高低，影响企业的投资回报率，进而影响投资。所得税的减免由地方政府决定，现在各级政府都在推动和谐社会建设，促进经济与生态和谐，已经陆续出台了一系列的对生态工业园、循环经济等减少或免除所得税的优惠政策。目前，对能源利用、可再生资源利用、可持续发展产业集聚等生态产业没有制定统一的增值税优惠政策。增值税和增值税附加是上交中央财政的税种，其税率水平由中央政府的主管部门制定，地方政府无权更改增值税的税率或减免增值税的税收，需要中央政府有关部门批准。虽然我国在发展循环经济、生态产业园等方面有一定的税收优惠，但是不全面，不系统，既起不到税收应有的经济调节作用，也无法体现国家产业支持政策和导向。因此，建议对有利于环境保护和资源集约利用的可持续发展产业集聚实行税收优惠或减免增值税。

第六章　可持续发展产业集聚支持体系构建

可持续发展产业集聚的良性发展离不开可持续发展产业集聚经济等内在动力的推动，也离不开一些诸如市场、技术、政府、人力资源和教育等外部要素的支持。由于我国正处在探索可持续发展产业集聚和生态工业园区建设方面的工作基本起步阶段，在现有的政策法规体系下，不太适应可持续发展产业集聚发展的需求，在理论、实践、制度与技术等方面存在一些不科学、不完善之处。因此，有必要对目前我国在政策体制上存在的不足进行梳理完善，从制度建设上探索为可持续发展产业集聚提供支持的支持体系。为了更加深入系统地研究这一问题，我们提出了可持续发展产业集聚支持体系图，如下图6－1所示，为我国建设可持续发展产业集聚的现阶段实现模式——生态工业园区，提供理论支持。

从图6－1中我们可以看出，生态工业园核心企业位于可持续发展产业集聚支持体系中心位置，一般来说，我们认为生态工业园核心企业的确定是整个生态工业园区的重中之重，因为它决定着园区核心生态关联企业的选择和整个园区物质流、能量流和信息流的走向。通过对生态工业园核心企业的选取与分析，园区管理者可以大致确定整个生态工业园区的发展方向、发展路径和注意问题等。进而，通过生态工业园区信息、生态工业园区计划、生态

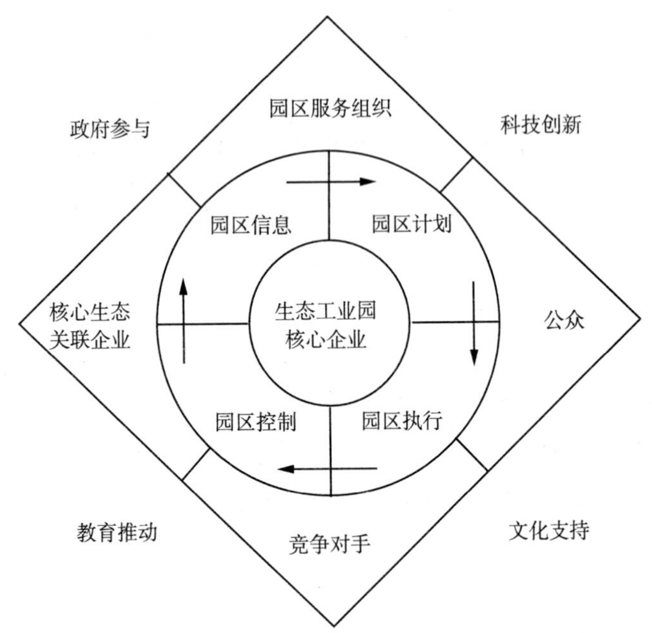

图 6－1　可持续发展产业集聚支持体系图

工业园区组织、生态工业园区控制，系统地分析基于生态工业园区核心企业的外界环境变化，最大可能地保持园区核心企业的竞争优势和生态工业园区的可持续发展能力。在这四个信息系统外部的是园区中介组织，核心生态关联企业，竞争对手和公众，这些组织和生态工业园核心企业一起构成一个完整的生态工业园区（当然，这些企业中有一些在地理位置上可能并不坐落在生态工业园区中，但是我们可以用扩大的虚拟生态工业园区的概念将它们包含在内）。在整个方框的内部，我们可以认为是相对微观的生态工业园区支持体系；在方框的外部，我们可以认为是相对宏观的生态工业园区支持体系。这些宏观的生态工业园区支持要素主要包括 4 个方面的内容：政府参与、科技创新、教育推动、文化支持。下面我们将依据图 6 - 1,详细的论述可持续发展产业集聚支持体系。

第一节 生态工业园区核心企业的选择

生态工业园区是按照工业生态学的原理,通过企业间的物质集成、能量集成和信息集成,形成产业间的代谢和共生耦合关系,使一家工厂的废气、废水、废渣、废热或副产品成为另一家工厂的原料和能源,建立工业生态园区。而现实中以哪一家或者是哪几家工厂的废气、废水、废渣、废热或副产品成为其他工厂的原料和能源,我们可以认为这一家或几家工厂就可以称之为它们所在生态工园区的核心企业。这方面典型代表是丹麦卡伦堡工业园区。这个工业园区的主体企业是电厂、炼油厂、制药厂和石膏板生产厂,以这 4 个企业为核心,通过贸易方式利用对方生产过程中产生的废弃物或副产品,作为自己生产中的原料,不仅减少了废物产生量和处理的费用,还产生了很好的经济效益,形成经济发展和环境保护的良性循环。丹麦卡伦堡工业园区核心企业与其他企业之间关系如下图 6 - 2 所示(核心企业用蓝色标示)。

从图 6 - 2 卡伦堡生态工业园区的核心企业示意图中,我们还可以看出卡伦堡市在整个生态工业园物质和能量循环中所起的重要作用,这也是我们认为真正可持续发展的生态工业园区是必须依托并服务于生态城市的原因之一。生态工业园区从是否需要重新建设可以分类为新建园区和已有园区的改造两种,我们认为,不管是新建园区还是已有园区的改造,我国的生态工业园区核心企业的选取可以遵循以下原则:

1. 污染重能耗大的行业优先选择原则

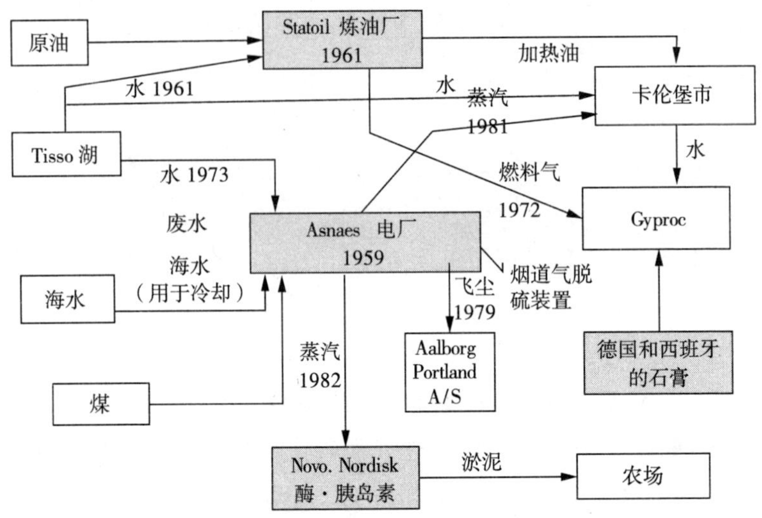

图 6-2　丹麦卡伦堡工业园区核心企业示意图

根据本书第四章中对工业污染由大到小和能源消耗由多到少的行业排序，我们可以加权计算出 20 个 2 位数制造业行业中优先选择为生态产业园区核心企业的行业排序。为了进一步确认本书行业选取的相对准确性，我们把工业污染最大能耗相对较多的前 4 位行业与诸大建教授采用聚类分析法和相关数量模型计算筛选的中国循环经济优先发展前 4 位行业排序结果进行对比，如下表 6-1 所示。分析结果表明，两者的前 4 位行业中，有 C32 黑色金属冶炼及压延加工业、C26 化学原料及化学制品制造业、C22 造纸及纸制品业 3 个行业相同，而且 C32 黑色金属冶炼及压延加工业、C26 化学原料及化学制品制造业分别位居本书和诸大建教授认为需要优先发展行业中的前两位。这从一个侧面说明了本书分析的准确性。

表6-1　优先发展行业排序比较

位次	本书行业排序	中国循环经济与可持续发展行业排序
1	C32 黑色金属冶炼及压延加工业	C26 化学原料及化学制品制造业
2	C26 化学原料及化学制品制造业	C32 黑色金属冶炼及压延加工业
3	C22 造纸及纸制品业	C25 石油加工炼焦及核燃料加工业
4	C31 非金属矿物制品业	C22 造纸及纸制品业

2. 产业集聚程度高的行业优先选择原则

如果在一个城市中同时存在按照污染和能耗排序相近的几个不同行业的企业,那么我们可以参考本书第三章中关于省级区域制造业空间集中度 CR_4 计算,优先选择在同一城市中,空间集中度相对较高行业的企业作为生态工业园区核心企业。这是因为集聚高本身就意味着更多的上下游和同行业企业在一个城市集中,这种集中会给生态工业园区的发展带来更好的发展基础和发展机会。一旦生态工业园建立,众多的集聚企业又可以极大地增加生态工业园区的柔性。而且,从经济学角度分析,集聚程度相对较高的行业,其相对于集聚程度较弱的行业,表现为劳动力市场共享、中间产品投入和技术外溢上的产业集聚正外部性会更强一些。

3. 已有国内外建设先例的行业优先选择原则

生态工业园区的建设在我国毕竟才刚刚起步,还有很长的探索道路要走。如果用好国内外正在建设或者已经建设好的生态工业园区作为发展参考对象,那么我国生态工业园区的建设工作必然将事半功倍,其建设和发展过程中的成功经验和失败教训,都非常值得我们学习。

第二节 生态工业园区管理支持体系

生态工业园区管理支持体系由4个有机组成的分体系组成，如下图6－3所示。我们认为这4个体系是生态工业园区管理者有效动态管理整个园区，并保证其健康稳定发展的关键。其构成既有当代先进的软件和网络技术，又有先进的管理理念提供背后支持。管理信息体系对生态工业园区内企业的作用在于加快信息的采集、传送及处理速度，实现数据在一定范围内共享，特别是废弃物和产品信息的共享，及时地为相关企业各级管理人员提供所需的信息，辅助他们决策，从而改善园区内企业的运行效率及效果。生态工业园区管理支持体系的实施需要三大要素：系统观点、数学的方法、计算机的支持。除了这些硬件支持之外，还需要园区内企业用户的积极支持和参与，否则再先进的计算机软硬件系统也将成为奢侈的摆设品，失去了它们原有的作用。

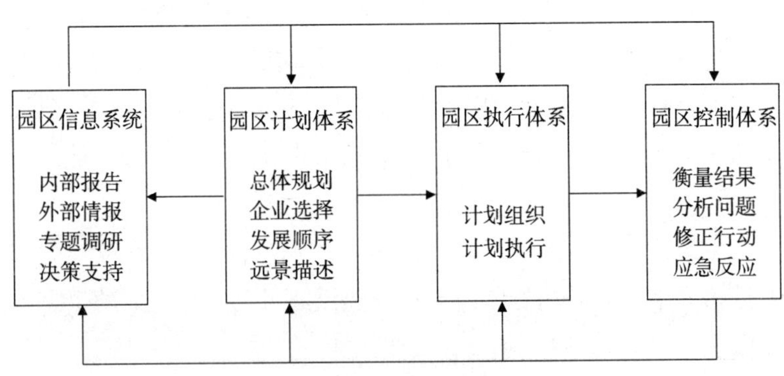

图6－3 生态工业园区管理支持体系

从生态工业园区管理支持体系的构成来看，我们认为生态工业园区信息系统、生态工业园区计划体系、生态工业园区执行体系和生态工业园区控制体系是整个园区管理支持体系的4个有机组成部分。

一、园区信息系统

我们认为生态工业园区信息系统由4个部分组成：内部报告、外部情报、专题调研和决策支持。在工业园的生态化建设中，企业要进行物质、能量交流的前提是，知道哪家企业需要本企业的废弃物、中间产品，哪家企业需要利用本企业所使用完的蒸汽、工业用热水、废弃物等。但是，由于企业的市场质量信息有限，市场价格信息有限，大大小小的企业掌握的市场信息都只能是不完全信息。加上市场上可靠信息是随时变化的，要搜寻这些信息的成本极高。在生态工业园的建设中，一个掌握充分信息的园区环境信息系统，对于园区内废弃物的有效处理起着关键作用。它可以为园区内部企业提供一个交流信息的平台，由交流而产生信任，从而形成一批可靠的产业链，最终实现园区内的产业共生。① 具体来说，通过生态工业园区的计划系统，我们初步确定需要汇总整理和调查研究的信息量和内容，主要调查和分析园区以及周围区域内当前的自然条件、社会经济背景，现有行业和企业状况，物质流和能量流，废物产生和处置，现有生态工业雏形，环境容量和环境标准，可能的废物利用渠道，可能形成的产业链等。就调查信息取得的顺序来说，首先通过查询园区已有的内部报告和外部情报，以决定现有的一手材料和二手材料是否已经足够做出决策计划。如果现有的一

① M. 范·利尤文、W. 弗穆伦和 P. 格拉斯伯根（M. Van Leeuwen, W. Vermeulen and P. Glasbergen），2003；P. H. 佩伦伯格（P. H. PeUenbarg），2002.

手材料和二手材料不能为决策支持提供足够的信息支持,我们可以采用专题调研的方式有目的地调查研究以取得足够的一手材料,以便支持生态工业园区计划体系的正常运行。此外,在生态工业园区管理支持体系的日常运行过程中,园区信息系统应该持续不断地为园区计划体系、执行体系和控制体系提供必要和足够的信息支持,并从它们那里听取反馈,不断改进信息加工、信息传递、信息存贮以及信息利用等方面,最大限度地支持生态工业园区的可持续发展。从理论上说,信息系统可以不涉及计算机等现代技术,甚至可以是纯人工的。但是,现代通信与计算机技术的发展,使信息系统的处理能力得到很大的提高。而外界环境的迅速改变,也需要园区管理者迅速做出反应。因此,在生态工业园区信息系统中离不开现代通信与计算机技术的支持。

二、园区计划体系

我们认为生态工业园区计划体系由 4 个部分组成:总体规划、企业选择、发展顺序、远景描述,其中最为重要的部分是园区的总体规划。2007 年 12 月 10 日,环境保护部、商务部和科学技术部联合组织制订了《国家生态工业示范园区管理办法(试行)》。在建设标准方面,明确规定生态工业园区建设应结合建设规划和生态工业园区标准《行业类生态工业园区标准(试行)》(HJ/T 273.2006)、《综合类生态工业园区标准(试行)》(HJ/T 274.2006)、《静脉产业类生态工业园区标准(试行)》(HJ/T 275.2006)。在指导思想方面,提出要从可持续发展的高度,结合节能减排的要求,将发展生态工业与发挥区域比较优势、提高市场竞争力相结合,与发展高新技术、提高经济增长质量相结合,与区域改造和产业结构调整相结合,与生态保护和区域环境综合整治相结合。在基本原则方面，明确提出生态工业园区建设的6个原则：与自然和谐共存原则，生态效率原则，生命周期原则，区域发展原则，高科技、高效益原则，软硬件并重原则。在总体框架设计方面，根据现状分析结果，结合规划目标，进行物质流、能量流、信息流等的集成分析，从而给出园区的总体框架设计，包括主要的工业链、空间布局和功能分区的设计。在主导产业（行业）生态工业建设方案设计方面，要求做好主导产业（行业）生态工业建设的定位、产品规模、重点支持项目等，并筛选和提出最初的入园项目（包括工业项目、基础设施、服务设施）。这些方面的要求和规定在很多方面与本书的分析不谋而合。除此之外，我们认为生态工业园区的计划体系中，还应该包括园区的远景描述，或者说园区的使命和价值的描述，这样才使得园区计划体系更为完整。这是因为，首先，美好的远景的描述，可以使在其中为之奋斗的相关人员有更高的荣誉感和更强的动力。其次，生态工业园区如果想长期可持续的发展，就一定要深谋远虑，制定长期战略计划（Strategic Planning）来适应所在行业和地区不断变化的环境。再次，合适的园区的发展使命可以帮助生态工业园区选择企业、员工、设备和其他资源，并使之有效地整合，明了发展的顺序。最后，合适的园区价值观的确立，将这些宏观性的描述具体化、真实化、人性化，形成园区工作人员的行为准则，激励他们为了生态工业园区的更好发展贡献力量。

三、园区执行体系

我们认为生态工业园区执行和组织体系由2个部分组成：计划组织和计划执行，其中计划执行是重点。完善的总体规划，准确的企业选择，科学的发展顺序，宏伟的远景描述，如果离开了实实在在的组织和执行，那么其效果都将大打折扣。现实中的一些园区初始条件相似，并且采用了几乎雷同的战略，但是最终结果却相去甚远，有的生态工业园区相对取得了成功，有的结果却不尽如人意，原因可能就在于执行力的差异，或者更进一步地说，长期可持续地执行体系之间的差异。对于生态工业园区来说，其执行体系的执行力主要表现在园区内企业的执行力和园区内企业员工的执行力两个方面，其中园区内企业员工的执行力更为重要，因为园区内企业员工的执行力的合力是园区内企业的执行力的主要组成部分。对于生态工业园的建设来说，生态工业链网的构建是生态工业园区的核心工作。从产品链和废物链两个方向出发，不断完善园区生态工业链网，积极引进补链项目，构建工业共生网络，形成企业间互利共生及区域层面的物质循环，增强产业的抗风险能力，促进产业结构生态化。而这些方面的园区执行体系的计划组织和计划执行的力度、强度和持久度是生态工业园区建设成败的关键。

四、园区控制体系

我们认为生态工业园区控制体系由 4 个部分组成：衡量结果、分析问题、修正行动、应急反应。我们在进行结果衡量的时候，可以首先对生态工业园区的环境进行回顾性分析，回顾性分析的内容包括：园区污染源数量和分布的变化、主要污染物特征和产排污量的变化、潜在的环境风险和应急方案、主要能源和资源的消耗水平及其国内外的比较、区域环境质量的变化、环境法律法规的贯彻执行、环保投入、环境管理等。其次我们可以测算生态工业园物质减量与循环指标，包括：单位工业增加值综合能耗、单位工业增加值新鲜水耗、单位工业增加值废水产生量、单位工业增加值固废产生量、工业用水重复利用率、工业固体废物综合利用率、中水回用率。再次我们可以测算生态工业园污染控制指标，包括：单位工业增加值 COD 排放量、单位工业增加值 SO_2 排放量、危险废物处理处置率、生活污水集中处理率、生活垃圾无害化处理率、废物收集体系、废物集中处理处置设施、环境管理制度。进而我们可以测算生态工业园园区管理指标,包括:信息平台的完善度、园区编写环境报告书情况、公众对环境的满意度、公众对生态工业的认知率。最后也是最为重要的是,我们需要测算生态工业园区的经济发展指标,用工业增加值增长率、人均工业增加值来表示。如果现实衡量的结果与我们在园区计划体系中计划的数值有出入,那么我们需要对问题进行分析,找出问题产生的原因,辨别出是在执行过程中的执行问题,还是在计划设立时的目标偏差问题。根据问题的不同,采取不同的修正行动,使生态工业园区的发展结果与发展目标尽可能的相符。更为重要的是,工业园区作为工业集中区,是环境污染风险的高发区,重视工业园区的环境安全,识别园区的环境风险,并制定有效的突发环境风险应急反应预案,对保护工业园区及周边地区社会稳定和人民身体健康具有重要的意义。因此,园区控制体系中的应急反应体系,应加强环保突发事故的应急处置能力,并形成书面的《生态工业园区应急反应预案》,在发生事故时做到及时启动预案,紧急控制污染源,做好应急抢修与企业生产的协调工作,做到高效率抢修,高水平协调,把事故污染程度和企业限排损失控制到最小程度。进而,园区控制体系还应该及时地把运行结果反馈给园区信息体系、园区计划体系和园区执行体系,以利于生态工业园区整个管理信息体系可持续的稳定高效运行。

第三节 生态工业园区微观支持体系

生态工业园区其他组织是指生态工业园中除了核心企业之外

的其他企业和组织，我们认为其主要包括4个方面内容：园区服务组织、核心生态关联企业、竞争对手和公众。这些组织与公众和生态工业园核心企业一起构成一个完整的生态工业园区（当然，这些企业中有一些在地理位置上可能并不坐落在生态工业园区中，但是我们可以用扩大的虚拟生态工业园区的概念将它们包含在内），他们能否发挥自己的作用并与园区的管理者形成合力，是生态工业园区能否真正可持续发展的关键所在。另外，与图6-1所示的方框之外的4个因素相比，这些组织和个人对于生态工业园区的管理者来说，可以相对较为容易地对其施加影响，一定程度上可以改变其运行状况。下面我们将分别逐一分析。

一、园区服务组织

我们认为园区服务组织是一个宽泛的概念，既包括营利性的公司，如帮助园区内企业促销、销售和分销产品到园区内其他用户和最终用户的公司，包括批发零售企业（reselling firms）、物流企业（physical distribution firms）、营销服务代理机构（marketing services agencies）（如广告企业、咨询机构、律师会计事务所等）和金融中间机构（financial intermediaries）（银行、信贷机构、保险机构等），也包括非营利性的组织，如废物最小化俱乐部等。下面我们就以营利性组织中的金融中间机构和非营利性组织中的废物最小化俱乐部为例来说明园区服务组织的重要性。

资本是现代企业生存和发展必不可少的稀有经济资源，企业的融资方式主要有两种：债权融资和股权融资。如果我们通过园区服务组织，对企业的两种融资方式进行有效调控的话，那么就可以使用市场手段而不是行政手段有效地规范生态工业园区内相关企业的行为。与债权融资和股权融资相对应的调控方式是绿色信贷和绿色证券。绿色信贷就是“green-credit policy”，是环境保护部、人民银行、银监会三部门为了遏制高耗能高污染产业的盲目扩张，于2007年7月30日联合提出的一项全新的信贷政策《关于落实环境保护政策法规防范信贷风险的意见》(以下简称《意见》)中被首次提出。《意见》规定，对不符合产业政策和环境违法的企业和项目进行信贷控制，各商业银行要将企业环保守法情况作为审批贷款的必备条件之一。同时《意见》还针对贷款类型，设计了更细致的规定。如对于各级环保部门查处的超标排污、未取得许可证排污或未完成限期治理任务的已建项目，金融机构在审查所属企业流动资金贷款申请时，应严格控制贷款。“绿色信贷”的推出，是将环保调控手段通过金融杠杆具体实现。通过在金融信贷领域建立环境准入门槛，对限制和淘汰类新建项目，不得提供信贷支持；对于淘汰类项目，停止各类形式的新增授信支持，并采取措施收回已发放的贷款，从源头上切断高耗能、高污染行业无序发展和盲目扩张的经济命脉，有效地切断严重违法者的资金链条，遏制其投资冲动，从债权资金的源头上规范了生态工业园区内和园区外相关企业的行为，但它的有效实施却依赖于园区服务组织中的金融中间机构。关于绿色证券“green-stock policy”方面，环境保护部于2008年3月6日正式发布《关于加强上市公司环保监管工作的指导意见》。“绿色证券”政策的第一项内容是对申请首发上市的13类重污染行业公司进行环保审核，未取得环保核查意见的不受理首发上市申请。这样的规定实际上是赋予了环保部门对于环保不达标企业的上市否决权，等于剥夺了那些肆意制造污染企业上市的机会，从而击碎污染企业希望通过上市谋求更大发展空间的梦想，给重污染企业以重创。对于已经上市的公司，“绿色证券”政策规定，当发生诸如公司因环境违法违规被环保部门调查，或者受到刑事处罚、重大行政处罚；由于环境保护方面的原因，可能对上市公司证券交易价格产生较大影响且与环境保护相关的重大事件，上市公司必须立即对相关事件予以披露。当上市公司有关环境违法违规信息一经披露，必定会有股民选择抛售这一公司的股票，原本有意购买这一公司股票的股民也可能会改变主意，这样公司的业绩就必然会直线下降，从而对上市企业污染行为起到有力的遏制作用。

废物最小化俱乐部是由多个企业参加的共同实施减少废物来节约资金的组织。废物最小化俱乐部是企业实现废物最小化的有效方式，它曾帮助许多发达国家的企业在可持续发展领域取得成功。企业可以来自同一个行业（如金属表面精加工），或是不同行业（如纺织、食品、化学制品等），通常由 7—15 个企业组成。废物最小化俱乐部的主要活动是为俱乐部企业提供相互交流减少废物的想法的平台、废物最小化技术培训的机会、专家的咨询和了解最新法规的渠道等。在我国生态工业园中，中欧环境管理合作项目帮助我国分别建立了天津泰达废物最小化俱乐部和日照经济开发区生态企业协会为代表的两个废物最小化俱乐部。废物最小化俱乐部的创立，可以有效推动园区资源能源与废物的源头削减。生态工业园区内积极引进废物最小化俱乐部理念，一方面可以加深政府与企业、企业与企业之间的沟通交流，寻找减量化和副产品交换的机会；另一方面，会员企业通过参加各种形式的俱乐部活动，可获取经济效益与环境效益的双赢，因而使废物最小化转变为企业长期的自觉行为，最终促进整个园区的生态工业和循环经济建设。如果我国每个生态工业园区内都能组织成立各自的废物最小化俱乐部，那么我国的生态工业园区的建设步伐必将大大加快；在此基础上，如果我们能将我国各个生态工业园区中的废物最小化俱乐部在全国联网，互通有无，相互学习，在同一地区和同一行业内形成全国范围的企业间学习网络，那么我国实现新型工业化的目标也将指日可待。

二、核心生态关联企业

生态工业园区是把区域内彼此靠近的工业企业或公司组织起来，通过模拟自然系统，建立产业化中生产者、消费者和还原者的循环途径，寻找物质闭路循环、能量多级利用和废物最小化，借助生态工艺技术和系统工程学方法，将资源的加工链尽量延伸，从根本上解决经济发展与环境保护深层次矛盾，发展绿色生产力，实现环境与经济的“双赢”。因此，本书认为，我们可以把生态工业园区内除了园区核心企业之外，位于生态工业网络或者生态工业链中的其他关联企业称之为核心生态关联企业。一个典型的开发实践是寻找一个主要的有影响力和潜力的公司作为园区的核心企业，然后利用核心企业的影响力去吸引其他的供应商公司和消费者公司的加盟。在一个生态工业园中，这个主要的核心企业帮助寻找其他能够利用这个公司副产品或者为其提供副产品的公司。这方面的例子包括纸浆厂和造纸厂，食品加工设备，或者发电站。一旦这些首要的公司确定在工业园中建厂，管理者就可能去帮助确定能够与公司合作的其他候选企业入园。当其他几个核心关联企业确定后，将会有更多的潜在交换组合，从而确定下一轮的入选企业。核心生态关联企业与园区核心企业间良好的中间品市场支持是发展好生态产业园区的前提，通过建立完善中间品市场服务市场为集聚其中的企业提供服务，是引导企业的创业行为、经营行为符合生态城市建设的生态产业政策要求，改善和提高集聚企业素质，促进集聚企业形成稳定的生态集聚模式的客观需要。生态工业园种的产业集聚需要能够降低集聚企业内部和外部交易成本的中间品市场,由单个产业带动系列产业,进而形成产业集聚。我们通过构建和完善园区中企业间的中间品市场,可以实现生态集聚所带来的外部规模经济,降低中间品交易的不确定性风险。通过构建与完善园区中企业间的中间品市场,可以实现生态集聚企业的专业化分工,不仅使它们共享集聚所带来的外部规模经济,而且降低了中间品或者副产品交易的不确定性风险。这种企业之间围绕产品链而形成的高度的专业化分工与协作,又使集群内的每个企业都能享受规模经济,而且节约了资本投入,大大降低了集聚企业内部和外部的交易成本,从而促进集聚企业的快速成长和可持续发展产业集聚的稳定性。此外,武汉大学商学院教授伍新木的"区域关联乘数效应理论"认为:"区域与区域发展关联与产业关联关系一样,有强弱之分;产业关联链有长短之分,区域关联有远近之分。区域与区域发展关联效应有正负之分,好的制度安排,好的竞争合作关系,好的区域发展规划,好的区域政策,可以使区域间发展关联效应为正,或为大正,甚至获得倍加的乘数效应。"①我们可以把伍新木教授的"区域关联乘数效应理论"引用到生态产业园区的分析中,我们所追求的目标就是园区管理的政策和制度安排能够使园区内核心关联企业和核心企业都可以比集聚前能够得到更好的发展,而其联合发展的合力,能够在可以预见的未来达到乘数效应,进而推动整个生态工业园区的迅速发展。

三、竞争对手

我们对于生态工业园区核心企业竞争对手的分析取决于我们

① 人民网,http://finance.people.com.cn/GB/1045/3223249.html。

如何确定其竞争对手。一般来说,我们认为,竞争对手的确定取决于园区核心企业的资源状况和发展远景。对于竞争对手的分析,我们可以借助迈克尔·波特的五力分析模型(Michael Porter's Five Forces Model),如图6-4所示,来分析生态工业园区内核心企业的竞争对手情况。五力分析模型确定了竞争的五种主要来源,即供应商和购买者的讨价还价能力,潜在进入者的威胁,替代品的威胁,以及最后一点,来自目前在同一行业的公司间的竞争。一种可行战略的提出首先应该包括确认并评价这五种力量,不同力量的特性和重要性因行业和公司的不同而变化。

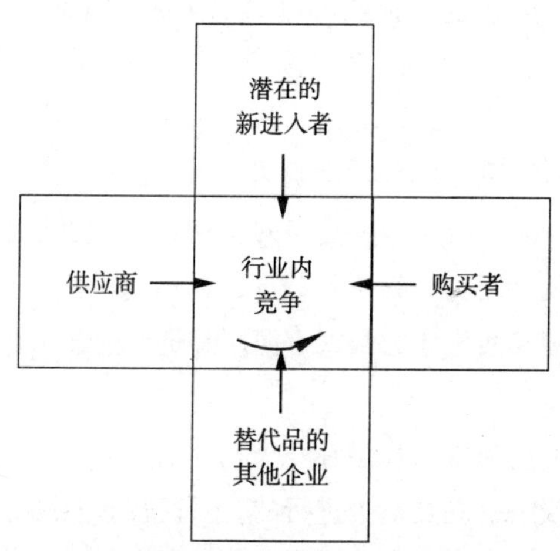

图6-4　迈克尔·波特的五力分析图

使用迈克尔·波特的五力分析模型来分析生态工业园区内核心企业的竞争对手,我们可以得到以下启示。首先,在现实或者虚拟的生态工业园区内有步骤、有目的地引入核心企业的竞争对手有利于园区的和谐发展。这是因为,正如自然界中的食物网中,位于同一层面的生产者、分解者和消费者往往都不是单一的,丰富的同一层面物种正是自然界中的食物网可以稳定长期存在的原因之一。模拟自然界中的食物网建立的生态工业园区，只有相应的增加同一层面的作为生产者、分解者和消费者的企业，才有可能增加自己的柔性，可持续地发展。其次，良好发展的生态工业园中，由于产业集聚产生的集聚经济的存在，可以在园区核心企业和与其有生态联系的上下游企业间，培养起相互信任的合作共生关系，这样就可以将波特模型中的 2 个潜在竞争对手——供应和购买企业，真正的变成战略合作伙伴，一荣俱荣，一损俱损。再次，对于园区的潜在进入企业，我们可以采取谨慎理性的欢迎态度，如果我们论证结果认为潜在进入企业可以增强园区内现有企业的竞争能力，那么我们应该大力欢迎其入驻生态工业园区。如果论证结果认为潜在进入企业无助于增强园区内现有企业的竞争能力，那么我们可以设置环境标准等障碍阻碍其入驻园区。最后，我们应该强调用辩证发展的眼光看待竞争对手问题，卡伦堡生态工业园区发展的现状就是同时拥有两家分属不同国家的水泥厂，而且这先后入驻的德国和西班牙的两家水泥厂都是卡伦堡生态工业园区的核心企业。

我们如此重视现实和潜在竞争对手分析的原因还在于，生态工业园的建设不是在真空中进行的，不管我们是否愿意面对，区域性甚至是全球性的竞争无处不在。由于生态工业园中的企业不是非营利组织，因此，如果达不到财务上的盈利，只有生态效益没有经济效益的园区是很难长期存在的。换句话说，园区的生存，才是园区发展和未来可持续发展的基础，如下图 6－5 所示。在一些学者的研究中①，曾把个体存活的基础条件归纳为 4 个要素：生存资

① 牛文元：《理论地理学》，商务印书馆 1992 年版。

源的丰富度、生存资源的可代替性、生存个体的忍耐度、生存个体的判断力。在这4个要素中,生态产业园区通过信息在园区内的集聚和技术的扩散效应,可以增加园区内企业生存资源的可代替性,提高园区内企业生存个体的判断力。但是,我们认为,最为重要的2个因素,生存资源的丰富度和生存个体的忍耐度,却是由企业与其竞争对手之间的相互博弈形成。"发展"这一术语,最初虽然由经济学家定义为"经济增长",但是它的内涵早已超出了这种规定。《大英百科全书》对于"发展"一词的释义是:"虽然该术语有时被当成经济增长的同义语,但是一般说来,'发展'被用来叙述一个国家的经济变化,包括数量上与质量上的改善。"可以看出,所谓"生态工业园区的发展",必然强调动态过程中的园区量与质的双重变化。可持续发展思想的核心在于正确辨识人与自然和人与人之间的关系,构建"人口、资源、环境、经济发展"四位一体的总协调。可持续发展的本质和特征有以下三个方面:首先,要衡量一个生态工业园区的"发展度"和"公平度",这可以看做是可持续发展的数量维度。其次,要衡量园区的"持续度"和"共通度",这可以看做是可持续发展的时间维度。最后,要衡量园区的"协调度"和"战略度",这可以看做是可持续发展的质量维度。① 可持续发展系统所表明的三大特征,即数量维度、质量维度、时间维度,从根本上表征了可持续发展的系统结构、系统功能。因此,我们认为,在生态工业园区的发展过程中,由于园区内企业发展和园区内外环境的变化,可能不存在可持续发展的稳定时点状态,而是随着企业进入新的市场或者涉足新的产品而不断地回到生存与否的起点,然后继续发展(在图6-5中用虚线表示)。

---

① http://www.shgzw.gov.cn/gb/gzw/xxzh/mrjj/hgjj/userobject1ai4623.html。

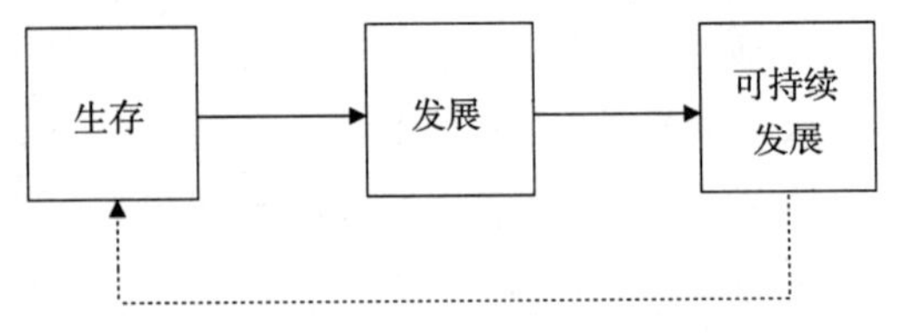

图6-5　生存、发展、可持续发展关系图

四、公众

马克思主义历史唯物观认为,人民群众是社会活动的主体,是历史的创造者。同样,在社会主义市场经济中,公众的消费观念是市场的风向标,公众的积极参与是经济运转的社会基础。在生态工业园的支持体系中,公众起到了非常重要的作用。我们用曼昆(Gergory Mankiw)在其经典的《经济学原理》中简单的经济循环流程图(The Circular Flow)结合戴利(Herman E. Daly)在其经典的《超越增长》中"满的世界"的图示,如图6-6所示,来说明公众在园区建设中的作用。

图6-6中,浅蓝色部分借鉴曼昆经济循环流程图,方框之外的圆圈部分借鉴戴利的作为生态系统的开放子系统的经济图。正如戴利所说,我们必须将宏观经济学视为有限的自然生态系统(环境)的一个子系统,而不是抽象地交换价值的孤立循环,不受物质平衡、熵和边界的限制。从经济学理论上说,这也是我们大力建设生态产业园区的理论基础之一。我们只有借助生态产业园区的大力建设,促进物质的再循环和能量的有效利用,才有可能建设真正意义上的生态城市,进而超越增长,达到经济的可持续发展。从图6-6中我们可以看出,公众对于生态工业园区建设的作用主要表现在两个方面:作为顾客身份出现的公众和作为园区员工身

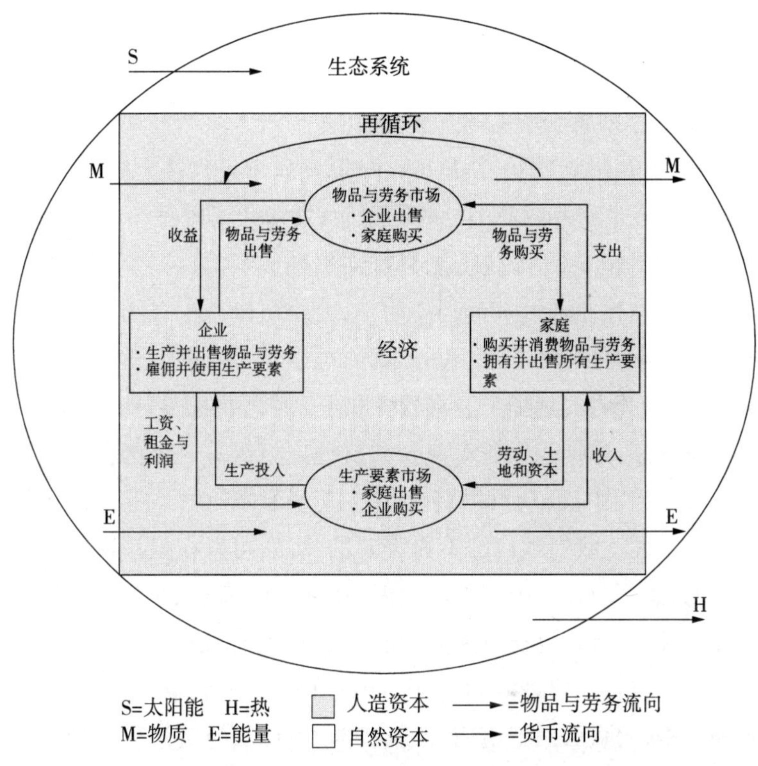

图6－6　“满的世界”经济循环流程图

份出现的公众，两者对于生态工业园区的建设都很重要。公众对于企业生产产品的购买、使用和使用后的处理会直接影响到企业对于产品的设计、生产和回收。因为，最终来说，所有企业生产出的产品只有出售给最终消费者，完成交换和交易的过程，对于企业来说，这样的生产才有意义。因此，企业会想尽一切方法来满足自己目标消费者的需求。如果作为消费者的公众能够减少购买的数量和频次，厌恶没有必要的奢侈包装，尽可能多和长时间地使用已经购买的产品，并在使用后要求厂商将其资源化，那么厂商就会有足够的动力来做这些事情。这里我们可以使用循环经济学中的3R原则(Reduce,Reuse,Recycle)来说明这个问题。其中,减量化(Reduce)原则属于输入端方法,旨在减少进入生产和消费流程的物质量;再利用或反复利用(Reuse)原则属于过程性方法,目的是延长物品在消费和生产中的时间强度;资源化或再循环(Recycle)原则是输出端方法,通过把废弃物再次变成资源以减少最终处理量。在减量化原则(Reduce)使用中,公众可以减少对物品的过度需求。例如可以减少所要买的东西,可以学习大宗但不要大于所必需的量的购买,选择包装物较少和可以循环的物品,购买耐用的高质量物品,选择轻型轿车或公共交通出行等等。在再利用原则(Reuse)使用中,公众可以将合用的或可维修的物品返回市场体系供别人使用或捐献自己不再需要的物品;可以在把一样物品扔掉之前,想一想在家中和单位里再利用它的可能性;可以选择标准尺寸设计计算机、电视机和其他电子装置;可以鼓励再制造工业的发展,以便拆解、修理和组装用过的东西。在资源化(Recycle)原则使用中,公众可以把使用过的废弃物返回到经济过程中的生产端企业,在那里由企业粉碎之后再融入新的产品之中;可以将垃圾分类投放,以利于垃圾的回收和利用。更为重要的是,3R原则的根本目标是要求在经济流程中系统地避免和减少废物,而不是废物资源化。没有公众在消费阶段对于消费的合理控制,那么我们想在企业的生产阶段减少能源的消费和废弃物产生的目标几乎是不可能实现的。

公众对于生态工业园区人力资源的供给,或者说对园区人才,特别是高级管理人员和技术人员的供给能力,是直接决定园区成败的关键因素。聚集人才,是实现园区技术创新和企业创业的保证,是生态工业园区竞争力不断提升的关键。面对世界“新经济”

的竞争环境,以创业人才为最大资本的工业园区,其人才短缺矛盾将更加突出。因此,我们必须充分认识到科技创新人才和管理人才储备水平、吸引条件和集聚能力的重要性,将园区人才集聚功能开发作为一个战略目标予以高度重视。为了培养和吸引人才,要在整个生态工业园区倡导"人的价值高于一切"的观念,充分尊重人的价值。在我国传统体制下,"权力"、"等级"高于"人的价值"。"人为秩序"高于"自然秩序"。这就导致体制和制度设计压抑了人的个性,抑制了人的内在创造力。而生态工业园区一定要建立人才汇集机制,要遵从自然法则、尊重人才的内在需求,创造一个具有活力的、充分张扬人的个性、尊重人的价值的园区人文环境。从整个园区来看,一个有利于人才聚集的园区环境具有以下特征:一是人才主权得到尊重,人才价值得到有效实现;二是完善的知识产权保护法律制度,成熟的产权保护技术系统及全民知识产权意识的确立;三是整个园区建立了以信誉与职业道德为基础,以能力和贡献为准则的用人机制;四是园区人才流动和人才配置的市场化与有序化;五是廉洁、高效、规范的管理行为及吸引优秀人才的人力资源政策;六是良好的工作生活环境、富有活力的文化;七是既保证人力资源的强势阶层最大限度地创造价值并分享价值,又保护人力资源的弱势阶层免受伤害的公平就业环境。园区人才汇集的动力来自于市场。人才的汇集不是凭借权力,不是官本位为基础的行政权力驱动,而是人才价值本位的价值实现的驱动。人才聚集意味着形成人才的能量场,这个能量场能带来人才的互补性整合与系统效率,从而提高人才的综合竞争优势,进而提高了整个生态工业园区的综合竞争优势。人才的聚集必须基于战略,园区内各个企业间、不同产业间、不同区域内应形成基于自身资源的差异化发展战略,在此基础上形成人才资源的吸引、使用的差异化策略，使人才的聚集实现系统整合的效果，做到人才的汇集不是单纯的为聚集而聚集，而是为形成企业的人才优势、产业的人才优势、园区的人才优势而聚集。

第四节 生态工业园区宏观支持体系

我们认为生态工业园区宏观支持体系主要由4个方面构成：政府参与、科技创新、教育推动、文化支持。相对于图6－1方框内的微观支持体系来说，政府、科技、教育、文化可以在宏观方面极大地影响园区的发展且基本不受生态工业园区的控制。因此，探讨政府、科技、教育、文化的现状并促使它们向推动生态工业园区更好发展的目标转变，是非常必要和有意义的。下面我们将逐一探讨这4个方面。

一、政府参与

生态工业园区的持续稳定发展是以有关要素的时空有效配置为前提的。在园区产业聚集过程中，各种要素的时空配置效率，不仅决定着园区的整体聚集利益，而且还决定着园区发展的潜力和适度性。由于市场机制固有的缺陷和园区区域经济的空间特性，单纯依靠市场力量很难保证生态工业园区生态经济始终沿着最优路径发展。特别是在我国市场经济体制还不完善的情况下，政府在生态工业园区的成长过程中仍将扮演十分重要的角色。政府在现代经济体系中的作用如图6－7所示。

从政府参与的必要性来说，现实中的完全竞争只是一种理想的市场状态，在实际经济生活中并不存在。由于市场机制本身无法克服的缺陷和不足，仅仅通过“看不见的手”调节经济运行，必

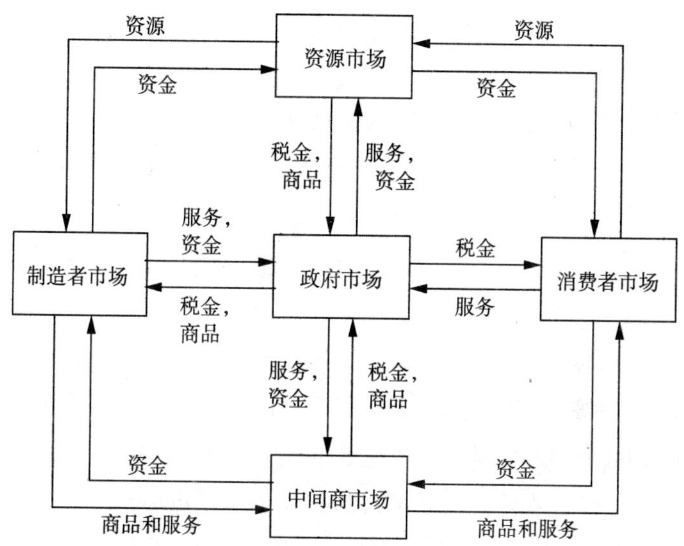

图6－7　政府在现代经济体系中的作用

然出现市场失灵。因此，要保持生态工业园区经济健康、有序地发展，还必须借助政府力量的适当支持。首先，政府参与可以帮助园区消除负外部性。企业在园区内空间聚集的结果，在带来正的外部性的同时，也会带来负的外部性，甚至影响周边的生态环境，这显然对其他企业乃至园区整体带来了损失。但是，在市场机制下，该企业却并未为此支付代价或遭受损失，形成私人成本与社会成本的不一致，从而在整体上削弱园区集聚利益。类似的问题仅仅依靠市场自身的力量是不可能完全解决的，因此，必须有政府的必要介入和干预，通过控制集聚的负外部性，来实现资源的有效配置。其次，政府参与可以提供园区生存发展所需要的公共产品。著名经济学家保罗·萨缪尔森这样来说明公共产品的特征："每个人对该产品的消费不会造成其他人消费的减少。"由于公共产品的非竞争性和非排他性特性，决定了市场经济中追求利润最大化的企业不会提供这些产品,也就是说,公共产品不能由市场机制来配置,只能由政府行为来配置,或者在政府参与下配置。然而,从本质上说,公共产品又是形成园区区域聚集的物质承载者,是控制生态工业园区聚集规模的关键因素。公共基础设施和公用事业服务越完善,质量越高,该区域或园区的聚集效应就越大,对居民和企业的迁入和土地投资就越有吸引力,从而使该区域或园区土地的利用率提高,土地利用的集约性就越强。反之,政府的公共产品的供给能力较低,则可能构成对园区聚集生态效应发挥作用和区域经济增长的"门槛"约束。同时,在乘数效应的作用下,一方面对公共物品投资、生产、经营等活动所诱发出的一系列经济活动,为许多产业在生态工业园区的发展创造了市场;另一方面这些产业反过来又扩大了对公共物品的需求,增加产业聚集效应,最终影响整个生态工业园区的投资状况和收入状况,以及园区经济增长的速度和持续时间。而且,居民和企业的选址也总是趋向聚集效益较高的公共产品周围地区,以"免费搭车"的方式获取经济外在化的好处,公共物品的布局成为厂商和企业区位选择活动的出发点和归宿,是形成区域聚集效应的主要来源之一。因此,通过政府参与对园区公共物品的供给进行最佳配置,对生态工业园区经济发展和空间结构的优化十分重要。最后,政府参与可以帮助园区维护市场秩序。从理论上分析,市场经济需要政府,在于市场经济正常秩序的形成和维护离不开政府,无论是财产权的保护还是市场交易规则的形成和维护,都需要政府以法律的形式加以规范化。正如弗里德曼指出:"政府的必要性在于它是'竞赛规则'的制定者,又是解释和强制执行这些已被决定的规则的裁判者。"因此,建立一个行之有效的市场运行和调节的规则体系,在规范人们行为的基础上。建立社会信用,保护包括私人财产在内的各类资源产权，消除市场进出壁垒，制定入园企业规范，为生态工业园区各类经济主体创造自由选择、公平竞争和安全有效的生产和生活环境，成为政府的当然之责。

政府参与生态工业园建设的主要方式有3种：政府的社会管理行为（包括政策的制定、实施和评估），政府的公共生产行为（包括公共设施和公共服务）和作为消费者身份出现的政府绿色采购行为。我们主要分析一下作为消费者身份出现的政府和作为社会管理者身份出现的政府行为对生态工业园建设的作用。

从某种意义上说，政府是市场上最大的客户，谁赢得了政府，谁就有可能赢得最大的市场。这是因为，政府不仅本身购买大宗的产品，还可以通过法律法规的推行来促进或者降低产品在市场的份额。更为重要的是，普通消费者对于政府的采购行为有很强的认可度和模仿性。所谓“政府绿色采购”，就是在政府采购中着意选择那些符合国家绿色标准的产品和服务。现阶段的政府采购，内涵已经非常丰富，几乎涉及了政府办公的所有环节。如果政府能够通过绿色采购，尽可能多地优先选择那些符合国家绿色标准的生态工业园区产品和服务，那么就可以在有形和无形中极大地推动园区的快速发展。由于全球各国的政府采购在其国民总产值（GDP）中所占比例向来很高，只要政府机关将环境准则纳入其采购模式，立即会对相关的供应商企业产生积极影响，从而带动并产生产品市场，因而政府绿色采购对于绿色消费具有引导性作用。政府的绿色采购对于全社会的可持续消费具有强大的示范和推动作用，运用这一政府手段不仅可以促进企业环境行为的改善，还可以推动国家以生态工业园为代表的新型工业化战略及其具体措施的落实。从国际经验看，政府绿色采购对可持续消费乃至可持续生产发挥着显著的引导作用，消费者的绿色取向促进了绿色消费市场的形成,进而促进了生态工业园区绿色生产市场的形成。在政府绿色采购方面做得比较好的国家有美国、加拿大、挪威、日本和欧盟。我们下面用美国和日本政府的做法来说明这一问题。美国联邦政府推动采购是以 EPA 的“全面性采购指导纲要”(CPG)为参考依据,而联邦环境管理者对总统第 13101 号行政命令实施情况的监督也包括了 CPG 符合性评估。CPG 的规定适用于任何使用联邦经费的联邦、州或是地方政府,即凡使用联邦经费进行采购某项产品的金额超过一万美元,而该项产品又被 EPA 列入 CPG 目录者,均需优先购买此类绿色产品。从美国政府的做法中我们可以看出,美国政府的绿色采购主要是以政府作为主导。不同于美国政府的绿色采购,日本政府的绿色采购团由政府、企业和相关社团公共组成。日本国会颁布的绿色采购法指出,政府机关可采用第三方认证体系或绿色产品信息系统作为采购绿色产品的参考准则。日本政府还撰写了绿色采购的基本准则。为推动此项行动计划,日本政府与各产业团体、日本政府与各产业组成了日本采购网络组织(GPN),参与该组织的会员团体承诺将购买环境友好产品,减少采购活动对环境的不良影响。GPN 的活动主要包括颁布绿色采购指导原则、拟订采购指导纲要、出版环境信息手册、进行采购推广活动等。与国外的绿色采购相比,我国政府虽然一直在倡导循环经济与可持续发展,但到目前为止我国尚无具体规则和法律来规范政府的绿色采购行为,这在政府采购的实际操作中可能会造成较大的随意性和不规范性。因此,我们首先建议我国政府尽快制定出台相关的政府绿色采购法规,从制度上规范各级政府的采购行为;其次是在采购标的物价格比较上,充分考虑产品的生命周期成本,尽可能多地购买生态产业园区的相关产品;最后,创建地方性的绿色产品和绿色企业网站,进而将地方性的绿色产品和绿色企业网站全国联网，定期更新，并率先在各网站上公布当地政府的未来相关采购信息。可喜的是，2006 年 11 月 17 日，财政部和环境保护部联合发布的《关于环境标志产品政府采购实施的意见》及其“环境标志产品政府采购清单”。标志着我国政府已正式将环境准则纳入其采购模式，这对于引导生态产业园区的绿色生产，树立政府机构环保形象，推进环境友好型社会建设，实现经济社会可持续发展，都具有非常积极和重要的意义。

作为社会管理者身份出现的政府，促进生态工业园区建设的政策与手段有很多，在此我们可以借鉴世界银行 1998 年总结的政策矩阵予以归纳总结，如下表 6－3 所示。

表 6－3　政策矩阵——政府参与园区建设的政策与手段

	规制性政策	市场性政策		参与性政策
		利用市场	创建市场	
资源管理 3R 循环 污染控制	法律法规	减少补贴	明确产权	信息公开
	规划计划	环境税	民营化和权力分散	公众参与
	标准	使用费	配额交易	
	禁令	押金—返还制度		
	许可证和配额	专项补贴		
		绿色采购		

我们还可以将世界银行推荐的这三类政策从物质的输入端、循环端和输出端来进行进一步的分类，如表 6－4 所示。

从表 6－4 中我们可以看出，在输入端、循环端和输出端，政府都可以通过规定性政策、市场性政策和参与性政策来达到减物质化的目的，进而推动可持续发展产业集聚的发展和生态城市的建立。为了更好地说明这个问题，我们用水资源在输入端、循环端和

表 6－4　减物质化的三类政策矩阵

	输入端	循环端	输出端
规制性政策	例如取水限制	例如设定回收比率	例如限制水质标准
市场性政策	例如提高水费	例如循环产业补贴	例如限制水质标准
参与性政策	例如宣传节水	例如宣传回收好处	例如公众知情

资料来源：诸大建：《中国循环经济与可持续发展》，科学出版社 2007 年版，第 55 页。

输出端的具体政策选择作为管理实例，如表 6－5 所示。

表 6－5　输入端、循环端、输出端水资源管理政策

	利用市场	创造市场	政府法规	公众参与
输入端（水资源）	减少水补贴水资源税	水市场	水质量标准水使用配额	水效率标准
循环端（水资源）	生态工业园区用水特许权	可交易的再循环水	工业用水回收比率标准	宣传工业用水回收好处
输出端（水污染）	废水排放费对环境投资的减税或补贴	可交易的排放许可证	废水排放标准工业废水排放配额	社区压力公众知情计划

从世界银行的政策矩阵分析中我们可以看出，所有的政策都是以资源管理、3R 循环和污染控制为政策目的，而 3R 循环原则正是循环经济所遵循的原则。这也从一个侧面说明了为什么在世界范围内，单独为了生态工业园区建设和发展设立法律法规的国家很少，一般国家都是将生态工业园区与整个国家发展循环经济立法的探索与实践相结合。由于循环经济与生态工业园区建设的立法在内容上有重复性，在方法上有可借鉴性，促进了循环经济发展的政策总能直接或者间接地促进生态产业园区的建设。为了保持论述的一致，在分析政府政策时，我们借助对国内外循环经济立

法的分析来重点说明政策矩阵的合理使用。在世界范围内，德国和日本是在这个方面做得最好的国家。

德国是世界上最早实施循环经济的国家之一，其循环经济的立法与实践也一直走在世界的前列。20 世纪 70 年代以来，德国当局始终保持观念的更新，积极探索固体废物管理的新途径，并借助“资源闭合循环的固体废物管理”、“延伸生产者责任”完成了从末端治理向循环经济的管理模式转换。在 1972 年以前，德国也是一个无人管理的垃圾堆放场，但是在 1972 年，德国制定实施了《废弃物处理法》，但当时立法的目标仅仅是为了“处理”生产和消费中所产生的废物，只是使得德国的固体废物从无人管理向末端治理控制过渡。1986 年，德国将《废弃物处理法》修改为《废弃物防止和管理法》，强调要采用节约资源的工艺技术和可循环的包装系统，把避免废物的产生作为废物管理的首选目标，将立法目的由“怎样处理废弃物”转变为“怎样避免废弃物的产生”，从此德国登上了可持续的固体废物管理之旅，其固体废物处理已经发展为一个重要的产业部门，为 20 万人提供了就业机会，每年的营业额达到 500 亿欧元，而且直至目前德国的废物再生利用率仍居世界首位。1991 年，德国首次按照从资源到产品再到资源的循环经济思路制定了《防止和再生利用包装废物条例》，要求生产商和零售商对于商品的包装物要尽可能减少并回收利用，以减轻填埋和焚烧的压力。1994 年 9 月 27 日，德国公布了发展循环经济的《循环经济和废物处置法》，把资源闭路循环的循环经济思想从商品包装拓展到社会相关领域，规定对废物管理的手段首先是尽量避免产生，同时要求对已经产生的废物进行循环使用和最终资源化的处置。德国的立法者认为，“减量”不仅意味着最小化废物产生量，还意味着经由安全有效的废物管理，最小化不利的环境影响。废物管理的政策选择不以生产、消费、处理过程废物产生量的多寡为唯一标准，同时应考虑废物的环境影响。基于废物不同的材质，或许有的废物如塑料体积小、重量轻但不易再生利用，或许有些废物如钢铁、玻璃体积重量较大但再生利用时更具技术可行性和经济合理性。“再利用”始于公司和家庭，要求在处理机构收集废物之前进行，德国的特色是在《包装废物条例》中明确规定了对可重复填充使用的饮料包装的市场份额目标，明确了再利用优先于循环利用的位阶。

早在20世纪70年代，日本就颁布了《废物管理法》(1991年日本国会再次修订《废物管理法》，至今已修改过20次)和《资源有效利用促进法》。20世纪90年代，日本首先提出资源循环使用模式并加以实践，主要目的是如何减少最终处置废物的数量，并通过制定大量法律和法规来实施计划，并已经取得了明显的效果，使资源循环使用模式走在世界发达国家的前列。1993年又以减少人类对环境的负荷为理念制定了《环境基本法》，实现了环境立法从完备单项法律体系为目标走向法典化的重要一步，1995年颁布了《包装容器分类收集和循环利用法》，1997年《建立循环型社会基本法》的公布和实施，标志着日本已经成为世界循环经济法制化的先进国家，其环境保护技术和产业经济发展进入了新的发展阶段，其社会结构开始从过去大量生产、大量消费、大量废弃的传统经济社会，向降低环境负荷、实现经济社会可持续发展的循环经济社会转变。1998年颁布了《特定种类家用电器再生利用法》和《家用电器回收法》。2000年被定为日本“资源循环型社会元年”，同年日本国会通过了6项法案:《促进建立循环型社会基本法》、《废物管理法》(修订)、《资源有效利用促进法》(修订)、《建筑材料再生利用法》、《食品废物再生利用法》、《绿色采购法》。其中的《促进建立循环型社会基本法》最具有重要的意义，它从法制上确定了21世纪日本经济和社会的发展方向。2001年颁布了《多氯联苯废物妥善处理特别措施法》，2002年又颁布了《报废汽车再生利用法》等。2000—2005年，有关包装、家电、食品、建筑、汽车5个领域的产品再利用法陆续生效和实施。这些法律的颁布对日本推动循环经济发展提供了有力的法律基础。伴随这些法令的实施，日益增长的公众意识逐渐演变成为一种需要，需要改变现存的社会经济体系，并使得日本成为21世纪克服其环境与资源限制的新型社会经济体系。

通过对德国和日本循环经济法律法规的回顾，我们可以看出，我国现行法制体制及政策仍存在一些不足的地方。例如，在德国和日本政府的主要参与方式由规制性政策向市场性政策甚至参与性政策转变的时代，我国仍然主要以规制性政策为主，而且缺少像日本的《资源有效利用促进法》和《废弃物处理法》那样的跨行业和跨部门的法律，以对资源利用和环境保护进行综合规定。但是由于所面临的国情和发展目标的不同，我们不能照搬，而只能通过借鉴德国和日本的经验来进行以下几个方面政策的完善。首先，我国应该尽快完善循环经济法制建设。修订相关的法律法规，整合现行法律中关于环境保护的规定，对循环经济的国家发展战略作出政策性的宣告。尽快制定与《清洁生产促进法》相衔接的《循环经济促进法》，进而探讨设立《生态工业园区建设促进法》的可行性。其次，我国应积极协调，加强监管，完善指标体系，特别是各地绿色GDP指标体系的建立和完善。环境保护部应积极协调其他有关部门配合循环经济的建设，从国家、省两级大规模开展生态工业园、循环经济示范园的试点工作，重点抓好清洁生产标准制订、废物循环利用环境管理标准制订、生态工业园区和循环经济试点示范区建设及其评价和管理等工作,提出各类生态工业园、循环型城市等建设的模式和指标体系。再次,大力推进循环经济关键技术的发展,鼓励市场在技术推广中起主要作用。虽然我国重视废物资源化技术的开发,并且有的废物资源化技术已经得到应用,但从总体上看,我国目前仍然处于低水平的资源综合利用阶段,缺乏系列化、配套化的废物资源循环利用技术体系。政府各部门应该重视和加大对以废物资源化技术为主的产业技术的扶持力度,引导企业、技术研究部门积极研发废物循环利用技术并对具有推广应用前景的技术给予专项经费支持。最后,政府应积极发展静脉产业。坚持开发节约并重、节约优先,按照减量化、再利用、资源化的原则,在生产、流通、消费各环节,逐步建立废弃物回收利用体系是建设好生态工业园的关键因素之一。

此外,我们在这里特别强调政府宏观调控政策对经济的作用效果并不是即时的,而是存在一定程度的时滞。任何一种经济政策,无论是按市场规律制定的财政政策、货币政策,还是政府直接干预的经济政策,甚至市场性和参与性政策,从施加于经济到产生效应,都会存在时滞。政策时滞由三方面组成:认识时滞,从出现问题到发现问题有一个时间滞后;动作时滞,从发现问题到制定对策又有一个时滞;效果时滞,从政策出台到政策发挥效应也存在一个时滞,三者结合在一起构成了总的政策时滞。因此要保证一个良好的生态环境,促进社会健康有序的发展,我国政府应该像德国和日本政府学习,一方面不断推出新的法律法规;另一方面不断完善和发展我国现有的政策体系,让政策更好地为循环经济和生态工业园区的建设服务。

二、科技创新

现代社会的科学技术已成为提高劳动生产率的最重要手段和生产力解放与发展的决定性力量，推进着社会的全面进步。当代国际间综合国力的竞争，越来越多地表现为科学技术的竞争，特别是高新技术的竞争。马克思、恩格斯认为“科学是一种在历史上起推动作用的、革命的力量”。邓小平说：“科学技术是第一生产力。”江泽民同志在庆祝中国共产党成立80周年大会上的讲话中指出：“科学技术是第一生产力，而且是先进生产力的集中体现和主要标志。科学技术的突飞猛进，给世界生产力和人类经济社会的发展带来了极大的推动。”对于生态产业园区的建设来说，有效的科技开发和转化体系是可持续发展产业集聚的保证。针对我国生态产业园区发展的现状，我们认为，建立科技创新机制，是实现园区可持续发展产业集聚成功的保证。

所谓机制是指一个系统的组织或部分之间相互作用的过程和方式。从一般意义上理解，机制可以认为是与实现一个系统运行有关的一切组织结构、方法、制度、规章、习惯等体系。它或有形或无形，贯穿于整个系统的运行过程中，对实现系统目标具有决定性的作用。缺少机制保障的系统，就如同没有轨道、没有调度的铁路系统一样，是无法正常运转的。科技创新机制是指科技创新系统在运行过程中所包含的创新组织内部的结构与内在工作方式，以及创新组织与外部环境之间所形成的互动关系的总和。它具有指挥推动、整合转化、消化吸收、自我调节、更新拓展等功能。科技创新机制一般包括：科技创新的激励机制、科技创新的运行机制、科技创新的扩散机制。

建立科技创新机制，首先，应该建立有效的科技创新的激励机制。科技创新的激励是技术创新活动启动、开展、强化的力量源泉，创新速度的快慢、创新规模的大小主要由激励机制提供的动力大小所决定。在知识经济时代，科技创新的激励力量来自于一种激励系统，即由产权激励、市场激励、政府激励与企业激励共同构成的激励系统或激励机制。产权激励通过确立创新者与创新成果的所有权关系来推动科技创新的活动；市场激励通过市场力量来推动科技创新；政府激励通过政策或行政手段来支持科技创新；企业激励是企业技术创新的一种内生激励。有时可以把企业激励称为正向激励，其他三种激励称为逆向激励。其次，应该尽快建立有效的科技创新的运行机制。科技创新不是指技术本身的创新，也不是指一般的经济创新，而是指把以科技为核心的知识创新成果引入生产过程所导致的生产要素和生产条件的重组。科技创新的运行涵盖了科技创新的整个过程和全部活动。科技创新是企业在市场经济条件下所必须采取的把科技进步与市场需求结合起来以提高企业效益的创造性行为；是企业作为人、财、物的技术经济组合体，把自身各方面的力量充分调动与最佳组织起来，并对外部环境加以优化的选择和利用；是生态工业园区企业将环境目标与经济目标有机结合的有效手段。由此可见，科技创新是一个完整的行为过程，而不是简单地停留在实验室的阶段。最后，我国应尽快建立有效的科技创新扩散机制。科技创新的真正意义和实际价值，不在于创新本身，而在于这种创新的扩散程度。科技创新对一个国家或地区经济的影响取决于创新成果在整个经济系统中的扩散效果。清华大学傅家骥教授认为，所谓“技术创新扩散是技术创新通过一定的渠道在潜在使用者之间传播采用的过程”。科技创新的扩散一般包括三个层次：企业之间的扩散，即技术创新在全国生态工业园区中各企业之间传播采用的过程，常以采用科技创新的企业数占潜在采用者总数的比率来度量;企业内部的扩散,即创新在企业内部扩大应用范围的过程,以使用科技创新的产出占潜在总产出的比率来度量;总体扩散,即企业之间的扩散和企业内部扩散的叠加,它表示科技创新在产业中被采用的总体水平的增长变化过程,以整个产业中使用科技创新的产出所占比率来度量。我们在这里所讨论的科技创新扩散主要是指企业之间的扩散,也就是说,我们更加看重的是这些环境相对友好,经济效益相对较高的科学技术在全国行业内的扩散。技术创新扩散机制主要由下列要素构成:供给者、采用者、创新成果的特性、中介渠道、扩散方式及环境要素。

我们特别要注意的是,科技的创新并不一定会带来资源的节约和环境污染的减少。这是因为一方面科技自身有环境友好型、环境中性型和环境恶化型技术之分;另一方面,科技对于资源和能源的影响并不都是由科技自身的特性决定。

康芒纳在 1974 年出版的《封闭的循环》中分析美国 1946—1968 年人均 GDP 从 2222 美元提高到 3354 美元,国民生产产值增加了 126%,而环境压力却增加了 200%—2000% 的原因时认为,在由人口、消费及技术造成的环境压力增长中,人口对污染的贡献是 12%—20%,富裕对污染的贡献是 1%—5%,而技术对污染的贡献却是 80%—85%。因此,他把急剧增长的污染的原因归结为生产技术的变化。我们可以用一个简单的公式来说明这个问题。我们设人口增长率与消费增长率的和为 g,科技创新的资源生产率的变化率为 r,那么当 $r > g$ 的时候,与原有的技术相比,科技的创新使用了更少的资源产生了更多的产品和服务,此时我们可以认为这种科技的创新是资源环境友好型的。当 $r < g$ 的时候,与原有的技术相比,科技的创新使用了更多的资源才能产生了与原

来一样多的产品和服务，此时我们可以认为这种科技的创新是资源环境恶化型的。当 $r = g$ 的时候，虽然科学技术在进步，但并没有体现在资源环境方面，此时我们可以认为这种科技的创新是资源环境中性型的。这三种类型的科技创新可以用下图 6－8 所示。

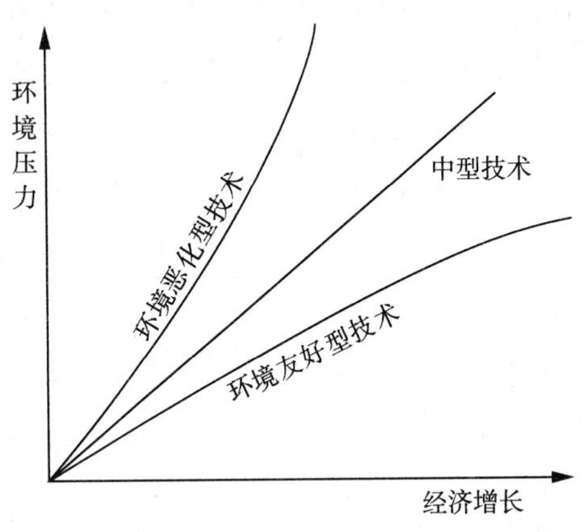

图 6－8　依据环境友好程度的科技创新分类

转引自诸大建：《中国循环经济与可持续发展》，科学出版社 2007 年版。

正如戴利指出的，“我们需要发展能够更有效地消化一定的资源流量的技术，而不是那种有大嘴巴和消化道的增长的技术。”但即使是环境友好型的技术，其本身的有效推广和使用，并不一定从总量上减轻资源和环境的压力。我们可以用经典的环境压力公式来说明这一问题。经典的环境压力公式，$I = P \times A \times T$，其中，I 为环境压力，P 为人口总量，A 为用 GDP 表示的人均消费水平，为技术或单位 GDP 的环境影响。由 $I = P \times A \times T$ 我们可以导出 $i = p + a + t$，小写字母表示各个变量的变化率。从中我们可以看出，即使 $t \leqslant 0$，如果 $p + a > - t$ 的话，那么 $i = p + a + t > 0$，总量上的资源与环境压力仍然会增加，也就是说，在这种情况下，技术的进步并不能抵消人口的增加和人均消费量的增加。只有在 $t \leqslant 0$ 而且 $p + a = -t$ 的时候,技术的进步才可以抵消人口的增加和人均消费量的增加,使整个国家或区域资源与环境压力不变。当然,我们最希望达到的经济发展状态是 $t \leqslant 0$ 且 $p + a \leqslant 0$,进而由 $i = p + a + t$ 计算出 $i \leqslant 0$ 的理想结果。结合经典的环境压力公式和我国经济发展的现状,我们认为,在未来相当长的一段时间内,我国的人口还会保持增长,直到稳定在15亿左右,而我国居民用人均GDP衡量的生活水平也会不断提高。因此,一方面我国要大力发展科技创新,推进生态工业园的建设;另一方面我们要控制人口总数,尽量降低用GDP表示的人均消费水平,这样才能从总体上缓解我国的资源与环境压力。从这里的分析中我们也可以看出,我国科技创新在总量上减轻我国资源和环境的压力方面的重要性。

三、教育推动

教育与经济增长的关系是相互影响、相互促进的。一方面,教育通过提高劳动者的素质和技能,通过生产效应来推动经济的发展;另一方面,经济的发展可以提高人们对于教育的重视程度,并通过加大教育投入资金的方法来切实推动教育的发展。人类进入21世纪以来,生产方式、生活方式及学习方式不断发生着变化,教育促进可持续发展正成为国际社会的共识与行动。教育使公众意识发生的化学变化而不是物理变化,因此,宣传教育是提高不同层次社会公众可持续发展意识的最有效的方式之一。正如邓小平所说的那样,“教育是一个民族最根本的事业。”①而对于教育与可持

① 中共中央文献研究室:《邓小平建设有中国特色社会主义论述专题摘编》,中央文献出版社1995年版,第140页。

续发展之间关系的论证早已有之。马克思主义理论最早揭示了人类发展的“两次提升”和“两种和解”问题,即“在物种方面把人从其余的动物中提升出来”(简称“物种提升”)和“在社会方面把人从其余的动物中提升出来”(简称“社会提升”)。“两种和解”即“人类同自然的和解及人类本身的和解”。《联合国可持续发展教育十年(2005—2014年)国际实施计划》(简称《十年计划》)提出了“可持续发展教育(ESD)”的概念,认为各国可持续发展面临着许多紧迫性问题,需要让人们清醒地认识环境承载力和增长局限性,准确定位教育与可持续发展的关系。关于如何加强教育对于我国生态工业园区可持续发展的推动作用,我们认为主要可以用两种方法来实现这种推动和促进作用:一是在我国现有的教育体系中大力推广环境教育;二是在我国初步建立全民终身教育的体系。在使用这些方法的时候,我们更多是关注教育可以为可持续发展(education for sustainable development),特别是生态工业园区的可持续发展做出哪些贡献,关于教育自身的可持续发展问题和可持续视角下的教育,本书暂不涉及。两种方法之间既有联系又有区别,其侧重点有所不同。环境教育建立在广泛的跨学科的基础上,采取一种整体性的观念和全面性的观点,认识到自然环境和人工环境是深深地相互依存的。环境教育可以促使人们理解当今世界的主要问题,获得必要的技能和品德,为改善生活发挥积极的作用,在充分尊重道德价值观念的基础上保护好环境,为生活和工作做好准备。全民终身教育可以让我国公民在各种场合都接受可持续发展思想和技术的熏陶,而且可以让可持续发展思想与知识的学习形成一种自动自觉的学习行为,贯穿于人的一生。

一、环境教育推广(Environmental Education for Sustainability)。1970年,国际自然和自然资源保护联盟(IUCN)和联合国教科文

组织(UNESCO)在美国内华达州召开了"学校课程中的环境教育国际会议",首次对"环境教育"进行科学界定,提出"环境教育是一个认识价值观和澄清观念的过程,这些价值和观念是为了培养、认识和评价人与其文化环境、生态环境之间相互关系所必需的技能与态度。环境教育还促使人们对环境质量相关的问题做出决策,并形成与环境质量相关的人类行为准则。"① 1975 年 10 月,联合国教科文组织(UNESCO)和联合国环境教育规划署(UNEP)在南斯拉夫首都贝尔格莱德共同主持召开了"国际环境教育研讨会",大会促成了第一个政府间的环境教育国际声明《贝尔格莱德宪章——环境教育的全球框架》,其中明确提出,"要建立新的发展观和世界经济秩序,关键在于教育过程和教育系统改革,这将十分需要学生与教师之间、学校与社会之间、教育系统与全社会之间建立一种新型的和卓有成效的相互关系。"② 1977 年召开的第比利斯会议有 66 个国家的政府代表、30 个国际组织和 300 余位专家出席会议,大会所颁发的《第比利斯政府间环境教育宣言和建议》中认为环境教育"是一个终生学习的过程;在自然和应用中,是跨学科性和整体性的;总体上是一种方法而不是一个学科;关注人类与自然系统的相互关系和关联性;从社会、政治、经济、技术、道德、美学和精神的各个侧面全面、整体地看待环境;鼓励并培养净化价值观念和对环境价值判断的能力;关注环境伦理的建设。"③

---

① IUCN, 1970, *International Working Meeting on Environmental Education in School Curriculum*, Final Report, Gland, Sw.

② UNESCO, 1977, *The International Workshop on Environmental Education*, *Final Report*, Belgrade, Yugosla-via.

③ UNESCO, 1977, *International Conference on Environmental Education*, Final Report, Tbilisi, USSR.

这三次著名的国际会议的召开，标志着国际社会对于环境教育的定义、认识和关注程度上升到了一个新的高度。

相对国际社会对于环境教育的大力推广，我国的环境教育起步相对较晚。1979 年，全国人大颁布的《中华人民共和国环境保护法（试行）》中明确提出，“国家鼓励环境保护科学教育事业加强环境保护科学技术的研究和开发，提高环境保护科学技术水平，普及环境保护的科学知识。”1990 年国家教委颁布了《对现行普通高中教学计划的调整意见》，规定“环保教育等不单独设课，一律安排在选修课和课外活动中进行，或渗透到有关学科中结合进行。”1992 年，我国政府提出《中国环境保护 21 世纪议程》，首次把环境教育确定为一项重要的国家政策。《中国环境保护 21 世纪议程》中明确规定：“环境宣传教育，就是提高全民族对环境保护的认识，实现道德、文化、观念、知识、技能等方面的全面转变，树立可持续发展的新观念，自觉参与、共同承担保护环境，造福后代的责任与义务。保护环境是中国的一项基本国策，加强环境教育是贯彻基本国策的基础工程。环境保护，教育为本。通过高校的各个专业、中小学、幼儿园开展环境教育，来提高青少年和儿童的环境意识。”①此外，教育部在 2003 年颁发了《中小学环境教育实施指南（试行）》，其中明确规定：“环境教育是学校教育的重要组成部分，在引导学生全面看待环境问题，培养他们的社会责任感和解决实际问题的能力，提高环境素养等方面有着不可替代的作用。”从我国环境教育的简单回顾来看，与国际相比，我国对环境教育的重视程度不够，还没有在全国范围内形成较为有效的环境教育体系。环境教育在我国现有教育体系中的推广还存在一些问题。

① 环境保护部：《中国环境保护 21 世纪议程》，中国环境科学出版社 1995 年版。

我国现行的教育体系从大类上可以分为:基础教育、普通高等教育、职业技术教育、成人教育和各类培训教育5大类。就在我国现行教育体系中推广环境教育的总体规划来说,我们认为,应该在基础教育阶段推广环境知识,在职业技术和成人教育阶段发展和提高对环境与经济发展关系的认识,在普通高等教育阶段研究探索人口、资源、环境与经济的和谐发展,最后通过各类教育培训强化对环境重要性的认识。具体来说,首先,主办国家讲习班,制定并规范教材,对将要对环境教育授课的各级教师进行培训,广泛宣传国际可持续发展与可持续发展教育最新理念和发展趋势,及时传达了国家推进可持续发展战略和落实科学发展观的最新部署。在这方面我国的有益尝试是联合国教科文组织与我国政府共同推广的中国EPD(Education for Environment Population and Sustainable Development,简称EPD)教育项目。中国EPD教育项目的目标是:提高大中小学的教育工作者进行环境、人口与可持续发展教育的认识和能力,树立新的教育观,在教育教学领域构建推进素质教育的新型育人模式;培养青少年在校期间掌握有关环境人口与可持续发展的科学知识、形成有关环境人口与可持续发展的科学意识与相关能力;培养具有主体精神与相应能力以及可持续发展思想与相应能力的新一代公民。根据2005年4月27日《中国教育报》的报道,从1998—2004年,EPD教育项目在中国已举办6次国家讲习班,全国有9个省、自治区、直辖市1000多所学校、10000多名教师参加了EPD教育项目的实验研究,近50万名大中小学生参与了EPD教育活动。中国EPD教育项目已经取得的成就是可喜的,但是与我国2004年全国总共有68万所学校,32516万名学生,1597万名教职工的数字相比,EPD所覆盖的范围却是微不足道的。为了在我国全国范围内推广EPD的项目,我们建议将

EPD 推广率纳入各级政府教育部门的考核范围,由各地市的教育局牵头,尽快在全国范围内推广开 EPD 项目。其次,在基础教育方面,在中小学中大力推广环境教育,力争将环境教育的课程变成我国中小学生每年必修的课程之一,努力促使其长期地位达到语文、数学和英语的程度,并考虑在时机成熟的时候将其纳入素质教育的考核内容并在高考中有所体现。在这方面我国的有益尝试是由中华人民共和国教育部、世界自然基金会和英国 BP 公司联合发起“中国中小学绿色教育行动”(The Environmental Educators Initiative For China,简称 EEI)。EEI 项目从 1997 年开始实施以来,已覆盖了全国 17 个省、自治区和直辖市,在 12 所高等师范院校建立了“中国中小学绿色教育行动”环境教育研究中心,建设了一支环境教育与可持续发展教育的师资队伍。为全国近 3000 名教研员进行了可持续发展教育理论与方法的培训,开发了相应的教育资源,项目通过学科渗透、综合实践活动、班团队活动、学校管理、校园建设等方式进行环境教育,受益学生达 150 万人次,并在北京、云南、上海、重庆等地建立了野外环境教育实习基地。更为重要的是,EEI 帮助我国教育部编制并通过《中小学环境教育实施指南(试行)》,将环境教育和可持续发展教育融入中国中小学课程,成为中国基础教育改革的一项重要内容。EEI 存在的问题和 EPD 类似,都是推广速度和覆盖范围问题,我们的建设是将中小学的环境教育考核纳入中小学负责人的考核范围之内,由下至上引导环境教育在我国众多的中小学中大力推广。再次,在高等教育的环境教育方面,我们建议在全国范围内建设“绿色大学”。1998 年,清华大学首先提出了《建设绿色大学规划纲要》,成为我国提出创建绿色高校的第一所大学,并成功地于 2001 年被国家环保局正式命名为“绿色大学”。清华大学提出的绿色大学构想是:用绿色教育思想培养人，用绿色科技意识开展科学研究和推进环保产业，用绿色校园示范工程熏陶人，使清华大学成为我国环境保护和可持续发展领域一个重要的人才培养基地和科学研究中心。清华大学通过绿色校园建设推进环境意识教育的成功实践主要有：通过治理校园污染、美化校园环境，使广大师生体验到环境保护的益处；通过建设园林景观，使校园"三季有花、四季常绿"，培养和提高了同学们的环保意识；通过中水回用、电动校车、太阳能路灯等生态工程，把可持续发展的理念进一步巩固在学生的脑海中，帮助同学们树立可持续发展的观念。除了清华大学以外，哈尔滨工业大学、北京师范大学、广州大学都提出了各自不同的"绿色大学"建设模式。但从全国范围来看，如何在千差万别的各地高校中系统推广"绿色大学"建设模式，还有待进一步研究。最后，在职业教育与成人教育方面，我们建议我国学习德国"双元制"的教学模式，产教结合，特别是加强生态工业园区企业与职业教育和成人教育的校企联合。具体到职业教育的环境教育方面，我们建议将环境知识与环境伦理道德纳入到职业资格证书考试制度体系中，在强化职业技能准入的同时，强化职业环境道德水准。

二、全民终身教育（Lifelong Education）。"终身教育"这一术语自 1965 年在联合国教科文组织主持召开的成人教育促进国际会议期间，由联合国教科文组织成人教育局局长法国的保罗·朗格朗（Parl Lengrand）正式提出以来，短短数年，已经在世界各国广泛传播。保罗·朗格朗认为，终身教育所意味的，并不是指一个具体的实体，而是泛指某种思想或原则，或者说是指某种一系列的关心与研究方法。概括而言，也即指人的一生的教育与个人及社会生活全体的教育的总和。联合国教科文组织国际发展委员会在其 1972 年的报告《学会生存——教育世界的今天和明天》中对终身教育作的定义:“终身教育这个概念包括教育的一切方面,包括其中的每一件事情,整体大于部分的总和,世界上没有一个非终身而非割裂开来的永恒的教育部分。换而言之,终身教育并不是一个教育体系,而是建立一个体系的全面的组织所根据的原则,这个原则又是贯穿在这个体系的每个部分的发展过程之中。”曾任联合国教科文组织终身教育部部长的 E. 捷尔比认为:“终身教育应该是学校教育和学校毕业以后教育及训练的统和;它不仅是正规教育和非正规教育之间关系的发展,而且也是个人(包括儿童、青年、成人)通过社区生活实现其最大限度文化及教育方面的目的,而构成的以教育政策为中心的要素。”一般来说,国际公认的终身教育的定义是:“人们在一生中所受到的各种培养的总和。包括教育体系的各个阶段和各种方式,既有学校教育,又有社会教育;既有正规教育,也有非正规教育。”

针对我国建设生态产业园区的现实要求,结合终身教育和终身学习的理念,我们提出了以下具体建议:在教育形态上,建议采用家庭教育、学校教育和社区教育相结合的方式;在教育模式上,建议采用以现代互联网技术为基础的远程教育模式(如下图 6 - 9 所示);在教育内容上,建议设立循环经济专题、可持续消费专题、企业社会责任专题、新型城市化与工业化专题、自然资源专题、生态产业园区专题等专题教育,并保持经常更新。

四、文化支持

生态工业园区的建设不仅需要技术上和制度上的支持,更需要社会文化上的支持。因为,社会文化作为社会意识形态不仅直接塑造着人们的价值观、人生观,而且还通过人的良知左右人的行为,使人的行为建立在自觉的基础之上。这些融合在人们思想深

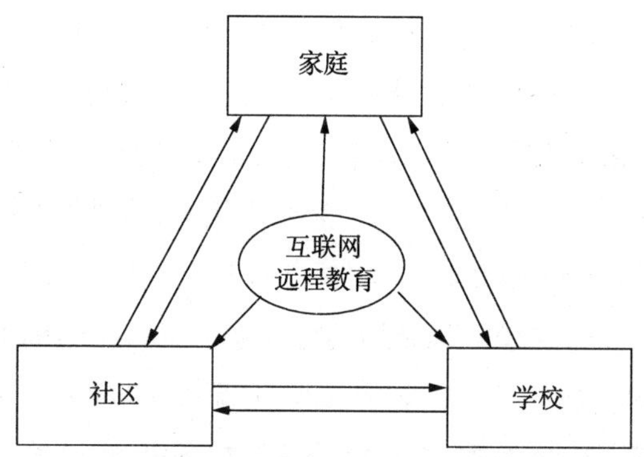

图 6－9　家庭、学校、社区相结合的终身教育模式

层的意识,作为非正式的制度影响着经济发展模式的选择,也制约着正式制度的形成。同正式制度对于人们行为的强制性、外在性的约束相比,文化是一种内在的,也是更为稳定的软约束。生态工业园区的建设作为一种新型的工业发展模式,其目的是要节约资源、减少环境负荷,实现经济和社会的可持续发展。要达到这一目标,需要变革近代以来的市场经济伦理,树立以循环、共生和可持续发展为核心的价值观。这种改变如果缺少了文化的支持,是不可能实现的。除此之外,生态工业园区发展面临的一些具体的困难源于资源和环境的有限性和公共性特征。首先,资源与环境具有有限性特征。地球是一个有限的星球,它所蓄积的石油、煤炭等化石能源、各种矿产资源,以及可污染的空间都是有限的。然而,传统的经济制度与社会文化都是建立在"地球是无限的"这一假设基础之上的。结果,近代经济学把整个自然界都置于市场的外部,让自然扮演了只为自己增加利润并接受污染物的角色。我们可以把地球对于资源的供给能力,对于污染的吸收和降解能力以及生态愉悦能力统称为自然资本。我们认为现代科技的进步可以部分地解决地球资源的供给能力和污染的吸收和降解能力的话,但是科技的进步不能代替地球所提供的生态愉悦能力。正如诸大建教授所认为的那样,“自然资本已经成为制约我国经济增长与福利发展的限制型因素”。其次,环境问题具有公共性特征。环境不属于任何人,但却被每一个人所享用,具有典型的公共性质。这就决定了它们在自由经济条件下,最易遭到破坏,遭到破坏后又无法治理。美国的经济学家加勒特·哈丁(Garrett Hardin)曾经用了一个“公有地的悲剧(The tragedy of the commons)”的著名比喻形象地刻画了这一矛盾:在一块公共的牧场里,牧民每增加一头牲畜,都会获得相应的利益,但牲畜的增加也必然会给牧场的草地带来损失。因牲畜头数的增加而产生的利益被特定的饲养者获得,而由此所带来的损失却由“公有地”上的全体牧民来承担。因此,对每一个牧民来说,增加牲畜所获得的利益要远远大于他所受到的损失。在自由主义的条件下,每一个牧民都是理性的“经济人”,他们都会为了自己的利益而拼命地增加牲畜的头数。结果,草地因过度放牧而衰竭,牲畜因食物不足而饿死。“公有地”在人们追求自己最大利益的过程中走向灭亡,悲剧诞生①。要防止公有地的悲剧在我国资源与环境问题上重演,在工业发展方面,我们认为只有采用以生态工业园区为主的发展模式来发展我国的工业。此外,只有社会的文化支持,才能从根本上改变我国居民对于自然资源与环境的有限性与公共性的漠视。

在现代社会里,能够从根本上约束人的行为的力量主要有两个:一个是法律和行政制度;另一个是伦理道德,而伦理道德可以认为是被社会广泛接受的一种文化。因此,我们认为,建设有中国

---

① Cf. Garrett Hardin, *The Tragedy of the Commons*, in: K. S. Shrader-Frechette (ed.), Environmental Ethics, 2nd, The Boxwood Press, 1991, pp. 242 – 252.

特色的生态伦理观并大力推广使之成为我国的主流文化，是在我国全国范围内建设生态工业园区的关键。伦理（ethics）一词源于古希腊语，它的原意是习俗、惯例，后来指某种社会惯例和习俗成了人们的善恶标准和行为准则。1987 年，挪威前首相布伦特兰夫人主持由 21 个国家环境与发展问题专家组成的联合国世界环境与发展委员会向联合国大会提交了研究报告《我们共同的未来》。报告系统探讨了人类面临的一系列经济、社会和环境问题，并指出："为了在解决全球问题中成功地取得进步，我们还需要发展新的思想方法，建立新的道德和价值标准，当然也包括建立新的行为方式。"①1991 年，世界自然保护同盟、联合国环境规划署和世界野生生物基金会制定了《保护地球——可持续生存战略》，报告提出了人类可持续生存的九项原则，其中第一项原则便是"人类现在和将来都有义务关心他人和其他生命，这是一项道德原则"②，可见，生态伦理作为一种道德准则，早已为国际社会所重视。我国政府也将环境问题和生态伦理建设放到了重要位置，2003 年 10 月中旬，中共十六届三中全会明确提出了"坚持以人为本，树立全面、协调、可持续"的科学发展观，树立生态伦理观、统筹人与自然和谐发展、重视资源和生态环境问题、增强可持续发展能力是其中一个重要内容。我们认为，有中国特色的生态伦理观既不等同于自然中心主义，也不等同于人类中心主义，基本价值取向应该介于二者之间，以我国经济和社会的可持续发展为目标，强调对资源的

---

① 世界环境与发展委员会：《我们共同的未来》，吉林人民出版社 1997 年版，第 76 页。

② 世界自然保护同盟、联合国环境规划署、世界野生生物基金会合编，国家环境保护局外事办公室译：《保护地球——可持续生存战略》，中国环境科学出版社 1992 年版，第 19 页。

循环利用和环境的保护，追求生态效益与经济效益的有机结合，以符合自然生命循环的方式保护自然，共同地、合理地开发利用自然资源。

为了推动生态伦理在我国的实践进程，我们在宏观层面应当进行以下四个方面的创新：制度创新、组织创新、法律创新和技术创新。首先，我国需要进行制度方面的创新。生态伦理要真正成为人们统一的行动准则，还依赖于生态伦理制度的形成。在我国，生态伦理制度建设主要包括普及生态伦理意识和加强社会舆论监督两项内容。生态伦理教育是普及生态伦理意识的基本路径。所谓生态伦理教育，是指运用生态学的原理和方法，教育人们正确认识人与自然的关系，从而改变人们不适当的生活方式和价值观念，走可持续的良性发展道路，以最终实现人与自然的和谐统一。马克思主义伦理学告诉我们，任何一种道德最终能否为社会所接受，能否转化为社会成员的道德实践，关键在于它能否反映伦理关系的本质，是否体现社会发展的必然性。而这种道德究竟能够在多大范围、何种程度上为人们所遵循，则取决于道德教育的广度和深度。生态伦理教育是整个道德教育的一个重要组成部分，是填补道德真空最直接、最有效的手段，是构建和谐社会的可靠保障。加强社会舆论监督是完善生态伦理制度作用机制的重要途径。他律作为生态伦理制度的一个基本作用机制，主要依靠社会舆论的力量，规范和约束人们的环境行为，调节人与自然的道德关系。在我国，应通过推动公众参与、充分发挥媒体作用来强化社会舆论监督，加快生态伦理制度建设。

其次，我国需要进行组织创新。非政府环保组织作为生态伦理中一个重要的行为主体，在普及生态知识、实施环境监督、维护公众环境权益、保护生物多样性等方面发挥着重要作用。为了促进我国的生态伦理实践,也必须推动我国环保组织的发展,充分发挥他们在环境保护领域中的巨大能量。截至 2005 年底,我国的环保民间组织共 2768 家,总人数 22.4 万人。这与全国 31.5 万家民间组织,总人数 300 多万人相比,处在中下等发展水平。为了充分发挥环保组织在我国生态伦理实践中的重要作用,需要从以下两个方面开展工作,促进我国环保组织的发展。一方面,政府应该重视环保组织的作用,积极为环保组织的发展创造条件。另一方面环保组织也要强化内部管理、加强自身建设。

再次,我国需要进行法律创新。法律是调节人们行为的强制性规范,也是道德建设和道德实践的重要保障。在立法指导思想上,可持续发展应明确为我国环境保护的核心原则;在立法调整理念上,要树立生态文明取向的价值观,将实现人与自然的和谐共处,作为环境法制建设创新的理论和实践指南;在调整客体上,应树立整体环境观,以生态环境作为主体概念取代传统意义上的环境保护概念,突出生态环境的系统性与自然资源的有限性。同时,需要在法治基础上构建政府主导、市场推进与公众参与相结合的环保新机制。行政主导中引入环境法治原则,贯彻依法行政,规范政府综合决策与执法监管行为;政府调控与市场机制相结合,将经济手段、市场机制引入环境保护领域;重视环境民主与公众参与,鼓励社会公众广泛参与环境影响评价、环境决策、环境执法监督活动。

最后,我国需要在技术上创新。生态伦理的具体实践如绿色消费、循环经济、污染防治、废物利用与处理等,都需要相应的技术作支持。因此,有必要提倡技术创新生态化,把生态追求纳入技术创新的目标体系。生态化技术创新分为企业、项目、国家三个层面,这三个层面的技术创新相辅相成、密不可分,共同构成了以企业为主体的技术创新机制。在企业层面的目标导向上，技术创新活动不再单纯追求经济效益，而是在追求经济效益的同时要追求生态效益、社会效益和人的生存与发展效益，生态化技术创新活动致力于建立一个完整稳定的社会生态系统。项目层面的技术创新是确保企业技术创新得以顺利展开和得到有效结果的重要环节，我国要逐步建立完善的项目管理体系，使整个企业的人力、组织和激励等措施向项目领域倾斜，提高技术创新项目管理的效率和效果。在国家层面上，需要制定国家的技术创新生态化政策和实施战略，促进产业生态化的产业政策、生态化技术成果的利益分配制度，以及知识产权制度。要建立和保障一个公平的生态化技术市场运行机制。只有在宏观层面的这四种创新落到实处，形成一股合力，我国的生态伦理建设才能真正取得成效，有效地推动生态工业园区在我国的发展。

综上所述，我们认为需要在可持续发展产业集聚支持体系中，只有把园区核心企业、园区管理信息系统、园区服务组织、园区核心生态关联企业、竞争对手、公众、政府参与、科技创新、教育推动、文化支持等这些相互影响的内在和外在因素有机整合一起，共同发挥作用，才能更好地支持和推动我国生态工业园区的发展。进而，通过生态工业园区在全国各地建立，加快我国生态城市建设的步伐。

参 考 文 献

1. 中国大百科全书:《建筑、园林、城市规划》,中国大百科全书出版社 1988 年版。

2. 费移山、王建国:《明日的田园城市——一个世纪的追求》,载《规划师》2002 年第 18 期。

3. 王璐、吴华意、宋红:《数字城市与生态城市的技术结合模式初探》,载《湖北大学学报(自然科学版)》2003 年第 25 期。

4. 赵敏:《生态城市思想源流》,载《长沙大学学报》2003 年第 17 期。

5. 王如松:《转型期城市生态学前沿研究进展》,载《生态学报》2000 年第 5 期。

6. 中国 21 世纪议程管理中心,可持续发展战略研究组:《发展的基础——中国可持续发展的资源、生态基础评价》,北京社会科学出版社 2004 年版。

7. 张坤民、温宗国、杜斌等:《生态城市评估与指标体系》,北京化学工业出版社 2003 年版,第 11 页。

8. 黄肇义、杨东援:《国内外生态城市理论研究综述》,载《城市规划》2001 年第 1 期。

9. 王如松:《高效 · 和谐:城市生态调控原则与方法》,湖南教育出版社,1988 年版。

10. 黄光宇、陈勇:《论城市生态化与生态城市》,载《城市环境与城市生态》1999 年第 12 期。

11. 黄肇义、杨东援:《国内外生态城市理论研究综述》,载《城市规划》2001 年第 25 期。

12. 沈清基:《城市生态系统与城市经济系统的关系》,载《规划师》2001年第17期。

13. 郭中玉:《珠江三角洲生态城市类型与调控》,载《城市问题》2000年第4期。

14. 屠梅曾、赵旭:《生态城市:城市发展的大趋势》,载《经济日报》1999年4月8日。

15. 宁越敏等:《上海城市地域空间结构优化研究》,载《人文地理笔谈:自然·文化·人地关系》1999年。

16. 丁健:《关于生态城市的理论思考》,载《城市经济研究》1995年第10期。

17. 陈勇:《生态城市:可持续发展的人居模式》,载《新建筑》1999年第1期。

18. 王璐、吴华意、宋红:《数字城市与生态城市的技术结合模式初探》,载《湖北大学学报(自然科学版)》2003年第25期。

19. 黄光宇、陈勇:《论城市生态化与生态城市》,载《城市环境与城市生态》1999年第6期。

20. 李利锋、程升魁:《生态占用——衡量可持续发展的新指标》,载《资源科学》2000年第15期。

21. 郭秀锐、杨居荣等:《城市可持续发展的生态学分析——以广州市为例》,载《城市环境与城市生态》2002年第15期。

22. 赵秀勇等:《生态足迹分析法在生态持续发展定量研究中的应用——以南京市1998年的生态足迹计算为例》,载《农村生态环境》2003年第19期。

23. 李金平、王志石:《澳门2001年生态足迹分析》,载《自然资源学报》2003年第2期。

24. 黄光宇、陈勇:《生态城市理论与规划设计方法》,北京科学出版社2002年版。

25. 埃比尼泽·霍华德著,金经元译:《明日的田园城市》,商务印书馆

2000 年版。

26. 欧·奥尔特曼等著,骆林生等译:《文化与环境》,东方出版社 1991 年版。

27. 张启成:《城市化发展趋势与城市生态环境建设》,载《城市建设》2003 年第 2 期。

28. 冯友兰、涂又光:《中国哲学简史》,北京大学出版社 2000 年版。

29. 李泽厚:《批判析学的批判:康德述评》,天津社会科学院出版社 2003 年版。

30. 伊利尔·沙里宁著,顾启源译:《城市:它的发展、衰败与未来》,中国建筑工业出版社 1986 年版,中译本序(吴良墉)。

31. 叶建亮:《知识溢出与企业集群》,载《经济科学》2001 年第 3 期。

32. 潘海啸、杜雷:《城市交通方式和多模式间的转换》,同济大学出版社 2003 年版。

33. 王军、刘江:《什么是“有机疏散”》,载《瞭望新闻周刊》2002 年第 14 期。

34. 张坤民等:《生态城市评估与指标体系》,北京化学工业出版社 2003 年版。

35. 王如松:《转型期城市生态学前沿研究进展》,载《生态学报》2000 年第 20 期。

36. 黄肇义、杨东援:《巴西生态之都库里蒂巴》,载《生态经济》2003 年第 4 期。

37. 蕾切尔·卡逊著,吕瑞兰、李长生译:《寂静的春天》,吉林人民出版社 1997 年版。

38. 朱利安·林肯·西蒙著,黄江南译:《没有极限的增长》,四川人民出版社 1985 年版。

39. 尹昌斌等:《建立自然资源开发利用预警系统》,载《生态经济》1999 年第 5 期。

40. 吴孟铎:《区域可持续发展理论和评价方法及其应用研究》,天津大学 2002 年版。

41. 王立杰、陶树人:《矿产资源计价模型的研究》,载《中国矿业大学学报》1994 年第 23 期。

42. 魏一鸣、傅小锋、陈长杰:《中国可持续发展管理理论与实践》,北京科学出版社 2005 年版。

43. 潘玉君、武友德、邹平、明庆忠:《可持续发展原理》,中国社会科学出版社 2005 年版。

44. 戴星翼:《走向绿色的发展》,复旦大学出版社 1998 年版。

45. 洪银兴:《可持续发展经济学》,商务印书馆 2002 年版。

46. 刘思华:《关于可持续发展与可持续发展经济的几个问题》,载《当代财经》1997 年第 6 期。

47. 杨文进:《经济可持续发展论》,中国环境科学出版社 2002 年版。

48. 保罗·霍肯著,夏善晨、余继英、方堃译:《商业生态学》,上海译文出版社 2001 年版。

49. 赫尔曼·E. 戴利、肯尼思·N. 杨森著,马杰等译:《珍惜地球——经济学、生态学、伦理学》,商务印书馆 2001 年版。

50. 金祥荣、朱希伟:《专业化产业区的起源与演化》,载《经济研究》2002 年第 8 期。

51. 刘思华主编:《经济可持续发展论丛》,中国环境科学出版社 2002 年版。

52. 王天义、张建忠:《唐山钢铁产业群发展前景分析》,载《中国工业经济》2002 年第 9 期。

53. 张坤民:《可持续发展论》,中国环境科学出版社 1997 年版。

54. 谢天:《环境文明,人类追求的新目标》,载《中国环境报》2002 年 10 月 4 日。

55. 叶文虎等:《论可持续发展的衡量与指标体系》,载《世界环境》1996 年第 1 期。

56. 杨开忠:《一般持续发展论》,载《中国人口、资源与环境》1994 年第

4 期。

57. 田德望等:《环境与发展导论》,中国环境科学出版社 1997 年版。

58. 刘传祥等:《可持续发展基本理论分析》,载《中国人口、资源与环境》1996 年第 2 期。

59. 潭崇台:《发展经济学概论》,武汉大学出版社 2003 年版。

60. 金祥荣、朱希伟:《专业化产业区的起源与演化》,载《经济研究》2002 年第 8 期。

61. 龚建华:《论可持续发展的思想与概念》,载《中国人口、资源与环境》1996 年第 6 期。

62. 沈惠漳、顾培亮:《当代系统科学和方法与可持续发展》,载《天津商学院学报》1998 年第 5 期。

63. 王浣尘:《枚系统经济学与可持续发展》,载《系统工程理论方法应用》1997 年第 6 期。

64. 世界环境与发展委员会:《我们共同的未来》,吉林人民出版社 1997 年版。

65. 魏宏森、姜炜:《科技、经济、社会与环境持续协调发展的反馈机制研究》,载《系统科学理论与实践》1996 年第 6 期。

66. 张坤民、温宗国:《城市生态可持续发展指标的进展》,载《城市环境与城市生态》2001 年第 6 期。

67. 中国科学院可持续发展研究组:《2002 中国可持续发展战略报告》,北京科学出版社 2002 年版。

68. 李利锋等:《区域可持续发展评价:进展与展望》,载《地理科学进展》2002 年第 21 期。

69. 亚当·斯密著,郭大力、王亚南译:《国民财富的性质和原因的研究》,商务印书馆 2002 年版。

70. 阿尔弗雷德·韦伯著,李刚剑、陈志人、张英保译:《工业区位论》,商务印书馆 1997 年版。

71. 埃德加·M. 胡佛著,吴衡康等译:《区域经济导论》,上海远东出版社1992年版。

72. 波特著,李明轩、邱如美译:《国家竞争优势(中译本)》,华夏出版社2002年版。

73. 宋栋:《中国区域经济转型发展的实证研究——以珠江三角洲为例》,北京经济科学出版社2000年版。

74. 李仁贵:《区域经济发展中的增长极理论与政策研究》,载《经济研究》1988年第9期。

75. 弗朗索瓦·佩鲁:《增长极概念》,载《经济学译丛》1988年第9期。

76. 曾坤生:《佩鲁增长极理论及其发展研究》,载《广西社会科学》1994年第2期。

77. 赫希曼著,潘照东等译:《经济发展战略》,北京经济科学出版社1991年版。

78. M. 珀努尔著,李仁贵译:《增长点·增长极·增长轴》,载《开发研究》1997年第1期。

79. 曾坤生:《佩鲁增长极理论及其发展研究》,载《广西社会科学》1994年第2期。

80. 约翰·弗里德曼:《区域发展政策:委内瑞拉案例研究》,麻省理工大学出版社1996年版。

81. 孙志刚:《城市功能论》,北京经济管理出版社1998年版。

82. 杨友孝:《约翰·弗里德曼空间计划发展的一般理论评价》,载《经济学动态》1993年第7期。

83.《马克思恩格斯全集》第3卷,人民出版社中文第1版。

84.《列宁全集》第19卷,人民出版社中文第1版。

85.《马克思恩格斯全集》第21卷,人民出版社中文第1版。

86.《马克思恩格斯全集》第2卷,人民出版社中文第1版。

87. K. J. 巴顿,上海社会科学院译:《城市经济学》,商务印书馆1984年版。

88. R. E. 帕克等著,宋俊岭等译:《城市社会学——理论和政策》,华夏出版社 1987 年版。

89. 高珮义:《中外城市化比较研究》,南开大学出版社 2004 年版。

90. 谢文蕙:《城市经济学》,清华大学出版社 1996 年版。

91. 牛文元:《中国可持续发展总论》,科学出版社 2007 年版,第 400—401 页。

92. 曹洪涛、储传亨:《当代中国城市建设》,中国社会科学出版社 1990 年版。

93. 纪良纲、陈晓永:《城市化与产业集聚互动发展研究》,冶金工业出版社 2005 年版。

94. 林玲:《城市化与经济发展》,湖北人民出版社 1995 年版。

95. 朱铁臻:《城市现代化研究》,红旗出版社 2002 年版。

96. 国家计委国土开发与地区经济研究所课题组:《对区域性中心城市内涵的基本界定》,载《经济研究参考》2002 年第 52 期。

97. 杨立勋:《经济中心城市特征与深圳经济中心城市建设》,载《特区理论与实践》1998 年第 9 期。

98. 韩士元:《城市经济功能构成及演进规律》,载《城市》2003 年第 4 期。

99. 顾朝林:《城市经济区理论与应用》,吉林科学技术出版社 1991 年版。

100. 杨圣明、刘力:《商务贸易理论的兴起与发展》,载《经济学动态》1999 年第 5 期。

101. 吴敬琏:《中国增长模式抉择》,上海远东出版社 2005 年版。

102. 克鲁格曼著,张兆杰译:《地理和贸易(中译本)》,北京大学出版社、中国人民大学出版社 2000 年版。

103. 梁琦:《产业集聚论》,商务印书馆 2004 年版。

104. 联合国开发计划署 UNDP(1999):《中国人类发展报告》,中国财经出版社 1999 年版。

105. 戚其平、杨艳伟、姚效元等:《中国城市儿童血铅水平调查》,载《中华流行病学杂志》2002 年第 10 期。

106. 朱华晨:《浙江产业群:产业网络、成长轨迹与发展动力》,浙江大学出版社 2002 年版。

107. 胡宇辰:《产业集群支撑体系》,经济管理出版社 2005 年版。

108. 何泽军:《新公司法对公司治理结构完善与不足》,载《企业活力》2006 年第 3 期。

109. 石培哲:《产业集群形成原因探析》,载《机械管理开发》1999 年第 11 期。

110. 张五常:《经济解释》,商务印书馆 2000 年版。

111. 马歇尔著,陈瑞华译:《经济学原理(上卷)》,商务印书馆 1981 年版。

112. 杨小凯:《张永生新古典经济学和超边际分析》,中国人民大学出版社 2000 年版。

113. 张英:《欧共体环境政策的法律基础、目标和原则探析》,载《法学评论》2001 年第 4 期。

114. 沈小峰等:《耗散结构论》,上海人民出版社 1987 年版。

115. 厄纳斯特·劳爱尔著,耿勇译:《工业生态学和生态工业园》,北京化学工业出版社 2003 年版。

116. 段宁:《清洁生产、生态工业和循环经济》,载《环境科学研究》2001 年第 16 期。

117. 钟书华:《工业生态学与生态工业园》,载《科技管理研究》2003 年第 23 期。

118. 邓伟根、王贵明:《产业生态学导论》,中国社会科学出版社 2006 年版。

119. 环境保护部科技标准司:《循环经济和生态工业规划汇编》,化学工业出版社 2004 年版。

120.《马克思恩格斯选集》第 4 卷,人民出版社 1995 年版。

121.《马克思恩格斯全集》第 1 卷,人民出版社中文第 1 版。

122. 环境保护部:《中国环境保护 21 世纪议程》,中国环境科学出版社 1995 年版。

123. 王缉慈:《创新的空间——企业集群与区域发展》,北京大学出版社 2003 年版。

124. Yanitsky, Social Problems of Man's Environment, *The City and Ecology*, 1987(1), 174.

125. Mcgranahan G., Satterthwaite D. Urban centers: an assessment of sustainability, *Annual Review Environment Resource*, 2003(28).

126. Mcgranahan G., Satterthwaite D, Urban centers: An assessment of sustainability, *Annual Review Environment Resource*, 2003.

127. Rees W. E., Wackernagel M. Urban Ecological Footprints: Why Cites Cannot be Sustainable and Why They are a Key to Sustainability, *Environmental Impact Assessment Review*, 1996(16), pp. 223 – 248.

128. Roseland M., Dimensions of the Future: An Eco – city Overview, New Society Publishers, 1997, pp. 1 – 12.

129. Meadows, D. et. al., *The Limits to Growth.* Washington D. C.: Potomac, 1972.

130. Umberto Colombo, The Club of Rome and Sustainable Development, *Futures*, 2001(31), pp. 7 – 11.

131. Mebratu Desta, Sustainability and Sustainable Development: Historical and Conceptual Review, *Environmental Impact Assessment Review.* 1998(18), pp. 493 – 520.

132. IUCN, *World Conservation Strategy*, Gland, IUCN, 1980.

133. World Commission of Environment and Development, *Our Common Future*, Oxford: Oxford University Press, 1987.

134. Redclift, M. Sustainable Development: *Exploring the Contradiction*, Routledge, N. Y., 1987.

135. E. B. Barbier, A. Markand. The Condition for Achieving Environmen-

tally Sustainable Development. *European Economic Review*, 1990(34), pp. 659 – 669.

136. R. M. Solow, *Sustainability: An Economist's Perspective*, Paper Presented at Woods Hole Oceanic Institution, 1991, pp. 12 – 29.

137. Onishi T. A. Capacity Approach for Sustainable Urban Development: An Empirical Study. *Regional Studies*, 1994, 28(1), pp. 39 – 51.

138. Huang S. L, Wu S. C., Chen W. B, Ecosystem, environmental quality and ecotechnology in Taipei metropolitan region, *Ecological Engineering*, 1995 (4), pp. 233 – 248.

139. Newman P. W. G., Sustainability and cities: extending the metabolism model, *Landscape and Urban Planning*. 1999(44), pp. 219 – 226.

140. Ress W. E., Ecological footprints and appropriated carrying capacity: what urban economics leaves out, *Environ Urbanization*, 1992 (4), pp. 121 – 130.

141. Wackernagel M., Onisto L., Bello P., et. al., National natural capital accounting with the ecological footprint concept, *Ecological Economic*, 1999, 29 (3), pp. 375 – 390.

142. Rees W. E., Wackernagel M., Urban Ecological Footprints: Why Cites Cannot be Sustainable and Why They are a Key to Sustainability, *Environmental Impact Assessment Review*, 1996(16), pp. 223 – 248.

143. YCELP (Yale Center for Environmental Law and Policy), 2002 Environmental Sustainability Index. *An Initiative of the Global Leaders of Tomorrow Environment Task Force*, World Economic Forum, New Haven: Yale Center for Environmental Law and Policy, 2002.

144. UNEP (United Nations Environment Programme), *Convention on Biological Diversity*, Geneva: UNEP, 1994.

145. UNEP (United Nations Environment Programme), *Development of Indicators of Biological Diversity*, Geneva: UNEP, 1999.

146. Mohan Munasingpe, Jeffret Mcneely, Key Concepted and Terminology Of Sustainable, Defining and Measuring Sustainable, *The Biogeophysical foundations*, New York, 1996,p. 19.

147. World Resources Institute. *Report of World Resources Institute*, 1992 ~ 1993,p. 3.

148. Barbier, Edward B & Markandya, Anil & Pearce, David W, Sustainable Agricultural Development and Project Appraisal, *European Review of Agricultural Economics*, 1990, 17(2), pp. 181 – 196.

149. *Pezzey*, Sustainable Development Concepts: An Economic Analysis, *World Bank Environment paper.* The World Bank, Washington DC, p. 2.

150. Giles Atkinson, Savings growth and the resource curse hypothesis, *World Development*, 2003, 31(11), pp. 1793 – 1807.

151. Neumayer E., On the methodology of ISEW, GPI and related measures: some constructive suggestions and some doubts on the "threshold" hypothesis, *Ecological Economics*, 2000, 34(3), pp. 347 – 361.

152. Costanza R., Farber S, Castaneda B, et. al., *Green National Accounting: Goals and Method, The Economics of Nature and the Nature of Economics*, Cheltenham: Edward Elgar, 2001.

153. UNSD (United Nations Statistics Division), UNPE (United Nations Environment Programme). *Integrated Environmental and Economic Accounting: An Operational Manual*, New York: United Nations, 2000.

154. Brown L. R., *Building A Sustainable Society*, New York, Norton WW, 1981.

155. Pale. T., *Intergenerational Equity and the Social Rate of Discount. In V Kerry Smith (ed) Environmental Resource and Applied Welfare Economics.* Resource Washington, D. C., *Resources for the Future*, 1988.

156. Tietenberg, Thomas, *Environmental and Natural Resource Economics*, zd ed Glenview, III: Foresman and Company, 1988.

157. Prescott – Allen R. , *The Barometer of Sustainability*: *A Method of Assessing Progress Towards Sustainable Societies*, Gland, Switzerland and Victoria BC: International Union for the Conservation of Nature and Nature Resources and PADATA, 1995.

158. Guilt I, *Moiseev A IUCN Resources Kit for Sustainability Assessment*, Gland, Switzerland: International Union for Conservation of Nation and Natural Resources, 2001.

159. Prescott – Allen R. , The Well – being of Nations: *A Country – by – country Index of Quality of Life and Environment.* New York Island Press, 2001.

160. United Nations, *Indicators of Sustainable Development*, *Framework and Methodologies*, New York, 1996.

161. OECD, Towards Sustainable Development, *Environmental Indicators* 2001, Paris, 2001.

162. Prescott – Allen R. , *The Barometer of Sustainability*: *A Method of Assessing Progress Towards Sustainable Societies*, Gland, Switzerland and Victoria BC: International Union for the Conservation of Nature and Nature Resources and PADATA, 1995.

163. Marshall, A. *Principle of Economics*, Macmillan London, 1920.

164. Alfred Marshall, *Principle of Economics*, McMaster University, Canada: 1890, pp. 201 – 331.

165. Kruggman. P. , Increasing Returns and Economic Geography, *Journal of Political Economy*, 1999, 99(3), pp. 483 – 499.

166. Losch. A. , *The Economics of Location*, New Haven: Yale University press, 1954, pp. 8 – 41.

167. Thunen, J. H. , *The Isolated State*, New York: Pergamon Press, 1966, pp. 40 – 81.

168. Christaller, W. , *Central Places in Southern Germany*, Englewood Cliffs, N. J. , prentice – Hall, 1993, pp. 2 – 130.

169. A. G. B. Fisher(1935), *The Clash of Progress and Security*, London: Macmillan; C. G. Clark(1940), *Condition of Economic Progress*, London: Macmillan.

170. Gertler Nicholas and J. Ehrenfeld, Industrial Symbiosis in Kalundborg: Development and Implications, *Program on Technology, Business, and Environment Working Paper*, Cambridge, 1994, pp. 298 – 302.

171. *United Press International*, April 24, 1989.

172. Cohen – Rosenthal, Ed and Tad McGalliard, Designing Eco – Industrial Parks: The US Experience, *Industry and Environment*, UNEP, December, 1993 (4), pp. 14 – 18.

173. Fleig, Anja – Kathrin. *Eco – Industrial Parks as a strategy towards Industrial Ecology in Developing and Newly Industrialized Countries*, Report prepared for GTZ, Berlin, 2001, pp. 123 – 128.

174. Lowe, Ernest, *Fieldbook for the Development of Eco – Industrial Parks*, Research Triangle, NC: Research Triangle Institute, 2000, pp. 63 – 66.

175. Kassinis GI, *Industrial Co – Location Economies, Reorganization and Inter – firm Networking in Search of Environmental Dissertation*, Princeton University, 1997, pp. 145 – 147.

176. Wallner, Systems H. P. Regional Embeddedness of Industrial Parks – Strategies for Sustainable Production at the Regional level, *Journal of Cleaner Production*, 1997(4), p. 4.

177. Spurlock, J. M., Ward, H. C. *Systems – Integration Requirements for the Synergistic Co – Siting of Industrial Activities*, Washington, DC: US Department of Commerce, National Technical Information Service Publication, 1980, pp. 121 – 125, 203 – 205.

178. Ayres RU, Ayres L., *Industrial ecology – towards closing the materials cycle*, Edward Elgar, Cheltenham (UK), 1996, pp. 278 – 280.

179. Cote, Raymond and J. Hall (eds.), *The Industrial Ecology Reader*,

Halifax, Nova Scotia: Dalhousie University School for Resource and Environmental Studies, 1995, pp. 66 – 71.

180. President's Council on Sustainable Development, In: *Eco – Industrial Park Workshop Proceedings*, Washington (DC), October 1996, pp. 17 – 18.

181. Van Der Ryn, *Sim and Stuart Cowan*, Ecological Design. Washington, D. C.: Island Press, 1996, pp. 222 – 228.

182. UNESCO, 1977, *The International Workshop on Environmental Education*, Final Report, Belgrade, Yugosla – via.

183. UNESCO, 1977, *International Conference on Environmental Education*, Final Report, Tbilisi, USSR.

184. Cf. Garrett Hardin, The Tragedy of the Commons, K. S. Shrader – Frechette (ed.), *Environmental Ethics*, 2nd edition. The Doxwood Press, 1991.

185. UCN, 1970, *International Working Meeting on Environmental Education in School Curriculum*, Final Report, Gland, Sw.

后　记

本书是在我的博士论文《基于生态城市可持续发展的产业集聚问题研究》基础上修改而成的。

掂起这本二十多万字的博士论文,想起从开始时一些零碎的思维火花,到过程中梳理成系统的篇章结构,再到最后形成一篇略有模样的毕业论文,其间的艰辛与快乐,不足为外人道也。既有一丝欣慰,又有一些忐忑;既有一点轻松的感觉,又有一些莫名的不舍,这种复杂的心情非亲身经历者难以言表。

得以完成本书我要深深感谢我的恩师王伟教授,这些年来,恩师豁达正直的品质、深邃宽广的学术视野、严谨风趣的治学态度和浑然忘我的事业追求,深深地影响着我,改变着我,敦促我不断学习,不断进步。在师从恩师的这些年中,无论是"传道"、"授业",还是"解惑",恩师的言行都使我受益匪浅。古人云,"授人以鱼,不若授人以渔",感谢恩师将我引入了生态经济学的殿堂,感谢恩师给了我如此多的课题锻炼机会,感谢恩师对我的提携和鼓励。在本书的写作过程中,从结构安排、观点论证、整体把握到格式规范都凝结了恩师大量的心血,并对书稿给予了具体指导,不胜感激!借此书出版之际,谨在此向恩师致以最崇高的敬意和最衷心的感谢,师恩我将永远铭记于心。

同样还要感谢青岛大学党委书记徐建培教授、国际商学院院长李福华教授、人口、资源与环境经济学博士点负责人姜学民教授、国际贸易系主任周升起教授、中国海洋大学高强教授等，他们以深厚的理论功底和渊博的学识，给予了我很多的指点和帮助。

感谢我的同学和朋友：郭震洪、程馨、徐政华、徐强、郭校磊、倪铁文、徐永辉、王鲁宁、蓝霞、杜思霖、高健、高明、张古鹏等，真心感谢他们给予我真挚的友情和及时的帮助。在与他们的学术探讨和思维碰撞过程中，开阔了写作思路，充实了本书的内容。

我要特别感谢我的父亲母亲，他们在我攻读博士学位期间一直鼓励和激励着我追寻自己的梦想，一直在工作和学习上鼓励和支持着我，在生活中照顾我年幼的女儿，在物质和精神上都是我最坚实的后盾。不断长大的女儿海平和温柔的妻子晓艳，给了我另外一种向上的动力，在此也向她们表示感谢，感谢海平给了我当爸爸的快乐，感谢晓艳夜夜伴读无声的激励。

在本书的写作过程中，本人参考了大量的文献资料，鉴于篇幅的限制，未能一一列出，望作者见谅，在此向他们表示诚挚的谢意。

最后，感谢人民出版社为本书的出版所付出的辛勤劳动。

王 崇 锋

2009 年 4 月

责任编辑:毕于慧
封面设计:曹　春
版式设计:程凤琴

图书在版编目(CIP)数据

生态城市产业集聚问题研究/王崇锋著.
-北京:人民出版社,2009.8
ISBN 978-7-01-008051-2

Ⅰ.生…　Ⅱ.王…　Ⅲ.城市经济-产业结构-研究-中国
Ⅳ.F299.231

中国版本图书馆 CIP 数据核字(2009)第 112651 号

生态城市产业集聚问题研究
SHENGTAI CHENGSHI CHANYE JIJU WENTI YANJIU

王崇锋　著

人民出版社 出版发行
(100706　北京朝阳门内大街 166 号)

北京市文林印务有限公司印刷　新华书店经销

2009 年 8 月第 1 版　2009 年 8 月北京第 1 次印刷
开本:880 毫米×1230 毫米 1/32
印张:13　字数:309 千字

ISBN 978-7-01-008051-2　定价:28.00 元

邮购地址 100706　北京朝阳门内大街 166 号
人民东方图书销售中心　电话 (010)65250042　65289539